JEANNE RULAND

DAS GROSSE BUCH der ENGEL

Alles über die himmlischen Begleiter und wie wir uns mit ihnen verbinden

Schirner Verlag

Die Ratschläge in diesem Buch sind sorgfältig erwogen und geprüft. Sie bieten jedoch keinen Ersatz für kompetenten medizinischen Rat, sondern dienen der Begleitung und der Anregung der Selbstheilungskräfte. Alle Angaben in diesem Buch erfolgen daher ohne Gewährleistung oder Garantie seitens der Autorin oder des Verlages. Eine Haftung der Autorin bzw. des Verlages und seiner Beauftragten für Personen-, Sach- und Vermögensschäden ist daher ausgeschlossen.

Wir verzichten auf das Einschweißen unserer Bücher – **UNSERER UMWELT ZULIEBE!**

ISBN Printausgabe 978-3-8434-1481-4
ISBN E-Book 978-3-8434-6038-5

Jeanne Ruland:
Das große Buch der Engel
Alles über die himmlischen Begleiter und wie wir uns mit ihnen verbinden

Umschlag: Elena Lebsack, Schirner, unter Verwendung von #566246986 (© Solid photos), #1115695484 (© BIRD_studio), #1690905493 (© Nikki Zalewski), #1012559488 (© lisima), #142114822 (© xenia_ok), #1707325087 (© lavendertime) und #726299104 (© RODINA OLENA), www.shutterstock.com
Layout: Elena Lebsack, Schirner
Lektorat: Kerstin Noack-Zakel & Noémi Fekete, Schirner
Printed by: Ren Medien GmbH, Germany

www.schirner.com

Neuausgabe 2021 – 3. Auflage Oktober 2023

INHALT

Schwingen aus Licht umhüllen dich leise
auf sanfte, liebevolle Weise.
Hoffnungsschimmer, Lichterschein –
Geschenke des Lichtes in deinem Sein.
Horche auf, mache dich bereit,
auf dich wartet eine neue Zeit.
Ihr Engel, wo seid ihr – wie kann ich euch sehen?
Werdet ihr allzeit an meiner Seite gehen?
Glühend verehre ich euch, auch wenn ich euch nicht begreife,
so schenkt ihr mir Weisheit, Liebe und Reife.

VORWORT

Dieses Buch begann 1999 mit einem Traum. Im Traum erschienen mir hell strahlende, goldweiße Engel. Sie erfüllten den ganzen Raum mit ihrem Licht – alles wurde in dieses glänzende Gold getaucht. Sie nannten mir ihre Namen und legten mir Schriften in mein Herz. Sie gaben mir ihren Segen. Dieser Traum war so lebendig, dass ich augenblicklich aufwachte und hellwach war. Ihre Gegenwart erfüllte mich anschließend noch mehrere Tage mit einer Liebe, die nicht von dieser Welt war, sodass ich herausfinden musste, was ihre Namen bedeuteten. Ich fragte Markus Schirner nach einem Buch über Engelnamen, doch ein solches gab es im deutschsprachigen Raum zu jener Zeit noch nicht, und er bat mich, dieses Buch zu schreiben.
Ich war bereit und machte ich mich voller Freude ans Werk, da mich die Engel schon immer begleitet und mir zur richtigen Zeit die richtigen Impulse geschenkt hatten, um meine Schritte lichteinwärts in das Feld der unbegrenzten Möglichkeiten und in die Lichtwelten zu lenken. Es ist ein Segen, gemeinsam mit den Engeln zu wirken.
Ich habe die Geschichte der Engel und all die Lehren und Fragen zum Wirken dieser himmlischen Helfer, die ich im Laufe der Zeit auf meinen Reisen rund um die Welt kennengelernt und selbst erfahren habe, zusammengefasst und alle Engelnamen, ihren Ursprung und ihre Bedeutung, soweit es mir möglich war, gesammelt. Am Ende hatte ich allerdings so viel aufgeschrieben, dass das Manuskript zu umfangreich für ein Buch war. Was sollten wir tun? Doch der Zauber des Anfangs machte es möglich, dass aus einem Buch zwei Bücher entstehen konnten. Ich war voller Freude, und am Ende entstanden dieses Buch und das Kartenset »Die lichte Kraft der Engel«. Dieses Buch liegt mir sehr am Herzen, da es einer Welt entspringt, die mir sehr vertraut ist. Ich freue mich über die Überarbeitung und die Neuauflage.
Die Geistige Welt führt jeden von uns. Alles zeigt sich zuerst im Geiste, bevor es sich manifestiert. Die Engel sind immer für uns da. Viel Segen für uns alle zum Wohle des Gesamten.

Jeanne Ruland

Durchgabe eines Engels

Es ist jetzt an der Zeit,
die himmlischen Wesen
aus den unteren Welten zu erlösen,
sie wieder in ihr wahres Licht zu erheben,
dorthin, wo sie hingehören,
wo sie immer waren und immer noch sind:
als Kräfte der göttlichen Quelle,
die ALLES geschaffen hat.

Wir entwickeln unser Licht
und unsere wahre geistige Natur durch sie.
Sie entwickeln sich durch uns weiter
in höhere Bereiche des Seins.
Dieses Licht senden sie wiederum
in die offenen Menschenherzen.
So können die Kräfte des Göttlichen
die Hände einander wieder reichen,
sich aussöhnen, sich gegenseitig dienen,
sich an den Platz rücken, der für sie gedacht ist,
statt sich zu missbrauchen.

Reiht euch ein in den Tanz der Spirale,
in den Reigen aus Engeln und Menschen.
Wir können wieder zu den erhabenen Wesen werden,
durch die das göttliche Licht fließt
und die göttlichen Himmelskräfte wirken.
So können wir Hand in Hand mit den Engelkräften
an der Evolution und Weiterentwicklung
der göttlichen Energie arbeiten
und die selbst geschaffenen Missklänge und Misstöne wandeln
in göttliche Sphärenmusik,
in Freude, Glückseligkeit und wahren Frieden.
Öffnet eure Herzen, und lasst ein das Licht der Herrlichkeit,
denn die Engel sind bei uns!

Engel und Mensch wirken zusammen seit Anbeginn der Schöpfung. In allen Kulturen und Epochen gibt es Zeugnisse vom Wirken des geistigen Reiches. Unsere Ahnen waren noch verbunden mit den Kräften, die sich durch alles, was ist, offenbaren. Völker, die die »Himmelskräfte« besonders hervorhoben, waren die Indianerstämme der Hopis, Navahos, Inkas, Azteken sowie die europäischen und orientalischen Hochkulturen der Ägypter, Römer, Perser, Griechen, weiterhin die Glaubensgemeinschaften der jüdischen Kabbalisten, Hindus, japanische Schintoisten, Moslems, Christen u. v. a. m.

Die Existenz von Engeln wurde von den größten Eingeweihten, Denkern und Schriftstellern aller Zeiten ganz selbstverständlich hingenommen. Zu diesen Eingeweihten gehören u. a. Abraham, Moses, Jesus, Hermes Trismegistos, Zarathustra, Thales, Pythagoras, Tertullian, Homer, Sokrates, Platon, Hieronymus, Paracelsus, Thomas Moore (vgl. auch »Die Gegenwart der Meister«, siehe Anhang). Laut alter Überzeugung standen Engel zu Zeiten Henochs, Abrahams, Salomons, Moses etc. mit den Menschen direkt in Verbindung. Viele Menschen glauben, dass sich Engel heutzutage nicht mehr mit den Problemen der Menschen beschäftigen. Doch Gott zieht kein Jahrhundert vor. Sein ewiges Licht und die Hilfe der himmlischen Heerscharen strömen »zu jeder Zeit« herab. Sie wirken heute genauso wie in jeder anderen Epoche. Die göttliche Offenbarung hat keinen Anfang und kein Ende.

Engel tragen in unserem persönlichen Leben entscheidend zu unserer geistigen Entwicklung bei. Sie führen uns näher zum göttlichen Licht. Was den Auftrag und den Plan der Engel, die mit der Menschheit zusammenarbeiten, angeht, so sind sie dafür zuständig, unsere Entwicklung und unser Wohlergehen zu fördern und uns die Hand zu reichen auf dem Weg zurück zur Einheit mit dem Göttlichen. Engel freuen sich über jeden Menschen, der sie ruft, der an sie denkt oder mit ihnen in irgendeiner Weise in Verbindung steht. Sie eilen herbei, um dem Wachstum zu dienen.

Dieses Engelbuch soll dazu beitragen, das Wissen über Engel zu erweitern, das Wirken der Engel zu verdeutlichen und die Herzenstüren der Menschen zu öffnen, die bereit sind, wieder mit ihren lichten Freunden zusammenzuwirken. Hierin möchte ich Ihnen nun einen Überblick und Hilfestellung geben zur Erweiterung Ihrer eigenen Möglichkeiten und zur Arbeit an einer neuen Wahrnehmung des Seins.

RUND UM DIE ENGEL

Das Wesen und Wirken der geistigen Welten hat außerordentlich viel und Erhabenes zu bieten. Da sind gewaltige Kräfte am Wirken, deren Umfang, Ausmaß und Intelligenz wir nicht annähernd ermessen können. Würde denn sonst die Erscheinung eines Engels mit den Worten »Fürchtet euch nicht« beginnen? In der Gegenwart von Engelerscheinungen sinken die Menschen auf die Knie. Geblendet vom göttlichen Licht, der Größe und der Erhabenheit, verbergen sie meist ihr Gesicht. Solche Begegnungen hinterlassen tiefe Eindrücke in der Seele des Menschen. Die Gegenwart eines Engels ist erfüllt mit göttlicher Autorität, die keinen Zweifel an der Wahrheit lässt. Sie bringt den Menschen dazu, dem, was sie verkünden, bedingungslos Folge zu leisten.

Engel verströmen das göttliche Licht in höchster Harmonie, Weisheit und ohne Begrenzungen. Sie hüllen alles Leben darin ein. Sie öffnen das Bewusstsein des Menschen für eine höhere Dimension des Seins. Engel des Lichtes respektieren den freien Willen des Menschen und kommen nur, wenn sie gerufen, gebeten und eingeladen werden oder wenn es von der göttlichen Vorsehung bestimmt ist.

Ihr Engel! Wer seid ihr?

Viele Menschen und religiöse Gruppen aller Zeiten und aller Kulturen haben diese Frage gestellt und die verschiedensten Antworten und Einblicke erhalten. Die Botschaften, die gefunden und niedergeschrieben wurden, entstanden im Umfeld des Wissens und der Empfänglichkeit des Menschen, in der Gruppe und dem inneren Wesen der jeweiligen Zeit und Kultur. Unzählige Menschen haben zu allen Zeiten durch die Reinheit ihres Herzens die Botschaften der Engel empfangen und die höheren Reiche geschaut. In der frühen Kindheit stehen die meisten Menschen noch unmittelbar mit den Engeln in Verbindung. Dieser Kanal verschließt sich jedoch, wenn der Schleier des Vergessens sie umhüllt, den der Alltag über sie wirft.

Meister und Meisterinnen, die mit dem Auftrag zu uns gekommen sind, den Menschen zurückzuführen auf den Pfad des Göttlichen, stehen eng mit den Engeln in Verbindung und arbeiten mit ihnen zusammen. Sie werden dadurch auch auf der Erdenebene durch die lichten Reiche geführt, die sie eigentlich nie verlassen haben. Engel sind reine, lichte göttliche Kräfte. Sie sind die Freunde der

Menschen und reichen jedem, der sie ruft, jederzeit die Hand. Sie sind die Lenker und Hüter der göttlichen Reiche und Quelle des göttlichen Lichtes in seinen verschiedenen Facetten.
Einst gab es ein Reich, in dem der Mensch in Einheit mit Gott lebte und wo er Hand in Hand mit den Engeln arbeitete. Die Engel lehrten die Menschen die spirituellen Wahrheiten, die göttliche Harmonie, die Kunst des Handwerks und den schöpferischen künstlerischen Ausdruck in allen Bereichen. Sie lehrten ihn, wie er die himmlischen Kräfte durch sich wirken lassen und wie jeder aus dem vom Menschen geschaffenen Licht schöpfen konnte – zum Segen, zur Freude, zum Frieden, zur stetigen Erhöhung und Entwicklung. Es war das in vielen Weisheitsbüchern beschriebene Paradies. Es waren die Zeiten von Lemuria und dem frühen Atlantis, jenen geheimnisvollen vorgeschichtlichen Kontinenten, die vom Dunst der Legende verhüllt werden. Durch den Sündenfall, der verschiedentlich als »Aufstand Luzifers«, »Experiment mit dem Seelenlicht« oder die »Versuchung der göttlichen Macht im späten Atlantis« beschrieben wird, verdichtete sich die Schwingung der Erde. Der Mensch entfernte sich aus der Einheit mit den Engeln und den himmlischen Reichen des Göttlichen, um die Erfahrung des »Getrenntseins« und des »freien Willens« zu machen.

Was unterscheidet Engel und Menschen?

Engel sind aus dem Herzen des Göttlichen geboren. Sie kennen den Schmerz und die Leidenschaft des Menschen nicht. Sie bleiben von der Dunkelheit unberührt. Ihr Licht durchzieht und belebt die gesamte Schöpfung in verschiedenen Abstufungen. Sie halten die göttlichen Formen und Muster des gesamten Universums in reiner göttlicher Harmonie und Ordnung. Ihr Wirken ist älter als die Menschheit. Die Bewohner der himmlischen Reiche sind weit höher entwickelt als wir. Keine Lebensform im gesamten Universum bliebe am Leben, wenn die Engelkräfte diese Ebene verließen. Wenn sie jedoch verstärkt wirken, werden die göttlichen Lebensformen und Muster lichtvoll, und es dämmert eine neue Zeit herauf.

Menschen sind aus dem Geist des Göttlichen geschaffen. Sie haben mit inneren Konflikten, selbstsüchtigen Motiven und einander widersprechenden Eigenschaften, Ansprüchen und Antrieben zu kämpfen, die den Engeln fremd sind. Menschen sind die zehnte Hierarchie des Göttlichen. Der göttliche Auftrag der Menschen ist ein anderer als der göttliche Auftrag der Engel. Der Auftrag der Engel ist, göttliches Licht in alles, was ist, zu senden, es zu beleben und zu erhalten, spirituelle Wahrheiten zu lehren, die göttlichen Kräfte zu bewahren, zu mehren, zu lenken, im göttlichen Sinne zu verändern und zu senden. Der Auftrag der Menschen lautet, zu lernen, sich selbst zu meistern, »das Königreich auf Erden zu errichten«, »sich die Erde untertan zu machen«, wie es in der Bibel beschrieben wird. Das bedeutet, den Reichtum im Inneren zu entfalten, den »Gott-Menschen« aus sich zu gebären und den Stoff der Lichtmaterie zu erschaffen. Die Engel aller Hierarchien helfen dem Menschen bei seinem Auftrag. In uns lebt der Plan der Schöpfung, der sich durch die Menschen entfalten möchte.

Die Seele des Menschen und die Engel sind beide aus dem gleichen göttlichen Urgrund hervorgegangen. Beide tragen das göttliche Licht in sich, das heißt, die göttlichen Kräfte und Eigenschaften wirken in beiden. Der Mensch jedoch hat den freien Willen, zu entscheiden, ob er diesen oder jenen Weg geht und ob er die lichte Kraft der Engel in sein Leben ruft oder nicht. Engel wirken immer im Lichte des Einen. Engel sind Sinnbilder der göttlichen Liebe und des Lebens. Sie wohnen nicht in einem weit entfernten Himmel, sondern in unseren Herzen, in der lebendigen Natur und in höheren geistigen Dimensionen. Sie arbeiten über die Kraft der Intuition mit uns zusammen. Je mehr wir ihnen erlauben, in unserem Leben zu wirken, desto deutlicher werden sie sich in unserem alltäglichen Tun zu erkennen geben.

Viel Wissen über die himmlischen Reiche ist über die Zeit und den Abstieg in die Materie verloren gegangen. Nur vereinzelt auf der Welt wurden die damit verbundenen Mysterien von Menschen gehütet, die dazu bereit gewesen waren und die Einweihungen zum Empfangen der Lehren der höheren Reiche bestanden hatten. Noch heute finden sich überall auf der Welt bruchstückhafte Spuren, die von großen Kulturen und dem Wirken geistiger Reiche zeugen. Jetzt, da eine neue Zeit heraufdämmert, die himmlischen Lichtkräfte verstärkt wirken und die Schleier zwischen den Welten und jenseits der Zeit wieder dünner werden, werden das alte Wissen, die alten Mysterien und die ewige Zusammenarbeit von Mensch und Engel wieder sichtbar und fügen sich zusammen. In diesem Sinne lautet die Botschaft der Engel:

Wir sind der Regenbogen
zwischen unten und oben,
die Brücke ins Licht,
die sich in allen Farben bricht.
Wir reichen euch die Hand
ins ewige Land.

Wann wurden die Engel geboren?

Einige Traditionen behaupten, dass Engel schon vor dem Schöpfungsbeginn bei Gott, der Göttin, den Göttern und Göttinnen waren. Andere besagen, dass die Engel geschaffen wurden, als Gott sprach: »Es werde Licht.« Andere behaupten, die Engel seien am sechsten Schöpfungstag entstanden. Engel aber gehen aus der Allmacht Gottes hervor. Der allmächtige Metatron, die Stimme Gottes, der Einzige, der direkt in das Antlitz Gottes schaut, seine Herrlichkeit erträgt, erschafft Heerscharen von Engeln durch die Funken, die aus seinem Gewand sprühen. So sind die Engel zu Anbeginn der Schöpfung und vor der Entstehung des Menschen geschaffen worden.

Was bedeutet der Name »Engel«?

Ihr Boten des Lichtes,
ihr lichten Wesen der göttlichen
Lebenskraft,
ihr Hüter der göttlichen Quelle,
ihr Beschützer,
ihr ewig Liebenden,
ihr Sender der göttlichen Wahrheit,
ihr ewig reinen Kräfte,
ihr Klänge der göttlichen Harmonie,
ihr ewigen Heiler und Sender
des göttlichen Segens,
ihr Diener des Einen,
ihr ewig Freien.
Wirkt ihr durch uns,
um uns zu führen auf den Weg
nach Hause.

»Engel« ist die allgemeine Bezeichnung für übernatürliche Geistwesen (gute Geister), die in »Gottesnähe« verweilen als Gottes Diener und Botschafter, als Mittler zwischen den Menschen und den Göttern und Göttinnen. Auch werden Engeln verschiedene Teilbereiche des Göttlichen zugesprochen, beispielsweise um uns zu beschützen, zu hüten, zu versorgen …

Das Wort »Engel« hat verschiedene Bedeutungen. Die Silbe *EL* bedeutet »die im Gotteslicht lebenden«. Wenn es vom griechischen Wort *angelos* abgeleitet wird, so heißt es »Boten des Göttlichen.«

Der ägyptische Wortstamm *ang* verweist auf das »Ankh«, den Schlüssel zum ewigen Leben. Engel führen uns in das lebendige Licht der Schöpfung zurück. In Engelnamen werden bestimmte Silben häufig verwendet: Eine Endsilbe ist *irion*, eine andere ist *el*, das im Hebräischen »Gott« bedeutet. Die Silbe *iah* ist die weibliche Form von *el*. In dem Buch »Die schützende Kraft der Engel« (siehe Anhang) erfahren wir, dass die Endsilbe *el* sehr alt und in verschiedenen Kulturen von Bedeutung ist, wo sie in leicht veränderter Form auftaucht: Sumerisch *el* heißt »Helligkeit« oder »Leuchten«, akkadisch *ilu* heißt »der Strahlende«, babylonisch *ellu* heißt »der Leuchtende«, altwalisisch *ellu* heißt »leuchtendes Wesen« ebenso wie das englische *elf*, altirisch *aillil* heißt »leuchtend«, angelsächsisch *aelf* heißt »strahlendes Wesen«. Die Silben sind zwar Hinweise auf ein im göttlichen Licht lebendes Wesen, einen Engel, doch nicht unbedingt notwendiger Bestandteil des Namens.
Engel tragen das göttliche Licht dorthin, wo es gerufen und benötigt wird. Ihr Dienst ist unpersönlich. Sie senden ihre Gaben und das göttliche Licht zum Segen der Schöpfung. Engel machen immer nur das, was Gott wünscht, und treten in Aktion, wenn der Mensch sie bittet, ruft oder einlädt.

Welche Bezeichnungen für Engel gibt es noch?

Engel, die zwar als Einzelwesen bezeichnet werden, eigentlich aber eher Legionen gleichartiger Energien beschreiben, werden auch als Genien, aktive Lichtintelligenzen, gute Geistwesen, Schutzgeister, Devas, Götterboten, Vorsteher (die eine größere Aufgabe haben), spirituelle Kräfte, Himmelswesen, Sphärenwesen, Wächter, Hüter, Throne, Fürstentümer, Seraphim, Cherubim, Herrschaften, Gewalten, Kyriotes, Elohim, Archaii, Schutzgötter usw. bezeichnet. Die Bezeichnungen oder Titel, mit denen sie beschrieben werden, richten sich nach der Aufgabe, die sie zu erfüllen haben, und dem Platz, an dem sie wirken. Sie sind die »Schaltstellen des göttlichen Stroms, Lichtes«. Diese göttliche Schwingung wird von der Quelle aus allmählich auf ein Niveau verlangsamt, auf dem sie uns zugänglich wird.
Wenn Engel gerufen werden, so wird immer genau der Engel kommen, den ein Mensch braucht und der dessen Entwicklung entspricht. Sie verstehen die Sprache des Herzens – ob sie mit oder ohne Namen gerufen werden. In Mythen, Märchen und Legenden können wir die Engel als »Feen«, »hilfreiche Geister« und »hilfreiche Kräfte am Rande des Weges« wiederfinden, die nur helfend in Aktion treten, wenn sie beachtet werden. Ihre Hilfe ist von unschätzbarem Wert für den Held oder die Heldin. Ist sie doch letztlich unabdingbar, um

die Aufgaben, die auf dem Weg liegen, zu meistern, die Mission zu erfüllen und das Ziel zu erreichen.

Wo leben Engel?

Ihre Heimstätte ist im Himmel, in den sieben Himmelssphären, in den Lichtstätten, in den oberen Reichen, in den Städten der Herrlichkeit, in dem Land, in dem Milch und Honig fließen, auch genannt: Arkadien, Elysium, Nirvana, Paradies, Walhalla, Shambhala, Olymp, die ewigen Jagdgründe, Traumzeit … Die Lichtwelten und Sphären der Engelreiche sind gewaltige vollkommene Kraftplätze im Äther außerhalb der Astralebene unserer Erde, die von unendlicher Schönheit, vollkommener Harmonie und Glückseligkeit, ewiger Liebe und tiefem Frieden erfüllt sind. Manche sind der Ansicht, dass die Engel mitten unter uns in Parallelwelten und höheren Dimensionen leben, was nicht unbedingt ein Widerspruch ist, genauso wenig, wie wenn gesagt wird, dass sie in den Herzen der Menschen und in der lebendigen Schöpfung wohnen.

Woraus sind Engel geschaffen?

Engel sind aus göttlicher
Lichtsubstanz,
aus Flammenglanz und Lichtnatur
entfaltete Wesen,
nicht aus Fleisch und Blut.
Wirkend im ewigen Gotteslicht.
Unzertrennlich in der Einheit
wohnend.
Unzerstörbar durch des Menschen
Hände.
Unbegreiflich für den,
der die innere Welt
der Stille noch nicht entdeckt hat.
Sie sind die lebendigen Seelenkräfte,
die im Menschen wohnen und durch
den Menschen wirken,
ihm behilflich sind,
seine göttlichen Kräfte zu entfalten,
wenn dieser sich ihnen öffnet und
sie in ihr Leben ruft.

Engel bestehen nur aus Licht und Äther. Sie sind reine Lichtsubstanz. Sie haben keinen Körper, können allerdings vorübergehend einen annehmen. Sie können sich in allen lebendigen Formen zu erkennen geben. Dies tun sie nur, wenn es im Sinne der göttlichen Vorsehung und für einen Menschen notwendig ist. Ansonsten wirken sie über die universelle Sprache des Göttlichen, über Töne, Formen, Farben und Muster, über Träume, Eingebungen, Hinweise … Sie erscheinen in der Form, die der Mensch verstehen kann. Sie durchdringen mit ihrem Licht die gesamte lebendige Schöpfung und wirken in ihr.

Doch auch hier gibt es die unterschiedlichsten Vorstellungen. Engel seien durchaus materielle Wesen, glaubten z. B. die alten Hebräer. Thomas von Aquin[1] beschrieb die Engel als »stofflose, rein verstandliche Geschöpfe«, die sich jedoch mit einer Hülle umgeben können und so in Erscheinung treten. In der islamischen Darstellung bestehen Engel aus Licht und Dämonen aus Feuer, beide bedingen einander, denn aus Feuer wird Licht. Die Amtsträger der Kirche schwankten in der Mitte zwischen Geistigkeit und Körperlichkeit. Anderen Ansichten entsprechend werden Engel als die Seelenlichter Verstorbener beschrieben, die, wenn sie ihre »fleischliche Hülle« abgelegt haben, aus den jeweiligen Entsprechungsbereichen des Wesens ihrer Seele als Engel wirken. Wenn sie sich weiterentwickeln möchten, werden sie auf der Erdenebene wiedergeboren. Somit ist die Geburt ein Tod und der Tod eine Geburt zwischen den Schleiern der Geistigen Welt und der materiellen.

Andere Richtungen beschreiben Engel als Seelenlichter, als Geist- und Lichtwesen, Lichtintelligenzen, die von anderen Ebenen aus über die Herzens- und Geisteskräfte der Menschen wirken und somit zur Entwicklung des Menschen und damit zur Evolution entscheidend beitragen. Wieder andere sehen Engel als die aus dem Herzen des Göttlichen geborenen und Menschen als die aus dem Geist des Göttlichen geborenen, also beide als zwei verschiedene Evolutionslinien des Göttlichen, die sich voneinander unterscheiden, jedoch einander höher tragen. Die Ufo-Bewegung, die sich in den 1950er-Jahren entwickelt hat, beschreibt Engel als Wesen einer höheren Dimension, die auf Lichtschiffen im Namen des universellen Friedens arbeiten usw.

Eines haben jedoch alle Meinungen gemeinsam: Engel sind Lichter und Kräfte der göttlichen Quelle, die von einer anderen Seinsebene aus wirken, als Mittler zwischen dem Göttlichen und dem Menschen. Engel sind die lebendigen Kräfte der Schöpfung und für die menschliche Evolution entscheidend. Ihr Licht, das aus der göttlichen Quelle kommt, durchdringt alles Sein.

1 Siehe Anhang, »Menschen und Engel«.

Sind Engel ewig?

Engel sind nicht unsterblich, leben aber ungleich länger als wir: Sie werden wie Sterne geboren und sterben wie Sterne. Engel entwickeln sich wie Menschen. Je nachdem, in welchen himmlischen Gefilden sie sich entwickelt haben, sterben sie oder erlangen Unsterblichkeit und gehen ein in den Ozean der Liebe. Sie können auch aus hohen Stufen der Entwicklung fallen. Das Göttliche jedoch ist ewiglich; es erschafft sich immer wieder neu.

Gibt es unterschiedliche Engel?

Im Engelreich gibt es Engel der unterschiedlichsten Qualitäten und Arten. Sie reichen von dem kleinsten Lichtfunken über Elfen bis hin zu den mächtigsten Himmelswesen, die mit ihrem gleißend strahlenden, irisierenden Licht den Nachthimmel tageslichtähnlich erhellen. Sie können sich zart und wie ein warmer Windhauch auf der Wange anfühlen, aber auch wie ein gewaltig fortreißender mächtiger Lichtstrom, der den Menschen vor Ehrfurcht erzittern lässt. Sie sind ewig lodernde Lichtzentren am Firmament, gleichsam wie aufblitzende Lichter am Rande des Weges – je nach Art ihrer Aufgabe und der göttlichen Qualität, die sie senden und in der sie wirken.

Warum haben Engel Flügel?

Gefiederte Lichtwesen –
mit der Geschwindigkeit des Lichtes,
auf dem Strahl des Klanges,
in Harmonie mit dem Ton der Seele
bewegen sie sich im gleißenden
Lichtstrahl
des rufenden Herzens.

Engel werden meist mit Flügeln dargestellt. Diese Vorstellung ist sehr alt. Abbildungen geflügelter Wesen finden sich in vielen sehr alten Kulturen überall auf der Welt. Die Flügel stehen sinnbildlich für die Geschwindigkeit, mit der Engel sich fortbewegen können. Da sie reine Lichtsubstanz sind, können sie sich so schnell bewegen, wie der Mensch seine Gedanken wechseln kann. Sie können ihre Größe, ihr Aussehen, ihre Erscheinung, ihre Form und ihre Schwingung verändern und an die jeweils gegebene Situation anpassen, sodass der Mensch einen heilenden Zugang zu diesen Kräften finden und sie annehmen kann. Sie können sich in Engelsgestalt, in Tier- und Pflanzengestalt, in Tönen, Farben und Klängen zeigen. Sie können alle heilenden Eigenschaften des Göttlichen verkörpern. Um diese Schnelligkeit, Wandlungsfähigkeit, Erdungebundenheit, Aufschwungskraft und die Erweiterung des Blickwinkels symbolisch auszudrücken, werden Engel oft mit

Flügeln dargestellt. Flügel, Lichterschein und Strahlenkranz sind Zeichen der Engel und ein eindeutiges Erkennungsmerkmal.

Woran erkennt man das Wirken der Engel?

Leise, sanft und liebevoll
senden sie ihr Licht.
Umhüllen uns mit ihrer
lichten Substanz,
führen uns in unwegsamen Zeiten.
Je mehr wir uns ihnen öffnen,
desto mehr entfaltet sich
das Licht in uns.
Die Gegenwart der Engel
bringt Frieden, Trost, Hoffnung,
Harmonie, Heilung, Schutz
und Weisheit.
Die unsichtbare Lichtspur der Engel
hinterlässt immer eine beruhigende
Wirkung in unserem Gemüt.
In ihrer Gegenwart fühlen und
wissen wir, dass alles gut ist, so,
wie es ist, und dass alles gut wird.
Wir spüren den Segen des
Göttlichen.
Engel erheben unser Sein.

Wann wirken Engel am stärksten?

In der Schöpfung wirken sie beständig und allzeit. Sie wirken augenblicklich, wenn sie gerufen oder eingeladen werden, wenn der Mensch im Lichte und Einklang mit dem Göttlichen wirkt und wenn er eine höhere Mission oder Bestimmung zu erfüllen hat.
Engel wirken am stärksten in außergewöhnlichen Situationen und bei spirituellen Übungen jeglicher Art. Sie wirken an heiligen Festtagen wie Weihnachten, Neujahr, Ostern, dem Fest des Erzengels Michael und zu allen wichtigen Entwicklungsstationen des Menschen und zwischen den Lebensabschnitten, z. B. wenn ein Mädchen zur Frau wird, bei Geburten, Geburtstagen, dem Schuleintritt, Hochzeiten, Prüfungen, Examen, Gerichtsterminen, Vorstellungsgesprächen, Weiterentwicklungen jeglicher Art, Reisen und Tod.
Es ist der Zauber, der jedem Anfang innewohnt, von dem Hermann Hesse in seinem Gedicht »Stufen« spricht. Es sind die Schwellen des Neubeginns und der Übergänge, an denen die Engel wachen und den Menschen begleiten, indem sie ihm Mut, Inspiration, Freude, Zuversicht geben. Dieses Gefühl, das durch die Engel gesendet wird, kann am ehesten mit Gottvertrauen beschrieben werden.

Wovon ernähren sich Engel?

Laut Hildegard von Bingen[2] ernähren sich Engel von einer Substanz, die dem Morgentau ähnlich ist und sich auflöst. Andere Quellen verraten, dass Engel aus der göttlichen Quelle, mit dem göttlichen Licht gespeist werden. Wieder andere beschreiben, dass es der Atem des Göttlichen ist, der die Engel nährt.

Wie viele Engel gibt es?

Engel spielen eine zentrale Rolle in der Schöpfung. Sie dienen ihrem Schöpfer, indem sie alles, was geschaffen wurde, mit göttlichem Licht beleben und in göttlicher Ordnung aufrechterhalten. Wenden wir unseren Blick in den nächtlichen Himmel, weg von der Erde, so erkennen wir Billionen Sterne, Sonnensysteme, Galaxien und die Unendlichkeit des Raumes – und darin die vielfältigen Schöpfungen und Dimensionen. So, wie wir auf der Erde nur über ein begrenztes Blickfeld verfügen, genau so werden wir uns als Erdenbewohner auch nur eines Bruchteils der Scharen von Engeln bewusst, die im gesamten Universum und der Schöpfung wirken.
Hier ein paar Vorstellungen über die Anzahl der himmlischen Heerscharen: Henoch[3] gab die Zahl mit »tausend mal tausend und zehntausend mal zehntausend« an. Er drückte damit aus, dass die Anzahl des göttlichen Gefolges nicht zu berechnen sei. In der Offenbarung wird ihre Anzahl mit »viertausend mal viertausend« angegeben. Im 14. Jahrhundert errechneten Kabbalisten, dass es genau 300 655 722 Engel gäbe. Jedoch gehörten davon 133 306 668, also knapp die Hälfte, zu den Engeln der Hölle. Andere Quellen beschreiben die himmlischen Heerscharen ebenfalls als unzählbar. Insgesamt bleiben die göttlichen Lichtkräfte mit ihren unzähligen Teilaspekten unzählbar, auch wenn sie alle aus der Quelle des Einen gespeist werden.

Welches Geschlecht haben Engel, und können sie sich fortpflanzen?

Engel können laut verschiedener Berichte drei Arten von Geschlecht haben. Sie können männlich, weiblich oder beide Geschlechter zusammen sein, wobei letzteres auch als »geschlechtslos« bezeichnet wird. Laut alten Berichten können sich Engel fortpflanzen. Henoch bejaht diese Frage auch. Nach Meinung der Kirche jedoch sind Engel geschlechtslos und können sich also nicht selbst vermehren, nur die dunklen Engel, die Dämonen und Wesen der Finsternis, pflanzen sich fort. Die Zahl der lichten Engel vermehrt sich durch die Seelen der Verstorbenen, die im guten Sinne gelebt haben, sie werden zu Engeln.

2 Siehe Anhang, »Menschen und Engel«.
3 Siehe Anhang, »Menschen und Engel«.

Was ist der Unterschied zwischen einem Engel und anderen Wesen der geistigen Dimensionen?

Wesen des Lichtes heben den Menschen empor, Wesen der Finsternis ziehen den Menschen herab. Engel tragen ausnahmslos zur Energieerhöhung bei. Sie erheben die Menschenseelen ins Licht. Dunkle Wesen und Kräfte hingegen ziehen die Energie des Menschen nach unten. Sie beengen ihn, schränken ihn ein, lösen Ängste aus und bringen den Menschen in die Nähe des Abgrunds. Zu den niederen Kräften gehören verirrte Seelen, die sich an die materielle Welt gekettet haben und versuchen, durch Menschen ihre Süchte und verschiedenen Formen der Gier zu befriedigen, aber auch Dämonen, die die niederen Kräfte im Menschen aktivieren, sowie Elementale, aus dem Geist des Menschen durch Gedankenkräfte geschaffene Wesen, die negativ aufgeladen sind und für eine Zeit bestehen bleiben. Diese Kräfte wirken ungefragt und nutzen jede sich bietende Möglichkeit, den Menschen zu Handlungen zu verleiten, die ihm seine Energie abziehen und ihn erstarren und erkalten lassen.
Wenn Wesen der unteren Welten in einem Menschen walten, erkennt man es daran, dass dieser keine Energie und eine düstere und trübe Stimmung hat, kraftlos, müde, niedergeschlagen und bedrückt ist. Er kann dem entgegenwir-

ken, indem er seinen Blick in Richtung Sonne richtet und die lichten Kräfte ruft. Die lichten Kräfte walten nur, wenn sie gerufen und eingeladen werden, denn sie respektieren den freien Willen des Menschen. Engel erhöhen immer die Energie. Sie heben die Laune und regen die positiven Kräfte im Menschen an.

Woran erkennt man, ob man es mit einem Engel oder einem Geist zu tun hat?

Es gibt klare Unterscheidungsmerkmale, an denen man erkennt, ob man es mit einem Engel oder einem dunklen Geist zu tun hat. Geister sind Seelen der Toten. Engel – also gute Geister und Schutzgeister – sind die Boten Gottes.
Geister können wie Engel in Form eines Gedankens, eines Traumes, eines Gefühls u. Ä. kommen. Es gibt typische Anzeichen für die Anwesenheit eines Geistes: Wenn ein Geist zugegen ist, so ist dies als kühler Hauch spürbar, so, als ob jemand die Tür offen gelassen hätte. Wenn sie einen berühren oder durch einen hindurchgehen, so empfindet man dies wie eine plötzliche arktische Kälte. Materialisiert sich ein Geist, so nimmt er seine ehemalige menschliche Form an. Das Licht eines Geistes ist wie das stumpfe milchige Licht eines Nebels, und die Umrisse weisen nicht über die menschliche Form hinaus. Sie sind unfrei und in der Form gebunden. Meistens haben sie keine Füße.
Viele Geister sind durch sorgenvolle Erinnerungen, Gier und Sehnsüchte, unerlöste Beziehungen etc. an die materiellen Ebenen gefesselt. Sie sind machtlose Schatten, die nicht in der Lage sind, die andere Seite zu erreichen. Ihr Charakter ist wie zu Erdzeiten, weswegen sie sowohl freundlich als auch boshaft oder gehässig sein können. Manche Geister stören die Lebenden, sie halten sich in ihren ehemaligen Wohnstätten auf, ziehen verzweifelt und weinend durch die Räume, spielen Streiche, um sich bemerkbar zu machen, und können boshaft und dämonisch sein. Sie können von einem Menschen Besitz ergreifen, um durch ihn ihre irdischen Süchte zu befriedigen. Sie können großen Schaden anrichten. Doch es gibt auch Geister, die freiwillig zu uns zurückkehren, weil wir sie und sie uns geliebt haben. Sie können zu unseren Schutzengeln werden. Der Unterschied zu den »Verstorbenen«, deren Seelen hier noch festhängen, ist, dass uns in der Gegenwart von Schutzengeln dieser Art ein warmes, lichtvolles, zärtliches, geborgenes Gefühl überkommt.
Niemand, der je einen Engel sah oder mit den Engeln in Verbindung steht, hat ihn jemals mit einem Geist verwechselt. Engelerfahrungen sind unverwechselbar. Wenn wir es mit einem Engel zu tun haben, so sind Wärme und Licht charakteristisch: »Und plötzlich berührte mich eine Wärme …«, »Eine Wärme floss durch mich …«, »Ein Energiestrom gab

mir wieder neuen Mut …«, »Ich fühlte mich höher getragen …«, »Eine Helligkeit überkam und erfüllte mich …«, »Ein Strom der unendlichen Liebe und Dankbarkeit floss durch mich …«. Dies sind einige Aussagen, die auf die Anwesenheit eines Engels hindeuten. Alle Menschen, die Engelerfahrungen gemacht haben, sprechen ausnahmslos von der Wärme, Güte, Liebe und von dem strahlenden irisierenden Licht in den leuchtendsten Farben oder dem lebendig leuchtenden, strahlenden, überirdischen, weißen, reinen Glanz (vgl. Anhang, »Engelerfahrungen«).

Die Gegenwart eines Engels erfüllt Menschen mit Freude, Ehrfurcht und großem Glück. Engel erscheinen, um Menschen zu erheben. Sie bringen Hilfe, Botschaften, Hoffnungsstrahlen, Erkenntnisse und dergleichen mehr. Wenn sie sich materialisieren, so scheint ihr Licht weit und strahlend, sie sind nicht an eine Erscheinung gebunden und können sich in jeder Form zeigen. Sie sind frei. Die Ausstrahlung ist voll Liebe und Güte. Wenn Engel zugegen sind, so spürt man oft eine ruhige Heiterkeit, Gelassenheit, Zuversicht und Geborgenheit. Menschen, die mit ihnen in Berührung kommen, wissen, dass sie es mit einem Engel zu tun haben. Engel hinterlassen duftende, lichte Spuren, harmonische Klänge voller Liebe und die Süße der himmlischen Reiche.

Engel und europäische Entwicklungsgeschichte

Erzengel Gabriel, schütze uns
vor Blitz und Donner.
Hilf uns, im Frieden zu verweilen,
weder zu hasten noch zu eilen.
Erzengel Michael,
dich lade ich morgens ein,
das Sonnenlicht trägt mich, ich bin
beschützt und fröhlich im Sein.
Erzengel Uriel, Feuer Gottes,
leuchte in meinem Herzen,
und transformiere alle Schmerzen.
Erzengel Raphael,
du fröhlicher Geselle,
zeigst mir heilsame Wege
auf die Schnelle.
Erzengel Raguel,
mit dir kann man reisen,
du wirst mich in den richtigen
Umgang einweisen.
Barachael,
Engel des irdischen Gerichts,
hilf, dass jeder die Wahrheit spricht.
Pantasarons, Engel der Freude,
lasse uns singen,
tanzen und feiern heute.
Das Leben ist zur Freude gegeben
und dafür, dass wir uns
wieder ins Licht erheben.

Engel und Menschen haben eine lange gemeinsame Geschichte. Die »Engelsanrufungen«, Anrufungen der guten Hilfsgeister, gehören zu den ältesten Ritualen der Gottesverehrung. Es heißt, die Ursprünge der »Engelsanrufungen« lägen in Babylon, seien also lange vor der Christianisierung entstanden. In Europa wurden zu dieser Zeit Götter, Göttinnen, Schutzgeister und Naturkräfte verehrt. Engel oder Schutzgeister, gute Geistwesen etc. arbeiten seit Anbeginn der Zeit mit den Menschen zusammen, doch die Vorstellung von ihnen als Wesen mit Flügeln und die Bezeichnung »Engel« gelangten über Ägypten nach Israel/Jordanien und schließlich nach Europa. Dort nahmen Engelrituale mit dem Einzug des Christentums großen Aufschwung: Im Alten Testament und in der Apokalypse wird eindrucksvoll die ungeheure Macht der Engel geschildert. Zudem gab es zahlreiche Berichte und Erzählungen über die mächtigen Himmelswesen.

In den ersten nachchristlichen Jahrhunderten entwickelte sich ein regelrechtes Engelfieber, bei dem zahlreiche Formen der Engelsanrufungen und -verehrungen entstanden. Die Engelnamen und Engelkräfte waren bekannt. Engel waren anbetungswürdige Persönlichkeiten, und in vielen heidnischen Ritualen, die vor der Christianisierung verbreitet waren, wurden die Namen der Götter und Göttinnen durch die von Engeln ersetzt und ihre Rituale in Engelrituale umgewandelt. Auch wurden die bekannten Schutzgeister und guten Geister als Engel erkannt und entsprechend umbenannt. So konnten sie weiter bestehen, denn das Christentum verbot, andere Götter neben dem Einen zu verehren.

Doch die christliche Kirche musste damit rechnen, dass der Engelskult die Gottes- und Christusverehrung in den Schatten stellen, die Macht der Kirche untergraben und die Regeln des Christentums verletzen würde. Die Amtsträger der Kirche versuchten, diesem Kult entgegenzuwirken, und verboten 363 n. Chr. auf dem Konzil von Laodicea, Engel außerhalb der öffentlichen Gottesdienste zu verehren. Anschließend durften offiziell nur noch Michael, Gabriel und Raphael beim Namen genannt werden: die einzigen Engel, die in der Bibel namentlich genannt werden. Der Schutzengel wurde als einziger persönlicher Begleiter für den gewöhnlichen Menschen zugelassen. Geistlichen und Heiligen wurden mehrere Engel zugesprochen, mussten sie doch verstärkt vor den dämonischen Versuchungen geschützt werden. Ihr Platz im Himmel war dadurch gesichert.

Die Engel verloren ihren Zauber nicht. Die Beschlüsse dieses Konzils blieben ohne Wirkung. Viele Engel und ihre Bedeutung wurden in »geheimen Büchern« der Magie aufgezeichnet und gehütet. Als Dionysios Areopagita[4] sein Buch »Über die himmlische Hierarchie« veröffentlichte und Vorträge darüber hielt, entfachten die Engel erneut die Seelenlichter der Menschen. Der Engelkult erreichte einen neuen Höhepunkt. Engel begannen, sich überall zu zeigen. Sie wurden in den Wandmalereien der großen Künstler verewigt, in Stein gehauen, in Gesängen gepriesen, in Notzeiten angerufen und in Ritualen beschworen, von Heiligen wahrgenommen und beschrieben. Dies schürte die Sehnsucht nach den Himmelswesen und ihren einzigartigen Kräften noch stärker.

So wurden seitens der Kirche härtere Maßnahmen ergriffen. Papst Zacharias ergriff 745 n. Chr. auf der Ad-Lateran-Synode Maßnahmen zur Engelsverfolgung. Unter den Teilnehmern herrschte Einigkeit darüber, dass alle Verehrung allein Gott zusteht. Die Engel zu verehren bedeutete aber, sich auf die Fingerspitzen zu konzentrieren statt auf das Licht, auf das sie deuten.

So wurde die Engelsverfolgung von der Kirche mit großem Eifer durchgeführt. Es wurde verboten, die Engel namentlich zu nennen. Viele Engel wurden sogar in die »Hölle« verbannt und z. B. die Engel Uriel (Erzengel), Raguel und Samiel auf die schwarze Liste gesetzt oder Lilith und Naamah zu Bräuten Satans erklärt. Weitere Engel, die dem Menschen persönliche Macht, Kraft, Selbständigkeit und Unabhängigkeit verliehen wie Bael, der den Menschen unsichtbar macht, Amon, der nach Streitigkeiten wieder versöhnt, Beleth, die die Liebe von Männern und Frauen entflammt, Bathin, der den Menschen auf »Seelenreisen« begleitet, u. a. galten fortan als Dämonen der Finsternis. Auch die alten Götter und Göttinnen konnte man in der Hölle schmoren

4 Siehe Kapitel »Der Aufbau der himmlischen Hierarchien«.

sehen wie z. B. Pan, Ishta, Osiris und viele andere mehr. Der Erzengel Uriel wurde später wieder von der Kirche begnadigt, da er zu den »Herrlichen Sieben[5]« gehörte.
Alle Maßnahmen der Kirche halfen nicht. Der Engelkult blieb bestehen. Er erlebte im 12. und 13. Jahrhundert einen weiteren Aufschwung und eine neue Blütezeit. Heilige berichteten von Engelerscheinungen. Die großen Künstler dieser Zeit widmeten ihre Fähigkeiten den Engeln. Nichts bewegte sich ohne die Engel. Sie lenkten und beherrschten das gesamte Universum. Für alles Lebendige gab es Engel, die namentlich genannt wurden. Sie wurden in Notzeiten angerufen. Sie wurden weithin geehrt und gepriesen. Die Sorge der Kirche, dass die Verehrung der Engel jene für Gott übertreffen könnte, war berechtigt.
Doch dann traten Ereignisse ein, die die Macht der Himmelswesen in Frage stellten: Genuesische Seeleute brachten 1347 die Pest nach Europa – kein Mittel half –, und viele Menschen starben am Schwarzen Tod. Krieg, Verfolgung, Inquisition und Kämpfe schwächten die Menschen dieser Zeit weiter, nahmen ihnen Hoffnung und Mut. Die Menschen, die den Engeln zugetan waren, merkten, dass die Engel ihnen im Kampf gegen diese Seuche und das Elend dieser Zeit nicht halfen. Die Kirche spaltete sich ungefähr zur gleichen Zeit, und es entstanden zwei katholische Glaubensrichtungen: die intellektuelle Lehre des Thomas von Aquin[6] mit dem traditionellen Klerus und die »Franziskanische« des Franz von Assisi[7], der die unmittelbare Gotteserfahrung ohne Zwischenschaltung der Engel in direkter Verbindung zu Christus vorlebte. Der Ausspruch von Teresa von Avila: »Gott allein genügt«, wurde das Motto der folgenden Zeit. Die pest- und kriegsgeplagten Menschen dieser Zeit konnten sich mit dem leidenden Christus stärker identifizieren als mit den vollkommenen himmlischen Wesen. Die Lehre der Franziskaner wurde vom Volk bereitwillig aufgenommen, denn der Himmel war in weite Entfernung gerückt.
Damals stellten sich die Menschen die Erde als flache Scheibe vor. Sie fühlten sich den »Himmel« und »Hölle« genannten Kräften zunehmend ausgeliefert und nahmen sie immer stärker als

5 Siehe Kapitel »Die Erzengel«.

6 Siehe Anhang, »Menschen und Engel«.

7 Siehe Anhang, »Menschen und Engel«.

etwas von sich Getrenntes wahr. Diese Entwicklung fand ihren Höhepunkt schließlich im reinen Materialismus und der Naturwissenschaft. Letztere entzog dem Engelglauben endgültig den Boden: Kopernikus[8] entdeckte 1512, dass sich die Erde um die Sonne dreht und dass hinter den Bewegungen der Planeten des Sonnensystems Naturkräfte stehen. Dieses Wissen breitete sich durch den Buchdruck aus – die Geburtsstunde des technologischen Weltbildes. Die Kirche konnte die Verbreitung dieses Wissens nicht verhindern, zumal sie zu der Zeit mit anderen Dingen beschäftigt war: Die Inquisition und Verfolgung von Teufelsanbetern, Hexen und Ketzern verlangten ungeteilte Aufmerksamkeit. Sie konnte sich nicht um den Engelglauben kümmern, denn Satan und seine Dämonen hatten die Himmelswesen aus dem kirchlichen Blickfeld verdrängt. Außerdem saßen auf Anordnung der Kirche die Engel der Liebe und Versöhnung in der Hölle, und die Engel der Rache, Folter und gerechten Strafe Gottes wirkten im Himmel. Der Himmel war in der Hölle und die Hölle im Himmel, und Menschen, die zu dieser Zeit noch Engel anbeteten, wurden kurzerhand von der Kirche als Ketzer und Hexen, die von Dämonen besetzt waren, gefoltert, verurteilt und hingerichtet.

8 Kopernikus, Nikolaus (19.2.1473 – 24.5.1543), Astronom. Begründer des kopernikanischen bzw. heliozentrischen Weltsystems, nach dem die Sonne der Mittelpunkt des Sonnensystems ist und von der Erde und anderen Planeten umkreist wird. Es steht im Gegensatz zum damals herrschenden geozentrischen Weltbild, nach dem die Erde der Mittelpunkt des Sonnensystems ist und alles sich um sie bewegt.

Im 18. und 19. Jahrhundert war das Wirken der Engel kaum noch zu spüren. Abdrücke in Bild und Form erinnerten schwach an sie. Der Engelglaube erhielt sich aber trotz aller Widrigkeiten und heute gewinnt er wieder mehr Anhänger, denn der Mensch ist des Materialismus des 18. und 19. Jahrhunderts überdrüssig. Die Wende kam mit der »Entdeckung des Inneren«, mit Selbstanalyse, Psychologie, Forschungen über die Zusammenhänge zwischen inneren Zustände und äußeren Umständen, mit Meditationstechniken und -übungen östlicher Herkunft. Damit hielten die Menschen den Schlüssel zu einem neuen Grad der Bewusstheit in der Hand, was den Beginn eines weiteren Evolutionsschrittes in der Menschheitsgeschichte ankündigte: die Erweckung der Spiritualität im Inneren und damit die Wiederbelebung des alten Wissens und dessen Erschließung.

Das Interesse gilt heute verstärkt dem persönlichen Wachstum und der spirituellen Weiterentwicklung. 1879 wurde Erzengel Gabriel von Erzengel Michael als Herrscher des Zeitgeschehens abgelöst.[9] Mit aller Kraft strebt Erzengel Michael in seiner Epoche an, die Menschen wieder zurück in die geistigen Welten zu bringen. Die Himmelspforten öffnen sich erneut in vollem Glanze, das Licht himmlischen Reiches strömt vermehrt in die Menschenherzen, und die Engel sind der Erde wieder näher gerückt. Viele Menschen überall auf der Welt machen

9 Vgl. Kapitel »Die Erzengel«.

glückliche und wundervolle Erfahrungen mit ihren geistigen Lichtfreunden und erhalten Hilfe aus den geistigen Reichen. Die Menschheit steht jetzt vor einer neuen Stufe der Entwicklung. Sie beginnt, die inneren, geistigen Dimensionen ihres Seins zu entwickeln.

Die Engel sind die Kräfte, die den Menschen höher- und weitertragen auf neue Ebenen des Seins. Es sind die Kräfte, die dem Menschen auf dem Weg der eigenen Meisterschaft zur Seite stehen und ihn in seinem Sein erfüllen. Wahrheit bleibt Wahrheit, und auch wenn sie für einige Zeit zurückgehalten wird, so taucht sie im Voranschreiten der Zeit wieder auf – in einem neuen Licht mit einer neuen Perspektive – und erfährt eine endlose Wiedergeburt. Denn das Leben strebt nach Erweiterung, Wandlung und Vollkommenheit. Das Wassermannzeitalter ist eine Epoche der Wiedervereinigung. Alte allgemeingültige göttliche Gesetze werden sichtbar, die universelle Sprache entwickelt sich, der Mensch wird zum Erdenbürger und kann sich heute leichter denn je aus seinem Herkunftskulturkreis lösen. Die Welten rücken zusammen, und infolgedessen werden auch die kosmischen Kräfte, die immer und überall walteten, wieder sichtbar. Zu diesen Kräften gehören auch die Engel. Sie sind universelle Lichtwesen, an keine Nation, keine Religion, kein Dogma und keine Ideologie gebunden. Sie sind ausnahmslos für alle Menschen da. Jeder, der sich ihnen öffnet, kann ihre Kraft erfahren.

DIE KABBALAH

Der Kabbalah-Weg

Malkuth – Vollendung –
Schöpferkraft
Lasse uns die Krone des Geistes
verwirklichen, die wir in uns tragen,
um uns zu erheben
in die Ewigkeit des Seins.
Ich bin, ich war, ich werde sein.

Jesod – Basis
Die Einheit allen Seins
ist die Basis meines Glaubens und
die spirituelle Geborgenheit in mir.
Ich folge dem Weg,
der sich in meinem Inneren offenbart
und meine Schritte lenkt im
ewigen Sein.

Nezach – Sieg
Möge die bedingungslose Liebe
immer siegen,
die Empathie und Mitgefühl ist und
sich in der Selbst- und
Nächstenliebe ausdrückt.
Möge sie durch mich wirken und
alle Ängste, Blockaden, Schwächen
und Bindungen in mir überwinden,
sodass ich in ihr Ruhe finde und
von ihr getragen bin.

Hod – Herrlichkeit
Möge ich meine Gedanken in Liebe
und Weisheit erheben und deine
Herrlichkeit mit jedem Wort
offenbaren, um Hoffnung und
Heilung zu bringen.

Tiferet – Schönheit
Möge ich deine Schönheit,
deine Vollkommenheit,
dein strahlendes Licht in meinem
Herzen erkennen
und in allem spiegeln durch meine
Worte, Handlungen und Taten.

Hesed – Barmherzigkeit
Möge ich die Gnade und
Barmherzigkeit, mit der du mich
segnest, in diese Welt bringen,
um zu erlösen und zu befreien.

Geburah – Kraft
Möge deine Kraft und Stärke mich
umhüllen und führen.

Chokhmah – Weisheit
Möge deine Weisheit, die Frieden ist,
mich allzeit erfüllen und führen.

Binah – Vernunft
Möge ich im Verständnis der
unteilbaren Einheit aufgehen und
Segen bringen.

Kether – Krone
Mögen meine schöpferischen Kräfte
ganz in deinem Sein und in der
Erfüllung des ewigen Lebens
aufgehen.

So sei es. Amen, Aum, Om.

DER BAUM DES LEBENS UND DER AUFERSTEHUNG

Die Kabbalah beschreibt den Aufbau des Himmelreiches. Das Himmelreich ist das unsichtbare Reich, das hinter allem Sichtbaren wirkt. Das Wort Kabbalah stammt aus dem Hebräischen und bedeutet »empfangen«. Die Kabbalah ist eine sehr alte universelle, ewig lebendige Lehre im Strahlenkranz der Weisheit und Wahrheit. Nur bestimmte Menschen wurden in diese Lehre eingeweiht, die das Wissen der Mystiker in allen Kulturen und Epochen durchzieht. Sie ist zusammen mit dem Tantrismus[10] die Wurzel aller Religionen und Lehren, die sich letztlich als verschiedene Zweige des Lebensbaumes erweisen, und der innerste Kern des Einweihungsweges des Westens. Der Legende nach war es einer der höchsten Engel, Ophanim Rasiel, der Adam nach seiner Vertreibung aus dem Paradies die Kabbalah als Weisheitsbuch übergab. Dieses Buch enthielt in verschlüsselter Form die Geheimnisse des Himmels und die Erlösung der Menschen. Es zeigt dem Menschen, wenn er bereit ist, den Weg zurück ins Paradies und damit zurück zu Gott, und zum Adam Kadmon, »dem vollkommenen Menschen«, dem ursprünglichen Menschen der Schöpfung, des Universums. Somit verfügt die Menschheit seit dem Fall aus der Einheit in die Welt der Gegensätze über diesen Schlüssel.

Die Kabbalah wurde in den Tempeln von Atlantis gelehrt, im alten Ägypten, in Chaldäa und in allen geheimen Mysterienschulen. Ihre lebendige Lehre wurde über Jahrtausende mündlich von Lippe zu Ohr, vom Meister an den Schüler

10 Magisch-mystisches Yogisystem, bestehend aus bestimmten Übungen mit dem Ziel, den menschlichen Geist aus der Gefangenschaft der Materie zu befreien.

überliefert. Sie soll auf den Smaragdtafeln[11] und in den Offenbarungsschriften[12] niedergelegt worden sein, doch erst mit Beginn des Buchdrucks dokumentarisch erfassbar. Man findet sie in abgewandelter Form in allen geistigen Mysterienschulen dieser Welt. Die großen Meister und Eingeweihten wie Pharao Imhotep, Hermes Trismegistos Thot, Abraham, König Salomon, Moses, Pythagoras, Jesus u. v. a. m. kannten dieses geistige göttliche Erbe. Dass die Kabbalah nur Eingeweihten zugänglich war, hatte seine Gründe: Wissen ist Macht. Macht an sich ist neutral. Doch wenn der »falsche« Mensch die wahre Macht benutzt, wirkt die wahre Macht auf »falsche« Weise.

Zu den Hauptwerken der Kabbalah zählen die Thora, die Mashora, das Buch Jesira und die Sohar. Die Thora besteht aus Schriftrollen, deren Inhalt, die fünf Bücher Mose, im Judentum Gesetz ist. Die Mashora (hebr. *masoreth* = Überlieferung) ist eine jüd. Geheimlehre, die sich auf die äußere Form der Thora bezieht. Sie setzt sich aus einer Sammlung von Bemerkungen, Erklärungen und Deutungen zusammen, die sich auf den Rändern der hebräischen Manuskripte oder Rollen des Alten Testamentes befanden. Sie sollen geschrieben worden sein, um die Thora und die Bibel zu verschleiern. Im Buch Jesira beschreibt Jesira die dritte und die vierte kabbalistische Welt, in denen die Engel wohnen und die Wohnsitz aller regierenden Genien (höhere Engelwesen) sind, die die Sphären lenken und leiten. Der Name des Buches leitet sich vom hebräischen Wort *yetzirah* ab und bedeutet »das Buch der Formung«. Es ist ein altes kabbalistisches Werk aus dem 7. Jahrhundert n. Chr. und gehört zu den Grundlagenwerken und Urtexten, denen viele weitere Schriften der Kabbalah entsprangen. Der Sohar, auch Zohar genannt, ist ein Teil der Kabbalah und ein Kommentar zu den fünf Büchern Mose. Er wurde in der zweiten Hälfte des 13. Jahrhunderts wahrscheinlich von dem spanischen Kabbalisten Moses Ben Schem Tov de Leon in aramäischer Sprache verfasst.

Da die Kabbalah ein lebendiges System ist, das die unendlichen Formen der Schöpfung in sich trägt, sind Wahrheitssucher mit ihrem Studium jahrelang beschäftigt. Sie wird dargestellt in einem Lebensbaum, bestehend aus zehn Einweihungsstufen und dem Verborgenen (siehe Abbildung S. 33 und Tabelle S. 38/39). Diese werden die 10/11 Sephiroth genannt. Diese 10/11 Sephiroth sind durch 22 Linien oder Pfade miteinander verbunden (die 22 kosmischen Himmelsströmungen, die den großen Arkana im Tarot entsprechen): drei Horizontale, sieben Senkrechte und zwölf Diagonale. Der Lebensbaum ist sehr vieldeutig, da er mehrere Ebenen darstellt, neben dem

11 Smaragdtafeln: Der Legende nach Tafeln, auf denen Hermes Trismegistos Thot die Grundsätze der Alchemie, die ihm von einem »Geistwesen« übermittelt worden waren, niederlegte.

12 Offenbarungsschriften: Durchgaben von »hohen Geistwesen«, die mit Engeweihten in Verbindung stehen und diesen die »Weisheit des Himmels« vermitteln. Diese Botschaften wurden verschlüsselt in Bildnissen, Symbolen und Texten niedergeschrieben. Ein Beispiel für eine Offenbarungsschrift sind die Bücher Mose.

Aufbau des himmlischen Reichs ist er z. B. auch eine »Landkarte« der Seele. Mithilfe der Kabbalah kann der Mensch ein besseres Verständnis von sich selbst bekommen und erkennen, wo er in der Schöpfungsordnung seinen Platz hat und was sein wahrer Daseinsgrund ist. Und wer die Kabbalah mit den himmlischen Hierarchien vergleicht, kann die Verschlüsselung in der Triadenaufteilung der Himmelsmächte des Mystikers Dionysios Areopagita erkennen, die ca. 500 n. Chr. verfasst wurde.

Viele Lehren basieren auf dem kabbalistischen Wissen: Alchemie, Metaphysik, Tarot, Magie, christliche Mystik, Theosophie, himmlische Hierarchien usw. Auch können hier alle mystischen und magischen Handlungen, die in allen Kulturen und Epochen durchgeführt wurden und werden, sowie alle Lehren wiedergefunden und zugeordnet werden.

Die Kabbalah ist eine der universellen Lehren, die mit Beginn des Wassermannzeitalters wieder öffentlich wurden und seitdem von vielen Menschen aufgenommen werden. Jeder kann beginnen, das lebendige System der Kabbalah zu studieren und umzusetzen. Sie fließt aus dem göttlichen Urquell und ist der lebendige Geist, der erfahren, gelebt und ganzheitlich erfasst werden will. Sie ist von den göttlichen Wesen des Himmels durchdrungen und stellt die vollkommene göttliche Ordnung dar.

Die Kabbalah ist ein ewig gültiges System, in dem der Mensch langsam Stufe für Stufe, Prüfung nach Prüfung durch das Abstreifen des Egos und der Entwicklung seiner Seelenkräfte in sein »Gottesbewusstsein« hineinwächst.

Durch die Ausdehnung der Seelenkräfte erreicht er das Höchste, was ein Mensch auf Erden erreichen kann. Es wird allgemein mit den Begriffen »Erleuchtung«, »ICH-BIN-Gegenwart«, »Meisterschaft« oder »Christusbewusstsein« beschrieben. Er wird »Herr der Erde«, wie es in Gottes Plan ursprünglich vorgesehen war: »Macht euch die Erde untertan.« Dies meint: Lernt, die Kräfte der Materie zu beherrschen, indem ihr euch selbst meistert. Somit sind die »Himmelskräfte« der Weg zur wahren Bestimmung des Menschen.

Lebensbaum und
Blume des Lebens

DIE ENGEL DER KABBALAH

Alles ist durchdrungen mit Licht.

Viele der Engel, die heute wieder auftauchen, finden sich in der Kabbalah, ebenso viele Engelsanrufungen, Formen der Arbeit mit den Engelkräften und Beschreibungen der lebendigen Kräfte. Zahlreiche Engel, die in der Magie gerufen werden, sind den Reichen der Kabbalah zugeordnet. Auf den nächsten Seiten finden Sie eine kleine Übersicht und einen kleinen Auszug aus der Kabbalah für die Arbeit mit Engeln.

Der Lebensbaum der Kabbalah (siehe Abbildung S. 33) spiegelt die sieben Schritte, die die sieben Seinsebenen der Schöpfung verkörpern:

- die Sphären der Götter und höchsten Kräfte (Logoi und Archaii),
- die Sphären der Erzengel und Seraphen,
- die Sphären der Engel und Genien,
- die Sphären der Menschen,
- das Tierreich,
- das Pflanzenreich,
- das Reich der Minerale und Elemente.

Aus diesen sieben Sphären bilden sich wiederum die vier Welten des Lebensbaums: Azilut, Beriah, Jezirah, Assia.

- **Azilut** ist die primäre Schöpfung Gottes oder die Welt der Emanation[13]. Sie ist vollkommen rein und makellos. Aus ihr bauen sich alle anderen Welten auf. Ihre Substanz ist feuriges Lodern oder geistiges Licht. Diese Welt wird als »Kausalwelt« oder »Welt der Ursachen« bezeichnet. Sie wird oft als Lichtstern oder Flamme im Herzen gesehen. Ihr gehören der göttliche Kern, die göttliche Seele und die höchsten Wesen an: Meister, Meisterinnen sowie hohe Himmelswesen und Gewalten. In ihr beginnen die sieben Reiche der Unsterblichkeit, und hier vereint sich Gott mit seinem weiblichen Gegenstück (heiliges Tantra).
- **Beriah** ist die Welt der Schöpfung Gottes. Diese Welt wird von den höchsten Engelwesen bevölkert, den Erzengeln, Genies, Vorstehern und Engelfürsten. Ihr ist das Element Luft zugeordnet. Diese Welt gehört der Ebene des Geistes an. Die Substanz dieser Welt ist gedanklicher Natur und wird als Mentalwelt bezeichnet. In dieser Welt öffnet sich auch die Form höherer Liebe, dorthin gehört unser

13 Emanation: Ausstrahlung, Ausströmen.

Mentalkörper, unser Denken. Hier befinden sich die sieben höheren Himmel, eine Welt des Lichtes, die aus der höchsten Welt Gottes herniederströmt.

› **Jezirah** ist die Welt der Formung. Sie wird als Astral- oder Zwischenwelt bezeichnet. Ihr ist das Element Wasser zugeordnet. Diese Welt wird von einer Unzahl feinstofflicher Wesenheiten bevölkert, die je nach ihrem Rang, Grad der Entwicklung, ihrer inneren Reinheit und Höhe unterschiedliche Sphären dieser Welt bewohnen. Sie ist der Wohnsitz aller regierenden Genien, die die Sphären lenken. In diese Welt gehören die Engel der Natur, die Elementarwesen und Dämonen in gleicher Weise wie das Trieb-, Wunsch- und Gefühlsleben, Instinkte, das niedere Denken und Empfinden des Menschen. Hier gibt es sieben unterschiedliche Seinsstufen, die auch als »die Gemächer der Seele« bezeichnet werden.

› **Assia** ist die »Welt des Gemachten«, die Welt der sichtbaren Schöpfung, die physische oder materielle Welt, in der wir leben. Zu ihr gehören die Erde, die physischen Körper, unser Handeln und das irdische Leben. Hier wird das Leben gebaut und hier zeigt sich die Verdichtung der feinstofflichen Welten. »Die Welt ist Gottes Ort, aber Gottes Ort ist nicht die Welt.« Hineingefallen in den Stoff, in die Materie, treten in dieser Welt die Wesen ihren Weg der Befreiung und die Rückkehr in das »Göttliche« an.

Diese vier Reiche und Sphären durchdringen einander und bedingen sich gegenseitig. Alle Welten sind nach dem Bild der ersten (Azilut) angelegt. Da die Energien jedoch nach unten weitergeleitet werden und durch die Kräfte geformt werden, stellt die Welt des Gemachten (Assia) nur ein unvollkommenes Abbild ihres Urbildes dar. Die Geschöpfe steigen im Laufe ihrer Entwicklung in diesen Sphären auf und nieder. Hieraus formte sich die berühmte Vorstellung der Himmelsleiter, auf der Engel auf- und niedersteigen.

DIE MÄCHTIGEN ENGELWESEN DER EINZELNEN REICHE

Des Weiteren lässt sich die Kabbalah in die 10/11 Sephirot einteilen, die Sphären, in denen sich das Licht des Schöpfers offenbart (vgl. auch Tabelle »Kabbalah«, S. 38/39). Es sind die Kanäle der göttlichen Energie und die zehn göttlichen Merkmale, die das ganze Universum gestalten und beherrschen. Jedes Sepher enthüllt einen Engel und drei Engelfürsten, wenn sich ihre Blütenblätter entfalten. Hier finden sich auch die Grundlagen der Sphärenmagie.

0. Tetragrammaton. Er ist das Unsichtbare, das Verborgene, das Unoffenbarte (van Daath/Pluto). Er ist das Nichts, das alles enthält, der ewig stille Ozean Gottes, der alles widerspiegelt und nichts enthält (in der Magie wird er mit Primeumaton und Anephexeton gerufen, um das magische Dreieck der Manifestation zu bilden).
1. Metatron. Er ist »Gegenwart oder Angesicht Gottes« (Kether/Uranus). Sein Name bedeutet, »der hinter dem Thron Gottes steht« oder »der das Angesicht Gottes erblickt«. Er ist der Stellvertreter des »himmlischen Menschen«, der Schöpferkraft des Göttlichen. Er ist der Hüter des göttlichen Throns.
2. Rasiel. Er ist das »Geheimnis Gottes«, die »Offenbarung Gottes« (Chockmah/Neptun). Er verkörpert die Weisheit Gottes und wird als Vater der Offenbarung beschrieben. Er wies Adam in die Weisheit des Göttlichen ein und übergab ihm das Buch der Weisheit, in dem die Kabbalah enthalten ist, bevor sich die Tore des Paradieses hinter ihm schlossen.

3. Tafkiel/Zafkiel. Er ist die »Anbetung Gottes« (Binah/Saturn). Er hütet das »Gewissen der Welt« und ist der Erzengel des Schicksalsrades. In seinem Reich ist auch der Sitz des Rates der 24 Ältesten, des Karmischen Rates, jener Meister, die das Karma hüten.
4. Tsadkiel/Zadkiel. Er ist »der Tröster Gottes«, »die Gnade Gottes« (Hesed/Jupiter). Er verkörpert göttliche Güte und Barmherzigkeit. Er verwandelt das Übel in Gutes. Er ist die Zuflucht und das Zuhause in Zeiten der Bedrängnis in Gottes Namen.
5. Kamael. Er ist »der Gestrenge Gottes« (Geburah/Mars). Er wird auch die »Gerechtigkeit Gottes« genannt und ist Gottes rechte Hand. Er führt aus, was Gott befiehlt. Er verkörpert die Kraft Gottes.
6. Mikael/Michael. Er ist »der Stellvertreter Gottes«, »der Wille Gottes« (Tipharet/Sonne). Sein Name bedeutet auch »wer ist wie Gott«. Mit seinem Schwert trennt er die Kräfte des Lichtes von den Kräften der Finsternis. Er führt die Menschen zurück in das geistige Bewusstsein, in ihr göttliches Erbe.
7. Haniel. Er ist »die Liebe Gottes« (Netzach/Venus). Er sendet die höchste Fähigkeit des Menschen, die der Liebe: die Nächstenliebe, die bedingungslose Liebe und die verzeihende Liebe. Er ist Hüter der göttlichen Harmonie, der Schönheit und der Kräfte des Magnetismus.
8. Raphael. Er ist der »Arzt Gottes« (Hod, Chod/Merkur). Er sendet die Heilkräfte des Göttlichen, die Segnung des geistigen Reichtums und die Fülle.
9. Gabriel. Er ist der »Starke Gottes«, der Verkünder des Göttlichen (Jesod/Mond). Er ist der Verkünder, der neue Zeiten verheißt. Er führt die Menschen in das leibliche Leben und die irdische Geburt und jede Seele, ausgestattet mit bestimmten Kräften und entsprechend dem »Buch des Lebens«, in ihr »Haus« und ihre »Bestimmung«.
10. Sandalfon. Sie ist »die Gärtnerin Gottes«, das Wachstum (Malkuth/Erde). Sie ist die Bewahrerin der Seele, die sie beständig und unbemerkt pflegt und anregt, ihre wahren Fähigkeiten zu entfalten. Sie ist der Mittler zwischen den Welten, steht auf der Erde und trägt ihr Haupt in die Sphären des Himmels. Sie ist der weibliche Cherub der Bundeslade.

Himmlische Hüter Position / Rang	Zehn heilige Namen Gottes / Zehn himmlische Hierarchien	Himmels-körper (Hebräische Namen)	Reich – Eigenschaft	Wirkende Kräfte – Symbol	Widersacher – Gegenkraft
Sandalfon 10 • Ischim	Adonai Melek (König der Erde) / Mensch, Meister	Erde (Olam Iesodot)	Malkuth – Vollendung	Erdkräfte – junge Frau mit Krone und Thron, die Feuerseele	Lilith – Verhaftung in der Materie
Gabriel 9 • Cherubim	Schadai el-Haiä (all-mächtig, lebendiger Gott) / Engel (Angeloi)	Mond (Levana)	Jesod – Grundlage, Basis, Fundament	Die starken Gefühle – schöner, starker, nackter Mann	Gamaliel – Täuschung und Beeinflussung durch Emotionen
Raphael 8 • Bne Elohim	Elohim Tsebaot (Gott der Heerscharen) / Erzengel (Archangeloi)	Merkur (Kokab)	Hod (Chod) – Ruhm, Herrlichkeit	Die Könige, Königreich Gottes universelle Information – Hermaphrodit	Samael – Fehlinformation
Haniel 7 • Elohim	Jehova Tsebaot (Herr der Heerscharen) / Archaii (Urkräfte), Fürstentümer	Venus (Noga)	Ne(t)zach – Sieg, Macht	Urkräfte, Urbeginn, göttliche Liebe, die Götter / Göttinnen – wunderschöne, nackte Frau	Harab Serap – Handeln gegen die Kraft des Herzens, Hass
Mikael 6 • Malachim	Daath (höherer Verstand, verwirklichter Gott) / Himmelskraft, Gewalten, Exusiai, Offenbarer, Elohim	Sonne (Schemesch)	Tipharet (Tiferet) – Schönheit, Gleichgewicht	Gottesbewusstsein, Söhne der Götter – ein Kind, ein geopferter Gott (Ego)	Torgarni – Unbewusstheit, Dunkelheit
Kamael 5 • Seraphim	Elohim Gibor (Gott der Schlachten) Mächte, Exousai, Dynameis, Weltenkräfte	Mars (Maadim)	Geburah – Kraft, Stärke, Strenge	Willenskraft, die flammenden Schlangen – mächtiger Krieger	Golleb – Einsatz von Stärke und Willen gegen die Schöpfung
Tsadkiel (Zadkiel) 4 • Haschmalim	El (Gott, der Herr) / Herrschaften Kyriotetes, Weltenlenker	Jupiter (Tsedek)	Hesed (Chesed), Gedula – Barmherzigkeit, Gnade	Mitgefühl, die Glanzwesen – mächtiger König mit Krone und Thron	Gamchicoth – Gnadenlosigkeit, Rohheit, Unbarmherzigkeit

Himmlische Hüter Position / Rang	Zehn heilige Namen Gottes / Zehn himmlische Hierarchien	Himmelskörper (Hebräische Namen)	Reich – Eigenschaft	Wirkende Kräfte – Symbol	Widersacher – Gegenkraft
Tsafkiel (Zafkiel) 3 • Aralim	Jehova (Gott, der Schöpfer) / Throne	Saturn (Schabtai)	Bina(h) – Vernunft, Verstand	Dienender Verstand, die Throne – eine Mutterfigur	Sathariel – Ego, nur Verstand zählt
Rasiel (Raziel) 2 • Ophanim	Iach (Gott, das Wort) / Cherubim, vier Gesichter Gottes	Neptun (Maslot) – Tierkreis	Hokmah (Chockma, Chochma) – Weisheit	Allumfassendes Wissen, die Räder – eine männliche bärtige Figur	Chagidiel – Unwissenheit, Ausgeliefertsein
Metatron 1 • Haiot, Ha-Kodesh	Ehie (Ich bin / werde sein) / Seraphim, die Gott-Schauenden, die Brennenden	Uranus (Raschit Ha-Galgalim)	Kether – Krone	Schöpferkraft – bärtiger König im Profil	Thalimiel – Opfergefühl, Unterschätzen der göttlichen Kraft
Aloha van Daath X • Aloha	Der sich in Sphären des menschlichen Geistes verwirklichende Gott / Das Unsichtbare	Pluto	Daath – das Verborgene	Das Nichts, das Nicht-Offenbarte, die Erscheinung Gottes – die heiligen Kreaturen	Maya – kollektives Unbewusstes, Illusion, Unrecht

DIE 72 ENGEL DER KABBALAH

Da erhob sich der Engel Gottes, der vor dem Heer Israels herzog, und stellte sich hinter sie. Und die Wolkensäule vor ihnen erhob sich und trat hinter sie und kam zwischen das Heer der Ägypter und das Heer Israels. Und dort war die Wolke finster und hier erleuchtete sie die Nacht, und so kamen die Heere die ganze Nacht einander nicht näher. Als nun Mose seine Hand über das Meer reckte, ließ es der HERR zurückweichen durch einen starken Ostwind die ganze Nacht und machte das Meer trocken und die Wasser teilten sich.

(ALTES TESTAMENT, EXODUS, VERS 19–21)

Die 72 Engelnamen stammen aus den oben zitierten drei Bibelversen mit jeweils 72 Buchstaben (im Original). Indem man in einer bestimmten rhythmischen Anordnung die Buchstaben des hebräischen Alphabetes der drei Verse zusammenfügt und entweder die Silbe »el« oder »iah« anfügt, erhält man die 72 Engelnamen (siehe Liste nächste Seite, die Bedeutung finden Sie unter dem jeweiligen Namen im »Lexikon der Engelnamen«). Sie wurden von Kabbalisten zusammengefügt und benannt. Jeder der 72 Engelnamen steht für eine umfassende Idee oder wirkende Kraft des großen Namens JHVH. Die Zahl der 24 Throne mit drei Strahlen multipliziert ergibt 72.

Dies sind die 72 Namen der Jakobsleiter, auf der die Engel Gottes auf- und absteigen. Diese Engel tragen den Namen Gottes.

1. Vahaviah
2. Jelajel
3. Saitel
4. Olmiah
5. Mahashiah
6. Lelahel
7. Akaiah
8. Kehethel
9. Hazajel
10. Aldaiah
11. Laviah
12. Hihaajah
13. Jezahel
14. Mebahel
15. Harajel
16. Hoqmiah
17. Laviah
18. Kelial
19. Livojah
20. Phehiljah
21. Nelokiel
22. Jejajiel
23. Melohel
24. Chahaviah
25. Nithahiah
26. Haajoh
27. Jirthiel
28. Sahjoh
29. Rejajel
30. Evamel
31. Lekabel
32. Veshiriah
33. Jechavah
34. Lehachiah
35. Keveqiah
36. Mendial
37. Aniel
38. Chaamiah
39. Rehaaiel
40. Jejeziel
41. Hehihel
42. Michael
43. Vavaliah
44. Jelahiah
45. Saliah
46. Aariel
47. Asslajoh
48. Mihal
49. Vehooel
50. Denejel
51. Hechashjah
52. Aamamiah
53. Nanael
54. Nithael
55. Mibahaiah
56. Poojael
57. Nemamiah
58. Jejeelel
59. Herochiel
60. Mitzrael
61. Vemibael
62. Jahoel
63. Aaneval
64. Machajel
65. Damabajah
66. Menqel
67. Aajoel
68. Rahael
69. Jabomajah
70. Hahajel
71. Mevamajah
72. Chaboojah

DIE 22 KOSMISCHEN HIMMELSSTRÖMUNGEN

Die 22 Engel der großen Arkana

Die Kabbalah weist 78 Wege des geistigen Seins auf. Ein anderer mystischer Einweihungsweg in die Welt der Engel ist das Tarot, das aus der Kabbalah hervorgegangen ist. Das Tarot besteht aus 78 Karten und ist unterteilt in die große und die kleine Arkana. Die große Arkana besteht aus 22 Grundenergien des »Menschseins«. Das hebräische Alphabet setzt sich aus 22 Buchstaben zusammen, die jeweils den Hauptströmungen zugeordnet sind und ebenfalls von himmlischen Mächten gelenkt werden.
Ich habe diesen Einweihungsweg in die Welt der Engel über das empfehlenswerte Buch »Engel – Kräfte« von John Randolph Price erfahren. Mittlerweile gibt es verschiedene Engeltarots, um diesen Weg erfahren zu können. Hier finden Sie nun eine Übersicht über die Engelwege im Tarot:

0. **Der Narr:** Engel der Freiheit – Aloha van Daath – Alles ist möglich
Kraft: Freiheit, Unbegrenztheit, Spiel ohne Grenzen
Blockaden: Minderwertigkeitsgefühle, Schmälerung der eigenen Kraft
Körperliche Ebene: Nervensystem, Verdauung, Magen
Himmlische Botschaft: »Sei frei, kreativ und brillant.«

1. **Der Magier:** Engel der Schöpferkraft – Metatron – Schöpfer sein
Kraft: Balance der Elemente, Harmonie, Schönheit, Vollkommenheit, Einssein

Blockaden: Manipulation, Ego, Begrenzung, Verhaftung, Anhaftung
Körperliche Ebene: Glaubensmuster, Gehirn, Augen, Hemmungen
Himmlische Botschaft: »Alles ist bereits in dir, verbinde dich, sei eins mit allem.«

2. **Die Hohepriesterin:** Engel der Weisheit – Sophienengel – Zugang zur universellen Weisheit
Kraft: Inneres Wissen, Intuition, Vertrauen in das Selbst.
Blockaden: Minderwertigkeitsgefühle, Schmälerung der eigenen Kraft
Körperliche Ebene: Nervensystem, Verdauung, Bauch, Solarplexus
Himmlische Botschaft: »Du weißt es bereits, vertraue dir selbst.«

3. **Die Herrscherin:** Engel der Fülle – Sandalphon – Natur ist Fülle
Kraft: Füllebewusstsein, Energielenkung, Wunscherfüllung, Manifestation
Blockaden: Mangelbewusstsein, Wut auf sich selbst
Körperliche Ebene: Bauch, Brust, Essstörungen, Entzündungen
Himmlische Botschaft: »Lenke deine Aufmerksamkeit auf den Segen und die Fülle in deinem Leben. Du bist gesegnet.«

4. **Der Herrscher:** Engel der Kraft und des Willens – Elohim Akturius – Lenkung der Willenskraft
Kraft: Willenskraft, Ausdauer, Ausrichtung, Autorität, Konzentration, Vertrauen
Blockaden: Trägheit, Glaubensmuster, Sturheit, Ego
Körperliche Ebene: Kopf, Stirn, Nacken, Hals
Himmlische Botschaft: »Sei am Steuer deines Lebens. Gib den Kurs ein, den du wünschst. Vertraue, und bleibe dran.«

5. **Der Hirophant:** Engel des Wachstums – Seraphim – Das Leben ist Entwicklung
Kraft: Entwicklung, Öffnung, Spiritualität, Geisteskräfte
Blockaden: Verweigerung, Starre, Festhalten
Körperliche Ebene: Gelenke, Einschränkung der Beweglichkeit
Himmlische Botschaft: »Du kannst alles meistern. Wachse an der Situation. Wachse über dich hinaus.«

6. **Die Liebenden:** Engel der Liebe – Amor – Liebe ist der Schlüssel
Kraft: Herzöffnung, Bindungskraft, Genuss, Glück, Segen, Heilung
Blockaden: Verschlossenheit, Trennung, Verbitterung, Ausgrenzung
Körperliche Ebene: alle Sinnesorgane, Haut, Mund, Hände, Herz
Himmlische Botschaft: »Öffne dein Herz für die Liebe zu allem Leben.«

7. **Der Wagen:** Engel der Reisen – Erzengel Raphael – Neue Schritte wagen

Kraft: Öffnung, Mut, Sieg, Möglichkeiten, neue Wege
Blockaden: Ängstlichkeit, Zurückhaltung, Festhalten, Starre, Sinnlosigkeit
Körperliche Ebene: Beine, Füße, Magen, Kopf
Himmlische Botschaft: »Neue Felder warten darauf, von dir entdeckt zu werden. Nimm Abschied, und gesunde.«

8. **Die Kraft:** Die Kraft: Engel der Stärke – Lady Faith – Vollendung
Kraft: Abschluss, Ausdauer, Beharrlichkeit, Erfolg, Harmonie
Blockaden: Abbruch, Disharmonie, fehlendes Vertrauen
Körperliche Ebene: Nieren, Rückgrat, Unterleib
Himmlische Botschaft: »Du hast Kraft und Mut. Vollende und schließe die Kreise.«

9. **Der Eremit:** Engel der Stille und der Erkenntnis – Erzengel Zafkiel – All-eins-Sein
Kraft: All-eins-Sein, Stille, Einheit, Weisheit
Blockaden: Abkapselung, Einsamkeit, Zurückgezogenheit, Verschlossenheit
Körperliche Ebene: Haut, Allergien, Darm, Ausscheidungsorgane
Himmlische Botschaft: »Gott und ich sind eins.«

10. **Das Schicksalsrad:** Engel des Schicksals – Erzengel Zadkiel – Herausforderungen annehmen
Kraft: Schicksalslenkung, Schicksalsmeisterung, Vergebung, Erkenntnisse
Blockaden: Widerstände, Ablehnung, Ignoranz
Körperliche Ebene: Verhärtungen, Ablagerungen, Erstarrungen
Himmlische Botschaft: »Sage ›JA‹ zu dem, was ist, und du erhältst jede Führung und Unterstützung. Gestalte positiv, wo du gestalten kannst, und nimm an, was du hinnehmen musst.«

11. **Die Gerechtigkeit:** Engel der Gnade – Lady Amethyst – Vertrauen in Gott
Kraft: Demut, Vertrauen, Umwandlung, Erlösung, Wahrheit
Blockaden: Ego, Rücksichtlosigkeit, Lüge
Körperliche Ebene: Kopf, Herz, Brust, Rücken
Himmlische Botschaft: »Vertraue auf die göttliche Führung.«

12. **Der Gehängte:** Engel der Vision – Engel Jeremia – Visionen aus höchsten Ebenen
Kraft: Öffnung, Flexibilität, neue Perspektiven, Hingabe, Fühlen
Blockaden: Kopflastigkeit, Gefühlskälte, Engstirnigkeit
Körperliche Ebene: Kopfschmerzen, Druck, Festhalten
Himmlische Botschaft: »Du bist ein Kanal von himmlischen Gaben, offenbare sie der Welt.«

13. **Der Tod:** Engel des Todes – Engel Andon – Führung im Übergang
Kraft: Loslassen, Freigeben, Erwachen, Transformation
Blockaden: Festhalten an der materiellen Form, Trauer, Leid, Schmerz
Körperliche Ebene: Lungen, Knochen, Bauch, Darm
Himmlische Botschaft: »Es ist vorbei. Lasse los, und gib frei.«

14. **Die Mäßigkeit:** Engel der Harmonie – Nathanael – Alles in Maßen, auch die Mäßigkeit
Kraft: Ausgewogenheit, Rhythmus, Energie, Synchronizität, Synthese
Blockaden: Disharmonien, Übermäßigkeit, Abhängigkeit, Zügellosigkeit
Körperliche Ebene: Verletzungen, Heißhunger, Süchte, Anhaftungen
Himmlische Botschaft: »Für alles gibt es den perfekten Augenblick.«

15. **Der Teufel:** Engel der Versuchung – Luzifer, Ahriman – Lasse dich nicht täuschen
Kraft: Selbstmeisterung, Schulung, Öffnung für die geistige Energie hinter der Form
Blockaden: Versuchung, Hetze, Ego, Manipulation, Drängelei, Opferhaltung
Körperliche Ebene: Druck im Solarplexus, Übelkeit, Gestank, Verunreinung, Disharmonie, Energielosigkeit, Energieabfall, negative Einstellungen, Verletzungen, Blutverlust
Himmlische Botschaft: »Schaue hinter die Form in die Energie. Liebe hat alle Zeit der Welt, nur der Teufel hat es eilig.«

16. **Der Turm:** Engel der Befreiung – Engel Nisroc – Lösen von alten Strukturen
Kraft: Erlösung, Befreiung, Öffnung, Fasten, Entrümpeln, Lösen
Blockaden: Wut, Zerstörung, Blockaden
Körperliche Ebene: Bauch, Darm, Verdauung, Nieren, Blase, Schließmuskel
Himmlische Botschaft: »Befreie dich von dem, was dir nicht mehr dient. Lasse los, öffne dich. Es ist Zeit weiterzugehen.«

17. **Der Stern:** Engel des Selbstvertrauens – Erzengel Jophiel – universelle Intelligenz
Kraft: Neue Ideen, Visionen und Gestaltungskraft, innere Anbindung, Selbstvertrauen
Blockaden: Kritik, Sehnsüchte, Fantasterei, selbstsüchtige Neigungen,

Zwänge, Verurteilung, Selbstverurteilung
Körperliche Ebene: Knöchel, Schienbein, Krampfadern, Stau, Gedankenkarussell
Himmlische Botschaft: »Vertraue deiner inneren Führung. Komme zu dir selbst. Nimm dir Zeit für dich, und verbinde dich mit der universellen Weisheit.«

18. **Der Mond:** Engel der Träume und der Intuition – Erzengel Gabriel – Fühle!
Kraft: Fühlen, Spüren, Wahrnehmen, Empfänglichkeit, Empathie, Mitgefühl, Traumkraft, Spiritualität
Blockaden: Unzuverlässigkeit, Verträumtheit, Unzugänglichkeit, Unschlüssigkeit
Körperliche Ebene: Rücken, Füße, Bauch, Nieren, Blase
Himmlische Botschaft: »Vertraue den Signalen deines Körpers. Dein Körper reagiert subtil und wahrhaftig. Achte auf deine Träume und Eingebungen.«

19. **Die Sonne:** Engel der Lebensenergie – Erzengel Michael – Licht ist in allem
Kraft: Schönheit, Mut, Tatkraft, Höherführung, Selbstbewusstein, Charisma, Kreativität, Stärke, Zentrierung, Fokus
Blockaden: Wankelmütigkeit, Ego, Narzissmus, Selbstdarstellung
Körperliche Ebene: Magen, Verdauung, Nerven
Himmlische Botschaft: »Sieh das göttliche Licht in dir und in allem. Lasse dich erfüllen, fluten und leiten. Du weißt, was zu tun ist.«

20. **Das Gericht:** Engel der Gnade – Engel Bachel – umfassende Schau
Kraft: Empathie, Selbsterkenntnis, Reflexion, Verständnis, Gnade, Vergebung, Erlösung
Blockaden: Kritik, Selbstbezogenheit, Rechthaberei, Verurteilung, Unversöhnlichkeit, Strenge, Kälte, Perfektionismus, hohe Erwartungshaltung
Körperliche Ebene: Herz, Herzinfarkt, Schlaganfall, Herzprobleme, Knochenprobleme, Gelenkprobleme
Himmlische Botschaft: »Schaue aus allen Perspektiven. Vergib, und lasse los.«

21. **Die Welt:** Engel der Einheit – Isis – Ich bin, ich war, ich werde sein.
Kraft: Gegenwärtigkeit, Leichtigkeit, Freude, Spiel, kosmische Vereinigung, Tanz, Befreiung, Ekstase, Beendigung von Karma, Befreiung
Blockaden: Festhalten an der Vergangenheit, Unbeweglichkeit, Apathie, Depression
Körperliche Ebene: Alterungsprozesse, Bewegungsunfähigkeit, Ohnmacht
Himmlische Botschaft: »Lasse los, übergib alles Gott und den Engeln, tanze, erfreue dich am Leben, das dir geschenkt wurde. Sei eins mit dem Universum.«

DIE ZWÖLF ENGEL DER STERN-ZEICHEN

Auch sie entstammen der Kabbalah. Im 22. Kapitel der Offenbarung des Johannes erfahren wir: »Ein Baum des Lebens, der trägt zwölf Früchte und bringt seine Früchte jeden Monat. Und die Blätter des Baumes dienen zur Heilung der Völker.« Die zwölf beschriebenen Arten der Früchte, die hier hervorgebracht werden, entsprechen den zwölf Zeichen des Zodiaks, den zwölf Stämmen der Söhne Jakobs und den zwölf Jüngern. Die 72 Engelnamen werden im Zodiak allen zehn Gradabschnitten zugeordnet.

Die Zeichen, Dekanaten und 360 Grade haben jeweils auch einen Engelvorsteher.

Beispiel einer Tierkreiszeichenanrufung

Widder

Heh – Gad – Rot
Ich verbinde mich mit den Kräften
des Zeichen Widders.
Engel Malachidael,
du wachst über die
Kräfte dieses Zeichens.
Verleihe mir Mut und Stärke
und den Lotosstab der Lenkung,
um neue Wege zu gehen.

Sternzeichen	Engel	Farbe/n	Hebr. Buchstabe	Stamm Israels
Widder	Malachidael	Rot	Heh	Gad
Stier	Asmodel	Orangerot, Rosa	Vau	Ephraim
Zwillinge	Ambriel	Orange	Zajin	Manasseh
Krebs	Muriel	Bernstein	Cheth	Issachar
Löwe	Verchiel	Zitronengelb	Teth	Judah
Jungfrau	Hamaliel	Gelbgrün	Yod	Naphthali
Waage	Zuriel	Grün	Lamed	Asshur
Skorpion	Barchiel	Blaugrün	Nun	Dan
Schütze	Advachiel	Blau	Samech	Benjamin
Steinbock	Hanael	Indigo	Ajin	Zebulun
Wassermann	Cambriel	Violett	Tzaddi	Reuben
Fische	Ammixiel	Purpur	Qoph	Simeon

So sind 360 Engelvorsteher für die jeweiligen Grade zuständig. Diese finden Sie in der Tabellenübersicht im Anhang. Jeweils sechs Engel der 72 heiligen Engel Gottes sind den 12 Sternzeichen zugeordnet, und jeweils ein Engel ist der Vorsteher der Tierkreiszeichen, die die zwölf kosmischen Strömungen auf die Erde in vorgegebenen Bahnen auf die Erde senden. Für alles gibt es eine Zeit und einen Engel.

DIE DUNKLEN MÄCHTE

Die Wiedersacherkräfte der Kabbalah

Sphäre	Widersacher	Ausdrucksform
van Daath	Maya	Die Täuschung
Kether	Taumiel	Die zwei widerstreitenden Kräfte
Chockmah	Ghogiel	Die Verzögerer
Binah	Satariel	Die Verhüller
Chesed	Agshekeloh	Die Friedensbrecher
Geburah	Golohab	Die Verbrenner
Tiphareth	Tagirion	Die Diskutierer
Nezach	Gharab Tzerek	Die Raben des Todes
Hod	Samael	Die Lügner oder Gifte Gottes
Jesod	Gamaliel	Die Obszönen
Malkuth	Lilith	Königin der Nacht und der Dämonen

Dies sind nur einige kleine Varianten unzähliger Möglichkeiten der lebendigen Lehre der Wahrheit der Kabbalah, die in die Mysterien einweiht. In ihr finden sich zahlreiche Engelnamen, vielfältige Beschwörungsformeln und Rituale, um Wesen zu bannen oder mit ihnen in Verbindung zu treten, den Einweihungsweg zu beschreiten, die Kräfte zu verstehen etc. Die Kabbalah ist ein universeller Schlüssel – und dies ist nur ein winzig kleiner Einblick in ihr gewaltiges System.

ENGEL, ERZENGEL, ELOHIM

Aufbau des Engelreiches

Als ihre Worte nun zu Ende waren,
begann ein Funkensprühen an den Ringen,
wie wenn ein glühend Eisen Funken sprüht.
Und jeder Funke glühte wie die Ringe,
wodurch die Funkenzahl nach Tausenden
das Doppelspiel des Schachbretts übersteigt.
Von Chor zu Chor vernahm ich ihr Hosianna
zum festen Punkte hin, der sie versammelt,
und so in ihrer Bahn sie ewig hält.
Sie sah das zweifelsvolle Denken wohl
in meinem Geist und sprach:

»Die ersten Ringe bezeichnen Seraphim und Cherubim.
Sie folgen ihrer Fessel so behende,
weil sie dem Punkte möglichst gleichen wollen
und möglich wird's durch ihre hohe Schau.

Die Lieben, die im nächsten Umlauf wandeln,
sie heißen Throne vor des Herrn Gesicht.
Mit ihnen schließt sich die erste Hierarchie.
Und alle, musst du wissen, schöpfen Wonne,
so tief als ihre Einsicht in die Wahrheit,
da jeder Geist, der Frieden sucht, hinabdringt.
Hieraus erkennt man, wie die Seligkeit
sich auf die Tätigkeit des Schauens gründet
und nicht der Liebe, die erst nachher kommt.
Das Schauen wird bemessen nach Verdienst
aus Gnade und aus reinem Willen strömend.
So ist's ein stufenweises Weiterschreiten. –
Die nächste Dreiheit, die in ewigem Frühling
hier keimt und blüht und nie entblättert wird
vom Aries der winterlichen Nächte.
Sie rauscht ihr unaufhörliches Hosianna
in drei melodischen Geflechten; dreifach
klingt es zusammen aus drei Jubelchören.
Die heiligen Wesen dieser Hierarchie
sind die Herrschaften zuerst, sind Kräfte dann,
und in der dritten Ordnung sind es Mächte.
Dann in den vorletzten zwei Ringen kreisen
die Fürstentümer und die Ersten Engel.
Im letzten spielen festlich alle Scharen.
Nach oben schauen und nach unten binden
sie alle derart, dass zu Gott sie alle
gezogen werden und einander ziehen. –
Um die Betrachtung dieser Ordnungen
bemühte Dionysios sich so heiß,
dass er, wie ich, sie euch bezeichnen konnte.
Gregorius zwar entfernte sich von ihm
und musste, als er hier im Himmel dann

die Augen auftat, lachen über sich.
Dass so geheime Wahrheit euch auf Erden
ein Mensch verkündet, soll dich nicht wundern,
denn ihm enthüllt' es einer, der's geschaut hat
mit mancher andern Wahrheit dieser Höhen.«

(DANTE ALIGHIERI, 28. GESANG DES PARADIESES)[14]

14 Dante Alighieri, siehe Anhang, »Menschen und Engel«.

Wer war Dionysios Areopagita?

Dionysios Areopagita, dessen Name ein Autorenpseudonym ist, war ein Mystiker, der im 5. und 6. Jahrhundert n. Chr. lebte. Manche Schriften behaupten, er sei Syrer gewesen. In einem seiner Bücher (»De Hierarchia Celesti«) nennt er sich selbst einen Griechen. Der Name »Areopagita« stammt von dem griechischen Wort *areopag* ab, das sich aus *areios* (Ares, ein griechischer Kriegsgott) und *pagos* (Berg) zusammensetzt, und der Name eines Kalksteinhügels westlich der Akropolis von Athen ist. Dort soll Dionysios Paulus getroffen haben und von ihm bekehrt worden sein. Es kann aber auch sein, dass er ein Mitglied des Areopags[15] war und deshalb den Beinamen Areopagita trug.

Dionysios wurde durch seine Werke – »Über die himmlische Hierarchie«, »Über die kirchliche Hierarchie«, »Über die göttlichen Namen« und »Die Briefe« – bekannt. Der Kirche galten seine Schriften lange als hochheilig. Wie kein zweiter Mystiker beeinflusste er die frühe Kirchengeschichte und wurde zur Legende. Ihm wurde viel zugeschrieben und nachgesagt, so soll er z. B. in einem syrischen Kloster gelebt haben und beim Tod Marias anwesend gewesen sein, er gilt als erster Bischof von Athen, und ihm wird die Gründung der Sorbonne, der Universität von Paris, und der Reichsabtei Saint-Denis, der Krönungsstätte der französischen Könige, zugeschrieben.

Mit seinen Werken prägte Dionysios die Vorstellung eines himmlischen Reiches und eine nachvollziehbare Ordnung in die heiligen Gefilde. Wie immer auch sein Leben ausgesehen haben mag, er war ein »Eingeweihter« (Adept), dessen Worte bis in die heutige Zeit Gültigkeit haben – Wahrheit ist zeitlos und besitzt immer Gültigkeit. Dionysios kannte die alten Lehren, die damals nur hohen Eingeweihten zugänglich waren. Insbesondere war er in der Kabbalah bewandert, deren Aufbau mit Dionysios' Aufteilung der Himmelschöre in drei Triaden völlig übereinstimmt – ja, seine Himmelshierarchien sind gar eine verschlüsselte Ausgabe der Kabbalah. Bis in die heutige Zeit inspiriert die durch ihn verbreitete Lehre der himmlischen Hierarchien viele Menschen.

15 Der Areopag war eine Art »Vereinigung von Richtern«, die auf diesem Hügel tagten. Die Mitglieder des Areopags, die Archonten, hatten die Oberaufsicht über Kultur, Sitten, Religiosität im öffentlichen und häuslichen Leben und trugen Sorge für die Aufrechterhaltung der Gesetze.

Der Aufbau der himmlischen Hierarchien

Dionysios Areopagita zählt in seinem Buch »Über die himmlischen Hierarchien« neun Engelschöre auf, die er in Triaden aufteilt und folgendermaßen gruppiert:

Obere Triade:
1. Seraphim, 2. Cherubim, 3. Throne

Mittlere Triade:
4. Herrschaften, 5. Mächte, 6. Gewalten

Untere Triade:
7. Fürstentümer, 8. Erzengel, 9. Engel

Diese neun Engelschöre werden wie folgt beschrieben:

Die obere Triade
Engel der oberen Triade sind mächtige formlose Lichtgestalten von überwältigender Strahlenqualität. Sie können aber auch in klassischen Formen erscheinen, die wie folgt geschaut worden sind:

1. Seraphim: Dante Alighieri beschrieb die Seraphim als »die Gegenwart der Freude Gottes«. Seraphim haben sechs Flügel. Mit zweien bedecken sie ihr Gesicht, mit zweien ihre Füße, und mit zweien fliegen sie (Jesaja 6,2). Sie fliegen unaufhörlich um Gottes Thron herum und singen: »Kodoish, Kodoish, Kodoish, Adonai Sebayoth« (Heilig, heilig,

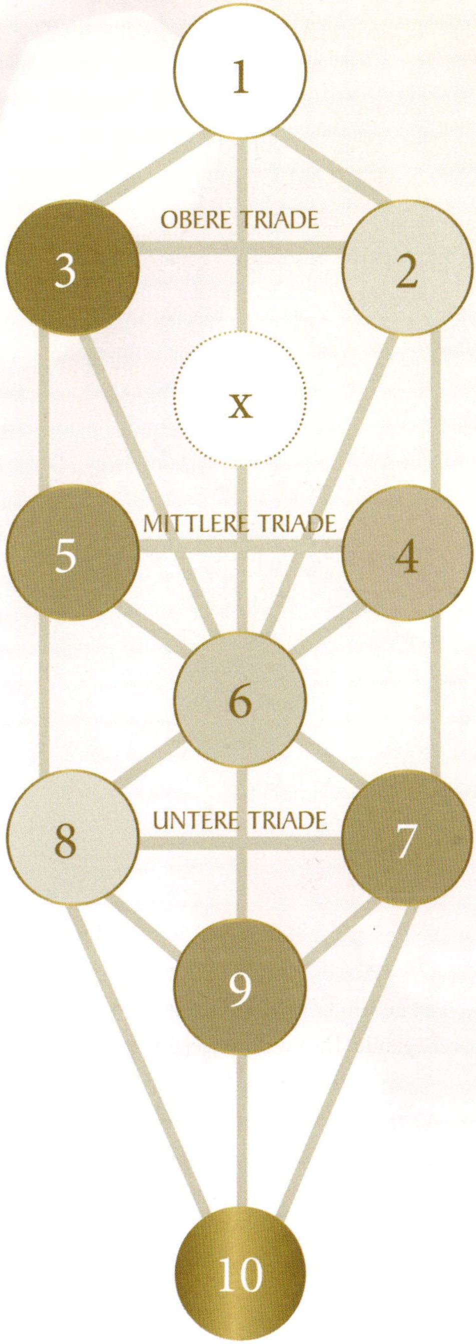

heilig ist der Herr der Heerscharen). Sie entflammen im Menschen die wahre göttliche Liebe und werden oft in roten oder rotorangefarbenen Gewändern mit feurigen Schwertern oder Lichtfackeln dargestellt. Sie sind die reinigenden und lichtspendenden Kräfte, die die Bewegungen des Himmels steuern. Laut Jesaja, der die Seraphim als die »Brennenden« beschrieb, haben sie die Aufgabe, Sünden zu verzehren. Sie stehen vor dem Thron des Herrn und bringen mit ihren gewaltigen Stimmen die Schwelle zum Beben. Sie sind die Engel der Liebe, des Lichtes und des Feuers.

2. Cherubim: Cherubim bedeutet »die Fülle des göttlichen Wissens«. Der Begriff ist assyrischer Herkunft und stammt von dem Wort *karibu* (»einer, der Zwiesprache hält« bzw. »einer, der betet«) ab. Im Islam sind sie als *el-karrubiyan* bekannt. Sie preisen Gott unablässig bei Tag und bei Nacht. Sie gelten als Gottes »Wächterengel« und »Chauffeure« und werden bei Hesekiel wie folgt beschrieben: »... und glänzten wie blinkendes, glattes Kupfer. Und sie hatten Menschenhände unter ihren Flügeln an ihren vier Seiten; die vier hatten Angesichter und Flügel. Ihre Flügel berührten einer den andern. ... Ihre Angesichter waren vorn gleich einem Menschen und zur rechten Seite gleich einem Löwen bei allen vieren und zur linken Seite gleich einem Stier bei allen vieren und hinten gleich einem Adler bei allen vieren. Und ihre Flügel waren nach oben hin ausgebreitet; je zwei Flügel berührten einander und mit zwei Flügeln bedeckten sie ihren Leib. ... Und in der Mitte zwischen den Gestalten sah es aus, wie wenn feurige Kohlen brennen, und wie Fackeln, die zwischen den Gestalten hin und her fuhren. Das Feuer leuchtete und aus dem Feuer kamen Blitze. Und die Gestalten liefen hin und her, dass es aussah wie Blitze. ... Und wenn sie gingen, hörte ich ihre Flügel rauschen wie große Wasser, wie die Stimme des Allmächtigen, ein Getöse wie in einem Heerlager. Wenn sie aber stillstanden, ließen sie die Flügel herabhängen und es donnerte im Himmel über ihnen.« (Hesekiel 7–25) Laut der Genesis 3,24 sind sie es, die nach der Vertreibung von Adam und Eva mit einem schwingenden Flammenschwert den Eingang zum Paradies verteidigen. Außerdem bilden sie den »Thronwagen« (laut der alten Kabbalahmystik auch »Merkaba« benannt), auf dem Gott vom Himmel zur Erde niederschwebt. Sie sind allwissend und werden als Schutzengel des Lichtes und der Sterne beschrieben.

3. Throne: Berichten von Elia und Henoch[16] zufolge sind die Throne wie glühende Kohlen, die wie Fackeln zwischen den Cherubim hin und her zucken. Sie bilden den ersten Kreis um Gott und sind die Kraftzentren, die die Kraftplätze im gesamten Universum und auf der Erde mit göttlicher Energie versorgen. Sie verkörpern göttliche Majestät und werden zudem als Begleitengel für

16 Siehe Anhang, »Menschen und Engel«.

jeweils einen Planeten und als Hüter der Welten beschrieben. Sie bringen Gottes Gerechtigkeit und Wahrheit. In anderen Berichten heißt es, sie seien wie Supernovae, also reine energetische Formen, die wie gewaltige Feuerbälle durch den schwarzen Raum wirbeln, rollen und kreisen. Heute werden sie als mächtige Energiezentren beschrieben, die das göttliche Licht langsam wandeln, bis es auf der Erde wirken kann.

Die mittlere Triade

Nach mittelalterlichen Vorstellungen wurden die Engel der mittleren Triade in weißen Chorhemden, schlichten Gewändern, die bis zu den Füßen reichten, dargestellt. Die Gewänder wurden von einem goldenen Gürtel zusammengehalten und mit einer grünen Stola geschmückt. Die Engel dieser Triade tragen einen goldenen Stab in der rechten und das Siegel Gottes in der linken Hand.

4. Herrschaften: Sie regeln, so wird gesagt, das gesamte Universum und werden auch als »Tugenden« bezeichnet. Sie verkörpern den Willen Gottes und strahlen in massiven Schüben göttliche Energie aus, die große spirituelle Kraft verbreitet. Durch sie offenbart sich die Majestät Gottes. Sie halten ein Zepter oder eine Kugel als Zeichen ihrer Autorität in der Hand. Nach hebräischer Vorstellung heißt der Oberste dieses Ranges Zadkiel.

5. Mächte: Sie werden ebenfalls als Kräfte beschrieben, steuern die Bewegung der Sterne und können in den Lauf der Welt eingreifen. Sie hüten die gemeinsame Geschichte der Menschheit und werden durchströmt von der Weisheit und Liebe der Ewigkeit.

6. Gewalten: Sie schützen den Himmel vor dem Angriff der Dämonen und senden die Kräfte der wahren Meisterschaft und verbreiten die Macht des Göttlichen über die gesamte Schöpfung.

Die untere Triade

Die zugehörigen Engel der unteren Triade wurden im Mittelalter oft in Ritterrüstungen oder in Soldatenuniformen mit goldenen Gürteln, Schwertern, Streitäxten und Lanzen dargestellt. Später erschienen sie mit Lilien, schlichten flatternden Gewändern und Bändern, auf denen ihre hoffnungsvolle Botschaft geschrieben stand. Sie waren einfache Erscheinungen mit gefalteten Händen.

7. Fürstentümer: Sie werden auch »Archaii« genannt. Die Engel in diesen Reihen beschützen Städte, Länder und Völker und stehen im Dienst der Menschheit. In neueren Beschreibungen wecken sie die göttliche Liebesfähigkeit im Menschen und bringen die sieben Hauptenergiezentren des Menschen in Einklang, um ihn zu erhöhen. Es sind die weiblichen Urkräfte, die in Harmonie mit den männlichen wirken. Sie schenken Anmut und Furchtlosigkeit.

8. Erzengel: Sie sind die »Chefs« der Engelscharen und die wirkende Kraft des Göttlichen. Sie befassen sich mit größeren Bereichen der menschlichen Belange und wandeln das göttliche Licht auf die Schwingungsebene des Menschen, um diesen zu erheben. Es mag verwundern, dass die Erzengel erst an achter Stelle in der Hierarchie wiederzufinden sind, doch hatten diese höchsten Engel mehrere Ämter gleichzeitig inne und gehörten dadurch mehreren Klassen an. Sie finden sich auch in den Rängen der Seraphim und Cherubim wieder.

9. Engel: Sie entsprechen bei den Engelscharen dem dienenden Volk und leisten direkten Dienst am Menschen. Sie stehen dem Menschen am nächsten und versorgen ihn mit Energie – besonders mit spiritueller göttlicher Energie.

Vergleich der Hierarchien[17]

Rudolf Steiner (Anthroposophie)	Rosenkreuzer
9. Söhne des Zwielichts oder des Lebens, Schutzengel/Schutzgeister	9. Engel/Angeloi
8. Feuergeister, Volksgeister	8. Erzengel/Archangel
7. Urbeginn, Geister der Persönlichkeit, Archaii/Urkräfte, Zeitgeister	7. Mächte/Exousiai
6. Geister der Form, Exousiai, Offenbarer, hebr. Elohim, Obrigkeiten, Gewalten	6. Fürstentümer/Archaii
5. Geister der Bewegung, Dynameis, Weltenkräfte, Mächte und Tugenden	5. Herrschaften/Kyriote
4. Geister der Weisheit, Kyriotetes, Weltenlenker, Herrschaften	4. Throne/Thronoi
3. Geister des Willens, Throne	3. Cherubim
2. Geister der Harmonien, Verwalter der Opfersubstanz	2. Seraphim
1. Geister der Liebe, die Gott-Schauenden, die Brennenden	(keine Entsprechung)

17 Die Zahlen 9–1 stehen in der Zuordnung zu den jeweiligen Hierarchien, z. B. 9. Söhne des Zwielichts oder des Lebens gehören zu 9. Engel (Hierarchie von Agrippa).

DIE ERZENGEL

Gabriel, ertönt es leise,
sende mir Erlösungsweisen.
Raphael, du froher Geselle,
schenke mir Heilung
auf die Schnelle.
Uriel mit Donnerklang
verscheucht die Dunkelheit
mit Gesang.
Michael im Sonnenlichte
durchdringt mit Licht
die Erdendichte.
Haniel, der zarte Klang,
endlich durch mich hallen kann.
Orphiel bringt Glück und Segen,
lässt die goldne Weisheit regnen.
Zadkiel, der alte Weise,
ist am Ziele seiner Reise.
In der Stille sitzt er da,
Glückseligkeit, das ist sein Ra.
Herrlichkeit erstrahlt aus dem
Licht der Sieben,
sie den Menschen wollen erheben
in sein wahres göttliches Sein.

Was sind Erzengel?

Erzengel sind die achte Hierarchie Gottes. Sie werden in der Kabbalah dem Reich Hod, auch Chod (»Herrlichkeit/Ruhm«) zugeordnet (vgl. Kapitel »Die Kabbalah«). Ihre Lichtreiche werden als die Königreiche Gottes beschrieben. Die Erzengel sind die wichtigsten Engel für die Menschheit, ihnen untersteht alles, was mit der Menschheitsentwicklung zu tun hat. Sie sind die reinen, in Gott lebenden Kräfte. Sie sind vom göttlichen Licht durchdrungen. Hier besteht kein Zweifel mehr, ob man es mit einem Engel oder einem Dämon zu tun hat. Die Erzengel sind reine himmlische Wesen, die ausschließlich im göttlichen Licht wirken. Tausende von Engeln stehen in ihren Diensten.

Was sind die Aufgaben der Erzengel?

Erzengel haben ein umfangreiches Aufgabengebiet. Sie senden sowohl das Licht aus den höchsten Reichen als auch die göttlichen Tugenden in die offenen Menschenherzen, leisten unermüdlichen Einsatz gegen die Mächte der Finsternis, leiten, lenken, führen, schützen, vermitteln, senden usw.

Warum heißen die Erzengel auch die »Herrlichen Sieben«?

Über die tatsächliche Anzahl der Erzengel gehen die Meinungen weit auseinander. Die christliche Kirche legte per Dekret sieben Erzengel fest, und nur drei bzw. vier wurden namentlich zugelassen: Michael, Raphael, Gabriel und Uriel (Auriel). Letzterer wurde in der Zeit der Engelverfolgung darüber hinaus in die Hölle verbannt, später jedoch wieder freigesprochen.

In vielen Systemen finden wir die »Herrlichen Sieben«. Die Sieben ist die wichtigste und heiligste Zahl in der Zahlensymbolik. In der Offenbarung des Johannes (1,12–20) heißt es: »Und als ich mich umwandte, sah ich sieben goldene Leuchter und mitten unter den Leuchtern einen, der war einem Menschensohn gleich …, und er hatte sieben Sterne in seiner rechten Hand … Die sieben Sterne sind Engel der sieben Gemeinden, und die sieben Leuchter sind sieben Gemeinden.«

Sieben ist die kosmische Zahl. Die Pythagoräer beschrieben sie als Vehikel des Lebens: Sie besteht aus den vier Elementen des Körpers und der Dreiheit des Geistes. Gott ruhte am siebten Tag. Christus ruhte sieben Tage im Grab, der Heilige Geist wird als siebenfach dargestellt, es gibt die sieben Augen Gottes, sieben Lampen brennen um Gottes Thron, weiterhin gibt es sieben Engel der Apokalypse, sieben Siege, sieben Einweihungsgrade, sieben Haupttugenden, sieben Hauptlaster, eine Woche hat sieben Tage, der Mensch hat sieben Hauptenergiezentren, die ihn mit Licht und Energie versorgen, es gibt die sieben Töne der Tonleiter, die sieben kosmischen Farben des Regenbogens etc. Alles das zeigt, wie wichtig die Zahl Sieben auf dem Weg des Erwachens für den Menschen ist.

Die Aufgabe der »Herrlichen Sieben«, wie die Erzengel auch genannt werden, ist die Einweihung des Menschen in das Göttliche, in Gott.

Die Erzengel sind dem Merkur zugeordnet, dessen Zone wiederum die 72 Engelnamen der Kabbalah zugeordnet werden. Somit ist davon auszugehen, dass diese 72 Engel auch zu den Erzengeln gehören. Darüber hinaus gibt es noch zahlreiche andere Erzengel, die mit weiteren Aufgaben betraut sind.

DIE »HERRLICHEN SIEBEN«

Vor mir Raphael,
hinter mir Gabriel,
zu meiner Rechten Michael,
zu meiner Linken Uriel (Auriel),
über mir Jophiel,
unter mir Zafkiel,
in der Mitte Haniel (Chamuel).
Geschützt und geborgen
im göttlichen Sein,
in der Mitte des
sechszackigen Sterns,
in der schützenden Kugel
leuchtet und strahlt das
»ICH BIN der ICH BIN«.

Michael

Sein Name bedeutet »wer ist wie Gott« und steht für Vollkommenheit und Vollständigkeit. Michael ist in vielen Traditionen der bekannteste und ranghöchste Engel. Er gilt als der persönliche Vertraute Gottes, als Gottes rechte Hand. In den Schriftrollen von Qumran[18] wird er als »Prinz des Lichtes« beschrieben. In der Kabbalah ist er der Vorsteher des Sonnenreiches, der 6. Hierarchie Gottes. Es ist das Reich Tipharet, das Reich der Schönheit, des Glanzes und des Gleichgewichts – das Reich des Gottesbewusstseins. Michael hat den Aufstand Satans niedergeschlagen und ihn aus dem Himmel geworfen (Offenbarung 12,7–9). Diese Tat machte Michael zu einem starken Schutzheiligen, dem viele weitere Heldentaten zugesprochen wurden, für die es jedoch keine eindeutigen Belege gibt. Im Mittelalter war er der Schutzpatron der Ritter. Er ist der führende Erzengel der gegenwärtigen Epoche. Er führt die Menschen zurück, weg von der Materie, hin zu ihrer wahren geistig-göttlichen Natur und in ihre wahre Macht und Stärke. Mit seiner Kraft zerreißt er die Nebelschleier der Täuschung, holt die Wahrheit ans Licht, schneidet frei von Verstrickungen und schützt die Quelle des Göttlichen. Mit seinen Legionen sendet er den göttlichen Willen, die göttliche Kraft und die göttliche Macht. Zu seinen Heerscharen gehören Engellegionen des Schutzes, Engel der Befreiung, Engel des göttlichen Willens, Engel der Macht, Engel der Kraft, Engel des göttlichen Bewusstseins, Engel der Bewachung, Engel der Bewahrung u. v. a. m. Am 29. September ist Michaelistag.

18 Berühmt wurde Qumran, die Ruinenstätte einer klosterähnlichen Anlage mit Nekropole (griech. = Gräberfeld) am Nordwestufer des Toten Meeres, wegen der dort 1947 in Höhlen gefundenen Schriftrollen. Diese meist auf Papyrus und Leder ausgeführten Handschriften gelten als (verschollene) Teile der Bibel hebräischer Herkunft. Auf ihnen sind liturgische und Gesetzestexte aufgezeichnet, die vermuten lassen, dass Essener, eine mystische Vereinigung von Juden (200 v. Chr.–400 n. Chr.), einst dort wohnten.

Gabriel

Sein Name bedeutet »die Stärke Gottes« bzw. »die Zeugungskraft Gottes«. Gabriel steht immer am Tor des Werdens, der Geburt, des Neubeginns. Er wird auch der »große Erwecker« und »Erzengel der Erkenntnis« genannt. Gabriel ist der Genius oder Vorsteher der neunten Hierarchie Gottes. Ihm untersteht das Reich der Engel, das dem Mond zugeordnet ist. Es ist auch das Reich von Licht und Finsternis, das polare Reich, in dem sich die Kräfte die Waage halten und rhythmisch den ewigen Wechsel hervorbringen. Er verbreitet das Licht der Erlösung und der Auferstehung, indem er immer wieder die Kraft der Veränderung, der Erneuerung aussendet. In der Geschichte ist er der Verkünder von neuen Epochen und Ankündiger neuer Energieströmungen und neuen Zeitgeistes. Er teilte Daniel mit, dass ein Messias kommen werde. Er verkündete die Geburt von Johannes dem Täufer. Er erschien Maria, um ihr die frohe Botschaft von der Geburt Jesu mitzuteilen. Er diktierte Mohammed den Koran, der sich als Buch in seine Seele senkte und durch ihn offenbart wurde. Er öffnet die Tore des Himmels für die Weiterentwicklung, die Evolution auf der irdischen Welt. Er gilt als Inspirator der göttlichen Kraft, ständig bereit, diese zu erneuern und allmählich zu erhöhen und Mensch und Erde zu erheben. Die himmlischen Heerscharen, die ihm unterstehen, haben die Aufgabe, in alle Gebiete neue göttliche Ideen im Sinne der Harmonie und Schönheit zu senden. Es sind Engel der Erlösung, Engel der Auferstehung, Engel der Inspiration, Engel der neuen Ideen, Engel der Harmonie, Engel der Schönheit, Engel der Vielfältigkeit, Engel des neuen Zeitgeistes, Engel des Todes und der Wiedergeburt, Engel des Rhythmus, Engel des Gleichgewichtes u. v. a. m.

Raphael

Sein Name bedeutet »Gott heilt«. Raphael ist Vorsteher des Erzengelreiches. Er sendet die Heilung durch das göttliche Licht. Er ist einer der sonnigsten, freundschaftlichsten, lustigsten und kameradschaftlichsten Erzengel der »Herrlichen Sieben«. Er sendet die Heilkraft Gottes. Im Buch Tobit wird er als Begleiter Tobits beschrieben, den er führt und anleitet. Raphael zeigt Tobit, wie man Dämonen vertreibt und Heilung herbeiführt. Er soll alle Bücher der Heilung durchgegeben haben. Die Smaragdtafeln des Hermes Trismegistos, auch das »smaragdene Buch der Weisheit« genannt, wurden ebenfalls von ihm übermittelt. Es bildet die Grundlage sämtlicher Heilverfahren auf allen Ebenen des Seins und vermittelt darüber hinaus die Sternkunde, Astrologie und analoge Medizin. Viele große Eingeweihte wurden von ihm inspiriert und angeleitet, denn er zeigt den Weg zurück zur Vollständigkeit und Heiligkeit. Wahrscheinlich hat er so ein sonniges und humorvolles Gemüt, weil Humor und Lächeln die beste Medizin in allen Lebenslagen sind. Wer sein Licht im göttlichen Zustand hält, bekommt auf alle Fragen und in allen Lebenslagen eine Antwort und Hilfe aus dem geistigen Reich. Raphael ist das große Licht der Heilung, Heiligung, Segnung und Weihung. Zu seinen Legionen gehört alles, was im Dienst der Wissenschaft und Medizin steht, dazu gehören die Engel der Heilung, Engel der Chirurgie, Engel der Freude, Engel des Lebensmutes, Engel der Segnung, Engel der Weihung, Engel der Heiligkeit, Engel der Regeneration, Engel der Erkenntnis, Engel der Wissenschaft u. v. a. m.

Uriel (Auriel)

Sein Name bedeutet: »Feuer Gottes« oder »Licht Gottes«. Er steht der fünften Hierarchie des Göttlichen vor, dem Reich Geburah, dem Macht und Stärke zugeordnet sind, also auch Mars, der mächtige Gott des Feuers. Uriel lehrt uns, diese Kraft zu beherrschen und sie in den Dienst Christi zu stellen, ihr nicht zügellos nachzugeben, sondern sie zu bändigen. Im Buch Henoch erfahren wir, dass er der Herrscher der Unterwelt ist. In der »Offenbarung des Petrus« und den Apokryphen steht geschrieben, dass Uriel am Tag des Jüngsten Gerichtes die Pforten der Unterwelt öffnen wird, die Toten auferstehen lässt, um sie zu richten und über sie zu urteilen. Er wird die Sünder vor Gott führen und ihre Behausungen im Ewigen Feuer verbrennen. Uriel ist die »starke Hand Gottes«, er steht mit flammendem Schwert am Eingang des Paradieses und prüft die Seelen. Er ist für alle Himmelslichter, Blitz, Donner und Schrecken verantwortlich. Er soll es gewesen sein, der Noah vor der Sintflut warnte. Während der Zeit der Engelverfolgung wurde er für einige Zeit in die Hölle verbannt, doch später wieder heiliggesprochen. Uriel ist der Erzengel der »heiligen Energie«, der Kraft, die uns antreibt. Uriel prüft unsere Kraft: Lassen wir ihr freien Lauf, richten Schaden an und verwenden sie gegen das Leben und das Göttliche – oder stellen wir sie in den Dienst der Liebe und des Friedens auf Erden? Ist unser Feuer zerstörend – oder wärmend und kraftspendend für alle? Hier wird das elektrische, aktive Licht, die feurige Lichtenergie, die Kraft der Tat, des Göttlichen gehütet. Uriel wirkt nach dem Motto: »Nicht an seinen Worten, nein, an seinen Taten wird man ihn erkennen!« Zu seinen Legionen zählen die Engel des Friedens, Engel des Dienens, Engel der Demut, Engel der Gerechtigkeit, Engel des Ausgleichs, Engel der Unterscheidung, Engel der Kraft und Energie, Engel der Beherrschung u. v. a. m.

Chamuel/Anael/Haniel

Für ihn gibt es unterschiedliche Bezeichnungen und somit auch unterschiedliche Namensbedeutungen. Haniel bedeutet so viel wie »Gottes Huld und Mildtätigkeit«, Anael so viel wie »Gottes Barmherzigkeit« und Chamuel so viel wie »Kraft des Herzens Gottes«. Er ist der Erzengelvorsteher des Reiches Nezach, das der Venus, der Liebe, zugeordnet ist. Hier herrscht die Kraft des Christuslichts. Jesus brachte die Schwingung der »Nächstenliebe« mit auf die Erde, diese war auch seine Botschaft an die Menschen. Der Mensch kann immer die Liebe leben, was immer auch geschehen mag. Liebe ist Gott, und Gott ist Liebe. Vieles, was in Christi Namen passiert ist, widerspricht deutlich dem, was er gelehrt und gelebt hat. Erzengel Haniel/Chamuel – oder welchen Namen man ihm auch zuordnen mag – sendet die »göttliche Liebe«, die »bedingungslose Liebe« und das Vertrauen in das Göttliche auf die Erde und in die Menschenherzen. Hier wird das magnetische Licht der Liebe gehütet. Alles, was mit dem Licht der Herzenskraft beleuchtet wird, zeigt sich auch auf der materiellen Ebene. Erzengel Chamuel trägt den Menschen höher, schickt ihm Vertrauen in die göttliche Kraft und aktiviert die zarte aber dennoch mächtige Kraft des Herzens. Göttliche Liebe ist Verstehen, Barmherzigkeit, Mildtätigkeit, Friedfertigkeit u. Ä. Dieser Erzengel erscheint jetzt sehr deutlich am Firmament, um uns dieses Licht zu vermitteln. Er sendet die göttliche Liebesfähigkeit und das Gottvertrauen. Zu seinen Legionen zählen unzählige Engel, wie die Engel der Liebe, Engel des Vertrauens, Engel der Anziehung, Engel der Barmherzigkeit u. v. a. m.

Jophiel/Orfiel

Sein Name bedeutet »die Weisheit Gottes« oder »Gott ist meine Wahrheit«. Er ist der Vorsteher des Jupiterreiches, »Hesed« genannt, und wird der Barmherzigkeit und Gnade zugeordnet. Jophiel sendet das göttliche Licht der Weisheit über die Eingebung und Intuition in die Menschenherzen. Jophiels Wirken konnte in den letzten Jahrtausenden überall dort wahrgenommen werden, wo sich die Menschen der göttlichen Quelle zugewendet und das Licht der Wahrheit gesucht haben. Der wahre Reichtum, das wahre Glück und der wahre Schatz befinden sich im Reich des Lichtes, und von dort aus kann er offenbart und in die Welt gebracht werden. Wenn ihm das Licht von Jophiel gesandt wird, bezeichnet es der Mensch oft als Glück, als glücklichen Zufall, als Gnade und Glück des Schicksals. Jophiel sendet den Frieden, das Verständnis und bringt die Erfahrung des täglichen Lebens in Einklang mit der höheren Bedeutung. Das Licht der Erleuchtung wird über diesen Erzengel durchgegeben. Menschen, die dieses Licht dauerhaft und stabil in sich entfalten möchten, üben und lernen über lange Strecken und begreifen schließlich die Begebenheiten des äußeren Lebens als Prüfsteine. Zu den Legionen von Jophiel zählen unzählige Engel wie die Engel der Erleuchtung, Engel des Friedens, Engel der Wahrheit und der Hingabe an die Wahrheit, Engel der Offenbarung, Engel des Wissens, Engel des Lehrens, Engel im Dienste des Christuslichtes, Engel der Glückseligkeit, Engel der Verzückung, Engel der Entrückung, Engel, die das Engelauge des Menschen öffnen, u. v. a. m.

Tsadkiel/Zadkiel

Sein Name bedeutet »Richter Gottes«, »Gott ist Gesetz«, aber auch »Gott ist Gnade«. Er ist der führende Erzengelvorsteher des Saturnreiches Binah. Hier werden die kosmischen, ewig gültigen Gesetze gehütet, ihre Einhaltung geprüft und ihr Inhalt zugänglich gemacht. Von hier aus wird der Schicksalslauf gesteuert und das ewige Rad der Gerechtigkeit und des Ausgleichs gedreht. Das menschliche Schicksal setzt sich aus zwei Bestandteilen zusammen: zum einen aus einem geschlossenen Schicksalsstrang, in dem bestimmte Ereignisse und Begegnungen vorbestimmt sind, da es hier noch etwas zu erlösen und aufzulösen gibt im Sinne der göttlichen Gerechtigkeit (dem Gesetz von Ursache und Wirkung); zum anderen aus einem offenen Schicksalsstrang, der in der Hand des Menschen liegt. Wer sich im Lichte weiterentwickelt, Erkenntnisse umsetzt und sich bemüht, sein Handeln unter den göttlichen Willen zu stellen und im Sinne des göttlichen Lichtes zu handeln und sein Bewusstsein zu entfalten, erfährt die Gnade, dass sich sein »geschlossenes Schicksal«, also die Begegnungen und Ereignisse, die vorbestimmt sind, leicht, schnell und meist gut auflöst. Er erhält durch ebendiesen Erzengel Eingebungen und die Kraft, die notwendig ist, dieses Schicksal zu meistern. Für Menschen, die sich nicht entwickeln und nicht an sich arbeiten, bleibt der geschlossene Schicksalsstrang oft hart, unerbittlich und verwirrend, da ein solcher Mensch sein Bewusstsein nicht erhebt und die Chance, die ihm immer wieder gegeben wird, nicht erkennt und nutzt. Zadkiel sendet das Licht der Vergebung, der Erlösung, der Transformation und Umwandlung und damit die große göttliche Kraft der Weiterentwicklung und der Erhöhung in die eigene Freiheit, die aus einem anderen Reich kommt als dem Reich der Materie. Zu seinen Engellegionen zählen die Engel der Vergebung, die Engel der Transformation, die Engel der Reinigung, die Engel des Schicksals, die Engel des Wissens, die Engel der Mysteriengeheimnisse, die Engel der Umwandlung, die Engel der Gnade u. v. a. m.

DIE ERZENGELEPOCHEN

Das Orchester der Zeit,
der Dirigent der Herrlichkeit
bestimmt den Ton,
er färbt den Klang,
sodass er in der Schöpfung
erschallen kann.
So wechselt von Zeit zu Zeit
der Dirigent das Klangfarbenkleid.

Nichts ist stärker als ein neuer Zeitgeist, der die Atmosphäre berührt. Engel und Mensch haben eine lange Entwicklungsgeschichte. Neben Einzelmensch und Einzelschicksal gibt es noch das Volk und das Volksschicksal. Diese Abstufung setzt sich in noch höhere und weitere Bereiche des Daseins fort. Über die Völker steigen die Kräfte der Menschheit auf. So, wie diese Bereiche sich stufenweise aufbauen, so gliedern sich auch die himmlischen Kräfte: Engel zu Einzelmenschenschicksal; Erzengel zu Volksschicksal; Archaii, Elohim und höhere Kräfte zu Menschheitsschicksal bzw. Weltenschicksal. In jeder Epoche der Geschichte walten verschiedene Erzengelkräfte, die die Evolution der Menschheit vorantreiben. Sie wirken im großen Rhythmus der Weltenentwicklung und

7 Energien	Kabbalah	Buch Salomon	Buch Henoch	Buch Tobit	Neue christl. Mystik
Mond	Gabriel	Gabriel	Gabriel	Gabriel	Gabriel
Merkur	Raphael	Iaoth	Raphael	Raphael	Raphael
Venus	Haniel	Arael	Remiel	Remiel	Anael
Sonne	Michael	Mikael	Michael	Michael	Michael
Mars	Kamael	Uriel	Uriel	Uriel	Samael
Jupiter	Tsadkiel	Adonael	Raguel	Raguel	Oriphiel
Saturn	Tsafkiel	Sabrael	Sariel	Zerachiel	Zerachiel

senden zusammen mit anderen höheren »Engelkräften« Impulse und Inspirationen, die der Menschheit als Ganzes dienen. In jeder Epoche wird ein Erzengel von den höheren Mächten, den Elohim, berufen. Die besonderen Fähigkeiten und Qualitäten des damit »regierenden« Erzengels kommen der gesamten Menschheit zugute. Als Beispiel kann hier ein Orchester gesehen werden, das gelegentlich einen Solisten mit besonderen Fähigkeiten braucht. Dieser Solist bestimmt mit seinen besonderen Fähigkeiten eine Zeit lang das ganze Geschehen. Die sieben Erzengel und Archaii lösen sich nacheinander im »Zeitengeschehen« ab. Hier eine kurze Übersicht über die Erzengelepochen:

Michael (und Archaii des Glaubens (Faith)) von 600 bis 200 v. Chr.
Jophiel (und Archaii der Beständigkeit (Konstantia)) von 200 v. Chr. bis 150 n. Chr.
Chamuel[19] (und Archaii der Mildtätigkeit (Charity)) von 150 bis 500 n. Chr.
Zadkiel (und Archaii der Transformation (Amethyst)) von 500 bis 850 n. Chr.
Raphael (und Archaii des Trostes (Mutter Maria)) von 850 bis 1190 n. Chr.
Uriel (und Archaii der Kraft (Dona Grazia)) von 1190 bis 1510 n. Chr.
Gabriel (Archaii der Hoffnung (Hope)) von 1510 bis 1879 n.Chr
Michael (Archaii des Glaubens (Faith)) seit 1879

19 Erzengel Chamuel kann auch mit Anael, Haniel gleichgesetzt werden, Erzengel Uriel mit Samael, Auriel, Camael, Erzengel Zadkiel mit Zachariel und Erzengel Jophiel mit Orfiel.

7 Himmelsmächte (nach Origenes[21])	7 Erzengel der himmlischen Ordnung	7 Strahlen der Erzengel/Archaii (Yin und Yang)	7 Amesha Spenta (unsterbliche Heilwirkende) Iran
Jaldabaoth	Gabriel	Gabriel und Archaii der Hoffnung (Hope)	Sraosha
Jao	Raphael	Raphael und Mutter Maria	Asha vahishta
Adonaios	Jehudiel	Chamuel und Archaii der Mildtätigkeit (Charity)	Chshathra
Horaios	Michael	Michael und Archaii des Glaubens (Faith)	Vohu Mano
Ailoaios	Methatron	Uriel/Auriel und Archaii der Gnade (Dona Grazia oder Aurora)	Armaiti
Astaphaios	Barachiel	Jophiel und Archaii der Beständigkeit (Lady Konstantia oder Christine)	Ameretat
Sabaoth	Barbiel	Zadkiel und Archaii der Wandlung (Lady Amethyst)	Haurvatat

21 Siehe Anhang, »Menschen und Engel«.

Erzengel Michael (und die Archaii des Glaubens) ist der führende Erzengel der heutigen Zeit. Uriel wirkte im tiefsten Mittelalter. Als Erzengel der »Feuerenergie« Gottes können wir seine Kraft deutlich erkennen: Kriege, Menschen, die für höhere Ideale kämpfen, erhitzte Dispute des Glaubens, Kreuzzüge – und alles im Namen Christi. Gabriel löste anschließend Uriel ab: Er wirkte vier Jahrhunderte hindurch und hat seit Beginn der Neuzeit die Menschheitsentwicklung geleitet. Er ist der Erzengel der Geburt und des Neubeginns und leitete mit der Archaii der Hoffnung an seiner Seite den gewaltigen Umbruch am Ende des 15. Jahrhunderts ein. Als gabrielische Impulse gelten die Entdeckungsfahrten, Erfindungen, die Neuerungen, die im 19. Jahrhundert in vielen Bereichen entwickelt wurden. Erzengel Michael und die Archaii des Glaubens lösten Gabriel ab. Sie führen die Menschheit zurück von der Entdeckung der äußeren Welt zur Entdeckung der inneren Welt. Erzengel Michael strebt mit seiner Kraft die Wendung ins Geistige und Göttliche an und lüftet den Schleier der Maya, der Illusion. Er ruft auf, an das Göttliche zu glauben und seinen Willen unter den göttlichen Willen zu stellen, damit das Licht der Herrlichkeit den Menschen höher tragen kann.

Übersicht der »Herrlichen Sieben«

Die Namen der sieben Erzengel kommen zwar in verschiedenen Büchern, Lehren, Kulturen unterschiedlich vor, doch sie vertreten überall die gleiche Energie: Michael, Gabriel und Raphael sind in allen Systemen als Erzengel gültig. Die Erzengel sind den sieben Planeten, Kräften, zugeordnet (Mond, Sonne, Merkur, Venus, Mars, Saturn und Jupiter (siehe Tabelle nächste Seite).

Die vier großen Erzengel Michael, Gabriel, Raphael und Uriel (Auriel) finden sich namentlich schon lange vor der Christianisierung in vielen Kulturen und Epochen. Über die anderen drei der sieben Kräfte herrscht hinsichtlich des Namens etwas Unklarheit, da ihre Kräfte der Menschheit lange verborgen waren. Sie wurden in alten Mysterienorden gelehrt und gehütet. Jetzt, da wir uns in einer Zeit des Wandels befinden und bereit sind, eine neue Stufe der Entwicklung zu betreten, kehren die drei und noch weitere Himmelskräfte zur Menschheit zurück.

Zuordnung der sieben Kräfte

Michael beherrscht den Osten.
Raphael beherrscht den Westen.
Gabriel beherrscht den Norden.
Uriel beherrscht den Süden.
Jophiel beherrscht das Oben.
Zadkiel beherrscht das Unten.
Anael (Chamuel, Haniel) beherrscht die Mitte.

Die nachfolgenden Zuordnungen erheben keinen Anspruch auf alleinige Gültigkeit. Es gibt, wie Sie bereits feststellen konnten, viele Systeme und Ordnungen zu den sieben Erzengelkräften, die sich einander teilweise widersprechen können und völlig andere Darstellungen aufweisen. Das kann sehr verwirrend sein, aber jeder sollte mit den Entsprechungen und Systemen arbeiten, die ihm vertraut sind und mit denen er seine Kraft verbinden kann – es spielt keine Rolle, wenn sie vom hier Dargestellten abweichen.

Engel	Richtung	Kräfte	Energie	Tage	Metall	Planet	Stern/Form/ Zahl
Micheal	Osten	Luft	Geist	Sonntag	Gold	Sonne	Sechseck (6)
Gabriel	Norden	Wasser	Gefühl	Montag	Silber	Mond	Neuneck (9)
Uriel	Süden	Feuer	Tatkraft	Dienstag	Eisen	Mars	Fünfeck (5)
Raphael	Westen	Erde	Materie	Mittwoch	Messing	Merkur	Achteck (8)
Haniel	Mitte	Äther	Magnetis- mus	Donnerstag	Kupfer	Venus	Siebeneck (7)
Jophiel	Oben	Atma	Lichtenergie, Elektrizität	Freitag	Zinn	Jupiter	Viereck (4)
Zadkiel	Unten	Sinne	Gravitation	Samstag	Blei	Saturn	Dreieck (3)

Anmerkung zu den Erzengeln

Werfen wir einen kurzen Blick auf den Buddhismus. Hier finden wir die Dhyani-Buddhas der Meditation. Sie entsprechen den vier Hauptkräften, der Kraft der Mitte und zwei übergeordneten Kräften – sie entsprechen unseren Erzengeln. In vielen Naturreligionen finden wir die Balance der sechs Richtungen (oben, unten, links, rechts, vorn, hinten), die jeweils über Naturkräfte symbolisch ausgedrückt werden und uns mit der siebten Kraft, der Mitte, dem großen Geist (z. B. Wakan Tanka, der Große Geist der Indianer), verbinden. Hier geht es für den Menschen darum, die Kräfte nach und nach in sich zu entwickeln und auszubalancieren. Wenn dieser Zustand erreicht ist, erlangt der Mensch Erleuchtung, »Christusbewusstsein«, die Verbindung mit seiner höheren unsterblichen Natur.

Die Entwicklung der Sieben ist wichtig, will der Mensch seinem wahren Auftrag gerecht werden. Die Wege jedoch sind vielfältig und sehr unterschiedlich und scheinen sich manchmal zu widersprechen. Das liegt jedoch am jeweiligen Blickwinkel. So hat z. B. für einen Australier der Norden durch die geographische Lage eine andere Bedeutung als für einen Europäer. Die sieben Erzengel helfen dem Menschen, diese sieben Lichter in sich zu entwickeln.

DIE LEHRE DER WEISSEN BRUDERSCHAFT

Die geistige Hierarchie

Reines Licht strömt aus höchsten Dimensionen,
um sich in die Formen zu ergießen.
Es transformiert sich – Stufe um Stufe.
Formen entstehen – Formen vergehen – Felder reinigen und wandeln sich.
Das Licht bleibt.

In der klaren wachen Stille sprechen die Engel und Meister zu uns,
um uns zu lehren, anzuleiten, zu führen und in das zu erheben, was wir sind.
Licht von Licht.
Wir können der Stimme der Stille folgen
und sie durch unsere Energie und Schwingung,
durch Wort und Tat zum Ausdruck bringen.

Der Weg offenbart sich von innen heraus.
Ströme aus Licht in allen Dimensionen und Ebenen leiten unseren Weg.
Meistere dich selbst. Empfange den Segen.
Richte dich aus. Sei im Frieden und in der Liebe.
Handle weise im Einklang mit den Engeln und Meistern.
Harmonie, Vollkommenheit und Frieden sind der Weg der Weisheit
und die Offenbarung des Lichtes durch dich.

Was ist die Weiße Bruderschaft?

Die universelle Weiße Bruderschaft bzw. Bruderschaft des universellen Friedens ist eine geistige Vereinigung von Eingeweihten. Diese Eingeweihten haben den Einweihungsweg beschritten und das Leben gemeistert. Sie sind zum Teil aus der Menschheit hervorgegangen, haben aber auch zum Teil ihre Vollkommenheit in anderen Sonnensystemen in früheren Entwicklungsperioden erreicht. Sie wirken aus den geistigen Reichen über der Erdenebene und mitten unter den Menschen, um ihnen in ihrer Entwicklung und ihrer eigentlichen Aufgabe der Selbstmeisterung beizustehen, und arbeiten mit den lichten Wesen dieser Reiche – den Engeln, Erzengeln, Archaii und Elohim – zusammen.

Menschen, die sich der Weißen Bruderschaft öffnen, empfangen Botschaften und werden nachts emporgetragen in die Lichtstätten der Bruderschaft, die rund um den Erdball an bestimmten Kraftpunkten der Erde zu finden sind. Auch werden sie mit anderen Menschen, die der Weißen Bruderschaft angehören und in ihrem Lichte wirken, zusammengeführt, um sich gegenseitig zu unterstützen und beizustehen.

Viele spirituelle Orden und Vereinigungen beziehen sich auf die Weiße Bruderschaft des Lichtes, die die universelle und ewig gültige Lehre aus den geistigen Reichen sendet. Diese Lehre ist sehr alt, war jedoch nur dem ernsthaften Wahrheitssucher ab einem bestimmten Grad der Einweihung zugänglich.

Was ist die Theosophische Gesellschaft und was ist ihre Verbindung zur Weißen Bruderschaft?

Die Theosophische Gesellschaft (TG), die am 17.11.1875 von Helena Petrowna Blavatsky, Henry Steel Olcott und William Quan Judge[20] in New York gegründet wurde, war eine Vereinigung von »Spiritisten« oder »Okkultisten«, wie man damals spirituell interessierte Menschen bezeichnete. Die TG brachte die Lehren der weißen Bruderschaft, das Wirken der Meister von höheren Ebenen und die von diesen durchgegebenen Geheimlehren zum ersten Mal ins Bewusstsein einer großen Öffentlichkeit. Die Lehren der TG waren heftig umstritten und ihre Begründer einigen Anfeindungen ausgesetzt, sodass der Sitz der Gesellschaft 1882 nach Madras, Indien, verlegt wurde. Dennoch schlossen sich dieser Gesellschaft viele weitere Mitglieder an, darunter Annie Besant, Eggerton Wood, Alice Ann Bailey, Krishnamurti[21] und Rudolf Steiner [22], und manche von ihnen gründeten später neue Gesellschaften mit eigenen Inhalten.

20 Siehe Anhang, »Menschen und Engel«.

21 Krishnamurti ist das Pseudonym von Jiddu Nariahna (1895–1986), der von Geburt Inder war, sich jedoch selbst als ohne Nationalität und als Weltenbürger betrachtete. Er wurde von der Theosophischen Gesellschaft als der Weltenlehrer erkannt, der von den Meistern der weißen Bruderschaft angekündigt wurde. 1929 löste und distanzierte sich Krishnamurti von der Theosophischen Gesellschaft und seinem Ruf als neuer Messias. Er reiste lehrend durch die Welt und gilt als einer der inspirierendsten Weisheitslehrer des 20. Jahrhunderts.

22 Rudolf Steiner, siehe Anhang, »Mensch und Engel«, nahm die Lehre der sieben Strahlen und der aufgestiegenen Meister nicht mit in die Anthroposophie auf.

Der Begriff »Theosophie« kommt aus dem Griechischen und bedeutet »Gottesweisheit«. Die Wurzeln der Theosophie liegen im Altertum und im Orient (Indien, Tibet). Es sind uralte, ewig gültige göttliche Wahrheiten, die früher nur mündlich an Eingeweihte weitergegeben wurden. Durch die TG wurden sie neu formuliert. So wurde damit erstmalig mystisches Wissen einer größeren Menschenanzahl zugänglich gemacht und in der »Öffentlichkeit« diskutiert. Diese Entwicklung entsprach dem Zeitgeist und war die Vorbereitung einer neuen Epoche: der Wechsel vom Fischezeitalter in das Wassermannzeitalter.

DIE SIEBEN GÖTTLICHEN LICHTSTRAHLUNGEN

Wer die Grenzscheide überschritten hat,
der ist ein Glied einer Kette geworden –
einer Kette, gebildet aus unsichtbaren Händen,
die einander nie mehr loslassen
bis an das Ende der Tage;
er gehört hinfort einer Gemeinschaft an,
in der jeder einzelne
eine nur für ihn allein
bestimmte Mission hat. –

Nicht sind auch nur zwei in ihr,
die da einander gleich wären,
so wie schon unter den Menschentieren
der Erde nicht zwei sind,
die dasselbe Schicksal hätten.

Der Geist dieser Gemeinschaft durchdringt
unsere ganze Erde;
er ist ihr jederzeit allgegenwärtig,
er ist der Lebensgeist im großen
Holunderbaum.

(GUSTAV MEYRINK,
DER WEISSE DOMINIKANER)

Die Lehre der sieben Strahlen ist eine neuere theosophische Lehre. Diese Theorie geht auf Eggerton Wood, den Privatsekretär von Annie Besant zurück und wurde später von Alice A. Bailey als selbstständige Lehre herausgegeben. Wood brachte die Sephiroth der hebräischen Kabbalah (vgl. Kapitel »Die Kabbalah«) in Übereinstimmung mit der Lehre der Theosophie, die durchweg auf der Zahl Sieben basiert. Die sieben Strahlen ernähren alles Leben mit ihrem Licht. Sie sind der Schlüssel der Selbstmeisterung durch Umwandlung.

Sieben Lichter geboren aus Licht,
Licht von Licht,
Weisheit über Weisheit,
Offenbarung der Mysterien und
Geheimnisse der Einheit.

Die Sieben ist eine kosmische und heilige Zahl in allen Kulturen und Epochen. Sie symbolisiert die Urkräfte oder Urgeister (siehe »Erzengel«). Die sieben Sephiroth sind die sieben Kraftströme des Logos, des Wortes Gottes, sie strömen zum Reich Malkuth (Erde). Die oberen drei Sephiroth bilden die göttliche Triade. Die Lehre der sieben Strahlen wird als einzige theosophische Theorie in der Anthroposophie nicht gelehrt. Aus ihr entstanden überall auf der Welt verschiedene Richtungen. Mittlerweile gibt es viele weiterentwickelte und erneuerte Lehren (wahrscheinlich uralte Lehren, neu zugänglich gemacht), die von der Weißen Bruderschaft zu den sieben Strahlen durchgegeben wurden.
Allmählich stellen die beiden großen Kräfte »weiblich« und »männlich«, Yin und Yang, wieder eine Einheit dar. Jede göttliche Qualität ist aus beiden Kräften gleichermaßen aufgebaut. So haben alle Erzengel eine Archaii, alle Elohim ein weibliches Gegenstück, um das Prinzip des Zusammenwirkens der beiden großen Kräfte zu versinnbildlichen. Dies entspricht auch dem Wesen des Wassermannzeitalters. In den letzten Jahrtausenden rangen die beiden miteinander um die Macht. Eine Kraft wurde zugunsten der anderen unterdrückt, die sich dann wieder auf anderem Wege rächte. Es gab/gibt matriarchalische Kulturen (Mutterland, Mutterkulturen), die das Männliche unterdrück(t)en und erniedrig(t)en und es gab/gibt patriarchalische Kulturen (Vaterland, Vaterkulturen), die die weibliche Kraft unterdrück(t)en und erniedrig(t)en. Doch beide bringen keinen Frieden, keine Freiheit und keine Einigung.
Da die Kräfte von Natur aus gleich stark und in allem enthalten sind, was ist, kann es keinen Sieg der einen Kraft über die andere geben. Nur wenn beide in Achtung und gegenseitiger Anerkennung miteinander wirken, ist die höchste Form der Vereinigung möglich. Da die Schöpferkraft, die gesamte Schöpfung und auch die Menschen in sich aus beiden Kräften bestehen, ist der Einklang der beiden Kräfte auch für den

Menschen wichtig. Es ist der Weg zum Frieden, zur Freiheit und zur Umwandlung (Erlösung) der Kräfte.

Die Kraft der Sieben

- Die sieben großen kosmischen Wesen
- Die sieben Planeten
- Die sieben Strahlen und die Meister der Erde
- Die Heerscharen von Engeln, die den sieben Strahlen dienen
- Die sieben Einweihungsstufen des Menschen
- Die sieben Klangfarben der Tonleiter
- Die sieben Hauptenergiezentren des Menschen
- Die sieben Körper des Menschen

Die geistige Hierarchie

Kosmische Hierarchie	
Zentralsonne	Alpha und Omega
Kosmische stille Wächterin	Infinita
Kosmischer heiliger Geist	Heiliger Äolus
Kosmischer Christus	Maitreya
Sonnen-Hierarchie	
Sonnensystem	Vater-Mutter-Prinzip Helios und Vesta
Solare stille Wächterin	Circulata
Planetarische Hierarchie	
Karmischer Rat	24 Hüter des Karma (andere aufgestiegene Meister/Meisterinnen, Engel)
Planetarische stille Wächterin	Immaculata
Karmischer Rat	24 Hüter des Karma (andere aufgestiegene Meister/Meisterinnen, Engel)
Herr der Welt	Gautama Buddha
Buddha	Maitreya
Manu	Gott und Göttin Meru
Weltenlehrer	Kuthumi, Djwal Khul, Lord Lanto
Maha Chohan (Lenker der sieben Strahlen)	Paolo Veronese

Zuordnung der planetarischen Hierarchie zu den sieben Strahlen

Strahl	männlicher Elohim	weibliche Elohim	Erzengel	Archaii	Lenker
1. Strahl	Herkules	Amazone	Michael	Faith	El Morya
2. Strahl	Cassiopeia	Minerva	Jophiel	Konstantia	Konfuzius
3. Strahl	Orion	Angelica	Chamuel	Charity	Rowena
4. Strahl	Clair	Astrea	Gabriel	Hope	Serapis Bey
5. Strahl	Vista	Chrystal	Raphael	Mutter Maria	Hilarion
6. Strahl	Tranquilius	Pazifika	Auriel/Uriel	Donna Grazia	Nada
7. Strahl	Arcturus	Diana	Zadkiel	Amethyst	St. Germain

Diese Übersicht weicht von Schule zu Schule im Aufbau und in der Namensgebung voneinander ab. Bei allen jedoch sind Gott als Vater/Mutter und der Heilige Geist bzw. die tätige Liebe die übergeordneten Prinzipien.

Die großen Meister und Meisterinnen der Weißen Bruderschaft sprechen oft über das Reich der Engel, deren Aufgaben und Bedeutung für das Werden und das Wachstum der Menschheit. Auch die Erzengel selbst senden des Öfteren Botschaften für die kommende Zeit zur Erde, um die Menschen in dieser zu begleiten, zu unterstützen und an ihrer Seite zu sein.
Jeder große Entwicklungsplan wird mit der Hilfe der Engel gesendet, umgesetzt und verwirklicht. Sie schaffen, beleben, erhalten und schützen die göttlichen Formen des Lebens. Engel sind mächtige Energiewesen, die mit ihrem Licht das Leben erfüllen. Meister des Lebens würdigen voll Demut das liebevolle schöpferische Tun ihrer helfenden Lichtfreunde.

Erste, saphirblaue Strahlung

Der Wille Gottes
Elohim: Herkules + Amazone
Erzengel + Archaii: Michael + Faith (Archaii des Glaubens)
Wirkende Kraft: Schutz, Stärke, Macht + Glaube, Kraft, Vision
Symbol: Flammendes, blaues Lichtschwert + Mantel des Schutzes
Erkennungsmelodie: Marsch aus »Margarethe« v. Charles-François Gounod; 5. Symph. 1. Satz: »Pomp and Circumstance« v. Edward Elgar; »Panis Angelicus« v. César Franck
Planet/Tag/Metall: Sonne/Sonntag/Gold
Düfte: Verbena, Patschuli, Salbei
Mineralien: Lapislazuli, blauer Saphir, Aquamarin, blauer Topas, Mondstein, Haüyn, Azurit
Meister: El Morya, Miriam
Engel: Engel des blauen Strahls
Pers. Engelkräfte: Schutzengel
Lichttempel: Zürich, Zürichsee (Schweiz)

Der erste Strahl des göttlichen Willens und der Macht wird aus der Quelle des Reichs der Elohim Herkules und Amazone in das Universum und die Erzengelreiche gesendet. Diese Quelle hält alle Bewegungen im Universum in Einklang und im Rhythmus. Es ist eine stabilisierende machtvolle Kraft, die aus dieser Quelle sprudelt und wiederum von Erzengel Michael und der Archaii des Glaubens (Faith) in die Welt der Menschen weitergesandt wird. Ihnen unterstehen Engelscharen, die diesem Licht dienen und es zu den Menschen bringen. Erzengel Michael ist der Mittler des göttlichen Willens, der Macht und der Kraft. Er kann gerufen werden, wenn wir uns aus den Stricken des Irdischen befreien und uns in die geistigen Gefilde erheben wollen. Die Kraft an seiner Seite, die Archaii des Glaubens (Faith) ist die Kraft, die der Tat vorausgeht. Sie ist die nach innen gewandte Aufmerksamkeit, das Empfangen der Vision oder Botschaft aus dem geistigen Reich und der Glauben und das

Vertrauen in diese Botschaft. Erzengel Michael ist die Kraft, die hilft, die empfangenen Botschaften und Aufträge in der Welt umzusetzen. Sein Wirken erkennen wir, wenn wir sagen: »Der göttliche Wille geschehe durch mich. Ich setze mich für das Licht ein und befreie mich von den Schatten.« Michael sendet auch Schutz und Hilfe für die Taten, die im Lichte des Göttlichen geschehen. Zu den Engelscharen des blauen Strahls gehören die Engel der Zuversicht, Engel der Macht, Engel des Willens, Engel des Schutzes, Engel der Behütung, Engel der Bewahrung, Engel der Tat, Engel der Befreiung, Engel des Glaubens, Engel des Vertrauens u. v. a. m.

Zweite, goldgelbe Strahlung

Die Weisheit Gottes

Elohim: Cassiopeia (Apollo) + Minerva (Lumina)
Erzengel + Archaii: Jophiel + Konstantia (Christine/Archaii der Beständigkeit)
Wirkende Kraft: Weisheit, Frieden, Erleuchtung + Kontemplation, Empfänglichkeit, Wahrnehmung
Symbol: Buch der Weisheit + goldener Kelch
Erkennungsmelodie: »O du mein holder Abendstern« v. Richard Wagner; »Greensleeves« v. Ralph Vaughan Williams
Planet/Tag/Metall: Jupiter/Montag/Zinn
Düfte: Vanille, Honig, Bergamotte, Zitronengras, Zypresse, Melisse
Mineralien: Citrin, Goldtopas, Bernstein
Meister: Konfuzius, Kuthumi, Buddha
Engel: Engel des goldenen Strahls
Pers. Engelkräfte: Der Lehrer
Lichttempel: Teton-Gebirge, Rocky Mountains, Wyoming, Nordamerika

Der zweite goldgelbe Strahl der Weisheit entstammt der Quelle des Reiches der Elohim Cassiopeia und Minerva. Hier wird die göttliche Offenbarung, die immerwährende Wahrheit und Weisheit gehütet und in die Erzengelreiche gesandt. Von dort wird sie durch Erzengel Jophiel und die Archaii der Beständigkeit (Konstantia) in die Welt der Menschen weitergeleitet. Erzengel Jophiel ist ein Friedensbringer und bringt die göttliche Wahrheit in allen Facetten und auf den verschiedensten Wegen in die Welt. Wer Ohren hat, der höre. Gott offenbart sich in allem, was ist. Während Jophiel das Licht der Wahrheit offenbart, pflegt und hegt die Archaii der Beständigkeit die Samen im Herzen des Menschen, sodass der Mensch langsam in der göttlichen Wahrheit aufgehen und seinen Weg zurück antreten kann. Sie hilft ihm, die göttliche Tugend der Beharrlichkeit, der Geduld und des gleichmäßigen Voranschreitens zu entwickeln, bis das Bewusstsein des Menschen im Göttlichen aufgegangen ist. Die Energien, die Jophiel und die Archaii der Beständigkeit ausstrahlen, sind machtvoll, anregend und erweiternd im Licht. Sie ermutigen den Menschen, sein Herz weit zu öffnen und die göttliche Wahrheit zu empfangen und in die Welt zu leiten.
Zu den Engelscharen des goldgelben Strahls gehören die Engel des Lehrens,

Engel der Wahrheit, Engel des Dienstes Christi, Engel des Feuers Gottes, Engel der Geduld, Engel des Friedens, Engel der Verbindung, Engel der Erleuchtung, Engel der Eingebung und der Intuition u. v. a. m.

Dritte, perlmuttrosa Strahlung

Aktive Intelligenz/göttliche Liebe

Elohim: Orion (Heros) + Angelika (Amora)
Erzengel + Archaii: Chamuel + Charity (Archaii der Mildtätigkeit)
Wirkende Kraft: Anbetung, Mildtätigkeit, Hingabe + Barmherzigkeit, Mitgefühl, Urvertrauen
Symbol: Herz + rosa Rose
Erkennungsmelodie: »Marseillaise« v. Claude-Joseph Rouget de Lisle; »Still wie die Nacht« v. Carl Bohm; Klavierkonzert op. 16 Adagio v. Edvard Grieg
Planet/Tag/Metall: Venus/Dienstag/Kupfer
Düfte: Magnolie, Kirschblüte, Ylang-Ylang, Rosenholz, Ambrette, Ysop
Mineralien: Rosenquarz, Rubelit, Rhodochrosit, Kunzit
Meister: Rowena
Engel: Engel des rosa Strahls
Pers. Engelkräfte: Engel der liebenden Fürsorge
Lichttempel: Chateau de Liberté, Rhonetal, Südfrankreich

Elohim Orion und Angelika sind die mächtigen Hüter der Quelle der magnetischen göttlichen Liebe. Sie verbreiten sie in allen Bereichen des Universums. Diese Liebe ist die Kraft, die alle Atome zusammenhält. Im Erzengelreich wird sie über die mächtigen Lichtstätten, Energiezentren, die von der Kraft riesiger Sonnen sind, von Erzengel Chamuel und der Archaii der Mildtätigkeit (Charity) auf die Erde gesandt. Erzengel Chamuel hilft, das Vertrauen und die Liebesfähigkeit wiederzuerlangen, das Herz weit zu machen, damit der Mensch sich an der Allgegenwart Gottes und der ewigen Quelle der Liebe erfreuen kann. Es ist die grenzenlose Weite, das Ausdehnen in die Glückseligkeit, die Schwingungserhöhung und das Ausdehnen in höhere Reiche. Die Archaii der Mildtätigkeit (Charity) fördert die göttlichen Qualitäten und Tugenden der Hingabe, der Dankbarkeit, der bedingungslosen Liebe und des Verströmens dieser Kraft in die Welt.

Zu den Engellegionen von Erzengel Chamuel gehören die Engel der Hingabe, Engel der Anbetung, Engel der Fürsorge, Engel des Mitgefühls, Engel der Liebe, Engel der Anziehung, Engel der Dankbarkeit, Engel der Ausdehnung u. v. a. m.

Vierte, kristallweiße Strahlung

Die Reinheit Gottes, das Aufstiegslicht

Elohim: Clair (Purity) + Astrea
Erzengel + Archaii: Gabriel + Hope (Archaii der Hoffnung)
Wirkende Kraft: Neubeginn, Auferstehung, Aufstieg + Ausgewogenheit, Hoffnung, Harmonie
Symbol: Weiße Lilie + Wasser der Reinheit

Erkennungsmelodie: »Liebestraum» Nr. 3 As-Dur op.16 und »Benediction de Dieu dans la Solitude« v. Franz von Liszt; Intermezzo aus »Cavalleria rusticana« v. Pietro Mascagni; Glasharmonika und Laute G-Dur v. Johann Gottlieb Naumann
Planet/Tag/Metall: Mond/Mittwoch/Silber
Düfte: Jasmin, Neroli, Meersalz, Cassia, Davana, Myrrhe, Narde
Mineralien: Diamant, Herkimer, Bergkristall, alle Quarze
Meister: Serapis Bey
Engel: Engel des weißen Strahls
Pers. Engelkräfte: Engel der Kommunikation
Lichttempel: Luxor, Ägypten

Aus der mächtigen Schöpferquelle, die von den Elohim Clair und Astrea gehütet und verströmt wird, sprudelt das Licht der Auferstehung und der Erneuerung, das Licht der Erhöhung und der Hoffnung. Dieses Licht ist es, das den ganzen Kosmos im Kleinen wie im Großen in einer göttlichen Harmonie und Symphonie erklingen lässt. Hier entstehen die gleichmäßigen Rhythmen der Planetenbahnen, der Umdrehungen, der Wiederkehr und der Zyklen, die von hier zu ihrem Ziel gesandt werden. Dieses göttliche Licht der Harmonie, Reinheit und Schönheit wird von Erzengel Gabriel und der Archaii der Hoffnung (Hope) in die Welt der Menschen gebracht. Es reinigt von vergangenen Untaten, es löst die Verunreinigungen im Seelenkleid, es regt zur ständigen Erneuerung und Wandlung an – so lange, bis der gesamte Kosmos und alle darin waltenden Kräfte wieder im Einklang mit dem göttlichen Orchester schwingen und die dunklen Misstöne beseitigt sind. Es ist das Licht der Auferstehung und des Lebens. Der Mensch erhält immer wieder die Chance, zu erkennen, zu wachsen und sich zu wandeln. Das Licht der Hoffnung erleuchtet uns mit diesem Strahl.
Zu den Engelscharen von Hope und Gabriel gehören die Engel der Schönheit, Engel der Harmonie, Engel der Symphonie, Engel der Reinigung, Engel der Hoffnung, Engel der Erneuerung, Engel der Musik, Engel der Vielfältigkeit, Engel des Todes und des Neubeginns, Engel der Verkündung u. v. a. m.

Fünfte, smaragdgrüne Strahlung

Die Heilung Gottes
Elohim: Vista (Cyclopia) + Kristall (Virginia)
Erzengel + Archaii: Raphael + Mutter Maria (Archaii des Trostes)
Wirkende Kraft: Weihung, Konzentration, Heilung + Trost, heilende Liebe, Segen
Symbol: Äskulapstab + weiße Rose
Erkennungsmelodie: Pilgerchor aus »Der Tannhäuser« v. Richard Wagner; Melodie in F-Dur v. Anton G. Rubinstein
Planet/Tag/Metall: Merkur/Donnerstag/Quecksilber
Düfte: Teebaum, Eukalyptus, Minze, Thymian, Eichenmoos, Latschenkiefer
Mineralien: Verdelit, Jade, Diopsid, Prehnit, Prasem, Aventurin, Nephrit, Peridot, Malachit

Meister: Hilarion
Engel: Engel des grünen Strahls
Pers. Engelkräfte: Engel der Heilung
Lichttempel: Kreta, Griechenland

Elohim Vista und Kristall hüten die göttliche Quelle der grünen Strahlung. Diese schenkt Segnung, Weihung, Konzentration, Heilung, heilige Wissenschaft und Fülle. Es ist die Quelle, die den Reichtum und die Vielfalt der Schöpfung mit all ihren Facetten in Farbe, Ton, Klang, Form etc. zum Vorschein bringt. Hier wird die heilige Wissenschaft, die alle Gesetze kennt und anwendet, gehütet.
Erzengel Raphael und Mutter Maria sind die mächtigen Lichtwesen, die das Licht dieser Urquelle dem Menschen zugänglich machen. Wer sich mit dieser Strahlenkraft verbindet, wird den Reichtum und die Fülle der Schöpfung erkennen, wird sich für die Heilung und damit für das Heiligtum der Schöpfung öffnen. Ihm wird der Segen der Schöpfung zuteil. Mutter Maria sendet den Trost und den Segen und Erzengel Raphael die Heilung und die heilige Wissenschaft der Heilung. Hier entfalten sich die göttlichen Tugenden der Konzentration, der Ausdauer, der Heilung und der Segnung des Lebens mit allem, was ist. Die Botschaft lautet: »Weihe dein Dasein einem höheren Dienst.«
Zu den Engelscharen von Erzengel Raphael und Mutter Maria gehören die Engel der Weihung, Engel der Heilung, Engel der Hilfe, Engel der Segnung, Engel des Trostes, Engel der Wissenschaft, Engel der Konzentration, Engel der Meditation, Engel der Kontemplation, Engel der Erkenntnis, Engel der Regeneration u. v. a. m.

Sechste, rubinrot-goldene Strahlung

Die aktiv tätige Liebe Gottes
Elohim: Tranquilius (Peace) + Pazifika (Aloha)
Erzengel + Archaii: Uriel + Dona Grazia (Aurora/Archaii der Gnade)
Wirkende Kraft: Frieden, Aufrichtigkeit, Handeln + Geben, Gnade, Tatkraft
Symbol: Feuerschwert + Jesuskreuz
Erkennungsmelodie: »Serenade« v. Franz Schubert; »Wiegenlied« v. Johannes Brahms; »Finlandia-Suite« v. Jean Sibelius
Planet/Tag/Metall: Mars/Freitag/Eisen
Düfte: Ingwer, Johanniskraut, Pfeffer, Rosmarin, Anis, Perubalsam, Thuja, Zimt
Mineralien: Rubin, Karneol, Granat, Jaspis, Spinell, Koralle
Meister: Nada, Jesus Christus
Engel: Engel des roten Strahls
Pers. Engelkräfte: Engel der liebenden Fürsorge
Lichttempel: Jerusalem, Israel

Elohim Tranquilius und Pazifika hüten die mächtige Schöpferquelle des rubinrot-goldenen Lichtes. Es ist die mächtige Quelle der aufbauenden Kraft, die von dort in die Universen strömt. Erzengel Uriel (Auriel) und die Archaii der Gnade (Dona Grazia) verwandeln das Licht und senden es über mächtige Energiezentren auf die Erde. Ihre Botschaft lautet: »Stellt

eure Kraft in den Dienst des Göttlichen. Wirkt im Namen der Liebe, im Namen der Nächstenliebe und im Namen des Friedens auf der Erde.« Diese Strahlung birgt das mächtige Licht, das Feuer Gottes, das in jedem Menschen wirkt. Sie fördert die göttlichen Tugenden der Gnade und der Dankbarkeit. Der stärkste Mensch ist der, der das Gefühl von Aufrichtigkeit, Frieden und Liebe in seinem Herzen halten kann, egal, was die äußeren Umstände mit sich bringen mögen. Sein Blick ist in das geistige innere Reich gerichtet und nicht auf die äußere Welt der Täuschung und Illusion. Erzengel Uriel (Auriel) führt den Menschen zu seiner inneren Kraft und Stärke. Dona Grazia hilft dem Menschen, diese Kraft für seine Entwicklung und sein Wachstum zu nutzen, sie in den Dienst der Menschheit zu stellen.
Zu den Engelscharen von Erzengel Uriel und Dona Grazia gehören die Engel des Dienens, Engel der Hingabe, Engel der höheren Aufgaben, Engel der Tat im Namen der Nächstenliebe, die Boten Christi, die Hüter des Feuers Gottes, die Engel der Demut, Engel des Mutes, Engel der Stärke u. v. a. m.

Siebte, purpurviolette Strahlung

Die Transformation Gottes

Elohim: Arkturus + Diana (Victoria)
Erzengel + Archaii: Zadkiel + Amethyst (Archaii der Wandlung)
Wirkende Kraft: Umwandlung, Freiheit, Vergebung + Intuition, Hingabe, Entfaltung
Symbol: Violette Flamme + Drittes Auge
Erkennungsmelodie: »An der schönen blauen Donau« und »G'schichten aus dem Wienerwald« v. Johann Strauss; »Morgenstimmung« aus »Peer Gynt« v. Edvard Grieg; »Spiral« v. Vangelis
Planet/Tag/Metall: Saturn/Samstag/Blei
Düfte: Lavendel, Lavandin, Wacholderbeere, Weihrauch, Tabak
Mineralien: Amethyst, Ametrin, Sugilit, Tansanit, Purpurit, Charonit
Meister: Saint Germain, Portia, Kuan Yin
Engel: Engel des violetten Strahls
Pers. Engelkräfte: Der Meister
Lichttempel: Kuba, Kanarische Inseln, Transsylvanien, Karpaten, südöstl. Mitteleuropa

Elohim Arkturus und Diana senden das mächtige violette Licht aus der Schöpferquelle der Umwandlung, Transformation und ewigen Freiheit. Sie bewahren die Aufzeichnungen des Weltengedächtnisses, die Akasha-Chronik, sie drehen am Rad des Schicksals und hüten die ewig gültigen Gesetze des Göttlichen. Erzengel Zadkiel und die Archaii der Wandlung (Lady Amethyst) bringen dieses Licht weiter zu den Menschen. Es schenkt Einblick in höhere Reiche und ist der Blick der Erkenntnis, der die weitreichenden Auswirkungen des Gesetzes von Ursache und Wirkung erfasst. Erzengel Zadkiel sendet jetzt die göttliche Flamme der Umwandlung, der Vergebung und der Auflösung negativer Zustände und damit die Erlösung der göttlichen Kraft.

Seine Botschaft ist: »Ruft das Licht in Tätigkeit. Weder Widerstand noch Kampf erlöse die negative Energie, dies kann einzig und allein die Wandlung. Vergebt, auf dass euch vergeben wird.«

Lady Amethyst sendet die göttlichen Tugenden der Vergebung, Barmherzigkeit, Gnade und des Mitgefühls.

Zu den Engellegionen von Erzengel Zadkiel und der Archaii der Wandlung (Lady Amethyst) gehören die Engel der Umwandlung, Engel der Lösung, Engel der Vergebung, Engel des Mitgefühls, Engel der Transformation, Engel der Freiheit, Engel der Rituale, Engel der Gesetzmäßigkeit, Engel der Gnade, Engel des Jubels, Engel der Glückseligkeit, Engel der ewigen Freiheit u. v. a. m.

Serapis Bey

Serapis Bey ist ein Meister der Weißen Bruderschaft. Er soll hier vorgestellt werden, weil sein Ursprung in der Welt der Engel liegt. Wer etwas über Engel erfahren möchte, kann ihn rufen. Er spricht oft über die Welt der Engel und den Blickwinkel, aus dem Engel, die in dieser Welt inkarniert haben, diese sehen. Er spricht über alles, was die Engelwelt betrifft.

Serapis Bey, genannt »der Ägypter«, ist der große aufgestiegene Meister der kristallweißen Strahlung. Er hütet die Aufstiegsflamme in dem ätherischen Tempel über Luxor. Er ist der Chohan (Lenker) der vierten göttlichen Strahlung. Er schaut mit den Augen der reinen, kristallklaren Unterscheidung in die Herzen seiner Schüler. Er sieht, was für diese notwendig ist, um sich weiterzuentwickeln, um in Harmonie mit dem Göttlichen zu kommen. Serapis Bey ist ein inkarnierter Engel. Er ist nicht aus dem Geist Gottes geboren, sondern aus dem Herzen Gottes, dessen Bewusstsein als das »Kollektiv der Engel« bekannt ist. Zu Zeiten Lemurias arbeiteten die Menschen Seite an Seite mit den Engeln im Dienste des höchsten Lichtes. In dieser Zeit begann vermutlich Serapis Beys Zusammenarbeit mit dem Menschengeschlecht. Er verbrachte u. a. viele Inkarnationen in Kulturen, über die es heute keine Aufzeichnungen mehr gibt:

› Er lebte vor über 11 500 Jahren als Hohepriester in den Tempeln von Atlantis.

- Er war ca. 1417–1379 v. Chr. der ägyptische Pharao Amenhotep III., der der »Herrliche« genannt wurde.
- Eine weitere Inkarnation von ihm war Leonidas, König von Sparta, Regentschaft ca. 490–480 v. Chr.
- Er soll Phidias gewesen sein, einer der Baumeister, die den Tempel von Pallas Athene, den Parthenon auf der Akropolis, geplant und erbaut haben.

400 v. Chr. stieg er auf. Er ist der erste Engel, der auch die Ebene der Meister erreicht hat. Es ist ihm gegeben worden, eine Brücke zwischen dem Reich der Engel und dem der Meister zu schlagen. Im 19. Jahrhundert arbeitete Serapis Bey eng mit Djwal Khul, Kuthumi, El Morya, und anderen Meistern zusammen (vgl. »Die Gegenwart der Meister«, siehe Anhang), die mit der Theosophischen Gesellschaft (TG) in Kontakt standen.
Der Name »Serapis« stammt von einem ägyptischen All- und Universalgott, der Osiris ablöste. Serapis bedeutet »verehren«. Ihm zu Ehren wurden die sieben heiligen Vokale gesungen. Er wird oft als weiße Lichtgestalt mit einer aufsteigenden Schlange dargestellt, die den Weg zurück in die Einheit mit Gott beschreibt. Er war früher der Mittler zwischen den Reichen und Welten. Serapis Bey unterrichtet seine Schüler oft über diesseitige und jenseitige Reiche. Seine Aufgabe ist es, die Lebensenergie, die während zahlreicher Inkarnationen gebraucht wurde, zu reinigen und für den Aufstieg ins Licht bereitzumachen. Als Engelwesen steht Serapis Bey mit der Harmonie der himmlischen Reiche in Verbindung, die sich in Kunst, Musik und Dichtung ausdrückt.

DIE ELOHIM

Der Begriff »Elohim« steht im Plural,[23] stammt aus dem Hebräischen und bedeutet »Götter«. »Elohae« ist die (nicht verwendete) Einzahlform und bedeutet »Gott«, wird aber in spirituellen Kreisen auch für die weibliche Form der Elohim verwendet. In der Kabbalah stellen die Elohim die siebenfache Erscheinung der Gottheit dar. Sie sind Wesen fortgeschrittener Entwicklungswogen (vgl. Kapitel »Flower A. Newhouse«) und treten als Planetengeister auf, als die Beseeler von Sternensystemen. Die Elohim haben die Aufgabe, die Bewegungen des Sonnensystems zu steuern und, wenn es sein muss, in den Lauf der Welt einzugreifen. Sie sind eine hohe reine Kraftquelle Gottes und können wahre Wunder vollbringen. Sie sind die mächtigen Himmelswesen, die Götter des fünften Himmels. Die Elohim und ihre weibliche Ergänzung arbeiten als eine »mächtige Engelsausstrahlung« zusammen. Dadurch ist die Aussendung des Lichtes beständig, kraftvoll, mächtig, vollkommen. Sie sind die direkten Hüter des göttlichen Lichtes und werden oft als die rechte Hand Gottes beschrieben. Als Gott die unendlichen Universen geschaffen hat, erschuf er die Elohim, die man sich als reine vollkommene Gedankenqualitäten Gottes vorstellen kann. Sie verkörpern Teilaspekte des Göttlichen, sind Schöpfungsgötter. Sie arbeiten auf einer übergeordneten, transpersonalen Ebene.

Die Elohim existieren in einem anderen Königreich als jenem, das mit dem Menschenreich verbunden ist. Die Mittler zwischen den Elohim sind die Erzengel/Archaii. Während die Erzengel/Archaii eine Perspektive einnehmen, mit der sie die Erde vom Himmel aus betrachten, wirken die Elohim aus der Sternenperspektive auf die Erde. Sie sind den Erzengeln/Archaii übergeordnet, aber nicht im Sinne unseres hierarchischen Machtdenkens, sondern in göttlicher Zusammenarbeit. An der Quelle des »Urlichtes der Strahlen« stehen die mächtigen Elohim. Von dort aus werden die Strahlen langsam auf die Ebene der Erzengel/Archaii gewandelt, die sie wiederum an die ihnen untergeordneten himmlischen Heerscharen, die lichten Engel in Tätigkeit, leiten, die jedem Menschen direkt zur Seite stehen. Wir Menschen können die »Himmelsleiter« erklimmen und mithilfe unserer Fähigkeiten den Weg bis zur Quelle, Gott, zurücklegen. Meister wie Jesus sind diesen Weg gegangen. Die mächtigen En-

23 Ebenso wie Seraphim, Singular: Seraph; Cherubim, Singular: Cherub.

gelwesen, die die Elohim sind, stehen uns für übergeordnete Aktionen im Sinne der Schöpfung zur Verfügung.
Es gibt in Amerika verschiedene esoterische Schulen, die unterschiedliche Lehren vertreten. Hellfühlende und -sehende Medien (Empfänger) haben Botschaften dieser hohen Elohim empfangen nebst deren Namen. Von daher gibt es in der Namensgebung Abweichungen. Doch die Qualität der Strahlen, die Inhalte, die sie vertreten, sind überall gleich. Hier sind die bekanntesten Bezeichnungen aufgeführt. In der Kabbalah gehört zu den Elohim z. B. der Engelschor der Seraphim, der aus neun hohen Engelwesen besteht: Metatron Serapanim, Vehuiah, Sitael, Lelahel, Chaetel, Achaiah, Mahasiah, Elemiah, Yeliel.

Weitere Strahlenquellen, die sich neben den sieben bereits bekannten in jüngster Zeit offenbart haben, sind:
8. Aquamarinblauer Strahl der Helligkeit,
9. Magentaroter Strahl der Harmonie,
10. Goldener Strahl des Friedens und des Trostes,
11. Pfirsichfarbener Strahl der Lebensfreude und der Begeisterung,
12. Opalfarbener Strahl der unbegrenzten geistigen Möglichkeiten.

Wenn wir mit den Elohim zusammenarbeiten, geht es nicht mehr um unser kleines Alltagsdenken und die Probleme, mit denen wir täglich zu kämpfen haben. Hier geht es um den übergeordneten Blickwinkel und um Fragen wie: Was können wir zum Weltfrieden beitragen? Wie können wir bei der globalen Veränderung mitwirken, die stattfindet? Was können wir für den Planeten Erde und seine Bewohner tun? Wie können wir ein Bewusstsein schaffen, das diese Welt verändert? Welches sind die Schritte? Was ist unser Beitrag für die Schöpfung? usw.
Wir existieren nicht unabhängig voneinander, alles Leben ist miteinander verbunden. Wenn das Wasser zunehmend verschmutzt, betrifft dies alle Bewohner dieses Planeten. Wenn Wälder zerstört werden, so vernichten wir die grüne Lunge der Erde und verringern damit die Sauerstoffreserven, doch wir alle brauchen, solange wir uns als Menschen auf diesem Planeten befinden, Sauerstoff, Wasser, Nahrung, Sonne, Erde etc. Von daher kann sich niemand der Verantwortung entziehen und sagen, er habe damit nichts zu tun. Wenn es zu einem Krieg oder einer Reaktorkatastrophe kommt, eine Naturkatastrophe oder ein Unglück geschieht, das viele Menschen, Länder, Völker betrifft, dann merken wir, dass wir uns nicht so einfach unserer Verantwortung entziehen können.
Da der Mensch ein multidimensionales Wesen ist, kann er auf vielen Ebenen dazu beitragen, dass sich etwas verändert:

- Der Mensch hat einen Körper, der fest ist, so, wie die Erde. Er kann diesen Körper bis zu schweren Krankheiten oder dem Tod quälen wie z. B. durch schwächende Handlungen – oder er kann ihn wie den heiligen Tempel seiner Seele behandeln.
- Der Mensch hat Gefühle, die auszudrücken er in der Lage ist. So, wie das Wasser, kann er sein Gefühlsleben durch die ewige Aufrechterhaltung negativer Gefühle zu einer Kloake verkommen lassen – oder es rein halten.
- Der Mensch hat Sinne, um zu fühlen, zu tasten, zu schmecken, zu riechen, zu hören, zu sehen. Sie sind die Antennen, mit denen er sowohl Informationen der Außenwelt als auch seiner Innenwelt aufnehmen und in Handlung umsetzen kann. So kann er z. B. seinen Sehsinn nutzen, um zu schauen, was der Nachbar macht – oder er kann damit nach innen handeln, indem er sich z. B. darin übt, kreativ zu visualisieren, sich bildlich vorzustellen, was für ihn und für seine Umgebung momentan wichtig ist.
- Der Mensch hat einen Geist, den er nutzen kann. So, wie die Luft, kann er diesen Geist schrumpfen, verdummen und verkümmern lassen – oder ihn ständig erweitern.
- Der Mensch hat eine Seele, die sich zu entfalten wünscht. So, wie Feuer und Licht, kann er das Licht seiner Seele nach und nach zum Erlöschen bringen – oder es zum Leuchten bringen.

So kann der Mensch auf all diesen Ebenen agieren. Er kann die Kräfte, die er zur Verfügung hat, nutzen, um andere Menschen und den Planeten zu verderben und der Schöpfung zu schaden. Dies wird oft »Schwarze Magie« genannt. Er kann diese Kräfte aber auch im Sinne der Schöpfung nutzen, was als »Weiße Magie« oder Mystik bezeichnet wird. Tatsache ist, dass er diese Kräfte hat und sie in jeder Minute seines Seins anwenden kann. Diese Kräfte haben ihre Wirkung, auch wenn sie nicht sofort oder in der gewünschten Form auftreten.

Ein Mensch, der mit den Elohim arbeitet, arbeitet auf einer spirituellen, übergeordneten Ebene. Er gibt diesen Kräften Energie, indem er sie mit seinen Gefühlen, Gedanken und Worten preist. Er kann so auf einer übergeordneten Ebene z. B. dazu beitragen, dass Frieden auf der Erde herrscht. Dies geschieht beispielsweise durch Weltfriedenstage, an denen viele Menschen überall auf der Welt meditieren und ihre liebenden Gedanken und Gefühle in den »Äther« senden, und damit das Feld verändern, das die Erde umgibt. Dadurch können sich neue Strömungen schneller auf der Erde manifestieren, das heißt, sich in der Form ausdrücken. Es ist gut, sich in Gruppen zusammenzutun, diese Kräfte zu lobpreisen und mit seiner eigenen Kraft mit zu aktivieren, um damit Entwicklungen zu beschleunigen, z. B. mit Lichterketten, Gebeten und Lichtrunden in größeren Kreisen u. v. a. m.

FLOWER A. NEWHOUSE

Himmelsaugen erblicken den Reigen,
im Gotteslicht des Seins erwacht,
konnten sie sehen die himmlische Pracht.
In Zeiten der Not und der Dunkelheit
waren die himmlischen Helfer stets bereit,
ihr Licht zu senden in die Lektionen,
die jenseits von Himmel und Erde wohnen.
Sie helfen uns, zu wachsen und wieder zu heilen,
und aufzuhören, nach dem Licht zu eilen,
still zu werden, nach innen zu schauen
und auf das Licht in allem zu bauen.
Engel sind bei uns alle Tage,
das ist und war niemals die Frage.

Flower Arlene Newhouse erblickte am 10. Mai 1909 in Allentown PA, USA, als Mildred Arlene Sechler das Licht dieser Welt. Doch schon als kleines Kind erzählte sie stets, dass ihr eigentlicher Name Flower sei. Am 18. April 1922 ließ ihr Schutzengel sie dann wissen, dass sie nun den Namen Mildred ablegen und ihren Seelennamen Flower annehmen dürfe, und seitdem nannte sie sich Flower Arlene.

Von Kindesbeinen an war es ihr gegeben, das Wirken des geistigen Reiches mit eigenen Augen zu schauen, und so entwickelte sie sich zu einer Engelkennerin mit ungewöhnlichen Fähigkeiten. Als sie verstanden hatte, dass viele Menschen das, was sie sah, nicht erblicken konnten, zog sie sich lange Zeit erschrocken in die Stille zurück. Sie war ein Engel in Menschengestalt, der einen besonderen Einblick in die geistigen Welten erhielt. Sie wirkte hier auf der Erde als spirituelle Lehrerin, die den Menschen das Reich der Engel wieder näherbrachte und damit das ursprünglich religiöse Gefühl des Staunens, das den erfasst, der seinen Blick erhebt und die Wunder der Natur wieder empfinden kann. Sie hatte die Gabe, die verborgenen Dimensionen zu schau-

en. Ihr Auftrag war es, die Menschheit aufzuwecken und sie zu dem lichten Wirken der Engel zurückzuführen und damit zu der lebendigen Heiligkeit der göttlichen Natur, die in allem wirkt. Sie hielt Vorträge und schrieb Bücher über das Wirken der Engel. Sie gründete den Questhaven Retreat und die Christward Ministry. Hier wirkte sie, schrieb und lehrte das Königreich der Engel und die universellen Weisheitslehren. 1994 kehrte sie in das geistige Reich zurück. Sie segnete mit ihrer Arbeit viele Menschen und öffnete mit ihren lebendigen Beschreibungen die Herzenstüren für die himmlischen Scharen.
Sie beschrieb die vier großen Wogen[24] der himmlischen Dimensionen, die unserem Planeten dienen:

24 Neben diesen vieren gibt es noch unzählige himmlische Engelswogen im Dienste der gesamten Schöpfung und des Universums.

1. Woge: Naturwoge

Die erste Woge umfasst alle Engel, die im Naturreich wirken, von den Elementarwesen über die Pflanzendevas[25] bis zu den erhabenen Engelgestalten, die über Gebirgsketten und die großen Meere wachen. Sie sind die Erbauer der großen Naturkathedralen. Sie hüten, beschützen und wachen über die gesamte Schöpfung, vom kleinsten Stein bis zu den großen Weltmeeren. Sie sind Tag und Nacht im Rhythmus der Natur im Einsatz.

2. Woge: Schicksalswoge

Die zweite Woge ist mit dem Schicksal, dem Fortschritt und dem göttlichen Gesetz verknüpft. Zu dieser Woge gehören die Tawonel-Engel, die als »Engel des Schicksals« bekannt sind. Sie stehen auf der Stufe der Erzengel und zeichnen in der Akasha-Chronik alles auf, was je gedacht, gefühlt und getan wurde und wird. Keine Gefühle, Taten und Gedanken lösen sich aus der Aura des Menschen, ohne in der Chronik aufgezeichnet zu werden. Weitere Aufgaben der Tawonel-Engel sind: die lebendigen Aufzeichnungen mit mächtigen Lichtschilden zu schützen, ihre Genauigkeit zu sichern und alles zu beobachten, was fortwährend von den Menschen, Ländern, Völkern der Erde in den Äther eingeht.
Wenn Menschen Einblick in die Akasha-Chronik erhalten möchten, sind es die

25 Engel, die in Pflanzen wohnen.

Engel des Schicksals, die Tawonel, die diesen Einblick gewähren oder nicht. Sie prüfen des Menschen Absicht. Besitzt sie Gültigkeit? Liegt die rechte Motivation vor? Dient das Wissen dem Wachstum und dem göttlichen Zweck? Ist das Wissen für den Anwärter notwendig? Wenn er diese Prüfungen bestanden hat, erhält der Bittsteller kommentarlos Einblick.

Eine weitere Engelgruppe, die sich mit dem Schicksal des Menschen beschäftigt, sind die Kindel. Sie wachen über die gesamte Entwicklung der Seele. Sie entscheiden aufgrund vorangegangener Taten über das nächste Leben mit der Menschenseele, bereiten den Menschen auf die Inkarnation vor, überwachen die Erdinkarnationen des Menschen und gehen mit ihm das gelebte Erdendasein durch.

Diese Woge der Engel begleitet, beschützt und führt den Menschen in seinen ersten Lebensjahren, bis er bereit ist, aus seinem Dämmerschlaf zu erwachen. Auch die persönlichen Schutzengel der Menschen gehören dazu. Die »Engel des Todes« und die »Engel des Sterbens« sind meistens weiblich und gehören zu den Hütern des Karma und damit zu den »Engeln des Schicksals«.

3. Woge: Woge des Heiligen Geistes

Die dritte Woge sind die Engel des Heiligen Geistes. Sie erwecken den Menschen aus seinem Dämmerschlaf, inspirieren, führen und erleuchten ihn und bereiten ihn auf die vierte Woge des geistigen Reiches vor. Sie achten auf jede Gelegenheit des geistigen Wachstums des Menschen und wirken besonders stark an Übergängen jeglicher Art, die ein Mensch im Laufe seines Lebens durchschreitet. Hier finden wir die Remliel, auch »Erwecker« genannt, die den Menschen darauf vorbereiten, dem göttlichen Plan bewusst zu dienen.

Sie helfen uns, unsere widerspenstigen Verhaltensweisen abzulegen, unsere Schatten zu bearbeiten, die aktiv werden, wenn wir uns dem Licht öffnen, dabeizubleiben, auch wenn es schwer wird. Hier lernen wir, über unser niederes Selbst zu siegen. Sie begleiten uns in unserer Läuterungsphase. Die Fireal, auch »Inspiratoren« genannt, arbeiten auch im Dienste des Heiligen Geistes. Sie sind die »Engel der Weisheit«, die beständig geistige Wahrheiten offenbaren.

Die Aufgaben der Remliel und Fireal sind die Stärkung und Läuterung der Menschen. Die Amenlee sind Engelscharen, die sich den unverbesserlichen Seelen widmen und ihnen bei dem kleinsten Aufflackern des Seelenlichtes beistehen.

Eine weitere Engelgruppe der Engel des Heiligen Geistes sind die herrlichen lichten Scharen der Imli, genannt die »Erleuchtenden«. Sie bereiten den Menschen auf seine Einweihung vor. Über diesen stehen die Chohi, himmlische Scharen, die direkt dem Heiligen Geist dienen.

Sie stehen auf der Stufe der geistigen Entwicklung der »Engel der Gegenwart

Christi«. Sie führen den erwachenden Menschen direkt in die vierte Woge der erhabenen Lichtscharen.

4. Woge: Woge der Liebe

Die vierte Woge entfacht das göttliche Feuer. Ihre Aufgabe besteht darin, das menschliche Bewusstsein in das göttliche Bewusstsein zu erheben – denn das Königreich Gottes liegt in uns, wie uns Jesus lehrte. Wir finden es durch Dienen, Hingabe, göttliche Liebe, Gebet, Heilung und Segnung. Wenn der Mensch eine bestimmte Bewusstseinsstufe erreicht hat, beginnt sein Erwachen in Gott.
Er überschreitet die Schwelle, und die inneren Tore der Wahrnehmung beginnen sich zu öffnen. Dies ist der letzte Abschnitt seines Entwicklungspfades. Der Weg durch weitere Einweihungen hin zur Erleuchtung beginnt hier.
Bei einem Menschen auf dieser Stufe werden im Energiefeld viele Rosa- und Gelbgoldtöne wahrgenommen, die in den unterschiedlichsten Schattierungen pulsieren. Ständig werden neue göttliche Gedankenformen, Muster und Impulse in das Energiefeld gesendet. In dieser Phase ist der Mensch offen für seine geistigen Lehrer und Meister, die ihn beständig anleiten und führen. Der Mensch beginnt, auf den anderen Ebenen zu kommunizieren. Er fängt an, die Zeichen und Hinweise wahrzunehmen, und entwickelt seine Hellsichtigkeit, sein zweites Gesicht, seinen inneren »Gottmenschen«, sein höheres Selbst, sein Christselbst, seine ICH-BIN-Gegenwart. Hierher gehören die Engel der Religion, Engel der Anbetung, Engel des Gesanges, Engel des Gebetes, Engel der Heilung, Engel der Gegenwart Christi, die strahlenden Erzengel, die höheren Lichtsphären (Elohim, Seraphim, Cherubim).

Neben den vier Wogen gibt es nach Flower A. Newhouse drei Evolutionspfade, also zusätzlich zur Evolution der Engel und der Menschen noch eine dritte Linie, den dämonischen Weg. Es ist eine dunkle Kraft, die in verschiedenen furchterregenden und krank machenden Formen und Mustern erscheint und vom menschlichen Willen, dem niederen Selbst, genährt wird sowie von Gier, Habsucht, Hass usw. Menschen, die sich dieser Evolutionslinie angeschlossen haben, erscheinen wie Geschöpfe, deren einzige Gefühlsregung dämonisch und sadistisch ist.
Wenn wir Erscheinungen des dritten Evolutionspfades begegnen, so erkennen wir dies daran, dass wir keinen klaren Gedanken mehr fassen können, dass unsere Energie absinkt, dass wir in Verwirrung geraten, dass sich etwas in unserer Magengegend bis zu einem Gefühl der Lähmung und Ohnmacht zusammenzieht. Damit wir den Versuchungen des Bösen widerstehen oder uns ihnen widersetzen können, gibt es etliche Engelscharen, die uns behilflich sind. Wir können sie in jedem Augenblick rufen, und sie stehen uns umgehend zur Seite.

Es gibt eine Gruppe Engel, die jederzeit bereit ist, den Kampf mit dem Bösen aufzunehmen. Es sind die Helfer des Erzengels Michael, die auch »Krieger-Engel« genannt werden. Diese Engelscharen, die, wie zuvor bereits beschrieben, »Amenlee« genannt werden, widmen sich den unverbesserlichen Seelen, die sich dem Bösen verschrieben haben. Sie versuchen, auf ungewöhnlichen, ideenreichen Wegen den Menschen zu seinem wahren Licht zurückzuführen. Sie senden neue Lichtimpulse in das Menschenherz. Die letzte Instanz der Engelscharen, die sich um die Seelen auf Abwegen kümmern, sind die »Geister der Gnade«. Sie senden eine völlig neue Energie in den Menschen und nehmen einen Teil des Schicksals dieses Menschen auf sich.

DIE PERSÖNLICHEN ENGEL

DIE PERSÖNLICHE ENGELGRUPPE

Wir sind jene, die dich begleiten,
die dich führen und dich leiten,
die mit dir sind auf allen Wegen,
die mit dir lachen, weinen, beten,
die dich versorgen stets mit Licht,
die dich erhöhen auf göttliche Sicht,
die dir zurufen: »Hör unsere Klänge,
wir sind stets da, aber ohne Strenge.
Wir lassen es deinem Willen frei,
zu sein in dem Licht, zu bleiben im Schatten.
Wir sind stets bei dir, wir hören dein Rufen.
Sind wir da, geht's auf höhere Stufen.
Entwicklung ist ohne Anfang und ohne Ende,
und stets geht es weiter
auf der göttlichen Wachstumsleiter.
Rufe uns, wir sind für dich da,
augenblicklich erschallt unser Halleluja.
Wir freuen uns und jubeln im himmlischen Chor,
wenn dein Licht und dein Wille hebt sich empor.

Jeder Mensch wird nicht nur von einem Engel begleitet, sondern von einer ganzen Engelgruppe, von einem eigenen Engelchor. Da die Engel die Hüter der lebendigen Kräfte der göttlichen Quelle sind, wird die lebendige Grundenergie eines jeden Menschen von sieben Engeln geleitet, geschützt, gehalten und aufgebaut. Diese sieben Engel haben jeweils andere Funktionen und Aufgaben und doch sind sie aus dem gleichen Stoff und entsprechen dem jeweiligen Menschen, seiner Entwicklung und seiner Aufgabe. Die Engelgruppe oder der Engelchor arbeitet über die sieben verschiedenen lebendigen Energieebenen, die sieben Hauptenergiezentren, die den Menschen mit Lichtenergie versorgen.
Die Aura, das Lichtenergiefeld, das den Menschen eiförmig umgibt, wird von der persönlichen Engelgruppe aufgebaut. Hellsichtige, hellfühlige Menschen können die Farben der Aura wahrnehmen. Auch kann sie heutzutage über Kamera und Computer sichtbar gemacht werden. An dem Lichtenergiefeld des Menschen lässt sich erkennen, welche Engel bei einem Menschen besonders aktiv wirken, was seine Grundschwingung ist (dies zeigt sich über eine längere Beobachtung der Aura) und welche Engelkräfte blockiert sind und Kraft benötigen, beziehungsweise zielgerichtet angerufen werden können, damit die fehlende Energie sich aufbauen kann und bestehende Blockaden gelöst werden können.
Geistführer, Meister, Lichtwesen und andere Engelwesen können in dem Lichtenergiefeld des Menschen an der weißen Strahlung gesehen werden. Die weiße Strahlung erhöht und erhellt entweder die Farbschwingungen oder kann als weißes Licht wahrgenommen werden. Die erhöhte Farbschwingung kann auch als Hinweis darauf gesehen werden, welche Kraft oder Energie mit einem arbeitet. Diese Wesen wirken besonders, wenn der Mensch durch neue Entwicklungen geht, wenn neue Kräfte im Menschen aktiviert werden und wenn der Mensch sich an einem Tor zu einer weiteren Stufe der Einweihung befindet, bereit, es zu durchschreiten. Zwar gehören sie nicht zu der persönlichen Engelgruppe, unterstützen diese jedoch während besonderer Lebensabschnitte, manchmal sogar ein Leben lang.

Die persönliche Engelgruppe, die Schutzengel unserer lebendigen Lichtenergie, haben Folgendes gemeinsam:

› Sie schwingen in ein oder zwei Seelenfarben.
› Sie alle kennen den Plan, nach dem der Mensch, den sie mit Lichtkraft versorgen, angetreten ist.
› Sie unterstützen den Menschen auf seinem Weg des Werdens, des Wachstums und des Übergangs.
› Sie erhöhen die Energie, verhelfen dem Menschen zu wahren Erkenntnissen.
› Sie zeigen dem Menschen seine Blockaden, helfen ihm, diese zu verstehen und aufzulösen.

- Sie erweitern die Wahrnehmung und den Wirkungsbereich.
- Sie schützen und behüten uns.
- Ihre Energie ist ausnahmslos bereichernd und gut.
- Sie achten und respektieren den freien Willen des Menschen und treten nur in Aktion, wenn sie gerufen oder um etwas gebeten werden.
- Die persönliche Engelgruppe oder einzelne Engel der Gruppe zeigen sich immer in der Gestalt, die der Mensch am leichtesten und mit dem geringsten Widerstand, ja, sogar mit Freuden akzeptieren kann. Sie sind an keine äußere Form gebunden. So kann ein Engel dieser Engelgruppe dem Menschen als Tier, Pflanze, Symbol, in Form eines geliebten Menschen – selbst wenn dieser verstorben ist – und in vielen anderen Formen erscheinen.
- Das gesamte Team zeigt sich oft in Gesamtformen, die alle sieben Schwingungen enthalten, z. B. in einem Regenbogen, in einer Oktave, in vollständigen Symbolen der Siebenheit wie der sieben Sternenkonstellationen, der Woche o. Ä.

1. Engel der Basis

Seine Energie entspricht dem Basis- oder Wurzel-Chakra (Farbe: Rot). Der Engel der Basis wird auch »Chemiker« oder »Alchemist« genannt. Er versorgt den Körper und steuert alle seine Funktionen. Er kümmert sich um die Instandhaltung des Körpers und sämtliche Prozesse, die er während seiner Entwicklung durchläuft – der »Chemiker« steuert eben die Chemie des Körpers. Wer bewusst mit ihm zusammenarbeitet, kann gezielt etwas für seinen Körper tun und den »Tempel der Seele« bei seinen Entwicklungsschritten unterstützen. Der Engel der Basis stellt den Körper zudem neu ein, wenn der Mensch neue Erkenntnisse erlangt und seine inneren Sinne, z. B. Hellsehen, Hellfühlen, Telepathie, entwickelt. Der Engel der Basis aktiviert die Kräfte im Menschen, die zum Handeln aufrufen.

2. Der Schutzengel

Seine Energie entspricht dem Beziehungs-Chakra (Farbe: Orange). Der Schutzengel ist der bekannteste Engel der Engelgruppe. Er sorgt für den Schutz des Menschen in seiner Beziehung zur Welt, zu anderen Lebensformen und zu Gott. Seine Aufgabe ist es, den Menschen zu beschützen und die Seele des Menschen überallhin zu begleiten, und zwar so lange, wie es von der göttlichen Vorsehung beschieden ist. Er führt den Menschen auch in den geistigen Bereichen und bringt seine Seele nach dem Tod in die jeweilige Region, die seiner Schwingung entspricht. Da sich der Schutzengel auf allen Ebenen und Sphären des Seins bewegen kann, ist seine Kraft eine sehr kreative. Die Hilfe und der Schutz kommen oft unerwartet und in sehr erfindungsreichen Formen. Der Schutzengel hilft dem Menschen, in Verbindung mit der Welt zu treten, meist durch den schöpferischen Ausdruck. Kreativität ist die universelle Sprache und der Ausdruck des Lichtes.

3. Der Engel des Lehrens

Ihm entspricht das Nabel-Chakra, der Solarplexus (Farbe: Goldgelb). Dieser Engel wird auch der »Lehrer« genannt. Sein Bereich ist das Zentrum des Willens und der Macht. Der Engel des Lehrens leitet den Menschen an. Er ist immer da, wenn der Mensch seinen Willen unter den göttlichen Willen stellt, und sendet ihm die göttliche Weisheit. Er übermittelt ihm Eingaben, die der Mensch oft als innere Stimme deutet. Er zeigt dem Menschen, wie er hohe spirituelle Erkenntnisse im Alltag umsetzen kann. Arbeitet er aktiv mit dem Menschen, so kann dieser die Weisheit des Göttlichen direkt empfangen und umsetzen – sie wirkt durch ihn in allen Bereichen. Ist er unterversorgt, wenig aktiv, so können andere Kräfte im Menschen schalten und walten, ihn manipulieren und über dieses Zentrum die gesamte Energie des Menschen anzapfen. Dunkle Kräfte werden zuerst in der Magengegend wahrgenommen: Sie klinken sich über den Solarplexus in das Energiesystem des Menschen ein, und wenn sie ihr Werk beginnen, ist hier ein Energieverlust spürbar. In diesem Fall können die Engel zur Hilfe angeregt werden, indem sie z. B. durch ein Gebet gerufen werden.

4. Der Engel der liebenden Fürsorge

Dies ist meist eine weibliche, lichte Kraft, ihr entspricht das innere Herz-Chakra (Farben: Rosa bis Rot). Sie wird auch die »Heilschwester« genannt, und sie betet für das Seelenheil, die Liebe und das Vertrauen des Menschen in sich selbst, in die Welt und in das Göttliche. Sie sendet das Licht der Hoffnung und der Kraft, aus welcher der Mensch immer wieder schöpfen kann. Sie birgt das kranke Seelenlicht und versorgt es mit Liebe und Fürsorge, damit es wieder von Neuem beginnen kann zu leuchten. Es ist eine zarte, sanfte Energie, die aktiv durch den Menschen wirken kann.

5. Der Engel der Heilung

Seine Energie entspricht dem äußeren Herz-Chakra (Farben: Grün bis Türkis). Er wird auch der »innere Arzt« genannt. Er ist die aktive Herzenskraft, die der Seele des Menschen hilft, sich zu erneuern, etwas zu tun und an sich zu arbeiten, damit Heilung, Heilwerdung, Segnung und Einweihung im Wachstum der Seele erfolgen können. Er führt Operationen und Heilvorgänge durch, wenn der Mensch aktiv mit ihm zusammenarbeitet. Die beste Heilkraft, die er sendet, ist ein sonniges optimistisches Gemüt: Der innere Arzt ist oft sehr humorvoll. Menschen, die mit diesem Engel in Verbindung stehen, verfügen meist über seine Heilungsfähigkeiten, die sie durch sich wirken lassen können.

6. Der Engel der Kommunikation

Diesem Engel entspricht das Hals-Chakra (Farben: alle Blautöne). Seine Energie kann gleichermaßen männlich wie weiblich sein, und er wird oft die »Kleine« oder der »Kleine« genannt. Sie/er erscheint als Kind, damit der Mensch Vertrauen zu diesem Engel schöpft. In Wirklichkeit ist es aber ein sehr hoch entwickeltes Wesen, dessen Anblick den Menschen blenden und einschüchtern würde, würde es in seiner wahren Erscheinungsform auftreten. Er vermittelt Fröhlichkeit, Leichtigkeit und Unbeschwertheit. Unter seiner Leitung werden die Erfahrungen und Ereignisse, das Schicksal, in die Bahnen gelenkt, die für die seelische Entwicklung des Menschen wichtig sind. Mit seiner Hilfe findet die Kommunikation mit allem, was ist, statt. Die/der Kleine sendet jedoch auch immer wieder die Leichtigkeit des Seins, damit der Mensch sich seinem Schicksal stellen, es bestehen und es in Phasen der Öffnung verändern kann. Er entwickelt damit langsam die Göttlichkeit seines Seins in sich. Bei der Arbeit mit diesem hohen Engelwesen lautet die Aufgabe, nach innen zu gehen, sich von der äußeren Welt zurückzuziehen und in die Stille zu lauschen.

7. Der Engel der Meisterschaft

Ihm entspricht das Dritte Auge, das Stirn-Chakra (Farben: Violett bis Gold). Er wird der »Meister« genannt und ist der persönliche Meister, der hilft, die spirituelle Dimension des Seins zu entwickeln und zu eröffnen. Hier öffnet sich der Blick in die geistigen Welten. Der Meister sendet spirituelle Weisheiten in hoher Konzentration sowie das Licht der Wandlung und des beständigen Wachstums. Der Engel des Lehrens, der Lehrer, hilft dann, diese Weisheiten nach und nach wirklich zu begreifen, zu entwickeln und aus Glauben Wissen werden zu lassen.

Dies ist die ureigenste Engelgruppe, die jedem Menschen zur Seite steht.

Das Scheitelzentrum (Farbe: Weiß) ist der offene Kanal für die Kräfte des Kosmos. Hier entwickelt der Mensch seine eigene Göttlichkeit, sein ICH BIN, sein SEIN. Es ist der Schnittpunkt, an dem der Austausch mit anderen Kräften beginnt. Hier liegt der Kanal für das weiße Licht, das alle anderen Lichtkräfte erhöht und heller schwingen lässt. An dieser Stelle beginnt die Kommunikation mit verschiedenen Meistern, Engeln, Wesen der göttlichen Essenz. Über dieses Energiezentrum meldet sich jeweils das, was für die Entwicklung der Seele eines Menschen wichtig ist und diese allmählich in Einklang mit dem Göttlichen bringt. Es ist die Kraft, die alle anderen Kräfte aufeinander abstimmt.

DER SCHUTZENGEL

Wer sind die Schutzengel?
Wir sind ganz nah bei euch.
Wir vernehmen eure Gedanken
in jedem Augenblick!
Ob ihr an uns denkt oder nicht,
wir sind bei euch!
In der bestimmten Weise,
die das Göttliche gewollt hat,
immerwährend und immerfort,
ohne Ablenkung und Ruhepause!
Wir freuen uns über euer Licht.
Wir weinen über eure Finsternis.
Wir bewachen eure Wege.
Wir vernehmen euren Ruf,
und wenn ihr es wünscht,
lenken wir eure Schritte engelwärts,
in euer ewiges Licht.

Was ist ein Schutzengel?

Ein Schutzengel, in früheren Zeiten auch »Schutzgeist« genannt, aber auch »Glücksfee«, »Schicksalsgeist«, »Seelenhüter« etc., ist ein Geistwesen, das über ein lebendiges Geschöpf des Göttlichen wacht, es behütet und beschützt, solange es im Sinne des Göttlichen ist, so lange, bis seine Zeit abgelaufen ist. Jeder Mensch hat einen Schutzengel, der ihm bei seiner Geburt zur Seite gestellt wird. Jedes Haus, jede Familie, jedes Dorf, jede Stadt, jedes Gebiet, jeder Berg, jedes Gewässer, jede lebendige göttliche Schöpfung, jede Epoche wird von einem Schutzgeist oder Schutzengel behütet.

Wie sieht ein Schutzengel aus?

Hier gehen die Vorstellungen weit auseinander. Viele Menschen erleben ihren Schutzengel als starke und männliche Energie, andere wiederum als eine sanfte und weibliche Kraft, wie eine fürsorgliche Mutter, andere sehen ihn mit indianischen Gesichtszügen, wieder andere erkennen in ihrem Schutzengel eine geliebte verstorbene Person, z. B. die Mutter, die zu früh gestorben ist, die Oma, der Vater o. Ä. Die Schutzengel sind so einzigartig wie die Menschen. Sie stehen in Resonanz mit ihrem Schützling, d. h. sie spiegeln dessen Wesen und werden sich in der Form zeigen, die der Mensch im Herzen annehmen kann, die für ihn und seine Entwicklung angemessen ist und ihm Kraft und Schutz vermittelt.

Was sind die Aufgaben eines Schutzengels?

Wie der Name schon sagt, ist es eine der Hauptaufgaben des Schutzengels, den Menschen zu beschützen, sein Hüter zu sein, ihn vor Schaden – an Leib und Seele – zu bewahren. Weitere Aufgaben sind: den Menschen zu führen, zu leiten, zu begleiten, ihn vor Gefahr zu warnen u. Ä. Hier ein Kindergebet zum Schutzengel:

Schutzengel mein,
hüt' mich fein,
Tag und Nacht,
früh und spät,
bis meine Seel'
zum Himmel geht.

Geschichte der Schutzengel

Das Wissen um Schutzengel ist so alt wie die Menschheit. In allen alten Kulturen lassen sich Zeugnisse von den lichtvollen Hütern der menschlichen Seele finden. Hier einige Beispiele:

- Im alten Rom finden wir die Vorstellung von den Laren, den guten Schutzgeistern, die Mensch, Haus, Herd, Familie etc. beschützen. Ihre Bilder standen in einem Schrein im Inneren des Hauses, wo für sie stets Lichter brannten. Wechselte eine Familie das Haus, so wurde im neuen Heim zuerst der Laren-Schrein aufgebaut.
- In Japan werden die Schutzgeister »Kami« genannt. Es gibt Kami in allen Formen, sie beschützen und behüten alles Leben. Jeder Mensch hat sein Kami, jedes Haus, jede Sippe, jedes Dorf, jeder Berg etc.
- In Albanien glaubte man an die Glücksfee und die Schicksalsgeister, die jedem Menschen bei seiner Geburt zur Seite gestellt werden und dessen Geschicke lenken. Ist der Mensch feige oder verstößt er gegen die lebendigen Gesetze der Natur, so können sie seinen Lebensfaden durchtrennen.

Früher waren uns verschiedene Schutzgeister zur Seite gestellt, die alle eine andere Aufgabe zu erfüllen hatten. In manchen Völkern finden wir auch die Beschreibung von nur einem Schutzwesen, das seinen Schützling auf Gefahren und Krisen hinweist, ihn mit Energie versorgt und ihm in seiner spirituellen Erkenntnis und Entwicklungsfähigkeit beisteht.
In der Zeit der Engelverfolgung (7. bis 13. Jahrhundert) war es verboten, Engel

beim Namen zu nennen. Es waren nur noch drei Erzengel namentlich zugelassen und ein Schutzengel für den »normalen Menschen« (vgl. Kapitel »Engel und europäische Entwicklungsgeschichte). Heilige hingegen waren von vielen Engeln umgeben, da sie der Verlockung und Versuchung stärker ausgesetzt waren als der einfache Bürger. So wuchs allmählich die Überzeugung, dass der Mensch nur von einem Schutzengel begleitet wird. Dieser Schutzengel übernahm alle Aufgaben der Schutzgeister, wurde zum wichtigsten Freund und Seelenkameraden des Menschen, da er ihn auf all seinen Wegen begleitet. Ihm wurde das katholische »Schutzengelfest« am 2. Oktober geweiht, das mit einer besonderen Form des Gottesdienstes begangen wird.

Neuere Entwicklung

Durch die Sterbeforschung und die Berichte aus dem letzten Jahrhundert von »Jenseitserfahrungen«, die Menschen in Todesnähe machten, änderte sich die Vorstellung von Engelwesen sowie von Himmel und Hölle allmählich, denn sie zeigten: der Mensch hat nicht nur einen Schutzengel. Die Berichte, in denen Menschen auf der ganzen Welt ihre »Todeserfahrungen« und »Todesnähe-Erlebnisse« schildern, handeln von mehreren Geistlichtwesen, die beim Übergang behilflich sind. Der Schutzengel ist zwar der Engel, der an der Seite des Menschen wandelt und nah bei ihm ist, der die Aufgabe des Schutzes übernimmt, doch werden daneben noch weitere geistige Seelengefährten wahrgenommen.

- In der Bibel können wir lesen: »Denn er hat seinen Engeln befohlen, dass sie dich behüten auf allen deinen Wegen, dass sie dich auf den Händen tragen und du deinen Fuß nicht an einen Stein stoßest.« (Psalm 91,11)
- In »Die zehnte Prophezeiung von Celestine« der Autoren James Redfield und Carola Adrienne können wir lesen, dass uns eine ganze Seelengruppe mit Energie versorgt, dass unsere Seelengruppe uns Unterstützung, Energie sendet, dass sie unsere Geburtsvision teilt und uns durch unser Leben begleitet.

Die neue Auffassung geht dahin, dass jeder Mensch von einem Engelchor oder einer Engelgruppe umgeben ist. Es ist sein Seelenteam, das ihn begleitet und ihn mit Energie versorgt. Beim Übergang vom Leben zum Tod wirkt die gesamte Engelgruppe, wobei jeder Engel seinen eigenen Bereich hat. Der Schutzengel z. B. führt den Menschen in den geistigen Reichen, der Engel der Basis sorgt für den Zerfallsprozess des Körpers, der Engel der Heilung zertrennt die Silberschnur, die den Geistkörper mit dem physischen Körper verbindet und der Engel der Kommunikation entnimmt den Lebensfilm, um ihn dann mit der Seele auszuwerten. An wichtigen Übergängen sind immer mehrere Kräfte am Wirken, damit der Wechsel gemäß der Lebensaufgabe eines Menschen vollzogen werden kann.

DIE MÄCHTE DER FINSTERNIS

Lucifer

Ich will mein Licht vor eurem Licht verschließen,
ich will euch nicht, ihr sollt mich nicht genießen,
bevor ich nicht ein Eigenlicht geworden.

So bring' ich wohl das Böse zur Erscheinung
als Geist der Sonderheit und der Verneinung,
doch neue Welt erschafft mein Geisterorden.

Aus Widerspruch zum unbeirrten Wesen,
aus Irrtum soll ein Götterstamm genesen,
der sich aus sich – und nicht aus euch – entscheidet.

Der nicht von Anbeginn in Wahrheit wandelt,
der sich die Wahrheit leidend erst erhandelt,
der sich die Wahrheit handelnd erst erleidet.

(CHRISTIAN MORGENSTERN)

Was sind die Mächte der Finsternis?

Das Wissen um Dämonen und Teufel ist fast so alt wie das Wissen um Engel. Die Frage ist: Sind sie voneinander getrennte Wesen oder bedingen sie einander auf geheimnisvolle Art und Weise, um den Menschen in ihrer Entwicklung des »göttlichen Bewusstseins« beizustehen? Einst gab es eine Zeit, in der die göttlichen Hierarchien und die Menschen Hand in Hand miteinander im Lichte des Einen wirkten. Die Welt war eine einheitliche schöpferische Kraft des Guten. Alle hierarchischen Wesen, auch der Mensch, standen uneingeschränkt im »dienenden Verhältnis« zur göttlichen Quelle. Es war der Zustand, der in alten Schriften als »Paradies«, »Reich des Lichtes«, »Urzeit«, »Traumzeit« etc. beschrieben wird. Man findet Beschreibungen dieses Zustandes in vielen Mythen und Legenden dieser Welt.

Wenn dieser »paradiesische Zustand« angedauert hätte, wäre es dem Menschen nicht möglich gewesen, ein eigenes Bewusstsein über die Kräfte von Gut und Böse und ein »göttliches Bewusstsein« zu erlangen, ebenso wenig selbstständig und frei zu sein und aus freiem Willen im Lichte des Einen zu wirken. Der göttliche Plan war, dass der Mensch eine Hierarchie von Wesen stellen sollte, die schöpferische Freiheit und »Gottesbewusstsein« erreichen, sprich das »Königreich auf Erden errichten« sollte. Doch wovon sollte der Mensch sich abwenden, wenn überall das Göttliche waltete? Es musste ein Freiraum geschaffen werden für die Erfahrung der Bewusstwerdung über die Dinge. So zog sich das göttliche Bewusstsein aus einem Bereich der Himmelssphären zurück.

Die Erschaffung dieses Freiraumes wird als »Fall Luzifers« als »Sturz der Menschheit« als »Vertreibung aus dem Paradies« und in der Kabbalah als »Tsimtsoum«, als Kontraktion, Rückzug vom Göttlichen, um die Offenbarung zu ermöglichen, bezeichnet. In vielen Legenden, Mythen und Märchen wird die Spaltung der Eins, die Trennung von der Einheit, die Aufteilung in die verschiedenen Kräfte und Mächte etc. beschrieben. Ein Teil der Engel fiel dabei in die Tiefe – und dieser Fall war im weitesten Sinne ein Liebesdienst an der Menschheit.

Da diese Engel nicht mehr vom göttlichen Bewusstsein durchdrungen waren, blieb ihnen nichts anderes übrig, als um sich selbst zu kreisen und schließlich der Verdunkelung des Bewusstseins anheimzufallen. In den Überlieferungen wird dies als der »Stolz« und die »Empörung« der Engel erwähnt. Durch die äonenlange Abtrennung des Bewusstseins der gefallenen Engel von Gott entwickelten sie Gegenkräfte in verschiedenen Abstufungen zum göttlichen Bewusstsein. Selbstbezogenheit, Egoismus, Egozentrismus, Selbsterleben – verkörpert durch Luzifer – wurden dadurch geboren, aber auch Hass und Zerstörung – für die Satan steht – und alle Stufen dazwischen, also Neid, Eifersucht, Missgunst, Lüge, Betrug, Faulheit, Gier, Leid u. v. a. m., sowie die Kraft, eine neue unbeseelte Welt zu erschaffen, die Ahriman darstellt. Dies sind einige der Hauptströme der dunkelsten Wesen der Kraft, die später noch genauer beschrieben werden.

Da das Licht des Himmels ihnen verschlossen blieb, wandten sie sich mit ihrer Kraft den Menschen und der Erde zu, um durch sie das göttliche Licht zu erhaschen und sie auf ihre Seite zu ziehen. So entwickelte sich zu jeder göttlichen Kraft eine Gegenkraft, und dieser geschaffene Freiraum der letztlich zwei großen Kräfte ist es, der dem Menschen die Freiheit gibt zu wählen: Er kann in Finsternis wandeln oder sich im Lichte des Einen erheben. Das »Böse« tritt also dem Menschen entgegen, um seine höchste Kraft herauszufordern und sein Licht zu prüfen. Es veranlasst den Menschen, sein eigentliches göttliches Wesen zu entwickeln.

Gerade im Ringen mit den Kräften der Dunkelheit, in Not und Leidenszeiten, in Zeiten der Schicksalsschläge, wird der Mensch auf sich zurückgeworfen, wird die Frage nach dem Sinn des Lebens und die Suche nach dem höheren Daseinszweck geweckt. Das höchste Ziel der menschlichen Entwicklung ist die Selbstmeisterung. Es fordert die höchsten Prüfungen und höchsten Anstrengungen. Menschen, die das Leben mit seinen Aufgaben gemeistert haben, haben göttliches Bewusstsein über die Kräfte erlangt und können damit beginnen, diese zu erlösen. Meister und Meisterinnen des Lebens, z. B. Buddha, Jesus, Quan Yin u. v. a. m.,[26] haben eine höhere Lebensform erreicht, ein erkennendes »Gottbewusstsein«, eine höhere moralische Kraft und ein Bewusstsein über die wirkenden Kräfte entwickelt, das das der Engel weit übersteigt und zur Entwicklung auf weiteren Stufen im geistigen Bereich beiträgt.

Wenn der Mensch beginnt, seinen Willen bewusst nach dem göttlichen Willen auszurichten und mit den Engeln im Lichte des göttlichen Wirkens zu arbeiten, dann beginnt er auch, die Fähigkeit zu entwickeln, den dunklen Kräften bewusst entgegenzuwirken und sie zu wandeln, ja, sie als Teil des göttlichen Plans zu erkennen. Je weiter er sich entwickelt, desto besser ist er in der Lage, unmittelbare »Gotteserfahrungen« zu machen und Erlösungsarbeit zu leisten. Nehmen wir hier zum Vergleich Hiob. Satan prüfte Hiob, jedoch in »Absprache« mit Gott. Gott ließ es zu und gewährte Satan die Erlaubnis. Hiob hielt trotz aller Widrigkeiten, denen Satan ihn aussetzt, an Gott fest, bis ihm die Begegnung mit dem Göttlichen zuteil wurde. Sein Schlusssatz lautete: »Bis jetzt habe ich nur von dir gehört, jetzt hat mein Auge dich gesehen.«

Der Mensch wurde als Abbild des Göttlichen geschaffen und kann infolgedessen auch direkte »Gotteserfahrungen« machen und »Christusbewusstsein«, Bewusstsein über die göttliche Natur,

26 Vgl. »Die Gegenwart der Meister«, siehe Anhang.

erlangen. Das Göttliche war, ist und wird immer sein. Da die Entstehung des Bösen mit der Entwicklungsgeschichte des Menschen einhergeht und zu ihm gehört, ist es ihm auch in Zukunft gegeben, das Böse aus seiner Isolation und Abgetrenntheit zu erlösen und ihm wieder einen Platz im »göttlichen Orchester« zu geben. Jeder Teufel ist ein »verkappter« Engel. Alles kommt aus der gleichen Quelle. Sollte die göttliche Quelle ihre Geschöpfe nicht kennen und nicht wissen, wie die Kraft, die in sie gelegt ist, angeregt und entwickelt werden kann?

Die Entwicklung der Hölle

Die Mächte der Finsternis und die des Lichtes ringen seit undenkbaren Zeiten miteinander. Zu jeder Kraft gibt es eine Gegenkraft. Aber jede Kultur hat hier ihre eigenen Vorstellungen von Gut und Böse, von den Kräften und Wesen der »heiligen Reiche« und den Kräften und Wesen der »dunklen Reiche«. In unserem Kulturkreis hat sich die Vorstellung von Himmel und Hölle vor folgendem Hintergrund etabliert:
In vorchristlichen Zeiten lebten Satan und seine dunklen Gesellen auf der Erde mitten unter den Menschen. Sie verführten sie und brachten sie vom rechten Weg ab. Es waren gefallene Engel, dunkle Geister, verirrte Seelen, Kräfte, die sich aus dem Tierreich aufbauten (Trieb- und Instinktkräfte), deren der Mensch eigentlich »Herr« sein sollte, Kräfte des Zerfalls, der Erstarrung, der Zerstörung, des Unheils, die über den Menschen hereinbrachen, ihn schwächten und ihn seiner Kraft beraubten. Vor der Christianisierung lebte der Mensch mit diesen Kräften. Er wusste um sie und versuchte, sie durch Opfergaben und Huldigungen zu bezähmen und milde zu stimmen.
Als das Christentum sich weiter ausbreitete, nach dem Satan aus dem Himmel gestürzt worden war, brauchte dieser für sich und die Engel, die sich ihm anschlossen, sowie für die heidnischen Götter und Göttinnen nebst allen Engeln, die zur Zeit der Engelverfolgung aus dem Himmel verbannt worden

waren, ein neues Domizil. Da aber Gott nach den Aussagen der Genesis »nur Himmel und Erde« erschaffen hatte, mussten die Amtsträger der Kirche diese Aufgabe, ein Heim für die bösen Kräfte zu schaffen, selbst übernehmen. Sie griffen dabei auf eine Vorstellung der Hebräer zurück, die bereits einige Jahrhunderte vor Christi Geburt die »Gehenna« (Hölle) entwickelt hatten. Von der Gehenna wird gesagt, dass sie sechzig Mal so groß ist wie die Erde. Jede Etage ist voll mit Kesseln aus Feuer und Galle zur Bestrafung der Bösen. Das Feuer wird immer heißer und quälender, je weiter man nach unten steigt.
Da der »christliche Himmel« aus sieben Etagen bestand, durfte die Hölle ihm in diesem Punkt nicht nachstehen. So wurde eine Hölle aus sieben Stufen geschaffen. Die oberste, genannt »Scheol«, grenzte direkt an die Erde an, von dort ging es abwärts. In diesem Reich wurden Satan und sein Gefolge nun auf den verschiedenen Stufen einquartiert und ihren Aufgaben überlassen: Die Dämonen hatten die Sünder zu bestrafen, zu foltern und auf grausamste Art und Weise zwischen lodernden Feuern zu quälen. Die Hölle wurde zum Ort der Seelenqualen. Die Amtsträger der Kirche schrieben Satan und seinem Gefolge alle (ihrer Ansicht nach) negativen Eigenschaften zu. Die Hölle mit Satan als Anführer wurde zum grausamen Sinnbild der Angst und des Schreckens. Weitere bekannte Führungskräfte der dunklen Seite sind Luzifer, Ahriman, Astaroth, Beelzebub, Leviathan (das Tier 666). Auch Lilith, Belial, Naamah, einst Engel, wurden hierher versetzt neben Pan, Osiris, Isis, Horus und anderen vorchristlichen Göttern.
Mit dieser Schreckensvorstellung, unter der Knute der Angst, sollten die Gläubigen in die Obhut des christlichen Gottes gescheucht werden. Die Rechnung der kirchlichen Würdenträger ging allerdings nur bedingt auf: Satan der »Schreckensherrscher« entwickelte sich zu einer faszinierenden und mächtigen Gestalt, die etliche Anhänger fand. So entwickelte sich eine Gegenbewegung zum Christentum, »Satanismus« oder »Teufelsanbetung« genannt. Mit dieser Bewegung wurden die Mächte der Finsternis beschworen sowie alte magische Ritualformeln erhalten, die ursprünglich nichts mit den Kräften der dunklen Seite zu schaffen hatten.
In der heutigen Zeit löst sich das Bild der Hölle langsam auf, sie verliert ihren Schrecken, weil ein tieferes und umfassenderes Verständnis des Lebens und das Bewusstsein der Selbstverantwortlichkeit für ein obrigkeitshöriges Schwarzweißdenken keinen Raum mehr lassen. Es begann mit der Zeit der Aufklärung gegen Ende des 18. Jahrhunderts und dem sich verändernden geschichtlichen Verständnis, dass Engel, Götter und Göttinnen langsam die Abgründe der Hölle verließen. Hier fand eine langsame Erlösung statt, die zum Wesen unserer gegenwärtigen Epoche gehört und in der der Mensch eine neue Stufe der Evolution betreten hat.

Dennoch ringen die Mächte der Finsternis und des Lichtes bis heute miteinander. Sie haben andere Formen angenommen und tragen neue Gewänder – der Zeit entsprechend. Es sind nach wie vor die dunklen Kräfte, die den Menschen in Abgründe stürzen, seine Energie mindern, ihn verführen und von der »Gottwerdung« ablenken. Angst, Hochmut, Neid, Geiz, Maßlosigkeit, Faulheit, Zorn, Lüsternheit, Zerfall, Dunkelheit, Egoismus und Zerstörung werden von den Kräften der Finsternis aktiviert. Doch indem wir sie nicht mehr ausgrenzen und ihnen so mehr Macht verleihen, sondern sie wieder zu einem Teil unseres Lebens machen und sie erkennen, können wir ihre Energie wandeln und für unser inneres Wachstum nutzbar machen.
Die Natur des Menschen ist göttlich, ewig, geistig, lebendig, wandelnd. Durch den Fall in die Materie haben wir es mit einer endlichen, irdischen, dem Zerfall preisgegebenen Natur zu tun. Wir haben einen freien Willen, mit dem wir uns in diesem Kräftespiel entscheiden können. Wir können lernen, unsere göttliche Kraft zu erkennen und uns mit den lichten göttlichen Kräften, den Engeln, zusammenzutun. Diese Entscheidung wird uns auf den Schwingen des Lichtes tragen und uns auf dem Weg der Selbstmeisterung führen. Wir können aber auch unsere »gottgegebene Kraft« nutzen, um uns zu zerstören, zu schwächen, oder diese in der Welt zum Schaden einsetzen und uns so in Begrenzung und Beschränkung gefangen halten – es ist unsere Entscheidung. Wir haben den freien Willen, zu WANDELN in dieser Welt.

Werfen wir noch einen kurzen Blick auf den Buddhismus. Im Buddhismus werden fünf Daseinsgefährten der Menschen beschrieben: die Wesen der Hölle, des Tierschoßes, des Gespensterreiches, der Menschenwelt und der Himmelswelten. Die ersten drei Gefährten werden als »Leidensgefährten« (duggati) bezeichnet, während die beiden letzteren als »Glücksgefährten« gesehen werden (sugati). Der Mensch kann das Rad des Schicksals und des ewigen Kreislaufes von Tod und Wiedergeburt verlassen, wenn er bereit ist, Meister seiner selbst zu werden und die höheren Daseinsformen anzustreben – und zwar bis zur Vollendung, Erleuchtung. Dann kann er entweder in das Nirvana eingehen oder als »Erleuchteter des Mitgefühls« (Bodhisattva) auf der Erde wirken, um den Menschen auf ihrem Weg zur Meisterschaft beizustehen und das Böse zu erlösen.

DÄMONEN UND HÖLLENFÜRSTEN

Kopfüber flammend stürzten aus
dem Himmelsäther
In abscheulicher
Verwüstung und Verwirrung
Hernieder in die bodenlose
Verderbnis Throne und Mächte,
entstanden im Himmel.
Ätherische Tugenden;
Müssen wir diesen Titel
Jetzt ablegen und werden fortan
Höllenprinzen genannt?

(JOHN MILTON,
DAS VERLORENE PARADIES II)

Mit diesen Titeln werden Kräfte bezeichnet, die das Licht des Menschen verdunkeln. Sie gehören zu den Heerscharen des Höllenfürsten Satan und seiner Generäle Luzifer, Ahriman, Beelzebub etc. In allen Kulturen gibt es unzählige Formen von Dämonen und Höllenfürsten. Die gefallenen Engel bilden nach Milton ein Drittel der himmlischen Heerscharen und entstammen den höchsten Engelrängen, den Cherubim, Seraphim, Thronen, Fürstentümern und Kräften (vgl. Kapitel »Die Kabbalah«). Aus ihnen bildeten sich, wie zuvor dargelegt, die Gegenkräfte zu den göttlichen Kräften, damit der »Gottmensch« werden kann. Neben den bereits aufgeführten gehören weiterhin dazu: Moloch, der mit dem Blut von Menschenopfern beschmiert ist, Chemosh (auch »Peor« oder »Moabs« genannt), der Schrecken der Söhne, Baalim, Azazael, Mammon, Thammuz, Belial, Rimmon, Dagon, Aschtaroth u. v. a. m. Es sind die Dämonen des Hasses, der Dunkelheit, der Unbeherrschtheit, des Zorns, der Maßlosigkeit, der Zügellosigkeit, der Gier, des Geizes, des Neids, des Leids, der Verblendung, der Täuschung, der Angst, der Zerstörung, der Unachtsamkeit, der Enge, der Faulheit, der Trägheit etc.

Nachfolgend nun einige Darstellungen der Herren der Finsternis, die sich so oder in ähnlichen Formen in den Mythen und Legenden aller Völker auf der Erde wiederfinden lassen.

Satan

Und es erschien ein anderes Zeichen am Himmel, und siehe, ein großer, roter Drache, der hatte sieben Häupter und zehn Hörner und auf seinen Häuptern sieben Kronen, und sein Schwanz fegte den dritten Teil der Sterne des Himmels hinweg und warf sie auf die Erde …

(OFFENBARUNG DES JOHANNES 12,3–4)

Satan ist der Fürst der Hölle. Die Engel, die sich ihm angeschlossen haben, werden »Dämonen« genannt. Diese Dämonen bringen schwere Krankheiten, Leid und Schicksalsschläge. Doch sie sind nicht unbesiegbar: Sie fürchten Gott und das Licht. Die wahre Hölle ist die Entfernung von Gott, ein Leben in Kälte und Dunkelheit, ein Leben des Umherirrens. Die Seele des Menschen kann sich, so lange sie möchte, von den dunklen Kräften narren lassen. Sie wird sich selbst vernichten, wenn sie ihr Licht verlöschen lässt, oder sie besinnt sich darauf, den Weg zurück anzutreten. Durch die Mächte der Finsternis haben wir den freien Willen erhalten, uns für die eine oder andere Seite zu entscheiden oder in den Zwischenwelten umherzuirren. Während die Engel ihre Macht zum Guten einsetzen, verfolgt Satan oder der Teufel, vom Hass auf Gott und die Menschen erfüllt, ausschließlich verderbte und unheilvolle Zwecke. Satan ist das Böse schlechthin. Er ist leibhaftig gewordene/r Hass, Zorn, Zerstörung, Dunkelheit, Macht, Kälte, schwere Krankheit, Enge, Endlichkeit … Er erzeugt Angst und Schrecken. Gott hätte diese Kraft vernichten können, doch in seiner/ihrer unendlichen Liebe und Güte lässt er/sie es zu, dass diese Kräfte auf der Erde walten. Sie sind zwar für sich genommen böse, aber nichtsdestoweniger ein Mittel und Anreiz zur menschlichen Vervollkommnung. Somit wird Satan als dunkle Kraft unfreiwillig in den Heilplan der Menschenseele mit eingebunden – oder wie Goethe es so treffend in Worte gefasst hat: »… die Kraft, die stets das Böse will und doch das Gute schafft.«

Ahriman

Bin hier, bin da, bin überall.
Blende dich mit meinem Licht.
Verführe dich!
Lege die Spur tiefer und dichter
in die Welt der Materie.
Komm und folge mir,
denn ich kenne dich und
trage dein Glück vor dir her.
Richte deinen Blick nach außen,
schaffe immer neuere Illusionen.
Glänzender, größer, besser,
schöner, schneller.
Erzähle dir vom Glück.
Du brauchst sehr viel,
und das ist nicht genug!
Ohne all das ist dein Leben nichts.
Schritt für Schritt, sanft und heimlich
pflücke ich die Schichten
deiner Seele,
bis sie in meinem Licht erstrahlt.
Dann gehörst du ganz mir
und merkst es nicht,
wenn du mir folgst, so wird
es eines Tages sein.

Ahriman ist eine alte Bezeichnung aus dem Parsenreich. Zarathustra (ca. 660 n. Chr., Begründer des Zoroastrismus) rang schon mit den so benannten Kräften, die eine Widersachermacht beschreiben, die in der Menschheitsgeschichte eine wesentliche Rolle spielt: Sie hat seit dem Sündenfall, seit der Vertreibung aus dem Paradies, Macht über den Menschen und gaukelt ihm vor, dass die Welt des Geistes bedeutungslos sei.
Ahriman ist die Gestalt, die blendet, verführt und manipuliert. Seine Kraft wirkt in jenen Menschen, die sich in ihrem Leben treiben und sich von äußeren Anreizen führen lassen. Sie entscheiden sich für nichts, lassen sich täuschen, folgen dem Strom der allgemeinen Meinung. Sie dümpeln im Zwielicht umher.
Durch die Verblendung erhält diese Kraft ihre Macht über den Menschen. Sie verhindert, dass er seine wahren Kräfte göttlicher Natur entwickeln kann. Der Mensch lässt sich blenden, vertraut der Illusion. Er hofft, das Glück zu finden, wenn er noch dies und jenes besitzt. Er jagt jeder neuen Strömung im Außen hinterher, in der Hoffnung, dort das prickelnde Leben zu finden, das er sich tief in sich wünscht. Erfüllt sich der Wunsch, hat er das Neueste oder das Beste, so genießt er es nur für eine kurze Zeit, denn bald sind Langeweile und Sinnlosigkeit wieder da. Dies sind die Gefühle, von denen Ahriman sich ernährt. Die Jagd im Außen aber geht immer weiter.
Der Mensch spielt sich Ahriman so Stück für Stück in die Hände, und dieser wird nicht müde, hämisch grinsend neue Illusionen von »besser, schöner, noch besser, noch schöner« im Außen zu erschaffen. Das geschieht materiell, emotional, geistig, spirituell – also auf allen Ebenen und in jeder erdenklichen Form. Ahriman senkt Stück für Stück die Energie und »Schwingungskraft«

des Menschen. Er verlangt die langsame Abgabe der persönlichen Kraft des Menschen an die Außenwelt, an andere Menschen, an einen Guru, an die fünf Sinne, an die negativen Egos, an ein Dogma usw. Wenn die persönliche Kraft auf ein Minimum gesenkt ist, beginnen die Dämonen der Finsternis ihr Spiel. Die Mächte der Finsternis arbeiten Hand in Hand – so, wie die Kräfte des Lichtes.

Luzifer

Wie bist du vom Himmel gefallen,
du schöner Morgenstern!
Wie wurdest du
zu Boden geschlagen,
der du alle Völker niederschlugst!
Du aber gedachtest
in deinem Herzen:
»Ich will in den Himmel steigen
und meinen Thron über die
Sterne Gottes erhöhen,
ich will mich setzen auf den Berg
der Versammlung
im fernsten Norden.
Ich will auffahren
über die hohen Wolken
und gleich sein dem Allerhöchsten.«
Ja, hinunter zu den Toten fuhrst du,
zur tiefsten Grube!

(JESAJA 14,12–15)

Luzifer, dessen Name »Lichtbringer« bedeutet, war der strahlendste und vollkommenste unter den Engeln, die Gott zu seiner Verherrlichung erschaffen hatte. In der Bibel heißt es: »Du warst das Abbild der Vollkommenheit, voller Weisheit und über die Maßen schön. In Eden warst du, im Garten Gottes, geschmückt mit Edelsteinen jeder Art, mit Sarder, Topas, Diamant, Türkis, Onyx, Jaspis, Saphir, Malachit, Smaragd … Du warst ein glänzender, schirmender Cherub … Weil sich dein Herz erhob, dass du so schön warst, und du deine Weisheit verdorben hast in all deinem Glanz, darum habe ich dich zu Boden gestürzt …« (Hesekiel 28,12–17)

Luzifer konnte sich mit der Rolle als Diener Gottes nicht begnügen. Er begehrte, an Gottes Stelle den Himmel zu beherrschen und maßte sich an, besser als Gott zu sein. Somit beging er die Sünden des Stolzes und der Überheblichkeit. Er strebte danach, sich anzueignen, was ihm nicht zustand. Im Himmel entbrannte ein Konflikt zwischen jenen Engeln, die Gott die Treue hielten, und jenen, die sich auf die Seite des Empörers schlugen. Letztere wurden aus dem Himmel getrieben. Seitdem ringen nun Tag für Tag die Mächte des Bösen mit den Kräften des Guten. Den »Anhängern« Luzifers stehen zwei Wege offen: Durch Selbsterkenntnis freiwillig den Weg zurück zu Gott anzutreten oder zu einem der zersetzenden Bestandteile des Bösen zu werden, das sich letztendlich selbst vernichtet, da es der Ewigkeit und dem Göttlichen nicht standhalten kann. Die luziferischen Kräfte sind die Kräfte des Egos. Sie finden Ausdruck in völliger Selbstbezogenheit, Lügen zu eigenen Gunsten, Eitelkeit, Anmaßung, Stolz, Überheblichkeit, Besserwisserei, Energieraub. Er und seine Höllenscharen verführen den Menschen, sein göttliches Licht in den Dienst des Egos, des Kleingeistes zu stellen.

Das Tier 666 – Der Leviathan

Und es wurde ihm Macht gegeben, Geist zu verleihen dem Bild des Tieres, damit das Bild des Tieres reden und machen könne, dass alle, die das Bild des Tieres nicht anbeteten, getötet würden. Und es macht, dass sie allesamt, die Kleinen und Großen, die Reichen und Armen, die Freien und Sklaven, sich ein Zeichen machen an ihre rechte Hand oder an ihre Stirn und dass niemand kaufen oder verkaufen kann, wenn er nicht das Zeichen hat, nämlich den Namen des Tieres oder die Zahl seines Namens. Hier ist Weisheit! Wer Verstand hat, der überlege die Zahl des Tieres; denn es ist die Zahl eines Menschen, und seine Zahl ist sechshundertundsechsundsechzig.

(OFFENBARUNG DES JOHANNES 13, 15–18)

In der Johannesoffenbarung und in vielen Endzeitprophezeiungen erscheint die dunkle Macht des Tieres. Das Tier Leviathan ist ein Drache mit sieben Köpfen und zehn Hörnern, sein Verbündeter ist Behemoth, ein nilpferdartiges Ungeheuer mit zwei Hörnern. Zu ihm gehört die Zahl 666. Es hieß, dass es 1998 an das Licht der Öffentlichkeit treten sollte, denn in der Zahl 1998 ist dreimal die Sechs enthalten. Für diese Zeit wurde der sogenannte »Antichrist« angekündigt, der die Menschen verführen und die Herrschaft über die Welt anstreben sollte. Hinter dem Tier verbirgt sich die Macht der Materie, die Macht jener an der obersten Spitze, die die Welt regieren, »Illuminaten« genannt. Interessanterweise sind 1997 die Kreditkarten verändert worden, sodass sich darauf aus einem bestimmten Blickwinkel eine rechte Hand erkennen lässt, auf der der Freimaurerwinkel zu erkennen ist.[27]
Weiterhin baute sich das Internet auf mit www (dem W ist die Zahl 6 zugeordnet), und immer mehr Geld wurde in die Masse gestreut, um die Gier des Menschen zu vergrößern. Daneben wurden auf allen Gebieten der Wissenschaft Versuche gestartet, die nicht nur Leben verhießen, sondern lebenverachtend und anmaßend wirkten.
Doch im Ausgleich taucht heute auch vieles altes Wissen auf, die Mysterien werden den Menschen wieder zugänglich gemacht, und die wahre Kraft des Menschen offenbart sich. Wir leben

27 Vgl. Hodapp/Rinkenbach: Magischer Gegenzauber, siehe Anhang.

in einer Zeit des Umbruchs. Vieles ist möglich. Seit Anbeginn der Zeit ringen die Kräfte des Guten und die Kräfte des Bösen miteinander. Sie wirken logischerweise durch das Wesen der jeweiligen Zeit. Wir leben im Zeitalter der Massenmedien und breiter Vernetzungen, die über die ganze Welt verteilt wirken. Wir haben TV, Internet, Computer, Handys und weitere technische Errungenschaften. Wir sind vernetzt und dadurch überprüf- und erreichbar und in Massen über die Welt manipulierbar. Dies alles wirkt wie von langer Hand geplant, denn den Grundstock für diese Entwicklung bildete die Einführung des Geldes, mit dem ein abstraktes Tauschmittel gefunden worden war, durch das viele Dinge möglich und unmöglich wurden.
Alle wirkenden Kräfte sind an sich neutral. Da wir in einer Welt der Gegensätze leben, haben alle Dinge zwei Seiten. Die gute Seite ist die schnelle Weitergabe von Informationen, die Wissenserweiterungen und das Tätigwerden in Notgebieten. Wir haben die Chance, eine neue Form des Lebens und der Gemeinschaft auf dieser Welt zu entwickeln und damit in eine neue Dimension des Seins zu gehen. Die böse Seite ist, dass sich die Menschen über diese Medien manipulieren und in einen Dämmerschlaf der Dumpfheit wiegen lassen. Sie werden glauben gemacht, sie bräuchten so viele Dinge zu ihrem Glück, wodurch sie in ein Gefühl des Mangels gestürzt werden, das Gier und Angst in ihnen auslöst und anheizt. Darin verstrickt wird der Mensch selbst zum Tier. Mit künstlich erzeugten negativen, niedrig schwingenden Gefühlen lässt sich Macht über die Menschen gewinnen. Die Menschen werden in Angst versetzt, abhängig und damit gefügig gemacht. Die Gefahr ist, dass die Welt dabei erkaltet und dadurch zerstört wird.

Lilith

Lilith war die erste Frau Adams. Sie wurde aus Schlamm und Dreck erschaffen. Lilith war dunkel, wild und schön. Als Adam mit ihr schlafen wollte und von ihr verlangte, dass sie sich unter ihn lege, weigerte sich Lilith. Sie wies Adam ab. In ihren Augen gab es keinen Grund für die »Unterlegenheit«, da sie ja beide aus der gleichen Hand, aus dem gleichen Stoff geschaffen worden waren. Es gab Streit. Lilith verließ Adam, und mit ihrem Charme brachte sie Gott dazu, ihr seinen geheimen Namen zu nennen. Dadurch hatte sie unbegrenzte Macht. Sie verlangte von Gott Flügel und flog davon.
Nach ihrer Verbannung in die Hölle wurde sie eine der vier Bräute Satans, dem sie unzählige Dämonenkinder gebar, »Lilim« genannt. Sie galt als »die Königin der Nacht«, die Verkörperung sexueller Zügellosigkeit, der Verführung und des Betrugs. Man schrieb ihr die Kraft zu, den Menschen dazu zu bringen, an nichts anderes mehr zu denken, als an seine sexuellen Wünsche, und man sagte ihr nach, dass sie den Männern

feuchte Träume bescheren und nachts in die Schlafzimmer eindringen würde, um sich der Männer zu bemächtigen …

Erkennen und bannen

Woran erkennt man das Walten dunkler Kräfte?

Die dunklen Kräfte sind immer da.
Sie warten nicht, bis sie herbeigebeten werden. Sie wirken da, wo sie eine Lücke spüren, und stehen in Resonanz mit unserem Inneren, spiegeln unser Wesen wider.
Das Böse zeigt sich oft als selbstständige und spürbare Macht. Es hat ein eigenes Wesen. Menschen, die von dunklen Kräften besessen sind, wissen, dass »etwas nicht stimmt«. Es fühlt sich an, als ob eine fremde Macht nach ihnen greife. Es ist, als ob etwas unter ihrer Haut lebe, das sie nicht unter Kontrolle haben. Diese Menschen leiden – manchmal unerträgliche – körperliche und seelische Qualen. Sie empfinden oft eine große Einsamkeit und Kälte und sind von unsäglicher Furcht besessen. Der Mensch lebt in dem Würgegriff dieser Furcht, die sich auch zur Wut steigern kann, da sie sich wie ein Gefängnis anfühlt. Die Seele schreit vor Einsamkeit, Ohnmacht, Angst.
Dunkle Kräfte haben einen großen Schwachpunkt: Sie können immer nur eine bestimmte Zeit walten, dann müssen sie weichen – sie sind zeitlich begrenzt und nicht ewig. Man kann dunkle Kräfte durch Beobachtung erkennen lernen. Folgende Merkmale weisen auf sie hin:

› ein ungutes Gefühl in der Magengegend (Solarplexus), manchmal so, als ob einem jemand in den Bauch geboxt hätte,

- ein plötzlicher Energieabfall, ein Gefühl der Leere, der Sinnlosigkeit, des Unerfülltseins, des Abgetrenntseins von sich und von allem,
- das Gefühl, dass etwas ganz eilig geschehen muss, dass man gedrängt, geschubst und gestoßen wird, ohne Zeit zu haben, eine Angelegenheit in Ruhe zu betrachten (Liebe hat immer Zeit),
- Angst, Unwohlsein, ständige Müdigkeit, Niedergeschlagenheit, negative Gefühle,
- alle Arten von gesundheitlichen Störungen;
- alles, was nichts mit Liebe zu tun hat,
- das Gefühl, dass wir zu einer Handlung oder Tat aufgerufen werden, die nicht im Sinne des Lebens und der Liebe geschieht, z. B. jemanden zu verletzen oder zu töten, etwas zu zerstören oder zu stehlen etc.

Wie können wir uns gegen dunkle Kräfte schützen?

Darauf führte ihn der Teufel mit sich auf einen sehr hohen Berg und zeigte ihm alle Reiche der Welt und ihre Herrlichkeit und sprach zu ihm: Das alles will ich dir geben, wenn du niederfällst und mich anbetest. Da sprach Jesus zu ihm: Weg mit dir, Satan! Denn es steht geschrieben: »Du sollst anbeten den Herrn, deinen Gott, und ihm allein dienen.« Da verließ ihn der Teufel. Und siehe, da traten Engel zu ihm und dienten ihm.

(MATTHÄUS 4,8–11)

Mit folgenden Maßnahmen können wir uns der dunklen Kräfte erwehren:

- Zuerst unseren Schutzengel rufen.
- Unsere persönliche Kraft und unseren freien Willen beanspruchen.
- Beten: Beten ist der Fahrstuhl zu Gott.
- Uns mit all unserem Sein auf das Licht konzentrieren. Das Licht einschalten – innerlich und äußerlich.
- Innerlich einen anderen Sender einstellen. Wenn wir merken, dass unsere Gedanken sich mit Negativem, mit Angst und Schaden beschäftigen, das Gedankenprogramm ändern, vielleicht durch ein Mantra (Gebetsformel) oder eine Affirmation (positives

Gedankenmuster); die Gedanken wieder auf das Licht ausrichten.

- Singen: Singen ist immer eine gute Methode, mit der wir uns wieder mit unserer eigenen Kraft verbinden und in unsere eigene Schwingung kommen können.
- In uns gehen. Die göttliche Kraft, die in uns angelegt ist, aktivieren. Das können wir, indem wir uns fragen: »Wie würde Jesus in dieser Situation handeln, denken, walten …?« oder indem wir uns die Sonne vorstellen, den Blick erheben und sie durch uns fließen lassen, bis alle Schatten aufgelöst sind.
- Schutzengel rufen, uns in Schutzlicht hüllen (Blau, Silber, Gold).
- Fließendes Wasser: Die Kraft des Wassers ist ein gutes Mittel, um das Dunkle zu verscheuchen. Wasser ist magnetisch, zieht negative Energien an und spült sie weg. Einfach die Hände unter fließendes Wasser halten, duschen, durch einen Bach laufen etc.
- Nach innen lauschen: Nachforschen, woher diese Kraft kommt, was sie ausgelöst hat, und sie wieder an ihren Platz verweisen. Dienliche Fragen sind: »Wer oder was denkt durch mich? Woher kommt der Gedanke? Woher kommt das Gefühl?«
- An sich arbeiten: Muster erkennen und auflösen, die diese Kräfte anziehen.
- Salzbad; Räuchern, z. B. mit Salbei, Weihrauch, Tanne.
- Meditieren und sich mit den Engeln verbinden.
- Mit inneren Bildern arbeiten. Diese entstehen lassen und dann im Licht auflösen.
- Die göttliche Kraft beanspruchen. Uns ihrer Macht überstellen: »Dein Wille geschehe!«
- Was antwortet unsere innere Stimme, wenn wir sie fragen: »Was ist jetzt für mich zu tun, innehalten und abwarten oder handeln? Wenn handeln, wie?« Wir sollten unserer Eingebung folgen, mag sie dem Verstand noch so komisch vorkommen.
- Wenn es allein nicht mehr geht, Freunde rufen, sich Hilfe holen, alles aktivieren.
- In sich im Frieden sein.

Wichtig: Wir wissen nicht, warum etwas geschieht. Deswegen ist es wichtig, schmerzhafte Situationen nicht zu hinterfragen. Das Leben ist ein Mysterium, das wir manchmal in seinem Verlauf akzeptieren und hinnehmen müssen, da uns nur eine menschlich begrenzte Sicht möglich ist. Wenn uns das Schicksal ereilt, fallen wir oft vom Glauben ab und sind von Gott, den Engeln und der Geistigen Welt bitter enttäuscht. Dann ist es wichtig, unseren geistigen Helfern, den Engeln und spirituellen Führern zu vergeben, dass sie nicht in der Lage waren, uns im irdischen Sein so zu beschützen, wie wir es von ihnen erwartet hätten. Hier bedarf es einer geistigen Schau aus der Ewigkeit, um die größeren Verläufe und Lebenspläne zu erkennen. Engel und geistige Helfer können uns manchmal nicht von irdischen Verletzungen und Schmerzen beschützen, da es nicht ihre Aufgabe ist, in unseren Lebensplan oder in andere Lebenspläne einzugreifen. Sie beschützen uns auf geistiger Ebene vor negativen Wesenheiten und Überzeugungen.

Weil wir aber das Gute in uns tragen, können wir jede Situationen mit der Zeit meistern und annehmen. Engel sind immer da und nehmen uns im Augenblick des Wechsels in Empfang, wenn unsere Zeit gekommen ist, auf die andere Seite zu wechseln.
Richte dich immer wieder im Licht aus. Manche Erkenntnisse wirst du erst sehr viel später gewinnen. Ganz wichtig ist, dass du dir immer wieder deiner eigentlichen Natur bewusst wirst. Dabei helfen folgende Formeln:

Ich habe einen Körper,
aber ich bin nicht mein Körper.
Ich habe Gedanken,
aber ich bin nicht meine Gedanken.
Ich habe Gefühle,
aber ich bin nicht meine Gefühle.
Ich habe einen Verstand,
aber ich bin nicht mein Verstand.
Ich habe Gewohnheiten,
aber ich bin nicht meine
Gewohnheiten.
Ich verhalte mich,
aber ich bin nicht mein Verhalten.

Meine wahre Natur ist göttlich.

Ich bin auf dem Weg
der Selbstmeisterung,
und jeder Augenblick ist
eine neue Chance.

Ich lasse los, und gehe weiter,
und versuche es immer wieder,
bis mein Licht im Lichte des Einen
dauerhaft brennt.

Ich bitte die Engel des Lichtes um
Schutz und Beistand auf diesem Weg.

Nicht aufgeben, weitermachen.

VOM LEBEN DANACH UND DEM JENSEITS

Neuere Vorstellungen

Sobald der Mensch die Verbindung mit dem Oberen,
das die Liebe und die Weisheit ist, abbricht,
so gibt es eine Hölle;
sie mag nur hier oder dort sein.

(AUGUST STRINDBERG:
ERSTES BLAUBUCH)

In neuerer Zeit offenbaren sich neue Vorstellungen von Himmel und Hölle. Unterstützt durch die Studien von Nahtoderlebnissen, die Ergebnisse der Sterbeforschung und die Erfahrung des bewussten Körperaustritts entwickeln sich im Kontakt mit dem Jenseits neue Vorstellungen vom Leben nach dem (körperlichen) Tod. Eine zeigt sich wie folgt:

Der Geist, die Seele, des Menschen ist unsterblich. Wenn der Mensch stirbt, wird er im geistigen Reich wiedergeboren, deshalb ist jedes Sterben eine Geburt und jede Geburt ein Sterben. Es gab Kulturen, die dies wussten, weshalb ihre Totenfeiern Freudenfeste waren. Sie gaben den Verstorbenen als Grabbeigaben Dinge mit, die sie für ihre Reise in die andere Welt benötigten. Auch beteten, sangen und trommelten sie drei Tage lang (so lange brauchte ihrer Ansicht nach die Seele, um vollständig aus dem Körper auszutreten), um einen Verstorbenen auf seiner Reise zu begleiten, damit er gut und heil in der anderen Welt ankommen und nicht von dunklen Mächten entführt werden würde.

Es gibt die verschiedensten Stufen des Bewusstseins, denen alle möglichen Formen, Farben und Schwingungen zugeordnet sind. Die Seele fühlt sich nach dem Tod zu diesen Dingen hingezogen, da sie mit ihrer Entwicklung in Resonanz stehen, sie widerspiegeln. Dementsprechend erschafft sich der Mensch seine Hölle selbst, so, wie er sich selbst in den Himmel erheben kann. Liegt es in seinem Wesen, kann der Mensch die Hölle schon auf der Erde erfahren, wenn er nicht beginnt, über sein niederes Selbst hinaus auf seinen göttlichen Kern hinzuwachsen. Über den Zwischenbereich, in dem sich diese Auswahl vollzieht, ist mittlerweile einiges veröffentlicht worden (siehe »Weiterführende Literatur). Der Film »Hinter dem Horizont« ist ein Versuch, Zusammenhänge zwischen Leben und Tod, Himmel und Hölle und den Freuden und Qualen der Seele darzustellen.

Gott erschuf »Himmel und Erde« – als Schule, in der wir lernen können, innerlich zu wachsen. Das Leben ist eine große Chance, Himmel und Erde neu zu erfahren, die Dämonen der Finsternis als Herausforderung und Prüfungen zu erkennen, eigene dunkle Kräfte vergangener Taten durch Liebe, Verständnis und Vergebung umzuwandeln, weiterzugehen und sich hin ins Licht zu entwickeln. Jeder kann hier die Verantwortung für sich und sein Leben übernehmen und beginnen, sein Leben und die Kräfte darin zu transformieren – in Frieden, Glück, Freude u. Ä. Die Engel sind an unserer Seite, um uns beizustehen.

ENGELMAGIE

Aufbau eines Lichttempels

In diesem Raum errichtet sich ein Tempel aus Licht –
zwischen den Welten und jenseits der Zeit,
funkelnd, strahlend, leuchtend, hell.

Osten, Sonnenaufgang, Element Luft:
Strahlen des Lichtes des neuen Morgens.
Erzengel Michael, erfülle mit deinen Legionen diesen Raum,
und hülle uns in deinen Schutz
und in die göttliche Führung.
Es werde Licht in uns.

Süden, Sonnenhöchststand, Element Feuer:
leuchtende Flamme der Dreifaltigkeit,
Liebe, Weisheit und göttliche Führung.
Erzengel Uriel, erfülle diesen
Raum mit dem Licht Gottes,
auf dass die Weisheit höherer Welten
einströmen kann.

Westen, Sonnenuntergang, Element Wasser:
Erzengel Gabriel, reinige und erhöhe die Energie des Lichtes.
Lade uns auf, und richte uns aus nach dem göttlichen Bauplan,
funkelnd, leuchtend, strahlend, hell.
Norden, Nordstern, Element Erde:

Erzengel Raphael,
du fröhlicher Geselle,
führe uns sicher durch die Nacht,
speise uns aus den Quellen,
und nähre uns mit den Früchten
der Liebe.

Unten, Violettes Feuer:
Erzengel Zadkiel,
lasse die transformierende Flamme
lodern und leuchten,
damit wir loslassen und uns immer
wieder ausrichten auf die Ewigkeit.

Mitte, Herz, Äther:
Erzengel Chamuel,
verbinde uns über die Liebe,
die wir miteinander teilen
und die in allem wohnt.
Öffne uns für die Liebe
zu allem Leben.

Oben, Reiche des Lichtes:
Erzengel Jophiel, segne uns
mit deiner Weisheit.
Möge der goldene Regen des Segens
diesen Tempel aus Licht erfüllen.

Errichtet sei der Raum,
der allen Segen spendet
und Erkennnisse aus den
höchsten Welten sendet.
DANKE an die HEILIGE SIEBEN.

Was ist Magie?

»Magie« ist ein Wort, das heute rätselhaft und unheimlich klingt. Magie ist jedoch eine uralte Form der lebendigen Geistes- und Naturwissenschaft, die die stufenweise Einweihung in die Mysterien beinhaltet – ein anderer Pfad zur Vereinigung mit dem einen. Wissen ist Macht, und Macht bringt Verantwortung mit sich. Jede Kraft ist an sich neutral und göttlich. Wirkt diese Kraft jedoch durch einen Menschen, der nicht bereit ist, sie im göttlichen Sinne anzuwenden, kann die richtige Kraft auf falsche Weise wirken und viel Unheil anrichten.
Jeder Mensch wirkt mit den lebendigen Kräften der Schöpfung zusammen und lässt sie durch sich wirken – ob er sich ihrer bewusst ist oder nicht. Magie ist die bewusste Arbeit mit den lebendigen Formen der Schöpfung. Alle diese Formen, jede Sphäre der Schöpfung ist von unzähligen Wesenheiten mit den unterschiedlichsten Aufgaben durchdrungen. Je nach Rang und Eigenschaften unterliegen ihnen verschiedene Einflussbereiche. Je mehr ein Mensch mit den Wesen der Schöpfung vertraut wird, desto bewusster kann er sich mit ihnen verständigen, sie erfahren und sich mit und durch sie weiterentwickeln und in höhere Bereiche schwingen, sie zur Heilung nutzen. Dies ist sehr hilfreich auf dem Pfad der Entwicklung und Erkenntnis.

Was ist der Unterschied zwischen Engelzauber, Magie und Mystik?

Engelzauber ist der Zugang zum göttlichen Geist und seiner Kraft. Magie ist der lebendige, erfahrbare Austausch mit dem göttlichen Geist. Mystik ist die Vereinigung mit ihm.
Engelzauber ist ein Teilbereich der Magie. Magie ist eine umfassende Geisteswissenschaft, die alle Bereiche des Daseins umfasst (irdisch, geistig, innen und äußerlich, Sein, Haben, Tun, Erfahren). Es gibt hier viele Formen und Abwandlungen der Magie, doch jeder Mensch, der sich damit befasst, stößt früher oder später auf die geistigen Sphären des Seins. Das Wort »Mystik« kommt von dem griechischen Wort *myein* und bedeutet »Augen und Lippen schließen« und, im übertragenen Sinne, »sich versenken«. In der Magie arbeitet der Mensch gemeinsam mit den Kräften der Natur, erfährt Gott durch Handeln, durch Austausch mit dem geistigen Bereich und durch Übung. Der Mystiker hingegen versenkt sich in Gott, um eine innerliche Vereinigung mit ihm (*unio mystica*) zu erleben, er ist nur noch in einem tiefen innerlichen Erleben, in einem Seinszustand, aus dem heraus die Wesensdinge aufsteigen. Indem der Mensch sich in der Vereinigung mit Gott erlebt, werden Hierarchien, die umfassende Autorität Gottes und religiöse Dogmen aufgehoben. Alles ist eins, und alles entstammt aus dem einen. Der Mystiker IST – er braucht nichts mehr, ES handelt durch ihn. Ein Mystiker kann ein Magier sein und ein Magier ein Mystiker. Die Grenzen sind hier verschwommen und hängen mit den Einweihungen in die Mysterien zusammen, die ein Mensch bestanden hat.
Alle Wege, die sich mit dem »geistigen Seinsbereich« befassen, sind Anfänge, Gott zu suchen, und tiefe Berührungen im Austausch mit dem Göttlichen. Jeder Weg, der sich mit dem »geistigen Seinsbereich« befasst, ist ein willkommener Weg. Auch wenn sich manche Erfahrungen später als »niedrig schwingend« und »nicht im Einklang mit den göttlichen Gesetzen« herausstellen, sind sie doch die Anfänge, aus sich heraus Gott zu suchen und ihn zu erfahren. Ob der Mensch sich als Weiser, Alchemist, Magier, Mystiker, Heiliger, Engelzauberer, Schamane, Esoteriker, Buddhist, Christ, Hinduist etc. bezeichnet, ist hierbei unerheblich. Es sind alles Bezeichnungen für die verschiedensten Wege zu Gott, dem Austausch mit ihm und letztlich der Vereinigung mit ihm.

Mit wem arbeiten wir bei der Engelmagie?

In der Erfahrung mit der Geistigen Welt des Seins kommen wir unweigerlich in Verbindung mit den Engeln. Sie sind es, die diese inneren Sphären bevölkern. Ein bedeutender Teil der Magie ist die Anrufung der Wesen und Intelligenzen, die im geistigen Bereich wirken. Sie werden herbeigerufen, um mit ihnen zusammenzuarbeiten. In der gesamten magischen Literatur finden sich die vielfältigsten Wesen, die in unterschiedlichsten Erscheinungsformen erkannt, benannt und angewandt werden. Auch werden Engel gerufen, um Engelssiegel und Amulette herzustellen, die den Menschen beschützen und mit einer bestimmten »Engelsschwingung« verbinden, die sich nach und nach in ihm entwickeln kann. Auf diese Weise werden Teile des göttlichen Geistes im Menschen verankert, und er kann diese durch sich verwirklichen.

Wozu werden die Lichtwesen benötigt?

Der »Magier« arbeitet mit diesen Lichtwesen auf unterschiedlichste Weise zusammen, z. B. werden die Wesenheiten und Engel oft angerufen, um ihre göttlichen Teilaspekte in Schutzamuletten und Talismanen zu aktivieren, um Menschen, die von dunklen Wesenheiten besetzt sind, davon zu befreien, um wahrzusagen, um verirrten Seelen das Licht zu weisen, um den Lebensplan eines Menschen zu ergründen, um zu heilen und zu helfen sowie um tiefer in die Mysterien einzudringen. Es gibt jedoch Menschen, die diese Kräfte missbrauchen, sich ihrer bedienen, um ihre eigene Macht zu stärken, auf andere Einfluss zu nehmen und ihnen zu schaden. Sie haben die ewig gültigen kosmischen Gesetze nicht verstanden, denn alles, was ein Mensch sät, wird er irgendwann ernten.

GRUNDLAGEN DER MAGISCHEN ARBEIT

Was ist Engelszauber?

Engelszauber ist eine Kunst, mit deren Hilfe Menschen (in früheren Zeiten »Engelzauberer« genannt) bewusst mit den Engeln in Verbindung treten können. Durch Rituale, Anrufungen, Gebete, Beschwörungen und andere Praktiken werden die Engel gerufen, die dem Menschen, der mit ihnen arbeitet, Wissen, persönliche Macht, Kraft, Stärke und Unabhängigkeit verleihen. Der Mensch erlangt durch den Kontakt mit den Engeln eine tiefe Einsicht in die Lebensmysterien.
So, wie es Weiße Magie und Schwarze Magie gibt, so gibt es weißen Engelszauber und schwarzen Engelszauber. Um welchen es sich im Einzelfall handelt, hängt davon ab, wie der Mensch, der diese Kräfte ruft und in sich entfaltet, sie anwendet – zum Wohle und Aufbau oder zum Schaden und zur Zerstörung. Engelszauber, der vom selbstbestimmten und selbstverantwortlichen Menschen ausging, war mit der Kirchenlehre, nach welcher der Mensch Untertan war und gefügig zu sein hatte, nicht zu vereinbaren. Deswegen gab es seinerzeit nur wenige Veröffentlichungen darüber. Folgendes lässt sich aber über den Engelszauber festhalten:

- Er beflügelt den Menschen in allen Bereichen seines Wirkens.
- Er verleiht Kraft, persönliche Macht, innere Größe und Unabhängigkeit.
- Er gibt dem Menschen Mittel an die Hand, mit denen der Mensch das »Böse« aktiv bekämpfen und besiegen kann.
- Zum Schutz und zur Stärkung des Schutzes werden Engel gerufen.
- Er dient dem Segen einer Aktion oder eines Ereignisses.
- Jeder Engel hat andere Kräfte, Fähigkeiten und Eigenschaften. In der Arbeit mit den Engeln entwickelt der Mensch in sich diese »himmlischen Qualitäten«.
- Er schenkt dem Menschen übernatürliche Fähigkeiten.
- Er verleiht dem Menschen die Fähigkeit zu heilen, zu erkennen und zu erlösen.
- Er hilft dem Menschen, sein Schicksal zu meistern, neue Dimensionen des Seins zu entwickeln.
- Er hilft dem Menschen, Erfüllung und Frieden zu erfahren, frei und selbstbestimmt in sich ruhend zu leben.

Was sind die Gefahren des Engelszaubers?

Es kann passieren, dass im Gewand eines Engels ein Dämon erscheint und beginnt, von der Seele des Zauberwirkenden Besitz zu ergreifen, dass diese Kräfte den Menschen beherrschen, und nicht mehr der Mensch die Kräfte, dass er besetzt wird von der dunklen Seite der Macht. Es kann auch geschehen, dass er seine Seele an die dunkle Seite der Macht verkauft, vom rechten Weg abkommt und an den Rand des Abgrunds gebracht wird. Zudem besteht die Möglichkeit, dass er vor lauter Engeln den »Weg zu Gott« aus den Augen verliert und die persönliche Macht, die er dadurch erhält, benutzt, um anderen Schaden zuzufügen, sich zu bereichern und andere zu erniedrigen. Es kann ebenso geschehen, dass er Gottes Dienern die Geheimnisse des Universums abzuringen versucht, um sie zu missbrauchen. Aus diesen Gründen waren immer starke Schutzmaßnahmen und das genaue Studium der Kräfte in einer langen Zeit der Ausbildung notwendig, um erfolgreich und im lichten Sinne mit den Engeln zaubern zu können.

In allen Kulturen und zu allen Zeiten waren Rituale bekannt, mit denen man mit Geistwesen – die Mittler zwischen den Menschen und den Göttern sind – in Verbindung treten, sie anrufen, sie um Hilfe, Schutz und Beistand bitten, sie beherrschen konnte usw. Die wichtigste Quelle des Engelszaubers ist die Kabbalah, das von den Engeln übermittelte orientalische Weisheitsbuch, das zu allen Zeiten genutzt wurde. Darin finden sich viele Möglichkeiten und Varianten, mit den himmlischen Wesen zu arbeiten. Weitere Quellen sind die Überlieferungen und der Volksglaube. Ein großer Teil dieses »traditionellen« Wissens ist durch Verfolgung, Verbote und strengste Bestrafung verloren gegangen, manche Weisheiten haben sich jedoch im Volksmund und in den Redensarten erhalten (siehe Anhang).

Das erste Mal tauchte der Begriff »Engelszauber« in dieser Form in Babylon auf. Im antiken Chaldäa wurden die frühesten zugänglichen schriftlichen Engelszauberrituale entdeckt, die auf ca. 3000 v. Chr. datiert werden können. Der Engelszauber gelangte anschließend über Ägypten nach Europa. Neben dem chaldäischen Engelszauber gab es den ägyptischen Engelszauber, den druidischen Engelszauber, den hebräischen Engelszauber, den gnostischen Engelszauber, den islamischen Engelszauber, den mittelalterlichen Engelszauber, den Renaissance-Engelszauber – und sicher noch einige unbekannte mehr.

Der moderne Engelszauber, moderne Engelmagie

Die häufigsten angewandten Engel-Beschwörungsformeln sind:

- »Per angelos et archangelos.« (Für die Engel und Erzengel)
- »Per novem ordines angelorum« (Für die neuen Engelorden)
- »Der Segen der Engel möge mit euch wandeln!«

In der heutigen Zeit kehrt die Kraft der Engel als Wegweiser zum Göttlichen zurück. Die Engel haben ihren Zauber nicht verloren, doch werden sie der gegenwärtigen Entwicklung entsprechend anders erlebt und erfahren: Das Weltbild des Menschen war im Mittelalter ein anderes als das Weltbild des heutigen Menschen. Der Mensch im Mittelalter glaubte, die Erde wäre eine flache Scheibe und stünde im Zentrum des Sonnensystems. Der Mensch lebte eher in der äußeren Welt der Erscheinungen. Alles ging von der Erde zur Sonne. Dementsprechend schwer war es auch, in das geistige Reich zu gelangen. Es mussten Raum geschaffen und Vorbereitungen in großem Umfang getroffen werden, um dieses Reich zu erfahren. Heute versteht der Mensch immer mehr, dass zuerst der Geist (die Sonne), die Idee, die Vorstellung da war und dass die Erde, die Form, der letzte Schritt der geistigen Offenbarung ist.

Durch die Zeitenwende, die Wendung des Menschen hin zu seinem inneren Erleben, durch die Entdeckung der Psychologie, der östlichen Wege von Meditation und Kontemplation, durch das Ausrichten des Geistes auf das Göttliche ist der Mensch sich heute mehr denn je der inneren Zusammenhänge bewusst. So kann er heute, wenn er seine wahre Natur entwickelt und entfaltet, was früher nur eingeweihten Menschen möglich war, im Gegensatz zu früher, als er nur in der zweiten und dritten Dimension bestehen konnte, auch in der vierten inneren Dimension und in noch höheren inneren Dimensionen leben. Er wendet sich seiner eigenen Geistigkeit zu und wird ihrer stärker gewahr. Damit beginnt er, die inneren geistigen Fähigkeiten bewusst und stärker zu entfalten.

Heute hat der Engelszauber andere Formen angenommen. Eine neue Form des Engelszaubers ist z. B. das Channeling, in dem sich der Mensch einem Engelwesen oder Meister öffnet und die Botschaften, die er empfängt, an andere Menschen weitergibt. Auch können Menschen bewusst im Geiste zu den Lichtstätten der Engel und Meister/Meisterinnen reisen. Engelsanrufungen und Rituale können bestimmte Kräfte im Menschen entfachen und freisetzen. Mit der Hinwendung zu den Engeln als Mittlern zum Göttlichen kann er nach und nach seine eigene »Göttlichkeit«, sein »Christusbewusstsein« entfalten und in diesem Sinne wirken.

Die alten Rituale haben jedoch mit Sicherheit ihre Kraft nicht verloren. Um etwas in der Welt Form annehmen zu lassen, muss man sich diesem mit seinem ganzen Sein, mit seinem ganzen Wesen und mit hoher Konzentration zuwenden. Dazu können sowohl die alten Formen der Rituale als auch neuere Wege hilfreich sein, mit denen neue Fähigkeiten, eine Erweiterung des Blickwinkels sowie ein Leben in Harmonie und Frieden erzielt werden können – denn Frieden, Glück, Liebe, Fülle, Weisheit und Gesundheit beginnen in uns.

Wenn man den geistigen Stufen der Magie folgt, wird man die Kabbalah aus einer anderen lebendigen Perspektive kennenlernen. Beim Studium der Grundlagen der geistigen Reiche trifft man immer wieder auf das kabbalistische System, doch wird es dabei stets aus einem Blickwinkel betrachtet, der der jeweiligen Zeitqualität entspricht. Magie hatte ihren Höhepunkt in der dunkelsten Zeit der Geschichte, dem Mittelalter. Damals bedurfte es vieler Vorbereitungen und großer Kenntnisse, um durch die dichten Felder des Dunkels zu dringen, die zu dieser Zeit die Erde umhüllten. Im geistigen Bereich waren viele Irrpfade angelegt, weshalb der Mensch, der sich diesem Weg öffnete, gut vorbereitet wurde. Die Magie ist ein »Schöpfungsmysterium« der unbegrenzten Möglichkeiten im Garten des Göttlichen.
Ich konzentriere mich hier auf einen kleinen Teilbereich der Magie, die »Sphärenmagie«, in dem der Wahrheitssuchende mit den Lichtintelligenzen (Engelwesen) zusammenarbeitet, um spirituell zu wachsen. Die Hinweise können nützlich sein, um die Engel der verschiedenen Sphären erkennen zu können und ihre Botschaften richtig zu verstehen und ihre Symbole bei Sigillen (siehe Kapitel »Die Engelssigille«) und Amuletten mit einzubringen.

Die Sphärenmagie

Sie beschreibt die verschiedenen Lichtintelligenzen der unterschiedlichen Himmelssphären, ihre Aufgaben, ihre Farben, ihre Symbole und ihr Wesen. Der Magier tritt mit ihnen in Verbindung, um tiefer in die Mysterien des Lebens einzudringen, um Verständnis, Heilung und Segen zu leben und sie in der Welt umzusetzen. Er sendet diese Energie in verschiedene Dinge, damit sie sich offenbaren und entfalten kann. Die Kräfte und das Licht aller Sphären durchdringen einander. Man kann z. B. in Edelsteinen, in Pflanzen, in Tieren und in Menschen die Schwingungen und Energien der einzelnen Sphären wiederfinden.

Woran erkennt man, dass man es mit einem Engelwesen, einem Lichtwesen, zu tun hat?

Wenn ein Engel der Sphären erscheint, zeigt er sich oft in der Farbe, die seiner Sphäre zugeordnet ist. Je lichter und durchscheinender seine Erscheinung, desto höher seine Schwingung, desto reiner seine Lichtenergie und desto höher sein Wesen.

Wenn sich jedoch ein Wesen in einer dichten und dunklen Farbe zeigt, weist dies auf eine niedrige Schwingung hin und auf die Möglichkeit, dass sich hinter der Erscheinung ein Dämon oder eine Kraft der Finsternis verbirgt. In dem Fall ist es wichtig, das Wesen nach seinem Licht zu fragen: »Im Namen von Jesus Christus, zeige mir dein Licht!« oder: »Im Namen meiner göttlichen ICH-BIN-Gegenwart, zeige mir dein Licht!« (Jeweils dreimal gesprochen.)
Es ist ein ewig gültiges kosmisches Gesetz, dass dieses Wesen sich zu erkennen geben muss. Kommt es aus dem Licht, wird es noch strahlender. Ist es ein dunkles Wesen, so löst es sich meist augenblicklich auf. Manchmal verwandelt es sich vorher noch in das, was es ist (manchmal in eine fürchterliche Fratze), bevor es sich auflöst.

Die verschiedenen Sphären, ihre Wesen und ihre Erkennungsmerkmale

Die Erde ist des Menschen
Königreich.
Alles, was hier lebt, dient ihm.
Jedem Menschen ist es gegeben,
hier auf Erden zu WANDELN,
zum »erlösten« Erlöser zu werden,
zu transformieren.

Die Lichtwesen der Erdsphäre

Farben: Orange, Olivgrün
Form: Kreis
Lichteranzahl: 10
Räuchermittel: Salbei, Holunder

Die Wesen der vier Elemente und Naturreiche

Zu ihnen gehören die Wesen des Feuers, der Luft, der Erde, des Wassers und des Äthers. Sie sind die Erzeuger, Träger, Erhalter, Veränderer, Hüter und Zerstörer der Substanz, aus der alles geschaffen ist. Sie wirken in göttlicher Harmonie und unterliegen den kosmischen Gesetzen. Der Mensch prägt diese Kräfte durch sein Verhalten, da er »die Krone« der Schöpfung auf der Erde ist, d. h., er trägt diese Krone und die damit einhergehende Verantwortung.

Die Urintelligenzen, Lichtwesen und 360 Vorsteher der Erdgürtelzone

Dies ist die nächste Zone, die geistig-astrale Sphäre unseres Planeten, in der es mächtige Wesenheiten und Kräfte gibt: Hier begegnen sich Himmel und Erde, die aus demselben Stoff geschaffen sind. In den astralen Sphären bleiben viele verstorbene Seelen »hängen«, die sich an die Materie und bestimmte Erdkräfte gebunden haben.
Hier sind die Gewalten und Kraftströme der Natur ebenso zu Hause, wie die lebendigen Kräfte und das Wesen der Zeit, weiterhin die 360 Vorsteher der Tierkreiszeichen. Diese herrschen jeweils über bestimmte Zeitzonen – Sekunden, Minuten, Stunden, Tage, Wochen, Monate, Jahre, Jahrhunderte sowie Jahrtausende und noch größere Zyklen –, entziehen sich dem Denken des normalen Menschen, lenken und hüten ihn und verleihen damit der Zeit bestimmte Züge.
Der Magier studiert diese Kräfte der Erde und des Himmels, um zum einen zur richtigen Zeit am richtigen Ort zu sein, damit sein Wirken das vollbringt, was es vollbringen soll, und um zum anderen die Zeiten zu nutzen, in denen ein menschliches Schicksal verändert werden darf, um das drohende Böse abzuwenden oder um Menschen auf ihr Schicksal vorzubereiten und sie zu begleiten, damit sie ihre Aufgabe erfüllen. Wenn ein Mensch auf dem (spirituellen) Weg die Wesen der ersten Sphäre gemeistert hat, erlangt er auf dieser Stufe Wissen und Wachstum und macht sich bereit für die nächste Stufe.

Die Lichtwesen der Mondsphäre

Farbe: Silberweiß
Metall: Silber
Form: Neuneck
Lichteranzahl: 9
Räuchermittel: Aloe, weißer Mohn, Storax, Benzoe, Kampfer

Um ein Engelssiegel mit den Kräften dieser Sphäre herzustellen, verwendet der Wissende die analogen Kräfte, die mit der Mondsphäre in Verbindung stehen, z. B. kann das Engelssiegel mit einem silberfarbenen Stift in ein Neuneck gezeichnet werden. Engelwesen der Mondsphäre erscheinen im silberweißen Licht, und die Mondsphäre steht in analoger Verbindung mit dem Astralkörper des Menschen. Der Mond ist der Erde am nächsten und als Trabant von dieser abhängig. Die Mondsphäre wird von unzähligen Lichtintelligenzen verschiedener Ränge und Kräfte bewohnt. Der Mond sendet die Kräfte der Polarität und lässt die Gegensätze offen zutage treten. Es gibt 28 Engel des Lichtes bzw. Engelvorsteher und 28 Wcsen der Dunkelheit (Widersacherkräfte). Im Anhang finden Sie eine Übersicht über die hilfreichen göttlichen Lichtkräfte der Mondsphäre, mit denen Sie jederzeit arbeiten können. Diese Sphäre untersteht Erzengel Gabriel. Hier kann der Mensch die Kräfte wandeln, ein kristallklares Unterscheidungsvermögen und höheres intuitives Wissen über die wirkenden Kräfte erlangen. Hier beginnt die erste Reinigung und Erhöhung im Menschen und die Vorbereitung auf die nächste Ebene.

Die Lichtwesen der Merkursphäre

Farbe: Regenbogenfarben, kosmische Farben, entsprechend der Qualität der Erzengel
Metall: Messing
Form: Achteck
Steine: Aquamarin, Fluorit, Citrin, Amethyst, Peridot (durchscheinende Steine in den kosmischen Farben)
Lichteranzahl: 8
Räuchermittel: Mastix, Weihrauch, Nelken, Anissamen, Wacholderholz, Kamille, Baldrianwurzeln

Die Merkursphäre, deren Engelwesen in opalisierendem Licht erscheinen, steht in analoger Verbindung mit dem Mentalkörper. Wenn der Mensch die Schwingung der Mondsphäre vollständig entwickelt hat, ist er bereit, sich auf eine höhere Ebene zu begeben. Wir befinden uns hier in einer höheren ätherischen himmlischen Sphäre, in der die Erzengel wirken, die wahren geistigen Reiche beginnen und höchste Weisheit gesendet wird. Auf dieser Ebene ist der unsterbliche Geist und erleuchtete Verstand zu Hause. In diesem Bereich fügen sich die Wege der ersten drei Sphären zusammen, und noch höhere Wege können erkannt werden. In der Kabbalah gibt es 78 Wege, vier Elemente, zwei Polarkräfte und 72 reine Himmelskräfte. Letztere werden die 72 Engel der Merkurzone genannt. Sie finden sie im Lexikon der Engelnamen sowie im Anhang. Diese Sphäre untersteht Erzengel Raphael. Hier fängt die Kommunikation mit dem Göttlichen an, die Bildung der Verstandesebene des göttlichen Wissens (»Oh Herr, lass mich verstehen«), hier beginnt die universelle Sprache der Symbole, Zahlen, Farben, Klänge, Sendungen reinen göttlichen Wissens, und hier eröffnen sich die verschlüsselten Botschaften geistiger Abdrücke auf der Erde.

Die Lichtwesen der Venussphäre

Farbe: Grün (außen) oder Rosa (innen)
Metall: Kupfer
Form: Siebeneck
Steine: Rosenquarz, Rosokrosit
Lichteranzahl: 7
Räuchermittel: Zimt, Rosenblüten, Koriandersamen, Lilienblüten

Die Engelwesen der Venussphäre erscheinen in grünem oder rosafarbenem Licht, beeinflussen die Fruchtbarkeit der Erde und verbinden alles, was ist. Sie sind die Urkräfte, die magnetischen Lichtkräfte, die alles zusammenfügen. Von diesen Kräften geht eine bezaubernde Schönheit und Anziehungskraft aus. Die Venussphäre hat eine Schwingung voller Weichheit und Sanftheit, die liebestrunken macht. Einige Menschen sind ihr auf dem Weg verfallen und in ihr hängengeblieben. Hier bilden sich die kosmische Liebe zu allem, was ist, und die vollkommene Liebeskraft. Es ist die magnetische Schwingung, aus der die Herzensliebe gewebt ist. Hier entfaltet sich das Herz-Chakra bis zu seiner Vervollkommnung.
Diese Sphäre untersteht Erzengel Haniel (Chamuel, Anael). Hier erkennt der Mensch, dass es keine Trennung gibt, dass alles eins ist. Die Grenzen des Getrenntseins lösen sich auf, der Mensch verschmilzt mit dem Sein. Hier sind auch Liebeszauber, Liebesmagie, Sexualmystik und das heilige Tantra zu Hause. Der Mensch bringt Verstand und Herz in Einklang, begreift und erfährt das Erlebte, kann es in sein Herz lassen, in sich fühlen und damit in seinem Leben umsetzen. An diesem Ort öffnet sich das sehende Herz.

Die Lichtwesen der Sonnensphäre

Farbe: Gelb, Gold, Orange
Metall: Gold
Form: Sechseck
Steine: Sonnenstein, Citrin, Bernstein
Lichteranzahl: 6
Räuchermittel: Sandelholz, Myrrhe, Aloeholz, Weihrauch, Safran, Nelke, Lorbeerblätter

Die Sonnensphäre steht in Verbindung mit dem Bewusstsein. Sie ist von heiligen erhabenen Sonnenwesen erfüllt, die in goldgelbem, orangefarbenem Licht erscheinen. Engel höchster Ränge und Chöre walten hier. Die Prüfung dieser Sphäre zu bestehen, ist besonders schwierig, denn gefordert ist die Meisterung des Bewusstseins. Hier ringen die Kräfte der Macht miteinander um die Herrschaft: Das »Ego« kämpft mit dem »höheren Selbst«, das Unterbewusste mit dem Bewussten, die Schattenanteile mit dem Licht. In dieser Sphäre erhält der Magier die Einweihung in die göttlichen Mysterien und Offenbarungen.
Diese Sphäre untersteht Erzengel Michael und seinen Legionen. Hier beginnt der Mensch, ein umfassendes Bewusstsein zu entwickeln und begreift umfassende Zusammenhänge (»Es gibt keinen Zufall«). Er fängt an, die volle Verantwortung für sein Leben zu übernehmen und immer mehr Schattenanteile in sich im Licht zu erlösen, bis er selbst zur Sonne seines Lebens geworden ist.

Die Lichtwesen der Marssphäre

Farbe: Rot
Metall: Eisen
Form: Fünfeck
Steine: roter Jaspis, Granat, dunkler Karneol
Lichteranzahl: 5
Räuchermittel: Zwiebelsamen, Knoblauch, Brennnesselblätter, Senfkörner, Hanfsamen, Pfefferminze, Rautenblätter

Die Engelwesen der Marssphäre erscheinen in allen Abstufungen des roten Lichts. Ihre Zone steht in Verbindung mit dem Willen, dem Wollen und der Kraft. Hier gibt es sehr hohe Kräfte, die augenblicklich in das Weltgeschehen eingreifen können, Kräfte, die Wunder vollbringen können, und sehr kriegerische, zerstörerische Wesen. Sie können dem Wanderer zwischen den Sphären sehr zusetzen und sogar seinen Tod herbeiführen.
Diese Sphäre untersteht Erzengel Uriel (Auriel). Hier lernt der Mensch, sein Feuer, seine Kraft zu beherrschen, sie so umzuwandeln, dass sie für ihn und die Menschheit zum Segen werden, seine Kraft einzusetzen und den Willen des Göttlichen durch sich strömen zu lassen, um ihn in der Welt umzusetzen. Er sieht, wie aus dem zerstörenden Feuer ein ewiges Licht wird. Uriels Legionen unterstützen den Menschen dabei, Mut und Demut, Sanftmut und Tatkraft zu entwickeln, sein Feuer gleichmäßig am

Brennen zu halten und es in höhere ewige Dienste zu stellen, und zwar in den Dienst des Friedens und der Nächstenliebe, des Mitgefühls und des Verständnisses, seine Kraft in den Dienst der höchsten Macht zu stellen und sie dort einzusetzen, wo sie dem Leben dient.

Die Lichtwesen der Jupitersphäre

Farbe: Blau
Metall: Zinn
Form: Viereck
Steine: Aquamarin, blauer Topas
Lichteranzahl: 4
Räuchermittel: Safran, Leinsamen, Veilchen-Wurzel, Pfingstrosenblüten, Petunien, Birkenblätter

Die Jupitersphäre steht in analoger Verbindung mit der göttlichen Weisheit und dem inneren Reichtum, mit den Hütern der Mysterien, mit den Wesen des Glückes. Die Engelwesen dieser Sphäre erscheinen in blauem Licht.
Diese Sphäre untersteht Erzengel Jophiel oder Erzengel Tsadkiel und seinen Legionen. Hier versteht der Menschen, dass er seines Glückes Schmied ist, dass Glück und Unglück kein Zufall sind, sondern selbst geschaffen werden, dass dies auch der Schlüssel ist, wie er sein Schicksal selbst lenken kann.
Die Legionen Jophiels bzw. Tsadkiels senden höchstes Wissen über die Kräfte des Menschen und lehren, wie er diese einsetzen kann. Die richtige Anwendung dieser Kräfte ist der Schlüssel, der zum wahren Glück, zur Erfüllung und zur Zufriedenheit führt.

Die Lichtwesen der Saturnsphäre

Farbe: Violett
Metall: Blei
Form: Dreieck
Stein: Amethyst
Lichteranzahl: 3
Räuchermittel: schwarzer Mohnsamen, Kümmel, Fenchel, Farn, Weidenblätter, Rautenblätter

Die Saturnsphäre steht in analoger Verbindung mit dem Schicksal des Menschen. Hier werden die Lebensbücher des gegenwärtigen und der vergangenen Leben gehütet. Hier leben die Kräfte der ewigen universalen Gesetze, die in violettem Licht erscheinen. Auf dieser Ebene ist der Karmische Rat zu finden, der in der Lebensmatrix alles festhält, was seit Beginn der Schöpfung passiert ist. Hier werden die Lebensmysterien gehütet.
Diese Sphäre untersteht Erzengel Tsafkiel/Zadkiel und seinen unzähligen Legionen. Hier erhält der Mensch Einblick in höhere Zusammenhänge, kosmische Gesetzmäßigkeiten, in frühere Leben und bekommt die Kraft verliehen, die Auswirkungen vergangener Taten zu erkennen und Verstrickungen aufzulösen. Dieses Reich ist das Tor zur Erlösung und ewigen Freiheit.

Die Lichtwesen der Neptunsphäre

Farbe: Magenta
Materie: Kristall, Wasserstoff
Form: Linie
Stein: Diamant
Lichteranzahl: 2
Räuchermittel: Ylang-Ylang, Kampfer

Die Neptunsphäre steht in Verbindung mit den zwei großen Kräften des Universums, aus denen alles Leben geschaffen ist. Die Wesen der Neptunsphäre, die in einem leicht magentafarbenen Licht erscheinen, beeinflussen auf geheimnisvolle Weise die gesamte Schöpfung und sind bei ihrer Entstehung von großer Bedeutung. Auf dieser Ebene werden die zwei großen Kräfte des Gegensatzes in Einklang gebracht und ausgeglichen. Es sind Yin und Yang, das Weibliche und das Männliche, Plus und Minus. Die beiden großen Kräfte sind auf unterschiedliche Weise gleich stark und steuern den gesamten Schöpfungsprozess. Jeder Mensch besteht aus diesen Kräften. Aus dieser Sphäre strömt die geheimnisvolle Formel: »Aus zwei wird drei, und aus drei besteht die gesamte Schöpfung.« Die Dreiheit wird hier aus der Zweiheit geboren. Die zwölf Energieströme (Tierkreise) entstammen diesem Reich.
Diese Sphäre untersteht Rasiel. Hier lernt der Mensch, die Schöpfungskraft in sich zu entwickeln. Mit seinen Legionen hilft Rasiel den Menschen dabei, diese Kräfte in sich zu erwecken, sie zu erlösen und in sich auszubalancieren, damit der Mensch die Schöpfung und die Kraft der Schöpfung erkennen und in sich entwickeln kann.

Die geistigen Wesen der Uranussphäre

Farbe: Türkis, Blaugrün in allen Abstufungen
Metall: Platin
Form: Punkt
Steine: Türkis, blauer Topas, Chrysokoll
Lichteranzahl: 1
Räuchermittel: Angelikawurzel, tibetische Ritualkräuter

Die Uranussphäre steht in Verbindung mit der Schöpferkraft. Hier wird das Feuer der Schöpfung gehütet. Sie ist die Welt der Ideen, Pläne und Konzepte. Hier wird die reine Vorlage der göttlichen Schöpfung geschaffen, die sich dann durch alle Stufen und Ebenen in der Welt materialisiert. Es ist die Welt der formlosen Idee, die der Welt der Materie lange vorausgeht. Diese Sphäre untersteht Metatron und seinen Legionen. Hier wohnt der »Gottmensch«, hier wird die Schöpfung gekrönt. In diesem Reich entwickeln sich Gedanken, Ideen, Vorlagen, Erfindungen, die sich, richtig angewandt, in der Welt als Form zeigen müssen.

Die geistigen Wesen der Plutosphäre

Dieses Reich ist das Reich der Mystik. Es entzieht sich allen Worten. Es ist das Reich des Nichts, in dem alles enthalten ist. Es ist das Reich des Unoffenbarten.

Diese Sphäre untersteht Tetragrammaton. Hier brauen sich die »Energieströme« der Menschheit zusammen und entwickeln ihre Kraft auf der Erde. Durch das Erreichen einer kritischen energetischen Masse entstehen auf dieser Ebene Evolutionssprünge u. v. a. m. Gleichzeitig ist dies der ewige Ozean, in dem alles sich auflöst.

DIE ENGELSSIGILLE

Ein Engelamulett

Engel, Engel, komme herbei,
lehre mich die Weltenzauberei.
Lasse mich mich mit deiner Kraft
vereinen,
lasse mich dein Weisheitslicht
nicht verneinen,
lasse mich das Weltenlicht verstehen,
lasse mich durch dich
das Göttliche sehen.

Was sind Engeltalismane?

Engeltalismane sind Gegenstände, meistens Schmuckstücke oder Medaillons, in die Engel ihre Macht legen. Sie werden von Menschen gefertigt, die die Engelkraft durch sich in den Gegenstand leiten und in ihm versiegeln. Meist wird der Gegenstand mit dem Engelssiegel versehen. Ist ein Gegenstand mit dieser Kraft aufgeladen, hat er dieselbe Energie wie der Engel und hilft dem Menschen, diese Kraft in sich zu entwickeln, zu entfalten, zu bewahren und in dieser Kraft zu wirken.

Was ist eine Engelssigille?

Das Wort »Sigille« leitet sich von dem lateinischen Wort *sigillum* ab und bedeutet »Siegel«. Da sich ein »Engelssiegel« von einem gewöhnlichen Siegel unterscheidet, wurde zum Zeichen dieser Unterscheidung das Wort »Sigille« eingeführt. Eine Sigille wird als ein »lebendig geschriebenes Wort« verstanden, das mit einer himmlischen Kraft, einer Engelskraft geladen wird und ihre Wirkung sammelt: Eine Engelssigille ist ein Siegel, das von der Kraft eines Engels geschützt und behütet ist. Es wird gezeichnet, um die Kraft des Engels zu offenbaren.
Die Sigille ist eine graphische Form von Ideen und Ideenverbindungen. Sie wird nicht wie ein gewöhnliches Siegel hergestellt. Es gibt unzählige Formen und Arten, um eine Engelssigille herzustellen.

Sigillen können für alle Engel hergestellt werden, auch für Engel der persönlichen Engelgruppe. Bevor eine Sigille gezeichnet wird, bedarf es einer gewissen Vorbereitung. Sie wird mit inneren Übungen, einer bestimmten Atemtechnik sowie Meditationstechniken aus dem »Äther« in die Form gezeichnet, um die Kraft des Engels in die Schrift zu legen (siehe Kapitel »Praktischer Teil«).
Jeder Engel entstammt einer bestimmten Sphäre, hat eine bestimmte Kraft und bestimmte analoge Zuordnungen. So zeigt sich z. B. ein Engel aus der Venussphäre in rosa oder grüner Farbe und in einem Siebeneck, einem siebenzackigen Stern oder einer Form, die die Sieben verkörpert. Dazu kann man in verschlüsselter Form noch die gewünschte »himmlische Qualität«, die man in sich und in der Welt entwickeln will, in verschlüsselten alphabetischen Buchstaben zeichnen, damit kein anderer Mensch diese Kraft erkennen und dagegen wirken kann. Auch können z. B. noch die Elemente in symbolischer Form eingebunden werden, in denen sich diese Engelsqualität entfalten soll.

Wozu wird eine Engelssigille verwendet?

Engelssigillen können in einen Ring, auf einen Stift, auf einen geheiligten Gegenstand, ein Heilwerkzeug, ein Kleidungsstück, ein Blatt aufgemalt, aufgenäht, eingraviert und auf andere Weise angebracht werden. Auch können Engelssigillen mit dem Finger oder einem magischen Gegenstand (z. B. Kristall, magisches Schwert, Ritualdolch) in die Luft gezeichnet werden, um ein Ritual, eine Versammlung oder eine Besprechung in die Hand eines Engels zu legen. So sind die Kraft und die gewünschte Qualität des Engels, dessen Energie aufgebaut und erhalten wird, immer gegenwärtig und aktiv. Die reine Energieform der göttlichen Quelle wirkt dann durch diesen Gegenstand.

Was gehört zum Herstellen einer Engelssigille dazu?

Die meisten Formeln für die Herstellung von Engelssigillen entstammen der Kabbalah. Darin gibt es beispielsweise magische Quadrate mit Zahlen, die den Schwingungen der jeweiligen Engel und Sphären entsprechen. Weiterhin gibt es die verschiedensten Alphabete und Schriftzeichen, die man zur Erstellung von Engelsigillen verwenden kann. Darunter sind auch magische Alphabete, die der Verschlüsselung der Botschaft auf einem Amulett dienen. Zu den gern verwendeten Alphabeten gehören beispielsweise die Malachim (Schriften der Engel), die Hieroglyphen, das numidische Alphabet, das frühhebräische und hebräische Alphabet, das griechische Alphabet und die germanischen Runen. Meist wird eine Engelssigille in der Farbe der Sphäre des angerufenen Engels in einen Kreis – das Symbol der Erde – mit einem Dreieck darin – das Symbol der

Formwerdung – gemalt. Zusätzlich werden weitere dem Engel entsprechende Symbole und Zahlen verwendet, die das, was mit dem Amulett erzielt werden soll, unterstützen und verstärken. Je intensiver und ausführlicher sich ein Mensch der Herstellung einer Engelssigille widmet, desto größer ist ihre Wirksamkeit. Weiterführende Literatur zu diesem Thema finden Sie im Anhang.
Die Herstellung einer Engelssigille kann ganz verschieden gestaltet werden: Es gibt ganz einfache Vorgehensweisen, aber auch hochkomplizierte Rituale mit vielfachen Verschlüsselungen. Im Kapitel »Praktischer Teil« wird ein einfaches Verfahren zur Herstellung von einer Engelssigille erklärt.

PRAKTISCHER TEIL

Du[28] kannst die Engel des Lichtes immer und für alle Angelegenheiten, mögen sie dir auch noch so gewöhnlich erscheinen, rufen und sie bitten, dich zu unterstützen, dich zu begleiten, dir zur Seite zu stehen … Hier sind keine Grenzen gesetzt.

Die Verbindung mit den himmlischen Wesen beginnt, wenn wir das Verlangen in uns verspüren, den Willen des Göttlichen zu erfüllen und die lichten Pfade zu beschreiten. Jeder Einzelne hat seinen persönlichen Weg, sich mit den Lichtwesen zu verbinden. Folgende Vorgehensweisen haben sich in der Praxis als hilfreich erwiesen:

- Sammle so viel Information wie möglich über die himmlischen Scharen.
- Lies Berichte und Texte über die Engel, um mit ihrem Wesen in Fühlung zu kommen. So wirst du mit der Zeit empfänglich für ihr Wirken.
- Tausche dich mit Menschen aus, die mit Engeln arbeiten, wirken und sie lieben.
- Verbinde dich, so oft es geht, mit deiner persönlichen Engelgruppe (siehe Kapitel »Die persönlichen Engel«). Vergegenwärtige dir ihre Anwesenheit mehrere Male am Tag.
- Mache dich aufnahmebereit für die Zeichen, die die Engel dir senden. Dies können Federn, Klänge, z. B. Glockenläuten, Farben, Düfte, Gefühle, aufblitzende Funken etc. sein.
- Verbinde dich morgens, mittags, nachmittags und vor dem Schlafengehen mit den Engeln. Bitte sie, in dein Leben zu kommen! Rufe sie in dein Leben! Gestatte ihnen zu wirken! Bitte sie um ein deutliches Zeichen!
- Arbeite über eine längere Zeit mit den einzelnen Farbstrahlen (siehe Kapitel »Die sieben göttlichen Lichtstrahlungen«).
- In der Natur und in der Einsamkeit sind die himmlischen Helfer uns oft am nächsten. Lausche den Einsichten, Eindrücken und Gefühlen des Augenblicks.
- Führe ein »Engeltagebuch«, in dem du kurz deine Tageserfahrung niederschreibst.

28 Ich gestatte mir, Sie in diesem Teil des Buches mit Du anzureden, da die Arbeit mit den Engeln etwas Persönlicheres hat, als die reine Wissensvermittlung der vorangegangenen Kapitel. So kann ich meine Erfahrungen und Tipps von Seele zu Seele weitergeben und hoffe, Ihnen damit Rüstzeug für ein reicheres Leben mitzugeben.

- Begib dich mindestens ein Mal am Tag in die Stille, und lausche der Stimme in deinem Inneren. Die Engel sprechen zu dir. Es ist jedoch wichtig, einen Raum (auch: Zeitraum) zu schaffen, in dem du lauschst, zuhörst, still bist und ihnen gestattest, mit dir Verbindung aufzunehmen.
- Räume diesen sanften, mächtig lichtvollen Kräften immer wieder in dir Platz ein, sich zu entfalten.
- Harmonische Klänge (Konzerte), Kunstwerke großer Künstler, inspirierende Gottesplätze wie Kathedralen der Natur (Wälder, Wiesen, Höhlen) oder Kirchen, Harmonie, Anmut und Schönheit in der eigenen Umgebung, in der Wohnung, im Garten, im Aussehen ziehen die himmlischen Wesen an.
- Spirituelle Übungen, Gebete, Affirmationen (positive Gedankenmuster), Gesänge, Tänze, Anrufungen etc. rufen die Lichtscharen herbei.
- Fröhliches Lachen, eine positive Lebenseinstellung und glückliche Ausstrahlung verstärken das göttliche Licht.

Versuche nicht, das Wirken der geistigen Kräfte zu erzwingen. Erwarte keine dramatischen Veränderungen oder großen Wunder. Die Entwicklung der inneren Wahrnehmungsfähigkeit geht langsam, sanft und stufenweise vor sich. Sie ist wie das Erwachen eines neuen Tages: sanft, unaufdringlich, beständig – und überwältigend schön!

Vorbereitung auf den Kontakt mit den Engeln

Im Gebet erkennen wir die
Größe und Fülle des Seins,
wir erkennen das,
was sich unserem normalen Blick
entzieht.
Demütig neigen wir unser Haupt,
um zu empfangen und anzunehmen,
was uns gegeben wird.

Wenn du mit den Engeln in Kontakt treten willst, so rufe sie in dein Leben. Bitte sie, darin zu wirken. Sie sind da, sobald sie gerufen werden. Schaffe dir einen Ort der Stille. Lerne, der Stimme der Stille zu lauschen. Räume der göttlichen Quelle und den Engeln einen festen Platz in deinem Leben ein. Wenn du ein besonderes Anliegen hast, so fasse es in Worte, und bitte die Engel um einen Hinweis, eine Lösung, einen Rat oder um Hilfe. Manchmal mag es etwas dauern, bis eine Antwort kommt, doch sie kommt immer.
Zur Vorbereitung gehören innere Bereitschaft, ein Raum zum Lauschen der Stille und das, was dich in einen entspannten, empfänglichen Zustand bringt, z. B. eine schöne Umgebung, Kerzenlicht, angenehme Düfte etc.
Bei plötzlichen Angriffen (der dunklen Seite) im Alltag ist es ratsam, im Geiste

sofort die Lichtscharen zu rufen. Sprich in dir: »Mit Gott ist alles möglich.« Rufe deinen Schutzengel. Verbinde dich augenblicklich mit dem Licht. Wenn du von dem plötzlichen Übergriff etwas abbekommen hast, so kannst du zu Hause ein Ritual mit den Engeln machen und sie bitten, dir zu helfen, in der gegenwärtigen Situation wieder in deine Kraft zu kommen.

PRAKTISCHE ÜBUNGEN

Die Stille

Nimm dir Zeit und Raum. Schließe deine Augen. Atme tief ein und aus, und frage dich: Wer oder was atmet mich? Spüre dem Atem nach, wie er unaufhörlich in dich ein- und ausströmt, dich auflädt und mit Sauerstoff und feinen Lichtströmen versorgt. Atme so lange tief in dich hinein, bis du das Gefühl hast, wieder ganz bei dir und in dir zu sein. Tritt ein in die Stille, den Frieden und in den inneren grenzenlosen geistigen Raum. Verweile in der Stille. Betritt den inneren Garten, und verbinde dich mit deinen lichtvollen Helfern. Lasse dich auf den Schwingen des Lichtes in ihre feinstofflichen Lichtreiche der Ewigkeit tragen, in Räume der heilsamen Klänge höherer Sphären, der Ebenen des vollkommenen Lichtes, der Harmonie, der Formen und Farben – so vollkommen, als wären sie nicht von dieser Welt. Dieses Licht kann jetzt in dich hineinströmen, um im ewigen Glanz dieser Räume all deine menschlichen Sorgen und Nöte zu lösen. Richte dich im Lichte aus, und bringe die Herrlichkeit Gottes durch Energie, Worte und Gedanken zum Ausdruck. Der Zugang in höhere Welten liegt in dir. In der Stille kannst du in diese höheren Räume eintreten, denn du bist verbunden mit allem Sein.

Die Affirmation

Eine Affirmation ist ein positives Gedankenbild, ein Satz, der durch ständiges (innerliches) Wiederholen mit Energie aufgeladen wird. Bei einer Affirmation werden die lichten Kräfte mithilfe der geistigen Ebene aktiviert. Dadurch kann sich diese Energie verdichten und sich in der materiellen Welt zeigen.
Die unsichtbaren Reiche wirken jenseits von Raum und Zeit. Eine Minute kann die Ewigkeit bedeuten und umgekehrt. Wenn du die Affirmation eine Zeit lang mit Energie aufgeladen hast, lasse sie los. Angst und Verwundbarkeit schwinden dahin, wenn du die Stärke des Lichtes anrufst und dich in diese einhüllst. So kannst du allem Dunklen furchtlos gegenübertreten.
Nachfolgend eine Auswahl an Affirmationen, mit denen du die Engel rufen kannst. Du kannst aus ihnen eine auswählen, die dir in deiner Situation helfen kann. Du kannst aber auch selbst einen solchen Satz formulieren. Beachte aber dabei, dass darin keine Verneinung, z. B. »Das Dunkel hat keinen Einfluss auf mich« oder »Ich bin nicht ausgeliefert«, auftaucht, denn diese versteht unser Unterbewusstsein nicht und »liest« den Inhalt ohne die Verneinung. Du würdest mit solch einer Affirmation also das Gegenteil des Angestrebten erreichen.

Beispiele:

- *»Die Engel umgeben und schützen mich.«*
- *»Das Licht ist mit mir.«*
- *»Im Licht der Engel bin ich wundervoll geborgen.«*
- *»Mit Gott ist alles möglich.«*
- *»Ihr Kräfte der Engel, ihr wirkt durch mich jetzt und immerdar!«*
- *»Ihr Engel, ihr führet mich zum richtigen Ort, zur richtigen Zeit und lasst mich das Richtige tun.«*
- *»Ihr Engel, ihr seid bei mir jetzt und immerdar.«*
- *»Geborgen im Schutze der Engelflügel verrichte ich meinen Tag.«*

Zum Schutz bei Übergriffen der dunklen Seite:

- *»Göttliches Licht, du bist ein Schild für mich, alle Schatten weichen.«*
- *»Im Namen Jesus Christus, zeige mir dein Licht!«*
- *»Im Namen meiner mächtigen ICH-BIN-Gegenwart, zeige mir dein Licht!«*
- *»Im Namen Gottes, hebe dich hinweg, Satan!«*

Das Mantra

Gedanken sind feinstoffliche Energien. Manchmal können sie jedoch wie »herumflitzende Affen« sein, sodass sich die Energie nicht sammeln und zu einer Kraft werden kann, die wie ein ruhiges Kerzenlicht leuchtet. Um diese Gedankenenergie zu einer Kraft werden zu lassen, können wir sie mithilfe eines

Mantras auf den Zustand ausrichten, den wir zu erreichen wünschen.
Das Mantra besteht aus heiligen Silben und wirkt ähnlich wie eine Affirmation, allerdings werden bei einem Mantra die Seelenkräfte aktiviert, nicht der Geist. Wenn es Silben sind, die wir nicht verstehen (z. B. tibetische Mantras wie »Om mani padme hum«), und wir diese ständig rhythmisch wiederholen, so beruhigen sie den Geist und die Gefühle und ermöglichen einer höheren Kraft, durch uns zu wirken. Ein Mantra bringt den Verstand zur Ruhe und aktiviert die »heilige« Energie.

Wenn du also beginnst, ein Mantra zu sprechen, so versuche immer, in eine Art rhythmischen Singsang zu kommen, sodass die Worte unwichtiger werden und der Singsang beruhigend auf deine Gedanken wirken kann.

Mantra für Heilung:
»Es hilft und heilt die göttliche Kraft.«

Mantras zur Verbindung mit den Engeln:
»Der Engel Glanz begleitet mich.«
»Engel, wirkt in mir, mit mir und durch mich.«

Mantras, um das Licht in sich zu verstärken:
»Vater, Mutter, Feuer, Flamme, Licht und ich sind eins.« »ICH BIN Licht.«
»Licht ist in mir, Licht ist um mich, Licht durchdringt jede Zelle meines Seins«

Das Gebet

Falte deine Hände vor deiner Brust.
Bringe in dir die linke und
die rechte Seite in Einheit und
Einklang vor deinem Herzen
zusammen.
Atme in dein Herz, und öffne es
für die Liebe zu allem Leben.
Lasse dein Leben zu einem
Gebet der Liebe werden.

Als der Mensch noch in der Einheit mit dem Göttlichen lebte, war das Gebet ursprünglich eine Form, den Schöpfer und die Schöpfung zu lobpreisen und ihnen zu danken. Im Laufe der Zeit wurde es immer mehr zu einer Form des Bittens um die Gewährung eines Anliegens, eines Wunsches, einer Hilfe. Durch den Fall aus der Einheit sind wir zu einem »Mangelwesen« geworden, dem Liebe, Gesundheit, Verständnis, Zugehörigkeit, Erfolg, persönliche Kraft, Frieden, Fülle etc. fehlen. Beide Formen – die Lobpreisung und die Bitte – sind angemessen.
Durch das Gebet verbindet sich der Mensch augenblicklich wieder mit der Schöpfung und mit der göttlichen Quelle, mit Gott. Im Grunde dient es der Verbindung mit dem Göttlichen. Das Gebet kann jederzeit angewandt werden. Es ist die wirkungsvollste und schnellste

Form, Verbindung mit den Lichtkräften aufzunehmen und sie zu aktivieren. Das Gebet ist der »Fahrstuhl« zu Gott.
Am wirkungsvollsten sind die Gebete, die aus der eigenen Mitte mit einem tiefen Bezug zu den gesprochenen Worten und mit der Kraft des Herzens gesprochen werden.

Beten bedeutet, sich in Gott zu betten, sich bewusst zu sein, dass wir in erster Linie geistige Wesen sind, die eine menschliche Erfahrung machen, und nicht menschliche Wesen, die ab und zu eine geistige Erfahrung machen. Als geistige Wesen haben wir Zugang zu allen Ebenen und Dimensionen dieser Schöpfung. Aus diesem Raum fließen unbegrenzte Kraft, Licht und die Herrlichkeit der Ewigkeit. Öffne dein Herz im stillen Gebet für diesen vollkommenen Strom des Lichtes, und lade die Engel der höchsten Ebenen dazu ein, dieses Licht in dir auf rechte Weise zu lenken und zu leiten. Im hingebungsvollen Gebet sind Gotteserfahrungen möglich, und Wege im Einklang mit allem öffnen sich. Manchmal entsprechen diese Wege nicht unserem Ego oder unseren niederen Wünschen, aber es sind Wege, die wir zu allen Zeiten gehen und die wir vor des Himmels Größe vertreten können.
Folge dem Strom und den inneren Weisungen des Lichtes, das Liebe, Frieden, Freude, Hoffnung, Heilung und neue Wege für dich bereithält. Fühle dich gebettet, getragen und beschützt in dem Licht des Geistes, denn es ist dein wahres Zuhause.

Schutzgebete

Vor mir ist Raphael,
hinter mir Gabriel,
zu meiner Rechten Michael,
zu meiner Linken Uriel (Auriel).
Das göttliche Licht umhüllt
und beschützt mich,
jetzt und für alle Zeit.

Vor mir ist Raphael,
hinter mir Gabriel,
zu meiner Rechten Michael,
zu meiner Linken Uriel (Auriel),
über mir Jophiel,
unter mir Zafkiel,
in der Mitte Haniel (Chamuel).
Geschützt und geborgen im
göttlichen Sein.
In der Mitte des
sechszackigen Sterns,
in der schützenden Kugel
leuchtet und strahlt das
»ICH BIN, der ICH BIN«.

Gebet

Frieden ströme aus den
höchsten Welten
in die Erde jetzt hinein.
Segen und Heilung mögen fließen,
aus dem Herzen durch die Hände,
in alle Welten und Ebenen hinein.
Mögen alle Wesen Glück erfahren.
Möge es Frieden sein auf Erden.

Stelle dir dabei die Segensströme aus höheren Welten vor, wie sie in alle Ebenen und Dimensionen hineinströmen und diese Welt und alle Welten segnen. Stelle dir vor, wie die Felder sich beruhigen und friedvoll anfangen, zu leuchten und zu strahlen. Stelle dir vor, wie von den Engeln gesendetes grünes oder rosa Licht durch dich in die Erde fließt. Ist die Erde besonders ausgelaugt und missgetönt, so sende das violette Licht in die Erde zur Reinigung und Umwandlung.

Während du das folgende Gebet sprichst, spüre, wie die Schleier der Illusionen und die Nebel der Verblendung das stille Licht der Ewigkeit in dir freigeben. Beschließe, die Wahrheit deines Herzens in Liebe und Aufrichtigkeit zu leben und nach außen zu kommunizieren.

Ihr Engel, schickt euer Licht
zu mir herab.
Hüllt mich ein in euer Licht.
Legt den Mantel des Lichtes
um mich.
Durchdringt mich mit eurem Licht.
Durchdringt meinen physischen
Körper mit eurem Licht,
bis er dem göttlichen Plan entspricht.
Durchdringt meinen emotionalen
Körper mit eurem Licht,
bis er dem göttlichen Plan entspricht.
Durchdringt meinen energetischen
Körper mit eurem Licht,
bis er dem göttlichen Plan entspricht.
Durchdringt meinen mentalen Kör-
per mit eurem Licht,
bis er dem göttlichen Plan entspricht.
Durchdringt mein spirituelles Sein.
Lasst Licht in mein ganzes Feld
hinein.
Möge der Segen in all
meine Lebensströme fließen
und sich in das gesamte Feld
ergießen.

Gebete für andere

Beten bedeutet, im Einklang zu sein –
mit mir, mit meiner
inneren Führung,
mit anderen, mit der Erde.
Wenn ich für dich bete,
so rufe ich die Hand Gottes,
die dich erinnert und emporhebt
und dich in die Einheit
zurücktragen kann.

Wenn wir für andere von Herzen beten, so werden diese Gebete immer erhört. Wir können unsere eigenen Worte benutzen, um das zu formulieren, was wir fühlen. Nachfolgend zwei Beispiele (an den Stellen mit den Punkten setzt du den Namen des Menschen ein, für den du das Gebet sprichst).

Allgemein

Ich bitte für …, dass sie/er
sicher und geborgen
im göttlichen Sein
ihren/seinen Weg gehen kann.
Stelle ihr/ihm deine Engel zur Seite,
um sie/ihn zu führen und
zu schützen.«

Bei Krankheit

Ihr Engel der Heilung,
die ihr das göttliche Licht sendet,
bitte kommt und wirkt.
Ich bitte für …,
dass sie/er sich sicher und
geborgen fühlen kann,
dass sie/er wieder vollständig
gesund wird.

Stelle dir dabei mit deinem ganzen Sein vor, wie die Engel des grünen Strahls ihr Heillicht in die kranke Person schicken.

Gebete in Gruppen

Beten bedeutet, sich in Gott betten.
Sich in Gott betten bedeutet,
gewiss zu sein,
dass alles bereits vorhanden
und alles möglich ist.
Im Gebet öffnen wir uns für die
Einheit und die Möglichkeiten,
Wunder und Wege zu erkennen, die
unser Verstand nicht erfassen kann.

Ein Gebet in einer Gruppe erhöht die Energie um ein 1000faches. Es sollte möglichst von Herzen und »bildhaft«, »fühlbar« gesprochen und erfahren werden, sodass dieses Gebet auf mehren Ebenen lebendig wird. Ein Gebet sollte glühend und mit innerer Hingabe und einem offenen, liebenden Herzen genossen werden. Die Betenden sollten mit dem Gebet und dem gesprochenen Wort eins werden. Hier nun zwei Beispiele, wie man ein Gebet intensivieren kann:

Beispiel 1
Ihr Engel der Heilung, helft.

Diesen Satz können wir natürlich emotionslos, mit dem reinen Verstand erfassen und aufsagen. Er wird so aber nicht viel Wirkung zeigen, da wir die Engel und ihr Wirken kaum spüren und die Hingabe an die göttliche Energie sehr gering ist.

Beispiel 2
Ihr Engel des grün-goldenen Strahls, ihr Engel der Heilung, sendet das Licht zu …(Name der Person), der gerade operiert wird. Seid bei ihm, und hüllt ihn ein in die Schwingungen der Heilung und des Lichtes.

Dabei könnte man sich die grün-goldene Strahlung bildlich vorstellen, sich über das Einheitsbewusstsein mit der betreffenden Person verbinden und daran denken, wie das Licht diese Person einhüllt, ausfüllt, trägt und die Hände der Ärzte von den Engel geführt werden, damit dabei das bestmögliche Ergebnis für alle Beteiligten erzielt wird. Weiter könnte man sich für einen Moment vorstellen,

wie der Freund lächelt und in vollkommener Gesundheit erstrahlt. Am Ende kann man diese Vision, diese Vorstellung, dieses Gefühl loslassen.
Können Sie die unterschiedlichen Qualitäten dieser beiden Beispiele wahrnehmen?

Wenn wir in Gruppen beten, können wir uns gemeinsam auf etwas einstimmen. Es gibt verschiedene Möglichkeiten eines Gruppengebetes:

› Einstimmung durch gemeinsames Singen.
› Einstimmung durch eine kleine Meditation, in der jeder in die Stille und zu sich kommen kann.
› Vorbeten und Nachbeten.
› Einer betet laut, die anderen hören zu und sind innerlich wach und mit all ihren Sinnen dabei.
› Man betet gemeinsam einen Text, der vorher zum Mitlesen verteilt wurde.
› Fürbitte: Einer nach dem anderen spricht eine Fürbitte für eine Person oder ein Anliegen aus.
› Meditatives Gebet: Die Gruppe stimmt sich meditativ ein. Einer spricht das Gebet und lässt sich dabei ausreichend Zeit, die anderen tauschen sich anschließend darüber aus, was sie während des Gebetes erfahren, gefühlt, empfangen und wahrgenommen haben.

Gruppengebet zu den sieben Strahlen

Sendet den blauen Strahl
auf uns herab.
Hüllt uns ein in einen
blauen Mantel aus Licht,
sodass das Göttliche aus uns spricht.
Verbunden in Einheit,
geführt und getragen,
werden wir neue Schritte wagen.

Erzengel Michael:
»Wer ist wie Gott?«
Führe uns zu dem wahren Selbst,
schneide frei, schneide frei,
schneide frei.
Löse uns uns von den Stricken,
die uns binden,
sodass wir uns wieder in der Einheit
der Liebe finden.
Sende den gold-gelben Strahl
auf uns herab.
Erfülle uns mit dem Segenslicht,
damit wir den Segen und
die Weisheit in allem erkennen
und deine Liebe richtig benennen.
Damit wir deine Schöpfung ehren,
den Segen sehen, den du gibst,
und erkennen, wie du uns liebst.
Erzengel Jophiel:
»Gott ist meine Wahrheit.«
Hülle uns ein,
erinnere uns
an den göttlichen Schrein,
an das Göttliche in uns,
es ist von innen mit allem verbunden

und kann uns führen auf unseren
Erdenrunden.
Mögen wir Frieden bringen im Sein,
mit Worten Segen spenden
und Dinge ins Licht zurückwenden.
Sende den perlmuttrosa Strahl
auf uns herab,
damit er uns im Innersten berühre
und unser Herz
wie eine Blume erblühe,
die sich dem Licht zuwenden mag,
zart und fein, einfühlsam im Sein.
Da die Liebe sich
dem Licht zuwendet,
findet sie wundersame Wege,
sich zu offenbaren durch das Sein,
kreativ, schöpferisch und verbunden
mit dem wahren inneren Schrein.
Wandere ich auf Herzenswegen,
bringe ich allen ganz viel Segen.

Erzengel Chamuel:
»Kraft des Herzens Gottes«,
öffne das Herz, befreie es von altem
Schmerz, sodass die Liebe
fließen kann.
Die Offenbarung der Liebe,
sie wohnt im Innen,
hier können Emphatie und
Mitgefühl beginnen.
Sende den kristallinweißen Strahl
auf uns herab.
Licht, Licht es werde Licht.
Licht fließt und strömt
in heiligen Formen,
beständig in unser Sein hinab.
Richte dich aus
an der göttlichen Form,
vollkommene Schönheit
ist die göttliche Norm.

Erzengel Gabriel:
»Zeugungskraft Gottes«,
verkünde das Neue,
das das Göttliche in allem erfreue.
Richte uns aus am göttlichen Plan,
sodass das Neue
durch uns kommen kann.
Aufstieg ins Licht,
bis der neue Tag anbricht.
Sende den grünen Strahl
auf uns herab.
Alles ist heilig, alles ist Licht,
erkenne es wieder,
das Zweite Gesicht.
Jede Kraft, sie kommt von innen,
du kannst dich heilen
im göttlichen Verweilen.

Erzengel Raphael: »Gott heilt«,
hülle uns ein in dein Sein,
zeige uns die göttliche Sicht,
die der Vollkommenheit entspricht.
Nimm das Leben nicht so ernst,
es hat viele viele Seiten, wähle die
freien, leichten, weiten.
Möge jetzt Heilung geschehen.
Sende den rubingoldenen Strahl
auf uns herab.
Erinnere uns an unser
göttliches Erbe,
an das Feuer Gottes,
das in uns brennt.
Glühend sind wir ganz
in diesem Sein,
können wandeln und
auf neue Weise handeln.

Erzengel Uriel,
du Gottes Licht.
Leuchte und lodere,
bis der neue Tag anbricht.
Lasse mich in diesem Lichte sein,
damit ich bleibe immer rein.
Lösen und binden, sich neu wiederfinden. Ich lasse mich tragen in
diesem Licht,
bis ich eins bin im Erdengesicht.
Sende den violetten Strahl
auf uns herab.
Violettes Feuer, lodere, lodere, lodere
in jedem, durch und
um jedes Elektron,
verwandle alle disharmonischen
Schwingungen in Licht,
bis es dem göttlichen Plan entspricht.

Erzengel Zadkiel, gerechter Lehrer
im göttlichen Sinne,
eröffne mir die spirituellen
Fähigkeiten,
sodass ich wandle über die Welt,
so, wie es dem Göttlichen gefällt.
Ihr herrlichen Lichter der Ewigkeit,
strahlt, leuchtet und
gleicht in uns aus.
Durchdringt uns mit
dem Licht des Höchsten.
Alles Licht ist bereits in uns,
ihr Engel, ihr führt uns –
in Herrlichkeit, in Kraft und Güte,
ihr seid bei uns alle Tage,
bis ans Ende dieser Zeit.
So richten wir uns aus an dem
göttlichen Willen, der uns Schritt für
Schritt auf dem Lebenspfad führt,
und auf das Licht, das uns berührt.
Danke. Amen. Om.

Die Anrufung

Die Anrufung ist eine verstärkte Form des Gebets. Damit rufst du mit deiner Kraft eine größere, erhabenere Kraft herbei. Eine Anrufung sollte mindestens dreimal hintereinander durchgeführt werden, um die Energie zu bündeln und sie kraftvoll auszusenden. Danach werde still und spüre, was passiert. Manchmal ist es eine Wärme an einem bestimmten Punkt im Körper. Manchmal ist es ein Druck an einer bestimmten Stelle, eine blitzartige Erkenntnis. Lasse geschehen, was geschehen soll. Vertraue.
Du kannst der angerufenen Engelkraft Fragen stellen. Höre dem zu, was sie antwortet. Wenn du es nicht gleich verstehst, lasse das Mitgeteilte wirken, bis es sich dir erschließt. Denke dazu in Bildern, und höre auf das, was dir deine innere Stimme sagt. Folge der Weisung. Vertraue darauf.

Wenn du dich aus alten Verstrickungen befreien willst, so rufe die Legionen des Erzengels Michael:

Im Namen meiner mächtigen
ICH-BIN-Gegewart
rufe ich die Legionen des Lichtes,
die Legionen von Erzengel Michael.
Schneidet mich frei!
Schneidet die bindenden Fesseln
durch!
ICH BIN frei. ICH BIN ewig frei.
Im Namen meiner mächtigen
ICH-BIN-Gegenwart
rufe ich die Engel des Lichtes,
den Raum zu durchlichten,
die Menschen zu führen
und verstärkt hier zu wirken.
ICH BIN Feuer, Flamme,
Licht des Göttlichen.

Im Namen meiner mächtigen
ICH-BIN-Gegenwart
rufe ich die mächtigen Flammen
des violetten Feuers
der Umwandlung und
Transformation.
Mögen sie augenblicklich diesen
Platz von allem Negativen reinigen,
die guten Kräfte erlösen
und die dunklen Kräfte im reinen
Gotteslicht auflösen.

Ihr Flammen der Reinigung, lodert,
lodert und lodert!
Zadkiel und Amethyst, verankert
einen gewaltigen Lichtbrennpunkt
an dieser Stelle, an diesem Ort,
auf dass die dunklen Kräfte
hier weichen müssen.
Jetzt und immerdar!

Ich rufe das Licht
der göttlichen Ordnung.
Erzengel Michael umgibt mich
mit seinem blauen Licht
des Schutzes und der Stärke.

Sprich dies dreimal deutlich.

Um diesen Raum zu schützen,
rufe ich die Engel des blauen Strahls.
Beschützt diesen Raum,
auf dass alles, was hier geschieht
im Sinne der göttlichen Quelle ist.

Sprich dies dreimal hintereinander. Dabei kannst du dir vorstellen, wie die Engel des blauen Strahles sich in den Eingängen und den vier Ecken des Raumes aufstellen.

MEDITATION MIT DEN ENGELN

Es gibt viele Möglichkeiten,
zu meditieren.
Einige wählen die Stille im Sitzen,
andere erfahren sie beim Laufen,
wieder andere, indem sie ihrer
Lieblingstätigkeit nachgehen.
Finde heraus,
was dich in einen Zustand des Friedens,
der Einheit und des Einklangs
mit dir selbst versetzt.

Das Wort »Meditation« stammt von dem lateinischen Wort *meditatio* ab und bedeutet »Nachdenken, »sinnende Betrachtung«, »Versenkung«. Meditation ist eine Technik der schöpferischen Macht der Gedanken. Es ist der Freiraum, in dem wir den höheren Klängen der Welt lauschen können. In der Meditation werden alle Gedanken auf eine Sache konzentriert. Der Geist versenkt sich in diese Sache. Er vergegenwärtigt sich die Sache mit all seinem Sein, bis er zu dieser Sache wird. Es gibt viele Formen der Meditation und der Versenkung.

In der Meditation mit den Engeln konzentrieren wir uns auf eine göttliche Kraft, z. B. auf den Engel der Liebe, der Harmonie oder der Schönheit. Wir versenken uns mit all unserem Sein in diese Form. So erlangen wir ein höheres Verständnis für die Kraft, die diese Erscheinung verkörpert. Sie wirkt dadurch nicht mehr nur als Gedanke, sondern durch unser ganzes Sein. Du kannst dir auch ein Bild von deinem Lieblingsengel aufstellen und dich in dieses Bild versenken, bis du diese Kraft in deinem ganzen Sein spürst. Es führt dich zurück zur Quelle.

Die Visualisation

Visualisation ist die geistige Schau. Man stellt sich im Geiste eine Sache, eine Situation, einen Menschen in allen Einzelheiten vor, belebt die Vorstellung mit positiven Gefühlen und lässt das vorgestellte Bild lebendig werden. Es ist, als ob du deinen inneren Fernseher einschalten würdest: Du schaust ganz konzentriert einen Film, den du gern sehen möchtest. Wenn dir diese Technik schwerfällt, so beginne mit ganz einfachen Übungen, versuche z. B., dir vor deinem inneren Auge einen Apfel auszumalen, dieses Bild eine Zeit lang im inneren Blick zu halten und dich langsam zu steigern, indem du dem inneren Bild immer weitere Einzelheiten hinzufügst. Du wirst spüren, wenn du so weit bist, dir ganze Situationen auszumalen.

Visualisation vor dem Einschlafen

Im Schlaf verlässt der Geist oft den Körper und wandert über die geistigen Traumebenen. Der Schlaf kann sehr erholsam sein oder auslaugend. Dies können wir durch Vorbereitung auf das Schlafengehen beeinflussen, indem wir z. B. wie folgt vorgehen:

Bevor du dich hinlegst, zünde eine Kerze an und beobachte die ruhige Flamme. Lasse den Tag an dir vorüberziehen, und denke über deine Erlebnisse nach, sodass du das Geschehene nicht im Schlaf aufarbeiten oder dorthin mitnehmen musst. Werde ruhig und still in dir, und verweile eine Zeit lang in diesem Zustand. Wenn du Fragen hast, die dich beschäftigen, so stelle sie laut. Sprich ein Gebet. Rufe die Engel, dass sie dich des Nachts behüten und begleiten. Stelle dir vor, wie sie sich um dein Bett herum aufstellen:

- zwei zu deiner Linken,
- zwei zu deiner Rechten,
- zwei zu deinem Haupte,
- zwei zu deinen Füßen,
- einer, der über deinen Schlaf wacht und dich in deinen Träumen begleitet.

Gib ihnen die Erlaubnis, mit dir im Licht zu arbeiten. Lege dir Zettel und Stift ans Bett, damit du dir am nächsten Morgen die Dinge notieren kannst, die dich in der Nacht beschäftigt haben. Erwache am Morgen langsam zum Tag, und schaue, ob du einen Traum, eine Erinnerung an die Nacht mit in dein Tagesbewusstsein nehmen kannst. Dies bedarf einiger Übung, doch mit der Zeit wird die Nacht hell und das Wirken des geistigen Reiches erlebbar. Am Morgen ist neue Kraft da für den Tag.

Du kannst auch für Menschen, die du liebhast, die in deine Obhut gegeben sind, die Engel rufen, damit sie von den Engeln des Lichtes gut behütet und durch die Nacht begleitet werden. Stelle dir dabei vor, wie du sie in goldenes schützendes Licht hüllst.

Wenn jemand krank ist und dich um Hilfe bittet, so bete für ihn. Schicke ihm die Engel, und stelle dir vor, wie sie sich um sein Bett herum aufstellen und das heilende Licht aus ihren Händen in die kranken Körperregionen des Menschen senden, sein Energiefeld mit Lebensenergie auffüllen. Halte dieses Bild so lange aufrecht, bis die Engel dir ein Zeichen geben, dass der Vorgang beendet ist.

Reisen in die inneren Welten

Schutzengel, erhebe mich,
führe und leite mich,
nimm mich mit in die ewigen Reiche
des Lichtes und der Herrlichkeit.
Lasse mich verstehen,
lasse mich sehen.
Führe mich, leite mich,
bringe mich in die Lichtstätten des
ewigen Seins.
Ich bin bereit,
für jetzt und alle Zeit
mich im Licht zu entfalten
und meinem Plan zu folgen.

Reisen in die inneren Welten sind genauso wirklich wie Reisen in äußere Welten. Ihre Ziele liegen nur eben in anderen, feinstofflicheren, weniger fassbaren Ebenen. Durch Reisen in die Welten der Engel werden die inneren Sinne geschult und verfeinert. Du kannst nach einiger Zeit des Übens die Verbindung mit ihnen genauso mitgestalten wie deine Kontakte in der äußeren Welt. Du kannst Fragen stellen, Dinge erleben, die sich dann auch in der äußeren Welt zeigen. Wenn die Brücke zwischen der Innenwelt und der äußeren Welt geschlagen ist, wirst du immer besser verstehen, dass es keine Zufälle gibt, dass du die Bedingungen, unter denen du lebst, mit erschaffst. Durch Reisen in die Welt der Engel werden dir ihre Energien und Kräfte zugänglich. Durch das Licht, das aus den ewigen Reichen strömt, entfaltet sich der Plan, nach dem du angetreten bist, die Mission in deinem Leben, wie die Blätter einer Blume im Sonnenlichte. Vertraue, und lasse zu, dass die Blätter sich nacheinander öffnen und zu einem empfangenden Kelch werden. Zuerst verbinde dich mit den Lichtreichen, indem du sie dir vorstellst, z. B. den Tempel des Aufstiegs in Luxor (siehe Zuordnungen im Kapitel »Die sieben göttlichen Lichtstrahlungen«). Stelle dir vor, wie du dorthin getragen wirst, was dort alles ist, wie es sich dort anfühlt. Verbinde dich bewusst mit dem ewigen Reich des Lichtes. Mit der Zeit wirst du dorthin erhoben, denn die Energie folgt der Aufmerksamkeit. Richte deine Aufmerksamkeit also auf die Lichtreiche, und du wirst nach einiger Zeit auf Engelsschwingen getragen.

Kontakt mit der persönlichen Engelgruppe

Schaffe dir Raum und Zeit. Zünde dir Kerzen an – symbolisch sieben, in den Farben des Regenbogens. Atme ein paarmal tief ein und aus. Beim Ausatmen fließt die Anspannung ab, beim Einatmen fließt neue Lebensenergie ein. Wenn du dich in deiner Mitte gesammelt fühlst, so rufe deinen persönlichen Engelchor. Stelle dir vor, wie über dir der Regenbogen in allen Farben leuchtet. Die sieben Farben des Regenbogens umhüllen und durchdringen dich. Sie laden dich auf mit Kraft und Energie. Sie beleben dich und sind immer bei dir.

› Willst du deine Seelenfarben kennenlernen, so bitte den Regenbogen, die Farbe deiner Seele anzunehmen und sie dir zu zeigen.
› Willst du wissen, welcher Engel für dich besonders wichtig ist, so bitte den Regenbogen, in der Farbe des Engels deines Engelchores zu erleuchten.
› Hast du eine Frage oder möchtest wissen, was es für dich gerade besonders zu beachten gilt, so bitte deine persönliche Engelgruppe, dir eine Botschaft zu senden. Sieh, wie sie dir einen goldenen Briefumschlag überreichen. Öffne ihn, und lies die Botschaft.

Du kannst auf viele Weisen mit deiner Engelgruppe zusammenarbeiten und sie bewusster und stärker fühlen. Lasse deine Ideen sprudeln. Du kannst auch mit den einzelnen Engeln arbeiten, sie nach ihrem Namen fragen und nach dem Zeichen, an dem du ihr Wirken erkennst. Unser Schutzengel zeigt sich z. B. oft durch einen leichten Druck auf einem Schulterblatt, so, als ob jemand seine Hand sanft auf deinen Rücken lege. Unser Meister zeigt sich oft durch einen Druck auf der Stirn, was sich anfühlt, als ob du ein Stirnband tragen würdest. Die/der Kleine zeigt sich meist durch eine juckende Nasenspitze und der innere Arzt durch ein Piksen, eine »geistige Spritze«, die überall im Körper gefühlt werden kann, usw. Dies sind nur allgemeine Beispiele. Jeder kann die Zeichen mit den sieben Engeln seines Teams individuell ausmachen bzw. sich zeigen lassen.

Wenn deine Reise beendet ist, verabschiede dich, lade deine Engel ein, weiter und stärker mit dir zu arbeiten, und kehre zurück in deinen Alltag. Freue dich an deinem persönlichen, dir zugehörigen Engelchor. Wenn du an deine persönliche Engelgruppe denkst, so wird immer die richtige Kraft mit dir arbeiten. Hier gibt es kein Falsch und kein Richtig, hier ist alles, so, wie es ist, gut und trägt zu deiner Entwicklung bei.

Der Altar

Diesen Platz
widme ich den Engeln,
deren Licht aus der göttlichen Quelle
zu mir strömt
und mir in jeder Situation Hoffnung
und Segen bringt.
Möge ich ihre Zeichen
allzeit erkennen.
Diesen Platz
widme ich der göttlichen Quelle,
widme ich dem ewigen Licht,
damit es sich
durch mich entfalten kann.
Dieser Platz sei gesegnet
jetzt und für alle Zeit!
Es ist ein heiliger Platz.

Ein Altar ist ein Platz, der den göttlichen, den geistigen Welten geweiht ist. Er ist ein Symbol dafür, dass du dem geistigen Reich und den inneren Welten einen Platz einräumst. Ein Altar ist ein Ort der Wunder, der mit deiner inneren Welt verbunden ist, er ist ein Hort deiner Seele, an den die Dinge gehören, die in deinem Herzen einen Platz haben.
Du kannst deinen Altar so gestalten, wie es dir entspricht: Du kannst schöne Steine darauf legen, Bilder deiner Lieben aufstellen und/oder ein Glöckchen zum Rufen der Engel, ein Bildnis oder eine Figur deines Lieblingsengels, Blumen, die du gern magst oder die dir deine Kinder

auf der Wiese gepflückt haben, Dinge, die du in der Natur gefunden hast wie Federn, Muscheln, Steine, Symbole, die dir gerade wichtig sind, Kerzen in verschiedenen Farben, ein Duftlicht u. Ä.
Wenn du viel unterwegs bist, so kannst du dir einen kleinen Taschenaltar basteln, den du überallhin mitnehmen kannst. Hierzu könnten gehören: Kerzen und ein kleiner Kerzenhalter, Räucherwerk, um fremde Energien in Räumen zu neutralisieren, Edelsteine, Bilder – eben Dinge, die für dich die lichte Kraft verkörpern und dich bei ihrer Anrufung stärken. Für den Transport und die Aufbewahrung zu Hause schlage alles in ein schönes Seidentuch in der Farbe deiner Wahl ein.
Dein Altar kann für dich der Raum werden, in dem du die Zwiesprache mit den Engeln aufnimmst. Dort kannst du alle deine Rituale ausführen (musst aber nicht!). So kannst du z. B., wenn jemand in deiner Umgebung besondere Unterstützung braucht, weil er krank ist oder durch eine schwere Zeit geht oder weil ihr für eine Zeit voneinander getrennt seid, demjenigen eine Kerze anzünden und für ihn beten. Wenn du selbst ein Anliegen hast, so kannst du es auf einen Zettel schreiben und auf deinen Altar legen. Du kannst den Altar mit den Kräften gestalten, die für dich im jeweiligen Augenblick von Bedeutung sind – er verändert sich mit dir.

Engelbeutel oder Engeltasche

Ein Engelbeutel oder eine Engeltasche ist ein Behältnis aus Stoff oder Leder, das den Engeln geweiht ist. Es kann z. B. einem Engel geweiht sein, zu dem du einen besonders innigen Bezug hast.
Du kannst darauf eine Engelssigille sticken oder malen und innen etwas Salbei hineingeben. Dorthinein kannst du dann symbolisiert durch Worte auf einem Zettel oder einen Gegenstand z. B. unwillkommene Energien, behindernde Einflüsse und Personen »stecken«, die störend in dein Leben eingreifen. Die Engel nehmen sich dieser Angelegenheit an und bringen diese negativen Einflüsse weit von dir weg. Auch kannst du hier Fragen, die dich beschäftigen, hinterlegen. Wenn die Angelegenheit erledigt ist, so kannst du den Zettel, das Symbol, mit dem du sie erfasst hast, verbrennen oder in der Erde vergraben. Du kannst dies auch im Geiste tun: Wenn dich eine Angelegenheit behindert, so übergib sie den Engeln. Sie werden sie im Sinne der göttlichen Quelle lösen.

Das Engeltagebuch

Das Engeltagebuch ist ein sehr hilfreicher Gegenstand. Hier kannst du aufschreiben, was dich beschäftigt, die Engel um Antworten bitten und die damit verbundenen kleinen Begebenheiten und Veränderungen aufschreiben. So kannst du dein inneres Wachstum

verfolgen. Aus deinem Glauben entfaltet sich mit der Zeit das Wissen um das Wirken der Engel.
Du kannst dein Tagebuch deinem Schutzengel, deinem Lieblingsengel oder Gott widmen, es mit einer Engelssigille deiner Wahl versehen oder einfach als Logbuch deiner Wandlung betrachten. Du wirst feststellen, dass durch deine damit geweckte Aufmerksamkeit die Zufälligkeiten am Rande des Weges immer mehr zu Wegweisern werden. In deinem Tagebuch kannst du Träume, Reisen in die inneren Welten, Botschaften und alle Begebenheiten des Alltags, in denen du das Wirken des geistigen Reiches und der Engel erkennst, aufschreiben. Manchmal können wir Botschaften und Träume auch nicht gleich verstehen, und sie werden erst in späteren Zusammenhängen klar und deutlich – deshalb ist es gut, wenn wir sie dann in unserem Buch des Wachstums festgehalten haben.

Engelkarten

Engelkarten gibt es in Hülle und Fülle. Sie können dir dabei helfen, deine Aufmerksamkeit auf die göttlichen Kräfte gerichtet zu halten, Lösungen in Problemsituationen zu finden und sie in eine lichtvolle Richtung zu lenken. Sie stellen dich innerlich auf das Licht ein. Manche Engelkarten tragen nur ein Wort der göttlichen Kraft, z. B. Frieden, Gemeinschaft, Liebe, Ausgeglichenheit, Geduld, Freude, Weisheit etc. Du kannst dir solche Karten auch selbst basteln. Wenn du z. B. den Engel der Harmonie ziehst, arbeite ein bis zwei Wochen mit dem Begriff »Harmonie«. Versuche, Harmonie in deiner Wohnung, in deiner Beziehung, in deiner Umgebung zu schaffen. Versuche, harmonisch zu reden, dich harmonisch zu kleiden, Harmonie in dir zu fühlen … Sei einfallsreich im Umgang mit der göttlichen Engelsqualität der Harmonie. So kannst du diese göttlichen Kräfte in dir verankern und entfalten.

Rituale

Rituale sind dafür da, dich enger mit den himmlischen Kräften zu verbinden und sie stärker in deinem Leben zu verankern. Es gibt verschiedene Formen von Ritualen, doch alle bestehen aus einer Vorbereitung, einem Hauptteil und einem Abschluss. Zur Vorbereitung kannst du dir eine Kerze anzünden, dir deine Umgebung herrichten, räuchern, ein paar Minuten in die Stille gehen oder Atemübungen machen. Wichtig ist, dass du dich von deinem Alltag ab- und hin zum inneren Geschehen wendest, du ruhig und still in dir wirst. Wenn du in dir angekommen bist, rufe die Engel – mit einem Gebet, einer Anrufung, indem du ein Glöckchen läutest … Lade sie in dein Leben ein, und biete ihnen einen Platz an. Fasse nun dein Anliegen in Worte. Im Hauptteil verbindest du dich tief mit den göttlichen Kräften. Sprich dazu aus der Mitte deines Herzens ein Gebet oder eine Anrufung, und zwar mehrere

Male. Werde still, und lausche. Folge den Anweisungen. Manchmal bekommst du den Impuls, dich hinzulegen oder zu tanzen, zu duschen oder einfach nur still zu werden. Manchmal wird der Körper in eine bestimmte Haltung gebracht, und manchmal ist es ratsam, den bereitgelegten Stift und Zettel in die Hand zu nehmen und die Worte fließen zu lassen. Lasse zu, was in der Zeit der Stille geschieht. Manchmal ist alles auch einfach nur ruhig.
Wenn du fühlst, dass das Ritual für dich beendet ist, bedanke dich, und beende es auf eine Weise, die dir angemessen erscheint, z. B. durch ein Dankgebet an die Kräfte, die dir zur Seite stehen. Kehre wieder in den Alltag zurück. Wisse, es ist geschehen, vertraue auf das göttliche Licht, und achte in der nächsten Zeit auf Zeichen und Antworten. Räume deine »Ritualgegenstände« wieder auf ihren Platz. Erwarte nichts, sondern vertraue, gehe deinen alltäglichen Aufgaben nach. Manchmal kann es bis zu drei Tagen dauern, bis du – meist unerwartet und überraschend – ein Zeichen erhältst. Die Engel antworten immer. Sie sind da!!!

Für ein größeres Ritual oder ein Gruppenritual kannst du dich an folgenden Punkten orientieren:

1. Vorbereitung

› Klären, was mit dem Ritual erreicht werden soll, was sein Sinn, Zweck und seine Absicht sind.
› Planung des Ablaufes des Rituals.
› Vorbereitung der Dinge, die während des Rituals gebraucht werden.
› Vorbereitung des Platzes für das Ritual.
› Bestimmung des richtigen Zeitpunktes und der Dauer.
› Bestimmung der unterstützenden Elemente und Kräfte.
› Festlegung der Regeln, die vor und während des Rituals gelten sollen.
› Innere Vorbereitung auf das Ritual. Je bewusster und je besser diese Vorbereitung ist, desto kraftvoller wird das Ritual.

2. Durchführung

› Bekanntgabe des Ablaufs und der Regeln, die während des Rituals gelten.
› Einen Schutzkreis[29] mit dem ganzen Sein ziehen, errichten, aufbauen.
› Verbindung zu dem höheren Selbst, zur ICH-BIN-Gegenwart herstellen.
› Engel und Wesen rufen, die diese Kraft unterstützen.
› Das Ritual durchführen.
› Am Ende des Rituals den Engeln und Wesen danken und sie »entlassen«.

29 Es gibt verschiedene Möglichkeiten, Schutzkreise zu ziehen. Einige Beispiele: Strecke deine Schreibhand mit ausgestrecktem Mittelfinger und Zeigefinger nach vorn. Stelle dir vor, wie aus den Fingerspitzen goldenes Licht fließt. Drehe dich im Uhrzeigersinn um deine eigene Achse, bis du das Gefühl hast, dein Schutzkreis ist fertig. Zum Öffnen des Schutzkreises drehst dich dann in die andere Richtung. Du kannst dir aber auch einen Schutzkreis aus Steinen bauen, in dessen Mitte du dich begibst, wenn du ein Ritual machen willst. Du kannst dir aber auch einfach vorstellen, wie ein Schutzkreis dich umgibt.

- Einen deutlichen Abschluss setzen. Schutzkreis öffnen.

3. Nachbereitung

- Folgende Fragen durchgehen: Was habe ich wahrgenommen? Wie ist es mir ergangen? Was ist mir begegnet? Welche Botschaft kam zu mir?
- Die Erfahrungen notieren, am besten in einem Engeltagebuch.
- Vier bis fünf Tage später oder nach noch größeren Zeitabständen überprüfen, was das Ritual bewirkt hat.

Ritual zum Geleit eines dunklen Geistes ins Licht

Nimm zuerst Fühlung mit dem dunklen Wesen auf, das du spürst. Von wo kommt es? Wann hast du den Energieabfall zum ersten Mal empfunden? In welcher Körperregion spürst du das Wesen? Wer oder was könnte es sein?
Wenn du so weit bist und die Vorbereitungen getroffen hast, die du als wichtig empfindest, beginne mit dem Ritual. Ziehe einen Schutzkreis, und baue eine Schutzschale um dich auf: Hülle dich dafür (im Geiste) in ein Schutzei aus blauem, silbernem oder goldenem Licht. Male dein Schutzzeichen, deine Sigille in alle vier Himmelsrichtungen in die Luft. Rufe deinen Schutzengel oder deinen persönlichen Engelchor.
Wenn du dich gut und geborgen fühlst, beginne mit dem Ritual. Wenn du dich nicht gut und der Sache nicht gewachsen fühlst, so bitte einen Freund oder eine Freundin, den Schutzkreis für dich zu halten und dich bei deiner Arbeit zu unterstützen.

1. Michael

Rufe Erzengel Michael (dreimal hintereinander):

»Erzengel Michael,
komme und beschütze mich,
begleite mein Ritual.«

Wenn du die Anwesenheit von Erzengel Michael spürst, so bitte ihn, dich an der betroffenen Körperregion von dem Wesen der Dunkelheit freizuschneiden. Sprich dazu (dreimal hintereinander):

»Alle unwillkommenen Wesen
in meinem Energiefeld
müssen jetzt gehen.«

Stelle dir vor, wie Erzengel Michael oder seine Engellegionen dich von den schwarzen Bändern, an denen die dunklen Wesen hängen, und den dunklen Wesen, die sich direkt in deinem Energiefeld befinden, freischneiden. Sprich zu ihnen:

»Jeder von euch hat ein
vollkommenes Zuhause.
Geht dorthin.«

2. Uriel

Rufe Erzengel Uriel (Auriel):
Er öffnet den großen Lichtkanal. Stelle dir vor, wie sich ein großer, mächtiger und strahlender Lichtstrahl nach oben öffnet und das Licht wie ein »Staubsauger« die Wesen anzieht und nach oben in die Lichtheimat aufnimmt. Sprich (die letzten beiden Zeilen dreimal hintereinander):

»Im Namen meiner höheren
ICH-BIN-Gegenwart,
im Namen aller Engel,
die bei mir sind,
geht jeder von euch jetzt in Frieden
durch diesen geschaffenen
Lichtkanal nach Hause.
Jeder von euch ist aus der
göttlichen Liebe und
aus dem Licht geschaffen.
Erinnert euch, ihr seid noch immer
aus dieser Substanz.
Friede sei mit euch jetzt
und für alle Zeiten!«

3. Zadkiel

Rufe Erzengel Zadkiel:

»Sende mir die violette Flamme
der Umwandlung!
Ich rufe die violette Flamme
der Umwandlung.
Violettes Feuer lodere, lodere, lodere
in, durch und um jedes Elektron,
verwandele jede disharmonische
Schwingung in Licht,
bis es dem göttlichen Plan ent-
spricht.«

Sieh, wie jedes Elektron und Atom gereinigt und wieder in reines Licht verwandelt wird. Sende das violette Licht besonders in die betroffenen Körperregionen. Sprich dabei:

»Ich bin frei! Ich bin frei!
Ich bin ewig frei!«

4. Raphael
Rufe Erzengel Raphael
(dreimal hintereinander):

»Erzengel Raphael, sende mir
das Licht der Heilung.«

Sieh, wie dein Energiefeld mit grünem Licht angefüllt und aufgeladen wird und sich von den dunklen Angriffen erholt. Halte diese Vorstellung so lange, bis du das Gefühl hast, dass alle Stellen gut mit dem Licht der Heilung versorgt sind. Atme tief durch, und wisse, es ist alles getan. Bedanke dich, und gehe wieder deinen Alltagsdingen nach.

Dieses Ritual ist sehr wirksam. Du kannst es immer durchführen, wenn du meinst, es zu brauchen, wenn du die Anwesenheit eines dunklen Geistes oder Wesens fühlst oder das Gefühl hast, von jemandem etwas mitgenommen zu haben, das nicht zu dir gehört.
Wenn du in Energiefelder kommst, in denen du die dunkle Energie deutlich fühlst, so bitte die Engel sofort, deine Schutzschilde hochzufahren. Stelle dir einen Lichtmantel oder eine Lichtrüstung aus Silber vor. Alles Negative, was von außen kommt, prallt daran ab.

Ritual zur Energieaufladung

Wenn du erschöpft und ausgelaugt bist, atme ein paarmal tief ein und aus, schließe deine Augen, und rufe deine Engel herbei. Bitte sie, dich mit Energie anzufüllen. Stelle dir vor, wie sie ihre Hände auf dich legen und in dich kristallweißes, lebendig flirrendes Licht senden. Fühle, wie das Licht jede Zelle und jedes Atom in deinem Körper auflädt. Fühle dieses Licht wie eine erfrischende kühle Dusche, fühle, wie es spiralförmig in dich einfließt und dich von allem Negativen reinigt und dich schnell auflädt. Wenn du das Gefühl hast, du bist angefüllt mit der lebendigen Energie, bedanke dich bei deinen Engeln. Öffne deine Augen, und sei wieder bei deinen alltäglichen Aufgaben. Wisse, es ist getan.

Herstellung einer Engelssigille

Bevor du eine Engelssigille malst, solltest du eine Vorstellung von dem haben, was du in die Welt rufen möchtest, denn nicht umsonst heißt es: »Bedenke wohl, was du dir wünschst, es könnte in Erfüllung gehen!«
Nachfolgend nun die einfachste der zahlreichen Möglichkeiten, eine Engelssigille und einen Talisman herzustellen (andere Möglichkeiten siehe Anhang, »Weiterführende Literatur«). Auf S. 163 findest du eine Beispielzeichnung und das Sigillenrad als Vorlage, mit der du deine eigenen Sigillen malen kannst.

Vorbereitung

Denke zuerst darüber nach, was du in der Welt verwirklichen möchtest. Mache dir dazu ein paar kurze Notizen. Sprich ein Gebet, in dem du den Segen der Engel für dein Anliegen erbittest und fragst, ob dir der Engel, dessen Kraft für dessen Verwirklichung geeignet ist, sich dir offenbaren möge.

Durchführung

Das Wichtigste ist, dass du bei der Herstellung der Sigille mit deinem ganzen Herzen und deiner ganzen Aufmerksamkeit dabei bist. Überlege dir zuvor genau, was du mit der Sigille bewirken möchtest. Angenommen, du wünschst dir Schutz für deinen Raum: Welcher Engel ist dafür gut? Dies kannst du z. B. auspendeln, in der Meditation erfahren oder du weißt es schon … Bevor du anfängst, kannst du dich vorher auch in Meditation begeben. Werde still, atme tief, und bitte den oder die Engel, deren Kraft du in die Sigille legen willst, dich bei dieser Arbeit zu führen.

1. Nimm dir ein Stück Pauspapier, oder kopiere dir die Vorlage des Sigillenrades mehrfach.
2. Die Sigille beginnt, indem du den ersten Buchstaben des Namens deines Engels mit einem Kreis kennzeichnest.
3. Fahre dann alle nachfolgenden Buchstaben in der Reihenfolge des Wortes ab, z. B. M-i-c-h-a-e-l.
4. Bist du beim letzten Buchstaben angelangt, kannst du ihn mit einem kleinen Strich versehen oder die Linie offen lassen.

Wenn du alle Buchstaben hintereinander mit Linien verbunden hast, so ist deine Sigille fertig.

Besonderheiten

Wenn sich Buchstaben wiederholen, so kannst du sie streichen und brauchst sie nur einmal zu verwenden, P-o-o-c-h-a-e-l z. B. wird zu P-o-c-h-a-e-l oder R-a-p-h-a-e-l-s-e-n-g-e-l wird zu R-a-p-h-e-l-s-n-g.

Du kannst deine eigenen Ideen ruhig mit einbringen.Wenn dir dein Gefühl andere Eingebungen schenkt, z. B. die Sigille in einen Kreis zu zeichnen oder sie an manchen Stellen abzurunden und an anderen eckig zu lassen, so folge deinem Gefühl.

Wenn deine Sigille fertig ist, muss sie noch »eingeschaltet« werden. Zünde dir dazu eine Kerze an und werde ruhig in dir. Bitte dann den Engel, den du angerufen hast, die Sigille mit seinem Licht zu aktivieren. Bitte um seinen Segen, und stelle dir vor, wie die Linien der Sigille sich langsam mit dem Licht des Engels aufladen. Wenn sich dir das Licht in einer bestimmten Farbe zeigt, so kannst du die Sigille später in dieser Farbe nachmalen. Wenn dir Symbole oder Zeichen gesandt werden, so verwende sie zusammen mit der Sigille.

Sobald du das Gefühl hast, dass der Ladevorgang beendet ist, bedanke dich auf deine Weise. Jetzt kannst du deine Sigille einsetzen. Du kannst sie z. B. auf einen Gegenstand zeichnen, bei einem Ritual oder zum Schutz deines Raumes dreimal in die Luft malen (dies bedarf einiger Übung), du kannst sie in einen Ring eingravieren, du kannst sie in deine Aura (das Energiefeld, das dich umgibt) zeichnen, oder in die eines kranken Menschen (aber nur, wenn er dies ausdrücklich wünscht), du kannst ein Geschenk damit segnen …
Mit diesem geladenen Zeichen wird die Energie des gerufenen Engels aufrechterhalten. Wenn diese Energie sich verändern sollte, so löse die Sigille auf, indem du sie der Erde, dem Feuer oder dem Wasser übergibst (weitere Literatur dazu siehe Anhang, »Weiterführende Literatur«).

Sigillenrad

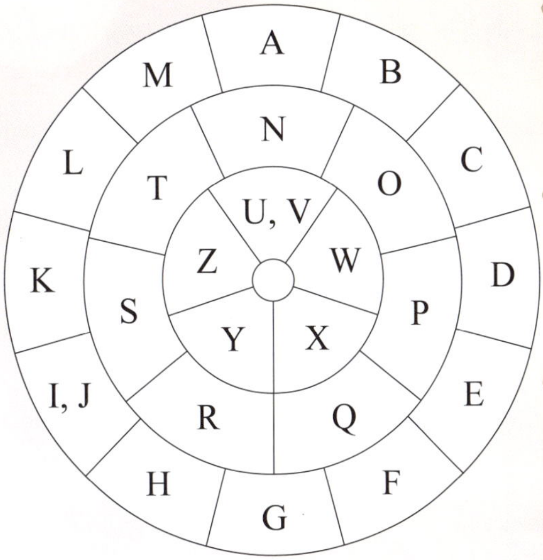

Sigille am Beispiel von »Michael«

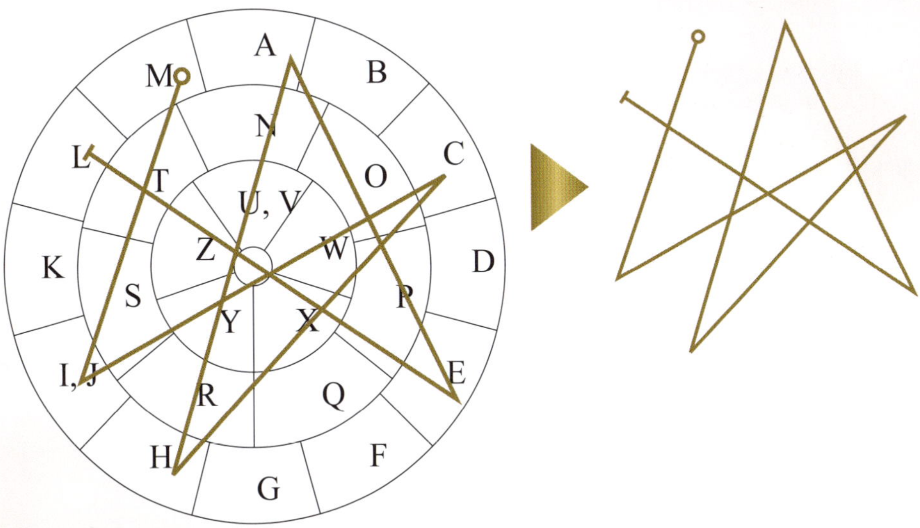

Weihung eines Gegenstandes mit kosmischer Energie

Wenn du einer Person, die dir besonders nahesteht, ein besonderes Geschenk machen möchtest, z. B. einen Heilstein, ein Schutzamulett, ein Engelsglöckchen (Glocke, mit der ein Engel z. B. für eine Meditation gerufen werden kann) o. Ä., so kannst du den Gegenstand vorher mit besonderen Wünschen und kosmischer Energie aufladen.
Nimm dir etwas Zeit. Nimm den Gegenstand, den du verschenken möchtest, in deine Hände. Konzentriere dich auf den Menschen, dem du das Geschenk machen möchtest. Schaue, was du ihm von Herzen wünschst: Gesundheit, Heilung, Schutz, Liebe etc. Wenn du dir darüber im Klaren bist, so sprich ein Gebet, z. B.:

Geliebte Legionen des Lichtes,
ihr himmlischen Heerscharen,
ich bitte euch von ganzem Herzen
bestrahlt diesen Gegenstand für …
(Namen des Menschen,
dem du etwas wünschst)
mit tausend kosmischen Sonnen,
und legt das hinein,
was ihr/ihm jetzt guttut.

Warte einen Augenblick. Halte den Gegenstand anschließend in das Sonnen- oder Kerzenlicht. Vielleicht fühlst oder spürst du die heilige Gegenwart der Lichtwesen. Lasse geschehen. Frage, ob du noch etwas tun kannst, damit der Gegenstand richtig »geladen« ist. Manchmal kommen Botschaften, die den Gegenstand reinigen und klarer machen, z. B. kann dir deine innere Stimme sagen, dass du ihn mit klarem Wasser abspülen, ihn mit einer bestimmten Räucherung räuchern, ihn für eine gewisse Zeit in die Erde legen, an einem bestimmten Kraftplatz aufladen oder mit einer bestimmten Farbe umgeben sollst. Vielleicht kommt sogar ein Engelname, den du auf dem Gegenstand mit einer Engelssigille versiegeln kannst. Wenn du eine Botschaft empfängst, so führe sie aus, denn sie hat eine Bedeutung.
Wenn du das Gefühl hast, der Vorgang ist abgeschlossen, so bedanke dich bei den kosmischen Lichtwesen auf deine Weise für die lichtvolle Ausrichtung des Gegenstandes. Du kannst abschließend sprechen:

»Möge der Gegenstand
das vollbringen, wozu er gesandt ist.«

Natürlich kann dieses Ritual auch für die eigenen heiligen Gegenstände durchgeführt werden.

Auspendeln der Engelnamen

Die nachfolgenden Pendeltafeln dienen dem Auspendeln von Engelnamen. Sprich beim Pendeln ein Gebet, das aus deinem Herzen kommt. Bitte den von dir gesuchten Engel (Schutzengel, Erzengel, Engel des persönlichen Engelchors), dir seinen Namen zu nennen. Konzentriere dich auf das Pendel. Pendele nach und nach die Buchstaben aus, die den Engelnamen ergeben – du musst manchmal mit den Buchstaben spielen, bis sie einen Namen ergeben – sie erscheinen nicht immer sofort in der richtigen Reihenfolge. Die jeweils zweite, kleine Tafel auf den folgenden Seiten dient der Überprüfung deiner Antwort.

BUCHSTABEN

Hier kannst du z. B. fragen:
Wie lautet der Name meines persönlichen Schutzengels? Welcher Engel arbeitet mit mir zusammen? Gibt es eine Botschaft für mich?

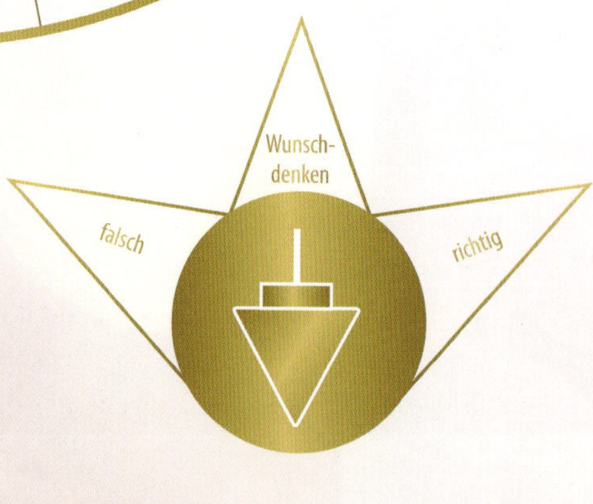

ENGELNAMEN

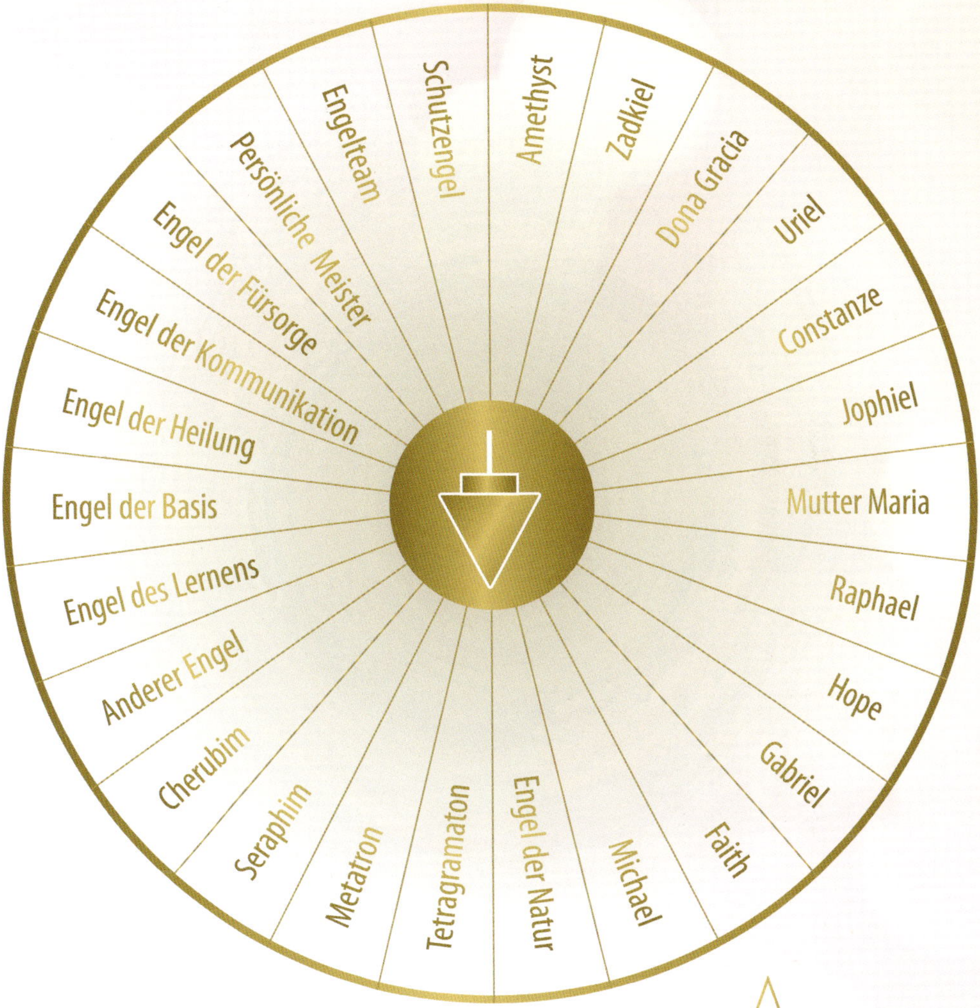

Hier kannst du z. B. fragen:
Welcher Engel ist zur Zeit für mich besonders wichtig? Welcher Engel ist jetzt gut für … (ein Ritual/eine Person/ um einen Gegenstand zu weihen?)

ZAHLEN

Hier kannst du z. B. fragen:
Wieviele Engel arbeiten mit mir?
Wie viele Engel sind für das Ritual notwendig?

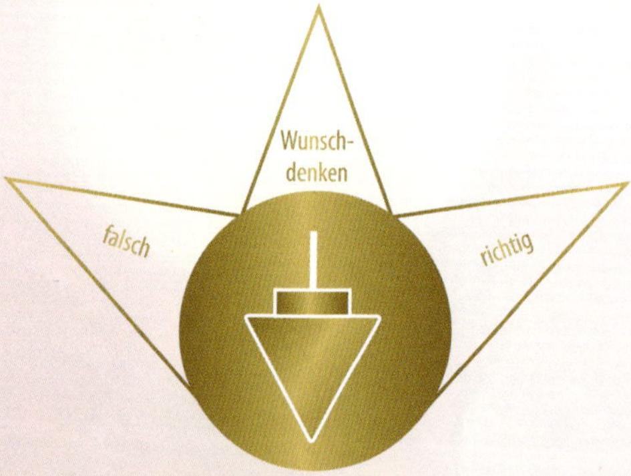

LEXIKON DER ENGELNAMEN

Dies ist ein kleines Nachschlagewerk der Engelnamen, der Aufgaben der Engel, der Engelgruppen, Engelschöre u. v. a. m. Diese Tabelle erhebt keinen Anspruch auf Vollständigkeit – gibt es doch tausend mal tausend und zehntausend mal zehntausend Himmelswesen! Der Anfang ist gemacht und die Liste kann erweitert werden. Falls Sie sich für eine umfassendere Engelzuordnung interessieren, finden Sie im Anhang weitere Tabellen und Übersichten zu den zusammengehörigen Engelgruppen.

A

Aajoel: Engel der Freude. 67. Engel der 72 Engel Gottes.

Aamamiah: Engel, der in der Dunkelheit verborgen ist. 52. Engel der 72 Engel Gottes.

Aaneval: Sein Name bedeutet »der Göttliches offenbart«. Engel der Freude und Glückseligkeit, 63. Engel der 72 Engel Gottes.

Aariel: Engel der Verkündung und Offenbarung. 46. Engel der 72 Engel Gottes.

Aaslajoh: Engel der göttlichen Gerechtigkeit. Ein Richter Gottes. 47. Engel der 72 Engel Gottes.

Abaddon: Auch Abbadona, Abadonaa genannt. Wird in der Johannesoffenbarung (9,11) als »Engel der Zerstörung, des Verderbens und des Abgrundes« bezeichnet. Er ist der Engel, der über die Heuschreckenschwärme befiehlt, wenn die fünfte Posaune erschallt. Er wurde in magischen Ritualen angerufen. Abaddon ist ein umstrittener Engel, da die Übergänge zwischen Gut und Böse durch ihn fließend werden. »Abaddon« ist außerdem die poetische Bezeichnung für die Unterwelt.

Abagrion: Engel der Erdgürtelzone, der die Qualität der Zeit (19° Krebs) belebt, lenkt und beherrscht. Sendet Rituale und Formeln des Schutzes gegen unerwünschte Einflüsse.

Abathur: Einer der Engelwächter des Nordsterns.

Abbetira: Engel der Erdgürtelzone, der die Qualität der Zeit (22° Löwe) belebt, lenkt und beherrscht. Hilft dem Menschen, sich auf der Erde zu versorgen und verhilft zu materiellem Wohlstand.

Abdiel: »Knecht Gottes«. Er wird in John Miltons Buch »Das verlorene Paradies« als Seraph beschrieben, der Luzifer bei seiner Siegesverkündung als Einziger entgegentritt. Er gilt auch als Bewacher der Hölle und steht mit Abaddon in Verbindung.

Abdizuel: Engel, der das 12. Haus der 28 Häuser des Mondes beherrscht. Engel des Glücks.

Abilael: Engel des ewigen Lebens.

Abranudschiah: Engel im Dienste Christi.

Abraxas: Engel der Magie. Der Name bedeutet: »die Sonne über dem Uroboros« (Uroboros = eine Schlange, die sich in den Schwanz beißt). Abraxas ist ein Engel der höchsten Einweihung, der auch »Äon des hohen Himmels« genannt wird. Er ist den 365 Engeln der Zeit übergeordnet. Sein Wirken bringt Klugheit, Vereinigung der Gegensätze, starke Antriebskraft, Weisheit und unablässig fließende Energie sowie starken Schutz vor allem Bösen. Er wurde im Mittelalter von griechisch-orthodoxen Christen zum Dämon erklärt und landete in der Hölle, da seine Kraft zu oft angerufen und er zu mächtig wurde. Man findet ihn in der Isis-Mythologie als Sonnengottheit, in Hermann Hesses (dt. Schriftsteller, 1877–1962) Roman »Demian« als Gottheit, die gut und böse in sich vereint, bei C. G. Jung (schweizer Psychoanalytiker, 1875–1961) in dessen »Sieben Reden an die Toten« als ein Wesen, das alle Gegensätzlichkeiten mit demselben Wort oder derselben Tat erzeugen kann.

Abrinael: Engel, der das 24. Haus der 28 Häuser des Mondes beherrscht. Engel des Lichtes und des Schattens.

Abusis: Engel der Erdgürtelzone, der die Qualität der Zeit (9° Wassermann) belebt, lenkt und beherrscht. Er hilft dem Wahrheitssucher.

Abuzaha: Auch Abuzohar geschrieben. Engel, der montags wirkt. Engel der Empfänglichkeit und des rituellen Lebens.

Achaiah: Einer der 72 Engel der Merkurzone. Er lehrt, Hindernisse zu beseitigen, Feindschaft in Freundschaft umzuwandeln und das Schicksal ganzer Menschengruppen in der Akasha-Chronik zu lesen. Ihm ist Psalm 103, Vers 8 zugeordnet: »Der Herr ist barmherzig und gnädig, langmütig und reich an Güte.« Achaiah gehört zu dem Engelschor der Seraphim (5. Hierarchie Gottes, auf einer Ebene mit den Elohim). Er sendet Güte und Vermittlungsfähigkeit. Hilft, gut und sinnvoll mit der Natur umzugehen und sie zu erhalten. Er gilt auch als 7. Engel der Seraphim und ist allen Menschen, die im Zeitraum vom 21. bis 25. April geboren wurden, zugeordnet. Er steht in Verbindung mit Geduld, Entdeckung der Mysterien, Intelligenz und Kommunikation.

Achar: Engel des Winters.

Achila: Eine Fee aus dem Reich der Naturwesen, die zu den Engeln der Natur gehört. Sie verrät das Geheimnis, wie man sich unsichtbar machen und schützen kann.

Achusaton: 11. Thronengel im 6. und 7. Buch Mose.

Adad: Engel der Obstbäume und Früchte.

Adae: Engel der Erdgürtelzone, der die Qualität der Zeit (4° Skorpion) belebt, lenkt und beherrscht. Hüter der Kinderliebe, Mutterliebe, Vaterliebe und der Familie.

Adarmelech: Auch Adrammelech genannt. Westsemitisch wird er *addir-melek* (»herrlicher König«) genannt. In John Miltons Buch »Das verlorene Paradies« ist er der Anführer der rebellischen Engel.

Adanael: Engel des Gehorsams.

Adityas: Der Name bedeutet »die leuchtenden Strahlenden des Himmels«. Gehören zu den 33 Devagruppen der oberen Welten und werden in den vedischen Schriften beschrieben.

Adler: Das Sinnbild eines mächtigen Himmelswesens, das Botschaften zu den Indianern trägt.

Adnarel: Weitere Bezeichnungen für ihn sind: Adernael, Adonaiel oder Adrenael. Sein Name bedeutet »der Herr ist Gott«. Er ist einer der Engel, die die Jahreszeiten regieren.

Adoil: Wird auch als »Idoil« bezeichnet. Sein Name bedeutet »sein Äon ist Gott«.

Er wird im Henochbuch als ein Geistwesen erwähnt, das in seinem Leib ein großes Licht trägt. Als Gott ihm befahl, sich aufzulösen, gebar er das Licht, das seinerseits einen Äon (vom griechischen Wort *aion* = Zeitalter) hervorbrachte, in dem sich die ganze Schöpfung offenbarte.

Adonael: Der 7. Engel der »Herrlichen Sieben« aus dem Testament Salomons.

Adonaiel: Himmlischer Nothelfer gegen Kopfschmerzen, Prüfungsängste und Migräne.

Adonaios: Einer der »Herrlichen Sieben« Erzengelnamen, beschrieben von Origenes.

Adoram: Ein Engel aus den Rängen der Seraphim.

Adoyahel: 9. Thronengel im 6. und 7. Buch Mose.

Adriel: Engel, der das 17. Haus des Mondes beherrscht.

Aduachiel: Hohes Engelwesen der Jupitersphäre. Dem Tierkreiszeichen Schütze zugeordnet. Überwacht, hütet und leitet die Urgesetzlichkeit des Gleichgewichts und der Gerechtigkeit.

Advachiel: Engel des Monats November. Er führt in die Urtiefen des Seins ein. Seine Farben: Rot, Violett. Er ist auch der Engelführer über das Tierkreiszeichen Schütze.

Afimo: Engel der Erdgürtelzone, der die Qualität der Zeit (14° Steinbock) lenkt, belebt und beherrscht. Engel der Physik und Chemie.

Afolono: Engel der Erdgürtelzone, der die Qualität der Zeit (6° Steinbock) lenkt, belebt und beherrscht. Verhilft dem Menschen auf allen Wissensgebieten zur Erleuchtung.

Afrei: Engel der Erdgürtelzone, der die Qualität der Zeit (12° Waage) lenkt, belebt und beherrscht. Engel der hohen Liebesmagie und der Wunder.

Afriel: Engel, der Säuglinge, Menschen und Tiere schützt.

Afryca: Ein Elfenengelchen, das die verborgenen Schätze der Natur offenbart (Heilpflanzen, Goldadern, Wasseradern, Edelsteine usw.). Gehört zu den Engeln des Naturreiches.

Aftiel: Engel des Zwielichts.

Agares: Lehrt alle Sprachen und gilt spätestens seit dem Mittelalter als Dämon, da er sich von Menschenfrauen hat verführen lassen.

Agasoly: Engel der Erdgürtelzone, der die Qualität der Zeit (27° Schütze) belebt, lenkt und beherrscht. Engel der Effekte und Phänomene jeder Art.

Agiel: Ein Engel, der in der Magie und in der Kabbalah als Intelligenz des Saturn gilt.

Agikus: Engel der Erdgürtelzone, der die Qualität der Zeit (20° Waage) lenkt, belebt und beherrscht. Er ist der Meister der Elektrochemie in allen Bereichen.

Aglasis: Engel der Erdgürtelzone, der die Qualität der Zeit (27° Waage) lenkt, belebt und beherrscht. Alles, was mit Menschen, Tieren und Milch zu tun hat, gehört in den Aufgabenbereich dieses Engels.

Agrat bat Mahlat: Engel der Prostitution. Wird in Verbindung mit Naamah, einem anderen Engel der Prostitution, gebracht.

Ahahbon: Engel der Erdgürtelzone, der die Qualität der Zeit (11° Löwe) belebt, lenkt und beherrscht. Lehrt die verschiedenen Bewusstseinszustände und die entsprechenden Übungen dazu.

Ailoaios: Einer der »Herrlichen Sieben« Erzengelnamen, beschrieben von Origenes.

Aiones: Griechische Zeitgeister der Welt. Sie sind eine gnostische Gruppe von 30 Geistwesen, die das himmlische Reich der Vollkommenheit bilden. Ihr Ordnungshüter ist Horos. Sie gliedern sich in eine Acht-, eine Zehn- und eine Zwölfheit.

Airwee: Fortgeschrittene Engel des Luftreiches. Sie beaufsichtigen die Atmosphäre und das Wetter (beschrieben von Flower A. Newhouse).

Aischim: Ein Engel aus der Kabbalah. Sein Name ist das hebräische Wort für »Flammen«. Sein Wirken kann sinngemäß nach Psalm 104,4 verstanden werden: »Du machst Winde zu deinen Boten und Feuerflammen zu deinen Dienern.«

Akahimo: Engel der Erdgürtelzone, der die Qualität der Zeit (24° Krebs) belebt, lenkt und beherrscht. Lehrt praktische, aber dennoch hohe spirituelle Wahrheiten.

Akaiah: Engel des langen Leidens; 7. Engel der 72 Engel Gottes.

Akanejonaho: Engel der Erdgürtelzone, der die Qualität der Zeit (12° Löwe) belebt, lenkt und beherrscht. Er lehrt das Wissen der Vergeistigung.

Akanittha-deva: Himmelswesen der »Reinen Gefilde« (Suddhavasa) im Buddhismus. Es sind die Wesen des 5. Himmels, der feinkörperlichen Welten. Sie werden als » die Gewaltigen«, »die Höchsten« bezeichnet.

Akatriel: Engel des Gebetes und der göttlichen Lobpreisung. Ist dem Element Luft zugeordnet.

Akhibel: Engel der Kometen.

Akirgi: Engel der Erdgürtelzone, der die Qualität der Zeit (15° Jungfrau) belebt, lenkt und beherrscht. Kennt alle Geheimnisse, die mit der Verarbeitung von Papier, Textilien, Fellen, etc. zu tun haben. Er kann in geschäftlichen Angelegenheiten gerufen werden und bringt Erfolg.

Akrasiel: Engel der Mysterien. Ein Engel, der Raziel untersteht.

Akriel: Engel des Fortschritts.

Al oder El: Hebräisch für »Gott«. Bedeutet auch: »mächtig, erhaben, hoch«. Der Plural ist »Elohim«. Viele Engelnamen enden auf »el«, was »die in Gott Lebenden« bedeutet.

al Zabaniya: Auch Al-Zabamiya genannt. Al Zabaniya bedeutet »die Gewaltanwender«. Sie sind 19 Engel, die die Hölle bewachen. Sie werden als »grob« und »heftig« beschrieben (Koran Sure 74,30).

Aladiah: Einer der 72 Engel der Merkurzone. Er lehrt die Gesetze der Harmonie und Disharmonie, der mystischen Anatomie und wie sich der Mensch vor Disharmonien schützen kann. Er beherrscht die spirituellen Gesetze und Anwendungsformeln der Chemie und Alchemie. Ihm ist Psalm 33, Vers 22 zugeordnet: »Lass Deine Güte über uns walten, o Herr, denn wir schauen aus nach Dir.« Er gilt als Cherubim. Alle vom 6. bis 10. Mai Geborenen stehen unter seinem besonderen Schutz. Er besitzt die Macht des Heilens, des Gleichgewichts und der Harmonie.

Alagill: Engel der Erdgürtelzone, der die Qualität der Zeit (6° Fische) belebt, lenkt und beherrscht. Er verhilft zu durchschlagendem Erfolg im Beruf. Engel der guten, intuitiven Kraft.

Alam, Agum, Albadi, Aogum, Acolom, Achaidiel, Adimil, Aser: Engelgruppe der Venussphäre, die die Aufgabe haben, zu göttlichen Ideen zu inspirieren. Sie sind zuständig für das Hervorbringen der Kunst, der Schönheit und der Musik, sowie für die Überwachung aller Talente. Ihre Aufgabe ist es, gemäß der göttlichen Weisung bei der Verwirklichung der göttlichen Harmonie auf Erden zu helfen.

Aldaih: Engel, der hilfreich ist. 10. Engel der 72 Engel Gottes.

Aleph: Engel des Alphabetes. Geistig, hat immer Flügel.

Algebol: Engel der Erdgürtelzone, der die Qualität der Zeit (13° Jungfrau) belebt, lenkt und beherrscht. Er ist der Hüter der Zeremonien, der Rituale, Kulthandlungen und Gebräuche.

Aljochin: Engel der Hostie.

Allrays: Engelgruppen der Höhen und der Gipfel (beschrieben von Flower A. Newhouse).

Allsees: Fortgeschrittene Engel, die dem Reich der Erde dienen. Sie wohnen in den Gebirgen und sind für weite Gebiete verantwortlich (beschrieben von Flower A. Newhouse).

Aloha van Daath: Der Hüter des Unsichtbaren, des Verborgenen. Höchster Engel der Kabbalah, der dem unsichtbaren Reich van Daath zugeordnet ist.

Alosom: Engel der Erdgürtelzone, der die Qualität der Zeit (25° Schütze) belebt, lenkt und beherrscht. Hütet das Geheimnis des Schweigens.

Alpaso: Engel der Erdgürtelzone, der die Qualität der Zeit (8° Jungfrau) belebt, lenkt und beherrscht. Er ist der Beschützer der Unterdrückten, Armen und all jener, denen auf irgendeine Weise Unrecht zugefügt wird. Auch schützt er Menschen, die sich Süchten (Drogen, Alkohol etc.) hingegeben haben.

Altont: Engel der Erdgürtelzone, der die Qualität der Zeit (22° Wassermann) belebt, lenkt und beherrscht. Entscheidet über Recht und Unrecht aus göttlicher Sicht.

Al-Zabamiya: Siehe unter al Zabaniya.

Aluph: Engel der Erdgürtelzone, der die Qualität der Zeit (1° Skorpion) belebt, lenkt und beherrscht. Er hütet, lenkt und beherrscht das Feuer auf der Erde.

Amabael: Engel des Winters. Engel des kalten Windes.

Amabiel: Engel der Marssphäre. Dem Dienstag zugeordnet. Aufgabenbereich ist die menschliche Sexualität.

Amagestol: Engel der Erdgürtelzone, der die Qualität der Zeit (18° Zwillinge) belebt, lenkt und beherrscht. Er ist der Schutzengel all derjenigen, die aus Liebe zusammengefunden haben. Kennt die hohen und niedrigen Gesetze der Liebe – von der Partnerbeziehung bis zur kosmischen Liebe.

Amahrspand: Iran. Gruppe von 5 Lichtwesen aus den 5 lichtvollen Elementen (Luft, Wind, Feuer, Wasser, Licht). Sie werden im Auftrag des guten Gottes gesandt (Manichäer).

Amaliel: Engel des Herzens. Er hilft, mit seiner Herzens- und Gefühlskraft verbunden zu bleiben, an diese Kräfte zu glauben und sie zu leben.

Amalomi: Engel der Erdgürtelzone, der die Qualität der Zeit (26° Stier) lenkt, belebt und beherrscht. Die Qualität dieser Zeit ist es, Dinge durch Reden in Ordnung zu bringen. Amalomi ist der Lehrer dieser Zeitzone.

Amami: Engel der Erdgürtelzone, der die Qualität der Zeit (14° Zwillinge) belebt, lenkt und beherrscht. Er hilft, das richtige Wissen zur richtigen Zeit über Bücher und Schriften zu finden.

Amarzom: 4. Thronengel im 6. und 7. Buch Mose.

Amatiel: Engelhüter des Frühlings.

Amazone: Weibliche Elohim, die die Quelle des blauen Strahls hütet und sendet. Sie wirkt mit Elohim Herkules, Erzengel Michael und Lady Faith. Sie arbeitet mit dem saphirblauen Strahl des göttlichen Willens, der Befreiung, der Stärke, der Führung und des Schutzes (gehört zu den sieben göttlichen Lichtstrahlungen).

Ambriel: Engel des Schutzes. Engel des Monats Mai. Seine Farben: Rosa/Orange. Schützt vor negativen Einflüssen und hilft bei der Abwehr von Bösem. Hütet das gesamte Wissen der Erde. Engelführer über das Tierkreiszeichen Zwilling. In der Magie ist er ein hohes Engelwesen der Jupitersphäre. Er überwacht, leitet und hütet alles, was mit Intellekt, Wissen und geistigem Wachstum zu tun hat

Amenlee: Engelgruppen (beschrieben von Flower A. Newhouse). Sie haben den Rang der Schutzengel und wirken in den Engelreihen des Heiligen Geistes. Ihre Aufgabe ist es, sich den unverbesserlichen Seelen zu widmen und sie auf ungewöhnliche Weise auf den göttlichen Pfad zurückzuführen. Sie können in Not, Verzweiflung und bei Angst um einen Menschen, der am »Abrutschen« ist, gerufen werden.

Ameretat: Engelwesen aus dem Iran. Gehört zu den »unsterblichen Heilwirkenden«. Erzengel des Nichtsterbens, der Unsterblichkeit und des Lebens. Schutzengel der Pflanzenwelt, deren essbare Pflanzen ewiges Leben ermöglichen. Ihr ist der 5. Monat geweiht.

Amesha Spentas: Iranische Engelgruppe, den sieben Erzengeln gleich. Die weiblichen zur Rechten, die männlichen zur Linken, lobpreisen sie im Himmel Ahura Mazda (Gott des Lichtes), aus dem sie hervorgegangen sind, dem sie beratend und dienend zur Seite stehen. Sie werden die »unsterblichen Heilwirkenden« genannt und bekämpfen die Erzdämonen. Ihre Namen sind Armaiti (Frömmigkeit und Demut), Ameretat (Unsterblichkeit), Asha vahista (genaue Gerechtigkeit), Haurvatat (Vollkommenheit und Gesundheit), Khshathra vairiya (das ersehnte Reich Gottes), Sraosha (Engel des wachenden Gehorsams, der alle Geschöpfe schützt) und Vohu mano (Engel der guten Gesinnung).

Amethyst: Archaii, weibliche Erzengelkraft der violetten Strahlung. Sie wirkt mit Erzengel Zadkiel auf dem violetten Strahl (Umwandlung, Transformation, siehe Kapitel »Die sieben göttlichen

Lichtstrahlungen«), der Entfaltung, Intuition, Reinigung und Befreiung unterstützt.

Amezyarak: Auch als Amizaras, Schemichaza, Semjaza oder Semyaza bezeichnet, was »mein Name sah«bedeutet. Nach Henoch ist es ein in Sünde gefallener Engel. Er wohnte Menschenfrauen bei und lehrte sie die Kunst der Beschwörung, des Wurzelschneidens und der Magie, die als Heilkunst oder Schadenszauber verwendet werden konnte.

Amfri: Jüngster Engel des Feuerreiches, der den Menschen auf seinem Weg zur Erleuchtung inspiriert. Entfacht das Feuer der Seelenliebe (beschrieben von Flower A. Newhouse).

Amia: Engel der Erdgürtelzone, der die Qualität der Zeit (18° Steinbock) lenkt, belebt und beherrscht. Überwacht das Kristallwachstum auf der Erde und ist Hüter der Kristalle, Edelsteine und Halbedelsteine.

Amiel: Meisterengel der Schwingungsgesetze. Lehrt die Zusammenhänge zwischen Schwingung und Heilung.

Amipesodiah: Engel der Stabilität.

Amitiel: Engel der Wahrhaftigkeit.

Ammixiel: Engelführer über das Tierkreiszeichen Fische. Farbe: Purpur.

Amnediel: Engel, der das 8. Haus der 28 Häuser des Mondes beherrscht. Engel der Wahrheit.

Amnixiel: Engel, der das 28. Haus der 28 Häuser des Mondes beherrscht. Engel der Anpassung.

Amon: Versöhnt bei Streitigkeiten unter Freunden. Er wurde in der Zeit der Engelverfolgung in die Hölle verbannt.

Amor: Engel der Liebe. Es bereitet ihm große Freude, des Nachts durch die Straßen und Häuser der Menschen zu fliegen und Liebespfeile zu verteilen. Für ihn gelten weder Treueschwüre noch Eheverträge. Er mischt die Liebeskarten immer wieder neu. Er hält sich nicht an die irdischen Gesetze, sondern an die göttlichen. Liebe ist freie Energie. So manche Begegnungen sind von der göttlichen Vorsehung geplant, da es sich hier um schicksalhafte Verbindungen handelt. Jeder erhält eine neue Chance.

Amora: Mächtiges Engelwesen der bedingungslosen Liebe.

Amphiel: Engel, der die Menschen durch alle Himmel zu Gott führt. Begleiter des Menschen auf seinen Himmelsreisen, so, wie im Henochbuch und Thomas Manns (dt. Schriftsteller 1875–1955) Buch »Joseph und seine Brüder« beschrieben.

Ampholion: Engel der Erdgürtelzone, der die Qualität der Zeit (9° Steinbock) lenkt, belebt und beherrscht. Lehrt die Anatomie.

Amser: Hohes Engelwesen der Sonnensphäre. Belebt die Materie mit Magnetismus und Elektrizität auf allen Ebenen und in allen Sphären. Kennt und lehrt diese Kräfte, wenn er gerufen wird.

Amutiel: Engel, der das 19. Haus der 28 Häuser des Mondes beherrscht. Engel der Erkenntnis.

Amzhere: 5. Engelvorsteher der 28 Häuser der Mondsphäre. Er bringt verhärtete Menschenherzen zum Schmelzen. Engel der Gunst.

Anadi: Engel der Erdgürtelzone, der die Qualität der Zeit (28° Skorpion) belebt, lenkt und beherrscht. Hilft bei der Heilung, indem er Gesundheit durch ein harmonisches Gleichgewicht erwirkt.

Anael: Einer der sieben Erzengel. Engel der Liebenden. Sein Name bedeutet »die Wolke Gottes«. Er ist der Venus zugeordnet, oftmals gleichbedeutend mit Erzengel Chamuel. Er wird auch als Genius der Venussphäre bezeichnet, als Engel der Barmherzigkeit und Liebe.

Anaelle: Engel, der die Dinge zwischen Blutsverwandschaft (Familie) und Seelenverwandschaft regelt. Der Engel der Familie im engeren und weiteren Sinn. Er wird in diesen Angelegenheiten oft gerufen.

Anahita: Engel der Naturfreude, Naturverbundenheit. Engel des Genusses.

Anamil: Engel der Erdgürtelzone, der die Qualität der Zeit (9° Widder) lenkt, belebt und beherrscht. Er balanciert die zwei großen Kräfte Yin – weiblich, dunkel, nass, kalt – und Yang – männlich, hell, trocken, warm – magnetisch und elektrisch aus. In dieser Zeit arbeiten die beiden Kräfte in Harmonie miteinander.

Ananchel: Auch »Engel der Anmut« genannt. Engel der Barmherzigkeit. Er gehört zu den Legionen von Erzengel Chamuel.

Anaphiel: Sein Name bedeutet »Zweig Gottes«; er gilt im Buch Henoch als Reisebegleiter des Menschen durch die Himmelssphären.

Anauel: Auch Annauel geschrieben. Er gilt als einer der sieben Erzengel. Alle zwischen dem 31. Januar und 4. Februar Geborenen stehen unter seinem Schutz. Er verleiht seinen Schützlingen Erfolg jeder Art. Er steht ihnen in allen Angelegenheiten bei. Er gilt als Engel der Geschäftstätigkeit und unterstützt, hilft, vermittelt und hütet. Engel des Handels und der Geschäftsleute.

Andel: Ein Botschafter Gottes. Vermittelt göttliche Botschaften.

Andrachor: Engel der Erdgürtelzone, der die Qualität der Zeit (29° Löwe) belebt, lenkt und beherrscht. Großer Heiler. Kenner der Wasserenergie auf allen Ebenen.

Andreas-Engel: Engel des Weges. Engel der Schulung. Gilt auch als Engel der Tapferkeit. Gibt Mut auf schicksalhaften Wegen.

Andromalius: Engel, der gestohlene Gegenstände augenblicklich zurückholt. Er wurde in der Zeit der Engelverfolgung in die Hölle verbannt. Er schafft Ausgleich und Gerechtigkeit und schützt Hab und Gut.

Anduachiel: Engel des Scharfblicks und des Vertrauens.

Anemalon: Engel der Erdgürtelzone, der die Qualität der Zeit (9° Löwe) belebt, lenkt und beherrscht. Er führt die Menschen auf den Weg der Liebe und des Lichtes.

Anephexeton: Mächtiges Engelwesen des Reiches Daath (Kabbalah). Einer der heiligen drei unsichtbaren Schaffenskräfte. Wird in der Magie mit Primeumaton und Tetragrammaton angerufen, um das magische Dreieck der Manifestation zu errichten.

Angela: Die zarte, fürsorgende Engelkraft. Sie gehört zu den Legionen der rosafarbenen Strahlung des Erzengels Chamuel und der Archaii Charity.

Angelica: Weibliche Elohim, die mit Elohim Orion die Quelle der rosa Strahlung in ihrer Reinheit hütet und sendet. Diese Strahlung steht für Reisen jenseits von Zeit und Raum, für Unbegrenztheit, reine Herzenskraft, bedingungslose Liebe, Vertrauen (siehe Kapitel »Die sieben göttlichen Lichtstrahlungen«).

Angelismus: Vom lateinischen Wort für Engel. Bezeichnet die Tendenz, nur auf der geistigen Ebene zu leben und die physische zu vernachlässigen.

Angelologie: Fachausdruck für die Engellehre, Engelkunde.

Angelophanie: Von den griechischen Wörtern *angelos* (»Engel«) und *phainein* (»erscheinen«).Ein Wort für Engelerscheinung.

Angelus Novus: Ein Engel gemalt von dem Maler Paul Klee (1879–1940) Es wurden viele Deutungsversuche unternommen, nach denen er als »Engel der Geschichte« und als »Engel des Fortschrittes« oder auch als Meister der Zeit, beschrieben wurde.

Anianuel: Einer der 72 Engel der Merkurzone. Engel der Medizin. Er gibt Schutz vor unerwünschten Einflüssen.

Ihm ist Psalm 2, Vers 11 zugeordnet: »Dient dem Herrn in Furcht, und küsst ihm mit Beben die Füße.«

Aniel: Einer der 72 Engel der Merkurzone. Engel der Kunst. Er weiht den Wahrheitssucher in die tiefe Mystik ein. Ihm ist Psalm 80, Vers 8 zugeordnet: »Gott der Heerscharen, richte uns wieder auf! Lass dein Angesicht leuchten, dann ist uns geholfen.« Er gilt auch als 37. Engel der 72 Engel Gottes. Hier gilt er als Licht der Tugend. Er gilt außerdem als Schutzengel für alle, die vom 24. bis 28. September geboren wurden.

Anixiel: Engel, der das 3. Haus der 28 Häuser des Mondes beherrscht. Engel des Einflusses.

Annauel: Siehe unter »Anauel«.

Annunziaiel: Engel der Ankündigung. Er eilt großen Botschaften und Ereignissen voraus.

Anophiel: Engel der Unbegreiflichkeit Gottes.

Anosh: Iranischer Geist. Gehört zu den Lichtwesen der oberen Himmelsklasse (Mandäer), die Mana ruber umgeben und preisen. Gehört zu den Uthra.

Anpiel: Hüter der Vogelschwärme und der Gruppenseele der Vögel. Zeigt sich den Menschen auch als Vogel. Gilt im Buch Henoch auch als Reisebegleitung des Menschen durch die Himmelssphären. Er reicht die Gebete der Menschen in den 7. Himmel weiter.

Antarres: Engel auf Lichtschiffen der 5. und 6. Dimension. Unterstützt den galaktischen Meister Ashtar Sheran im Dienste des Friedens im gesamten Universum.

Anunnaku: Germanische Bezeichnung für eine Gruppe von Geistwesen, die das Lebenswasser hüten.

Anuon: Engel auf Lichtschiffen der 7. und 8. Dimension. Gehört zum Siriuskonzil des Lichtes.

Anydiel: Engel der Arbeit.

Apkallu: Sieben Geistwesen, mit Weisheit und hoher Kraft ausgestattet, die den babylonischen Städten zugeordnet sind.

Apokalyptische Engel: Engel der Apokalypse. Sie schenken Hoffnung, Träume und Visionen. Ihre Botschaft lautet: »Blicke über den Horizont der Gegenwart hinaus. Es wird alles gut.«

Apollo: Elohim des 2. goldgelben Strahls (Weisheit, siehe Kapitel »Die sieben göttlichen Lichtstrahlungen«).

Apollon: Hochentwickeltes Engelwesen, das prophetische und heilerische Gaben verleiht.

Apollyon: Engel der Erdgürtelzone, der die Qualität der Zeit (2° Waage) lenkt, belebt und beherrscht. Kennt die Mysterien des Metalls. Hilft in diesem Bereich.

Apsaras: »Wasserwandlerinnen«. Geistwesen, Engel, die den Glücksspielern und himmlischen Kurtisanen zugeordnet sind. Sie bevölkern den Himmel als Sängerinnen und Tänzerinnen. Geistwesen der himmlischen Freuden. Wie die männlichen Gandharvas nehmen sie Vogelgestalt an, um räumliche Entfernungen im Flug zu überwinden. Sie gelten als Vermittler göttlicher Botschaften und Geheimnisse (Hinduismus).

Aqui: Hochentwickelte Engelgruppen, die sich um das Tierreich kümmern. Sie bereiten Tiere auf höhere Entwicklungsstufen vor (beschrieben von Flower A. Newhouse).

Arabim: Engel der Erdgürtelzone, der die Qualität der Zeit (17° Steinbock) lenkt, belebt und beherrscht. Lehrt die praktische Anwendung der Heilkunst.

Arael: Der 5. Engel der »Herrlichen Sieben« aus dem Testament Salomons. Gilt auch als Engel der Vögel.

Aragor: Engel der Erdgürtelzone, der die Qualität der Zeit (25° Krebs) belebt, lenkt und beherrscht. Sendet die Flamme der Reinigung und Auferstehung und lehrt das größte Mysterium.

Arakiba: Auch Arestaqif, Artaqiph oder Aristipifa genannt. Bedeutet »Land des Mächtigen« (von den hebräischen Wörtern *arak* = Land und *iba* = des Mächtigen). Laut Henoch gilt er als einer der Anführer, der den Menschenfrauen beiwohnte.

Arakiel: Einer der 200 von Henoch beschriebenen Engel in dem »Buch der Wächter«. Er stieg zu den Menschen hinab und verriet ihnen die Geheimnisse des Himmels. Er lehrte die Menschen, die Zeichen der Erde zu deuten und zu verstehen. In der Magie gilt er als Engel, der die Zeichen der Erde erkennt und nennt.

Arakuson: Engel der Erdgürtelzone, der die Qualität der Zeit (21° Krebs) belebt, lenkt und beherrscht. Er ist ein Hohepriester der Weisheit.

Aral: Engel des Stabes (Feuer). Beschützt und behütet die Arbeit mit dem heiligen Prinzip des Stabes. Engel der Kraft und der göttlichen Stärke.

Araqael: Andere Schreibweise für Zerachiel. Siehe unter »Zerachiel«.

Arathron: Mächtiger Hüter des Engelreiches. Engel der Saturnsphäre, der alles überwacht, was mit Gesetzmäßigkeit und dem karmischen Prinzip (Karma = Gesetz von Ursache und Wirkung über den Tod hinaus) zu tun hat. Er wird auch »Engel des Schicksals« genannt. In mancher Literatur wird er als gefallener Engel bezeichnet.

Arator: Engel der Erdgürtelzone, der die Qualität der Zeit (17° Waage) lenkt, belebt und beherrscht. Kennt die Geheimnisse sämtlicher Rauschgetränke und deren Herstellung.

Arcan: Engel des Montags und Engel der Lüfte.

Archaii: Urkräfte. Geister der Persönlichkeit und Zeitgeister. Sie werden in den himmlischen Hierarchien den Fürstentümern und in der Kabbalah der Venus zugeordnet. Es sind die Geister der Liebe und der Harmonie. In der Lehre der sieben Strahlen sind sie die weibliche Ergänzung, die mit den Erzengeln die sieben göttlichen Strahlungen senden, lenken, leiten und hüten (siehe Kapitel »Die sieben göttlichen Lichtstrahlungen«).

Archas: Auch Arkas Aruchas genannt. Sein Name stammt vom griechischen Wort *arche* ab und bedeutet »Ursprung«. Archas stammt aus dem Schöpfungsmythos des slawischen Henochbuchs (slaw. Hen. 26,1–2). Er wurde von Gott gerufen und war unsichtbar, fest, schwer und sehr rot. Gott befahl ihm, sich zu öffnen, und es kam ein Äon (Zeitalter) heraus, das die Schöpfung aller unteren Dinge trug.

Archonten: Erschaffende Engelsherren des Ildabaoth. Erschafferengel.

Arcturus: Elohim, der die Quelle des violetten Strahls (Vollkommenheit, Transformation) hütet und sendet. Er dient mit den Meistern Saint Germain, Lady Portia, Quan Yin und weiteren Engeln dem violetten Strahl (siehe Kapitel »Die sieben göttlichen Lichtstrahlungen«).

Ardarel: Engel des göttlichen Feuers. Er gehört zu den Legionen des Erzengels Uriel/Auriel.

Ardifiel: Engel, der das 10. Haus der 28 Häuser des Mondes beherrscht. Engel der Geburt und des Neubeginns.

Ardousius: Engel der Geburt und der Nahrung. Engel der Milchströme (Muttermilch, Tiermilch).

Aresut: Engel der Sonnensphäre. Sorgt für das Gleichgewicht im gesamten Universum.

Arelim: Auch Erelim genannt. Der Name bedeutet die »Tapferen«, die »Starken«. In der jüdischen Legende sind die Arelim eine Klasse von kriegerischen Engeln, die aus weißem Feuer bestehen und vom Erzengel Michael befehligt werden. Sie können bei Angriffen und Übergriffen jeglicher Art gerufen werden.

Argaro: Engel der Erdgürtelzone, der die Qualität der Zeit (12° Jungfrau) belebt, lenkt und beherrscht. Hüter und Kenner aller magischen, spirituellen, religiösen Stätten, Reliquien, Statuen, Plätze etc.

Argilo: Engel der Erdgürtelzone, der die Qualität der Zeit (16° Widder) lenkt, belebt und beherrscht. Die Zeitzone unter dieser Lichtkraft ist günstig für die Wunscherfüllung in zwischenmenschlichen Beziehungen.

Argui: Sein Name bedeutet: »Licht«. Er ist ein Geistwesen, ein Engel, der den Berg Ernio hütet.

Arhum Hii: Einer der Hüter des Nordsterns.

Ariel: Hebräisches Wort für »Feuerherd Gottes«, »Löwe Gottes«, »Opferstelle«, »Held Gottes«. Er ist der Schutzengel der Unschuld und Reinheit. In der Kabbalah wird Ariel als Wasserengel beschrieben, und in Fabeln als ein Geist der Luft. In Shakespeares Komödie »Der Sturm« wird er als ein schelmischer Geist dargestellt. Ferner ist Ariel auch der Name einer der Monde des Uranus. In der Magie ist er einer der 72 Engel der Merkurzone. Er gilt als Engel der Weissagung und der Träume, sowie der Verbindung mit höheren Lichtwesen und Welten. Ihm ist Psalm 145, Vers 9 zugeordnet. »Der Herr ist gütig zu allen, sein Erbarmen waltet über all seinen Werken.« Engel, der ermutigt ‚im Licht zu bleiben, so schwer die Zeiten und so heftig die Prüfungen auch sein mögen. Er kann in Zeiten der Not und der schweren Prüfungen gerufen werden. Er gilt außerdem als Schutzengel für die vom 08. bis 12. November Geborenen.

Arioth: Engel der Erdgürtelzone, der die Qualität der Zeit (19° Waage) lenkt, belebt und beherrscht. Er ist der Beschützer aller gebärenden Frauen auf der Erde.

Arisaka: Engel der Erdgürtelzone, der die Qualität der Zeit (24° Wassermann) belebt, lenkt und beherrscht. Zeigt, wie man seine Gedanken durch Musik oder Gesang zum Ausdruck bringen kann. Lehrer der Sphärenmusik.

Ariuch: Auch Arioch genannt. Sein Name bedeutet »Gott ist Licht«. Er wird zusammen mit Priuch im Henochbuch als Wächter über die Akasha-Chronik (die im Himmel aufgezeichneten Schriften) beschrieben. Will man einen Einblick in die Akasha-Chronik gewinnen, so kann er gerufen werden.

Armait: Engel der Güte, der Weisheit und der reinen göttlichen Harmonie.

Armaiti: Weibliches Engelwesen aus dem Irak. Erzengel des fügsamen Denkens, der heiligen Demut und der Frömmigkeit. Sie gehört zu den »unsterblichen Heilwirkenden« (Amesha Spentas) und ist der Schutzgeist bzw. Schutzengel der Erde. Ihr ist im Irak der 5. Monatstag und der 12. Monat geweiht.

Armaros: Auch Armers oder Chermoni genannt. Engel, der bei der Lösung von Beschwörungen und Verwünschungen hilft. Im Buch Henoch gilt er als einer der Engel, die Menschenfrauen beiwohnten.

Armefia: Engel der Erdgürtelzone, der die Qualität der Zeit (22° Fische) belebt, lenkt und beherrscht. Sendet Hilfe und Beistand in Situationen, in denen wir Ungerechtigkeit erleiden.

Armers: Siehe unter »Armaros«.

Armillee: Engel der Erdgürtelzone, der die Qualität der Zeit (8° Skorpion) belebt, lenkt und beherrscht. Schützt vor ansteckenden Krankheiten.

arupa-loka-deva: Himmelswesen, die der »unkörperlichen Welt« im Buddhismus zugehörig sind.

Asasel: Ließ sich laut Henoch mit Menschenfrauen ein und brachte den Menschen die Kunst der Metallbearbeitung jeglicher Art bei (Schmuck, Werkzeuge …). Auch sorgte er für Farbe und Glanz. Er brachte den Frauen die Verführungskunst. In außerbiblischen Schriften wird er als derjenige bezeichnet, der Adam und Eva zur Sünde verführte. Im Alten Testament gilt er als Wüstendämon mit Bocksgestalt. Um sich mit ihm zu versöhnen, wurde ein Ziegenbock in die Wüste gejagt, nachdem der Hohepriester ihm die Sünde des Volkes durch Handauflegen übertragen hatte. Den Bock nannte man »Sündenbock« (3. Buch Mose 16,5–10 und 20–22).

Asaliah: Einer der 72 Engel der Merkurzone. Engel der verbindenden Liebe, der Gegenwart und der ewigen Gesetzmäßigkeiten des göttlichen Prinzips. Ihm ist Psalm 104, Vers 24 zugeordnet: »Herr, wie zahlreich sind deine Werke! Mit Weisheit hast du sie alle gemacht, die Erde ist voll von deinen Geschöpfen.«

Asbeel: Auch Asbiel oder Chaschabiel genannt. Sein Name bedeutet »Gedanke Gottes. Laut Henoch verführte er durch arglistigen Rat seine Gefährten dazu, Menschenfrauen beizuwohnen.

Aschimalieel: Engel der feinen Energien, der Intuition. Er hilft, die zarten Klänge der göttlichen Eingebung wahrzunehmen.

Asha: Engel, der für Wahrheit, Gerechtigkeit, Tugend, Heiligkeit, kosmisches Gesetz und Ordnung steht (Engel im Zorastrismus).

Asha vahishta: Engelwesen aus dem Irak. Schutzgeist der Wahrheit, der Gerechtigkeit und des Feuers. Er gehört zur Gruppe der »unsterblichen Heilwirkenden« (Amesha Spentas). Ihm ist der 2. Monat geweiht. Bekämpft die Erzdämonin Drug (Lüge).

Ashariel: Ein Engel, der die Kräfte von Gut und Böse deutlich und klar sichtbar macht.

Asaryalyur: Warnt auserwählte Menschen vor dem göttlichen Zorn.

Ashi: Weiblicher Engel der Segnung. Sie bringt das Gute (Engel im Zoroastrismus).

Ashtiel: Engel der übersichtlichen Planung.

Asinel: Engel der Glückseligkeit auf allen Ebenen des Seins. Er gehört zu den hohen Engelwesen der Erdgürtelzone, der die Qualität der Zeit (5° Schütze) belebt, lenkt und beherrscht. Er bringt jedem Menschen Glück. Jeder, der mit diesem Engel in Kontakt steht, wird vom Glück begleitet.

Aslotama: Engel der Erdgürtelzone, der die Qualität der Zeit (6° Löwe) belebt, lenkt und beherrscht. Er lenkt die Keimkraft und das Wachstum.

Asmodel: Engel der Nächstenliebe. Erwecker der göttlichen Liebe. Engelführer über das Tierkreiszeichen Stier. Farbe: Orangerot. Hohes Engelwesen der Jupitersphäre. Überwacht, hütet und leitet alles, was mit der kosmischen Liebe in jeglichen Abstufungen zu tun hat.

Asoreg: Engel der Erdgürtelzone, der die Qualität der Zeit (7° Schütze) belebt, lenkt und beherrscht. Beherrscht die Kunst, Bilder auf jede erdenkliche Art festzuhalten (z. B. durch Eingravieren, Malen, Fotografieren, Einnähen).

Aspadit: Engel der Erdgürtelzone, der die Qualität der Zeit (5° Widder) lenkt, belebt und beherrscht. Er bringt Glück für Unternehmungen jeglicher Art.

Asradiel: Hilft, sich in unsicheren Zeiten und Umbrüchen zu erden. Engel der Verankerung, der Rückbindung und des Ankommens.

Asrael: Engel des Todes. Sein Kuss führt den Tod herbei.

Astaphaios: Einer der »Herrlichen Sieben« Erzengelnamen, beschrieben von Origenes.

Astarot: Gleichbedeutend mit Astarte. Sie galt als Göttin der Fruchtbarkeit und Himmelskönigin. Im jüdischen Volksglauben wurde daraus ein weiblicher Seraphim, der sich später Satan (dem Höllenfürsten) anschloss. Sie ist zugleich schön und hässlich und herrscht über die Seelen der Toten, die als Sterne bei Nacht sichtbar sind. Sie reitet auf einem Drachen und gleichzeitig hält sie in der rechten Hand einen Drachen.

Astolitu: Engel der Erdgürtelzone, der die Qualität der Zeit (28° Jungfrau) belebt, lenkt und beherrscht. Er ist der Hüter vieler magischer Schlüssel und Mysterien.

Astrea: Weibliche Elohim der weißen Strahlung (Erneuerung, siehe Kapitel »Die sieben göttlichen Lichtstrahlungen«).

Astriel: »Gottes Treue«. Ermuntert, dem göttlichen Licht und den göttlichen Tugenden die Treue zu halten. Engel der Treue.

Asturel: Engel des Mitgefühls und der Barmherzigkeit. Er ist einer der 360 Vorsteher der Erdgürtelzone, der die Qualität der Zeit (5° Wassermann) belebt, lenkt und beherrscht. Sendet die göttliche Barmherzigkeit und lässt uns durch sein liebevolles und angenehmes Licht das Schicksal leichter ertragen.

Atappa-deva: Himmelswesen der »Reinen Gefilde« (Suddhavasa) im Buddhismus. Es sind Wesen der 5. reinen Himmelswelt, der feinkörperlichen Welten. Sie werden die »Quallosen«, die »Leidfreien« genannt.

Atheniel: Engel, der das 27. Haus der 28 Häuser des Mondes beherrscht.

Atherom: Engel der Erdgürtelzone, der die Qualität der Zeit (7° Fische) belebt, lenkt und beherrscht. Sendet Glück und Erfolg auf allen Wissensgebieten und bei intellektueller Arbeit.

Atiel: Einer der leuchtenden himmlischen Großfürsten, die zusammen mit den Erzengeln regieren. Sein Name ist voll der Kraft des Göttlichen (JHVH). Er ist ein Engelsfürst der göttlichen Unerbittlichkeit (Kabbalah).

Atliel: Engel, der das 15. Haus der 28 Häuser des Mondes beherrscht.

Attaris: Engel des Winters. Engel des Eises und des Schnees. Er verkörpert die Kräfte der Erstarrung und Verhärtung.

Aumakua: Schutzengel (Schutzgeist) von Hawaii. Er bewahrt die Hawaiianer vor Gefahren und heißt alle willkommen. Er beschützt und bewahrt die Seelen in der Nacht.

Aurel: Sein Name bedeutet »aus Gold gemacht«. Er ist der goldene, schöne Engel des Lichtes.

Auretiel: Hilft in Heilungsprozessen. Engel der Regeneration. Gehört zu den Legionen des Erzengels Raphael und der Mutter Maria.

Auriel: Eine andere Schreibweise für Uriel. Gehört zu den »Herrlichen Sieben«, den großen Erzengeln, die das göttliche Licht senden.

Aurora: Stern der Liebe. Engel, der das zarte Gotteslicht sendet.

Auroriel: Engel der gleißenden Farbenschimmer.

Ausiel: Engel, der dem Sternzeichen Wassermann zugeordnet ist. Engel der Hoffnung und des Glückes.

Ave: Engel, der die Weisheit Gottes übermittelt.

Aviha-deva: Himmelswesen der »Reinen Gefilde« (Suddhavasa) im Buddhismus. Es sind die Wesen der 5. reinen Himmelswelt, der feinkörperlichen Welten. Sie werden die »Mühelosen« genannt.

Aydiel: Engel Amerikas.

Ayil: Engel, der dem Sternzeichen Schütze zugeordnet ist. Engel der Freiheit.

Azalee: Engelgruppe der Blütenpflanzen.

Azareel: Engel der Fische.

Azariel: Engel, der das 4. Haus des Mondes beherrscht.

Azaril: Auch Azrael genannt. Engel des Todes. Er sitzt auf einem Thron im 6. Himmel. Er trägt Millionen Schleier und hat vier Gesichter, eines vorn, eines auf dem Kopf, eines hinten und eines unter seinen Füßen. Er hat 74 000 Flügel, und sein Leib ist mit Augen bedeckt. Wenn eines dieser Augen zwinkert, stirbt ein Geschöpf. Er ist größer als alle Himmel. Zwischen seinen Händen liegt die ganze Welt wie ein Teller, von dem er essen kann, was immer er will. So wendet der Engel des Todes die Welt hierhin und dorthin.

Azazel: Einer der 200 Engel, die zu den Menschen herabsteigen und ihnen die Geheimnisse des Himmels verraten. Azazel lehrte die Menschen die Bearbeitung von Metallen; z. B. die Herstellung von Schwertern, Messern, Schilden, Spangen, Schmuck (Henoch, Buch der Wächter). Er wurde vom himmlischen Gericht bestraft. Er gilt als lüstern und aktiv und wurde in die Hölle verbannt. Er wird oft mit Asasel gleichgesetzt.

Azeruel: Engel, der das 16. Haus der 28 Häuser des Mondes beherrscht.

Aziel: Einer der 72 Engel der Merkurzone. Er lehrt die beiden göttlichen Tugenden: Gerechtigkeit und Barmherzigkeit. Er ist der Friedensstifter. Außerdem kennt er die geheimen Schätze, die unter der Erdoberfläche verborgen liegen. Ihm ist Psalm 25, Vers 6 zugeordnet: »Denk an Dein Erbarmen, Herr, und an die Taten Deiner Huld, denn sie besteht seit Ewigkeit.« Auch ist er der Engel, der das 25. Haus der 28 Häuser des Mondes beherrscht.

Azrael: Engel, der Dinge zum Abschluss bringt. In der islamischen Überlieferung der 3. Engel der »Hohen Sieben«.

Azrail/Izralil: Andere Bezeichnungen für Azaril.

Azza: Laut Henoch einer der Engel, die sich mit den Menschenfrauen einließen. Zur Strafe soll Azza ständig im freien Fall vom Himmel zur Erde stürzen, ein Auge weit offen, das andere geschlossen. Der weise König Salomon soll von ihm in alle Geheimnisse des Himmels eingeweiht worden sein.

B

b Dud: Tibetische Gruppe von Geistern, die den Himmelsraum bevölkern. Im Lamaismus wurden sie zu Dämonen erklärt.

Baalto: Engel der Erdgürtelzone, der die Qualität der Zeit (25° Stier) lenkt, belebt und beherrscht. Er kennt und beherrscht die Kräfte unter der Erdoberfläche, z. B. Wasseradern. Die Zeitzone dieser Lichtkraft bedeutet, sich mit den unterirdischen Kräften in Einklang zu bringen.

Baamiel: Engel des Donners und des Gewitters. Er schützt bei Gewitter und vor Gewitterschäden.

Baba: Gütige und hilfreiche Fee. Sie gehört zu den Engelwesen der Natur.

Badet: Engel der Erdgürtelzone, der die Qualität der Zeit (3° Wassermann) belebt, lenkt und beherrscht. Sendet dem Menschen schöpferische Fantasie.

Bael: Zeigt dem Menschen, wie er unsichtbar werden kann, gilt als Dämon.

Bafa: Engel der Erdgürtelzone, der die Qualität der Zeit (14° Wassermann) belebt, lenkt und beherrscht. Sendet Eingebungen für die Ausgestaltung wunderbarer und schöner Texte.

Baglis: Engel des Ausgleichs.

Bagoloni: Engel der Erdgürtelzone, der die Qualität der Zeit (12° Zwillinge) belebt, lenkt und beherrscht. Sendet Telepathie und Gedankenübertragung. Er ist das Wissen und Spüren des Eigentlichen in dieser Zeit.

Bairim: Engel des Wassers.

Balachiel: Engel der Verbindung und Verknüpfung von Zusammenhängen. Er lehrt die Zusammenhänge zwischen Menschen, Energien, Ereignissen und Verbindungen jeglicher Art, z. B. chemische Verbindungen.

Balachman: Engel der Erdgürtelzone, der die Qualität der Zeit (27° Widder) lenkt, belebt und beherrscht. Stärkt das Wissen um den kosmischen Einfluss auf den Menschen (astrologisches Wissen). In dieser Zeitzone ist der Blick in die Sterne günstig.

Balcak: Engel des Antriebs und der Antriebskraft.

Balem: Engel der Sonnensphäre. Er beaufsichtigt alle Analogiegesetze im gesamten Universum.

Baliet: Engel der Gerechtigkeit.

Balsamos: Sein Name bedeutet »Gott ist mein Licht«. Engel, der in der dunkelsten Stunde des Lebens leuchtet.

Balthial: Engel des Verständnisses. Engel der Selbstliebe. Hilft, das Gefühl der Eifersucht zu überwinden.

Banaa: Hüter und Regent der »vier Engel des wässrigen Feuers« (der Verbindung aus Wasser und Feuer).

Banamol: Engel der Sonnensphäre. Seine Aufgabe ist die Materialisation (Gestaltwandlung) des göttlichen Urlichtes auf allen Ebenen der Schöpfung.

Barachel: Hilft in irdischen Gerichtsangelegenheiten. Engel des Rechts.

Barachiel: Der 5. Engel der »Herrlichen Sieben« der christlichen Gnostiker.

Baradiel: Engel des Hagels. Schützt vor Hagelschäden.

Barakiel: Engel des Glücks und des Erfolgs.

Barakel: Auch Baraqal oder Baraqayal genannt. Sein Name bedeutet so viel wie »Blitz Gottes«. Er ist laut Henoch einer der Anführer, der irdischen Frauen beiwohnte.

Baraqel: Einer der 200 von Henoch im »Buch der Wächter« beschriebenen Engel. Baraqel stieg zu den Menschen hinab und verriet ihnen die Geheimnisse des Himmels. Er lehrte die Menschen die Sterndeutung. Er verführte Menschenfrauen und wurde zur Strafe in die Hölle verbannt.

Baraquiel: Engel der gebündelten Energie, z. B. des Blitzschlags. Schützt vor der Gewalt dieser Kräfte.

Barbelo: Engel der Fülle, der fruchtbaren Erträge, des Erfolgs. Engel der Fruchtbarkeit. Geistwesen, Engel der gestaltgewordenen Gedanken.

Barbiel: Engel des Monats Oktober. Er ermöglicht den Kontakt mit den Ahnen. Seine Farben: Schwarz und Orange. Er ist auch einer der »herrschenden sieben Prinzen« der himmlischen Ordnung. Engel, der das 9. Haus der 28 Häuser des Mondes beherrscht.

Barchiel: Engel des Monats Februar. Engel der Hagelstürme. Farbe: Blau. Gilt auch als Engelführer über das Tierkreiszeichen Skorpion. Farbe: Blaugrün.

Bardha(t): Albanisches Elfen- und Nebelwesen. Sie gehört zu den Engelwesen der Natur. Wenn ein Reiter vom Pferd fiel, so sagte man, er sei auf Bardha getreten.

Barnabel: Engel des Trostes und der tröstlichen Vorhersagen.

Barnel: Engel der Erdgürtelzone, der die Qualität der Zeit (17° Widder) lenkt, belebt und beherrscht. Die Zeitzone unter dieser Lichtkraft bedeutet Harmonie und Sympathie.

Baroa: Engel der Erdgürtelzone, der die Qualität der Zeit (14° Fische) belebt, lenkt und beherrscht. Er ist ein Freund und hilfreicher Förderer der Schönheit, der Harmonie und der Künste.

Barpharanges: Engel der Baptisten und Wiccas (Wicca = Hexenorden).

Bartholomäusengel: Die Sonne vor der Sonne, das Licht der Lichter. Engel der frohen Hoffnung. Sie machen Ideen für den Menschen sichtbar. Sie werden als sogenannte Geistesblitze beschrieben. Haben nichts mit der Bartholomäusnacht zu tun.

Baruchin: Engel der Läuterung.

Barzabel: Sein Name bedeutet im Hebräischen »Eisen-Herr«. In der Magie ist er eine Intelligenz der Marssphäre, in der Kabbalah ist er ebenfalls dem Mars zugeordnet.

Basanola: Engel der Erdgürtelzone, der die Qualität der Zeit (16° Jungfrau) belebt, lenkt und beherrscht. Ihm untersteht alles, was mit der Pflanzenwelt zu tun hat.

Basasel: Auch Busaseyal und Bazazel genannt. Einer der Engel, die nach dem Buch Henoch irdischen Frauen beiwohnten.

Basisengel: Auch »innerer Alchemist« oder »Chemiker« genannt. Der Engel der Basis. Er hält alle Körperfunktionen am Laufen. Er gehört zur persönlichen Engelgruppe.

Basjaun: Engel des Waldes; Schutzpatron der Herden und der Berghirten. Er warnt diese durch Geschrei.

Bastet: Ägyptischer Elohim (mächtiger Schutzengel) von Bubastis im Ostdelta des Nils. Engel der Freude und Liebe.

Batamabub: Engel der Erdgürtelzone, der die Qualität der Zeit (9° Waage) lenkt, belebt und beherrscht. Ihm untersteht alles, was mit Mode und Bekleidungsformen sämtlicher Völker zu allen Zeiten zu tun hat.

Bathin: Befördert den Eingeweihten sofort in alle Länder und zu allen Orten. Wurde in der Zeit der Engelverfolgung in die Hölle verbannt.

Batirunos: Engel der Erdgürtelzone, der die Qualität der Zeit (21° Schütze) belebt, lenkt und beherrscht. Engel der Wonne, der Glückseligkeit, des Frieden und der Lust.

Baumdeva: Für das Wohl der Bäume und Wälder verantwortliche Engel der Natur.

Bdopa: Hüter und Regent der vier Engel des »aufstrebenden, ätherischen Feuers« (der Verbindung aus Luft und Feuer).

Behemiel: Engel der Tiere. Engel der zahmen Tiere, auch der Tierzähmung.

Bekaro: Engel der Erdgürtelzone, der die Qualität der Zeit (22° Widder) lenkt, belebt und beherrscht. In dieser Zeit wirken die Kräfte des Ausgleiches, der Gerechtigkeit und der Verstandestätigkeit besonders stark.

Beleguel: Engel des Neubeginns. Gehört zu den Legionen des Erzengels Gabriel.

Belemche: Engel der Sonnensphäre. Hütet und überwacht die Erscheinungen im Einklang mit den Universalgesetzen.

Beleth: Entflammt die Liebe von Männern und Frauen. Landete in der Zeit der Engelverfolgung in der Hölle.

Belifares: Engel der Erdgürtelzone, der die Qualität der Zeit (23° Widder) lenkt, belebt und beherrscht. In dieser Zeitzone regieren Weisheit, Klugheit und Scharfsinn. Hier offenbaren sich die Gesetze der Erde.

Ben Nez: Engel der Winde. Gibt dem Menschen auch Schutz vor starken Winden.

Benielohim: Sie stehen für Tod und Geburt und sind die Söhne Heloims.

Benmalach: Ein Bote aller Sphären und Hierarchien.

Berael: Engel des klaren Gewissens.

Berith: Kennt die Kunst der Verwandlung von Blei in Gold, doch sagt oft nicht die Wahrheit. Er ist in der Zeit der Engelverfolgung in der Hölle gelandet.

Berkael: Auch Berekeel genannt. Laut Henoch ein Engel, der als Lenker der Gestirne bezeichnet wird. Er überwacht auch die Jahreszeiten.

Bethnael: Engel, der das 21. Haus des Mondes beherrscht.

Bialode: Engel der Erdgürtelzone, der die Qualität der Zeit (12° Widder) lenkt, belebt und beherrscht. Es ist die Kraft der Autorität, die in dieser Zeitzone besonders gefördert wird. Die Sonnenkraft ist sehr aktiv auf allen Ebenen.

Bifrons: Er unterrichtet Astrologie und Geometrie, wurde aber zur Zeit der Engelverfolgung in die Hölle verbannt.

Bildai: Gehört zu den Rängen der Seraphim und gilt als Schutzengel des Apostels und Evangelisten Matthäus.

Bileka: Engel der Erdgürtelzone, der die Qualität der Zeit (24° Fische) belebt, lenkt und beherrscht. Er weiht in Meditations- und Übungstechniken ein, die den Menschen mit dem Göttlichen verbinden.

Bilifo: Engel der Erdgürtelzone, der die Qualität der Zeit (26° Zwillinge) belebt, lenkt und beherrscht. Er ist der Beschützer aller spirituellen Schulen und mystischen Orden. Er entscheidet über Entstehen, Werden, Veränderung und Vergehen aller Zirkel, Logen und Vereinigungen im göttlichen Licht.

Bokumiel: Engel der Schwingungen, des Klangs, der Töne und der Musik.

Boreb: Engel der Erdgürtelzone, der die Qualität der Zeit (25° Wassermann) belebt, lenkt und beherrscht. Er überwacht Eide und Schwüre und deren Einhaltung seitens der Menschen.

Boria: Engel der Erdgürtelzone, der die Qualität der Zeit (30° Fische) belebt, lenkt und beherrscht. Er weiht in die Wechselwirkung und Beziehung der Energien ein.

Botenengel: Bringt und sendet göttliche Botschaften und Gebete. Einer der wichtigsten Aufgabenbereiche der Engel.

Bpsac: Hüter und Regent der vier Engel des »dichteren Feuers« (Verbindung aus Erde und Feuer).

Brakiel: Einer der leuchtenden himmlischen Großfürsten, die mit den Erzengeln regieren. Sein Name ist voll der Kraft des Göttlichen (JHVH). Engelfürst der göttlichen Kraft (Kabbalah).

Bramakayika-deva: Himmelswesen der Brahmanenwelt, der 1. feinkörperlichen Welt im Buddhismus. Sehr hohe Himmelswesen, die dem Einen dienen, der alles geschaffen hat.

Breffeo: Engel der Erdgürtelzone, der die Qualität der Zeit (22° Jungfrau) belebt, lenkt und beherrscht. Hütet die Gesetze der stofflichen Ebene.

Bretil: Siehe unter »Vrevoil«.

Bruahi: Engel der Erdgürtelzone, der die Qualität der Zeit (2° Jungfrau) belebt, lenkt und beherrscht. Er ist der Hüter der Erfindungen, die von ihm gesendet und empfangen werden können, wenn der Wahrheitssuchende eine gewisse Reife erlangt hat.

bTsan: Tibetische Gruppe von Geistern, die den Luftraum bevölkern. Sie reiten auf wilden Pferden durch die Wälder und Berge und schützen diese vor ungebetenen Eindringlingen. Sie kommen unseren Schutzengeln der Berge und Wälder gleich. Im Lamaismus wurden sie zu Dämonen erklärt.

Budiel: Engelgruppen, die der Evolution der einzelnen Tierarten dienen.

Buer: Heilt alle Krankheiten und lehrt Moral und Naturphilosophie. Er wurde in der Zeit der Engelverfolgung in die Hölle verbannt.

Bunam: Engel der Sonnensphäre. Führt, hütet und bewacht alle intellektuellen Fähigkeiten aller Wesen auf allen Planeten und in allen Sphären.

Buriuh: Engel der Erdgürtelzone, der die Qualität der Zeit (10° Jungfrau) belebt, lenkt und beherrscht. Kennt die Geheimnisse der Herstellung von Liebes-, Heil- und Räuchermischungen, sowie von heilenden Salben und Öle jeglicher Art.

Butharusch: Engel der Erdgürtelzone, der die Qualität der Zeit (17° Skorpion) belebt, lenkt und beherrscht. Meister der Koch- und Backkunst.

Bziza: Hüter und Regent der vier Engel der »feurigen Energie«.

Caboneton: Engel der Erdgürtelzone, der die Qualität der Zeit (19° Schütze) belebt, lenkt und beherrscht. Lehrt die Verbindung zwischen Astronomie und Astrologie.

Cadiel: Engel des Brotes.

Cael: Engel, der dem Sternzeichen Krebs zugeordnet ist. Er fördert die emotionale Energie.

Cahetel: Gehört zu dem Engelschor der Seraphim (5. Hierarchie Gottes, auf einer Ebene mit den Elohim). Hilft, Intuition und Vorstellungskraft zu entwickeln.

Cahiroum: Engel der kalten, trockenen Nordwinde.

Calacha: Engel der Erdgürtelzone, der die Qualität der Zeit (30° Widder) lenkt, belebt und beherrscht. In dieser Zeitzone herrschen Inspiration, Intuition und Heilung durch die Kraft des Wassers.

Calamos: Engel der Erdgürtelzone, der die Qualität der Zeit (29° Stier) lenkt, belebt und beherrscht. Steht in enger Verbindung mit dem Meer. Er ist der Hüter des ewigen Rhythmus von Einatmen und Ausatmen. Er bringt die beiden großen Kräfte ins Gleichgewicht.

Camael: Sein Name bedeutet »gottähnlich«. Eine weitere Bezeichnung für ihn ist Kemuel. Ihm ist der Dienstag zugeordnet. Er wird als Mitglied der »Glorreichen Sieben« betrachtet. Er ist ein Engel der Marssphäre. Wenn er angerufen wird, erscheint er oft in der Gestalt eines Leoparden. In der Druidenmythologie ist er ein Kriegsgott. Ihm sagt man nach, dass er verhindern wollte, dass Moses die Thora empfange, weswegen er bestraft worden sei. Er gilt jedoch auch als einer der Anführer der himmlischen Heerscharen. Sowohl in der Kabbalah als auch im Okkultismus ist er ein sehr mächtiger Engel.

Camalo: Engel der Erdgürtelzone, der die Qualität der Zeit (24° Stier) lenkt, belebt und beherrscht. Er lenkt das Gleichgewicht der Mineralverbindungen. In dieser Zeitzone ist gefordert, diese Kräfte in sich in Ausgleich zu bringen.

Camalon: Engel der Erdgürtelzone, der die Qualität der Zeit (14° Krebs) belebt, lenkt und beherrscht. Er weiht in die Kräfte des Unsichtbarmachens und des Schutzes ein.

Camarion: Engel der Erdgürtelzone, der die Qualität der Zeit (23° Stier) lenkt, belebt und beherrscht. Er kennt die Geheimnisse der Schöpfung und des heiligen Tantras. In dieser Zeitzone ist gefordert, seine eigene Schöpferkraft auf allen Ebenen zu aktivieren.

Cambiel: Hohes Engelwesen der Jupitersphäre. Dem Tierkreiszeichen Wassermann zugeordnet. Er hütet, lenkt und leitet das Urprinzip des Kristallwachstums, der Verdichtung, der Verhärtung und der Materialisation. Er beherrscht die Gesetze der Verwandlung, Umwandlung und Transformation. Er gilt auch als Engel der Anziehungskraft und des Magnetismus.

Cambriel: Engelführer des Tierkreiszeichens Wassermann. Farbe: Violett.

Camino: Er lehrt und übersetzt die Sprache der Tiere. Wurde in Zeiten der Engelverfolgung in die Hölle verbannt.

Camuel: Offenbarung der Wünsche.

Canali: Engel der Erdgürtelzone, der die Qualität der Zeit (26° Waage) lenkt, belebt und beherrscht. Inspirator aller Schmuckgegenstände dieser Erde.

Capipa: Engel der Erdgürtelzone, der die Qualität der Zeit (16° Wassermann) belebt, lenkt und beherrscht. Überwacher von Wohlstand, Reichtum und Ansehen.

Caracasa: Engel des Frühlings. Erweckt die Lebenskraft.

Carahami: Engel der Erdgürtelzone, der die Qualität der Zeit (28° Stier) lenkt, belebt und beherrscht. Hüter der Mysterien. Er lehrt die Gesetzmäßigkeiten der Natur. Geduldiges Reifenlassen ist seine Energie.

Caraschi: Engel der Erdgürtelzone, der die Qualität der Zeit (10° Skorpion) belebt, lenkt und beherrscht. Er beschützt und inspiriert alle Menschen, die sich mit Heilmagnetismus befassen.

Carbiel: Hohes Engelwesen der Jupitersphäre. Dem Tierkreiszeichen Skorpion zugeordnet. Er überwacht, hütet und leitet das Prinzip der Urstrahlung der gesamten kosmischen Weltenordnung und kann jedes Geheimnis und Mysterium enthüllen. Er ist der Engel, der vor jeglicher Strahlung schützt und das Wissen darüber vermittelt.

Carona: Engel der Erdgürtelzone, der die Qualität der Zeit (30° Löwe) belebt, lenkt und beherrscht. Er lehrt Schutz vor Naturgewalten, z. B. Stürmen, Gewittern, hohem Wellengang.

Carubot: Engel der Erdgürtelzone, der die Qualität der Zeit (7° Stier) lenkt, belebt und beherrscht. Er ist die stabile Kraft der Intuition. Im Einflussbereich seiner Zeit können neue Dinge empfangen und umgesetzt werden.

Casmaron: Engel der Luft.

Cassan: Engel des Lebens und der lebendigen Weisheit. Engel des Geistes und der Luft.

Cassiel: Engel der Saturnsphäre. Er ist dem Samstag zugeordnet. Engel der Einsamkeit und der Tränen. Er wird auch mit dem Drachen und der Drachenenergie in Verbindung gebracht. In dem Film »Der Himmel über Berlin« von Wim Wenders wird er als Schutzengel zu den Menschen der Großstadt gesandt.

Cassiopeia: Elohim der goldgelben Strahlung (Erleuchtung, siehe Kapitel »Die sieben göttlichen Lichtstrahlungen«).

Cassriel: Engel der göttlichen Weisheit.

Casujoiah: Engel des Schicksals. Er ist dem Sternzeichen Steinbock zugeordnet.

Catuṃmaharajika-deva: Bilden eine Klasse von Himmelswesen, die zur sinnlichen Welt gehören (Buddhismus).

Ceetka: Engel, die über alle Bewohner der Wasserwelten wachen.

Centzon Huitznauna: Ihr Name bedeutet »die 400 Südlichen«. Bei den Azteken sind sie eine Gruppe von 400 Sternenwesen des Südhimmels.

Cepacha: Engel der Erdgürtelzone, der die Qualität der Zeit (16° Zwillinge) belebt, lenkt und beherrscht. Er vermittelt den äußeren Schönheitssinn, die Harmonie und den Glanz.

Ceres: Engel des Asteroiden Ceres. Ceres dienen Scharen von Engeln, die die Geborgenheit und den mütterlichen Schutz auf die Erde senden.

Ceresengel: Die Engel der Ceres sind von versorgender, nährender, mütterlicher Natur. Sie senden mütterlichen Schutz und Geborgenheit. Sie werden oft mit dreifachen Flügeln wahrgenommen, mit liebenden, strahlenden Augen, üppigen Formen, brauner Haut und einem in den zarten Farben des Regenbogens leuchtendem Gewand.

Cermiel: Engel der Erdgürtelzone, der die Qualität der Zeit (11° Steinbock) lenkt, belebt und beherrscht. Er überwacht Wiederverkörperung und Inkarnation.

Cerviel: Engel der Kraft und des Mutes. Sein Name bedeutet »Gott hilft«. In der jüdischen Überlieferung ist er der Schutzengel von David, dem er bei der Bezwingung des Riesen Goliath half.

Cesariel: Engel des Schutzes jeglicher Art. Er gehört zu den Legionen von Erzengel Michael.

Cetarari: Engel des Winters.

Chaamiah: 38. Engel der 72 Engel Gottes. Er ist das Licht der Hoffnung an allen Enden der Welt.

Chaboojah: 68. Engel der 72 Engel Gottes. Er verkörpert die Freigiebigkeit.

Chadail: Engel der Erdgürtelzone, der die Qualität der Zeit (19° Stier) lenkt, belebt und beherrscht. Diese Lichtkraft hilft bei allem, was mit der Erde, dem Boden und der Bepflanzung zu tun hat.

Chahaviah: 24. Engel der 72 Engel Gottes. Er verkörpert das Gute in sich selbst.

Chairoum: Engel und Herrscher des Nordwindes. Im apokryphen Bartholomäus-Evangelium wird er als ein Engel beschrieben, der in seiner Hand einen Feuerball hält, um so dafür zu sorgen, dass die Erde nicht zu naß wird.

Chalkatura: Einer von neun Engeln, die ständig durch Erde und Himmel streifen um die Energie zu erneuern (apokryphes Bartholomäus-Evangelium).

Chalkydri: Diener des Geistes der Wahrheit (nach Henoch).

Chamuel: Erzengel der rosa Strahlung (aktive Intelligenz). Sein Name bedeutet so viel wie »Kraft des Herzens Gottes« (siehe »Erzengel« oder Kapitel »Die sieben göttlichen Lichtstrahlungen«).

Chamuelsengel: Himmlische Heerscharen, die dem Erzengel Chamuel unterstehen und im Auftrag der göttlichen, bedingungslosen Liebe, des Vertrauens und der Herzenskraft unterwegs sind.

Chamyet: 13. Thronengel im 6. und 7. Buch Mose.

Chaniel: Einer der leuchtenden himmlischen Großfürsten, die mit den Erzengeln regieren. Sein Name ist voll der Kraft des Göttlichen (JHVH). Engelfürst der Heilung und Hilfe (Kabbalah).

Charagi: Engel der Erdgürtelzone, der die Qualität der Zeit (20° Stier) lenkt, belebt und beherrscht. Er widmet sich dem Gedeihen der Erde. Diese Lichtkraft hilft dabei, dass alles, was mit dem Pflanzenreich zu tun hat, von ihrer Energie positiv beeinflusst wird.

Charity: Archaii der rosa Strahlung (allumfassendes Mitgefühl, siehe Kapitel

»Die sieben göttlichen Lichtstrahlungen«).

Charmiene: Engel der kosmischen Ordnung.

Charonthona: Engel der Erdgürtelzone, der die Qualität der Zeit (30° Krebs) belebt, lenkt und beherrscht. Er ist ein Kenner des Schicksals, des Karmas und der göttlichen Vorsehung.

Chassan: Engel des Dolches (Element: Luft). Er behütet und beschützt die Arbeit mit dem heiligen Prinzip des Dolches oder des Schwertes. Engel der Weisheit.

Chayo: 15. Thronengel im 6. und 7. Buch Mose.

Chayoth: Diener der Weisheit.

Chazkiel: Einer der leuchtenden, himmlischen Großfürsten, die mit den Erzengeln regieren. Sein Name ist voll der Kraft des Göttlichen (JHVH). Engelfürst der Fülle und des göttlichen Reichtums (Kabbalah).

Cheikaseph: Engel der Erdgürtelzone der die Qualität der Zeit (21° Waage) lenkt, belebt und beherrscht. Er ist der Meister der Zahlen.

Cheruben: Name für schöne, jugendliche Engel, die seit der Renaissance häufig in der Malerei zu finden sind.

Cherubiel: Führer der Cherubim.

Cherubim: Die Cherubim sind die zweithöchsten Engelsränge oder Engelschöre. Sie sind die mächtigen Wagenlenker Gottes, die Engel der Glorie und des Lichtes. Sie verwalten die Aufzeichnungen des Himmels und werden meist mit vier Flügeln und vier Gesichtern dargestellt. Sie verfügen über unbegrenzte Antriebskraft und hüten das heilige göttliche Feuer. Sie sind Wächterengel, Engel der höchsten Erleuchtung, Geister der Harmonie und wirken auf der Seelenebene. Nach der Vertreibung aus dem Paradies wurden Cherubim mit lodernden Flammenschwertern an den Toren aufgestellt, die den Baum des Lebens bewachen. Sie können das göttliche Wissen unmittelbar erschauen und sind die Sender der Weisheit.

Chesediel: Einer der leuchtenden himmlischen Großfürsten, die mit den Erzengeln regieren. Sein Name ist voll der Kraft des Göttlichen (JHVH). Engelfürst der Geheimhaltung (Kabbalah).

Chibys: Engel der Sonnensphäre. Überwacher der geistigen Entwicklung und des Karmas.

Chiloel: Engel der Nord- und Südländer und der Arktis.

Chimirgu: Engel der Erdgürtelzone, der die Qualität der Zeit (23° Wassermann) belebt, lenkt und beherrscht. Er lehrt die Mysterien der Schöpfung.

Chironengel: Engel der Akasha-Chronik. Hüter des Weltengedächtnisses.

Chohi: Engelgruppe. Sie stehen auf gleicher Stufe mit den Engeln der Gegenwart Christi, dem Christusbewusstsein (beschrieben von Flower A. Newhouse).

Chomaliel: Engel der Gegenwart. Er hilft, die Vergangenheit hinter sich zu lassen und nach vorn zu schauen.

Chshathra vairya: Engelwesen aus dem Irak. Erzengel der erwünschten Herrschaft, des erwünschten Reiches. Er ist der Schutzengel des Metalls und gehört zu der Gruppe der »unsterblichen Heilwirkenden« (Amesha Spentas). Ihm ist der 6. Monat geweiht.

Chur: Engel der Sonne (altpersisch).

Chus cha: 6. Thronengel im 6. und 7. Buch Mose.

Chyriel: »Der rechte Herr« der Gebiete. Er ist der Verkünder der Weisheit.

Cigila: Engel der Erdgürtelzone, der die Qualität der Zeit (28° Fische) belebt, lenkt und beherrscht. Er lehrt alle Tugenden des Göttlichen.

Cilarae: Engel der Winde auf höchster Ebene. Sie beschäftigen sich mit den durch die Erdrotation verursachten Luftströmen (beschrieben von Flower A. Newhouse).

Claire: Elohim der weißen Strahlung (Auferstehung, siehe Kapitel »Die sieben göttlichen Lichtstrahlungen«)

Cobel: Engel der Erdgürtelzone, der die Qualität der Zeit (19° Jungfrau) belebt, lenkt und beherrscht. Er ist der Meister der Wohlgerüche. Er kennt die Geheimnisse aller Düfte, die die Konzentration fördern, die Sympathie oder Antiphathie erzeugen, u. v. a. m.

Cochaly: Engel der Erdgürtelzone, der die Qualität der Zeit (21° Steinbock) lenkt, belebt und beherrscht. Engel der Sportler und der Höchstleistungen.

Colopatiron: Engel der Befreiung. Öffnet verschlossene Türen; Engel der Unabhängigkeit.

Commissoros: Engel des Frühlings. Gibt Energie in alles Lebendige. Er sendet reine göttliche Lichtenergie als Wachstumskraft.

Concario: Engel der Erdgürtelzone, der die Qualität der Zeit (10° Stier) lenkt, belebt und beherrscht. Er kennt und lehrt die Kräfte des Mondes. Diese Lichtkraft hilft, sich mit der Mondkraft zu beschäftigen.

Conioli: Engel der Erdgürtelzone, der die Qualität der Zeit (6° Stier) lenkt, belebt und beherrscht. Er versteht die Zahlensymbolik. In seinem Einflussbereich können erworbene Fähigkeiten und erworbenes Wissen besonders gut praktisch umgesetzt werden.

Corabiel: Engel des Merkurs.

Core: Einer der Engel des Frühlings.

Corilon: Engel der Erdgürtelzone, der die Qualität der Zeit (23° Zwillinge) belebt, lenkt und beherrscht. Der Beschützer aller Künstler wirkt in diesem Grad. Er hilft, fördert und leitet alle Menschen an, die sich mit einer Ausdrucksform der Kunst beschäftigen, z. B. mit der Schauspielerei, Malerei, Musik etc.

Cornelion: Engel des Friedens.

Corocona: Engel der Erdgürtelzone, der die Qualität der Zeit (20° Löwe) belebt, lenkt und beherrscht. Er lehrt, die wahre alchemistische Goldtinktur herzustellen und damit zu heilen.

Cosmiel: Vermittelte Jesuit Athanasius Kircher (Mathematiker und Naturwissenschaftler, 1602–1680) das Wissen über die Beschaffenheit der Himmelskörper und die Umlaufbahnen.

Cosmoel: Engel der Glückseligkeit. Gehört zu den Legionen des Erzengels Jophiel.

Crystal: Weibliche Elohim der grünen Strahlung (Weihung, siehe Kapitel »Die sieben göttlichen Lichtstrahlungen«).

Cumael: Ein Engel, der im Dienste Uriels/Auriels steht.

Cyclopia: Elohim der smaragdgrünen Strahlung (Heilung und Wissenschaft, siehe Kapitel »Die sieben göttlichen Lichtstrahlungen«).

Dabetz: Engel der Sonnensphäre. Überträgt die Erkenntnisse der göttlichen Tugenden und hilft, diese umzusetzen.

Dagio: Engel der Erdgürtelzone, der die Qualität der Zeit (20° Fische) belebt, lenkt und beherrscht. Engel des schlagfertigen Ausdrucks.

Dakini: Weibliche »Himmelsläuferinnen« (Buddhismus), die den Menschen, die auf der Suche nach der Wahrheit sind, das Wissen von Shambhala (mystisches Reich) zugänglich machen. Sie stellen eine Verbindung zwischen den transzendenten Buddhas der Erlösungssphären und den Menschen dar. Sie erfragen das nötige Wissen und machen es verständlich. Sie inspirieren, schützen, prüfen und führen Menschen in die höheren Gefilde des Lichtes und zur Erleuchtung.

Damabajah: 65. Engel der 72 Engel Gottes. Er ist die Quelle der göttlichen Weisheit.

Damabiah: Einer der 72 Engel der Merkurzone. Er kennt alle Geheimnisse und das gesamte Wissen, das mit dem Wasser zu tun hat. Ihm ist Psalm 90, Vers 13 zugeordnet: »Herr, wende Dich uns doch endlich zu! Hab Mitleid mit Deinen Knechten.«

Damiel: Engel der Wegweisung. Seinen Namen findet man oft in mittelalterlichen Zauberbüchern. In Wim Wenders Film »Der Himmel über Berlin« ist er der Engel, der sich verliebt und auf seine Engelnatur verzichtet.

Dämonen: Der Begriff leitet sich vom griechischen Wort *daimones* ab und galt ursprünglich als Bezeichnung für Götter, später für die Wesen, die zwischen den Göttern und den Menschen in der Mitte stehen. Hesiod bezeichnet Dämonen als Schutzgeister, die die Seelen der Menschen aus dem goldenen Zeitalter sein sollen. Eine Zeit lang galten sie als Geister der Verstorbenen, die zwischen Mensch und Gott vermitteln. Platon bezeichnete sie als Mittler zwischen Mensch und Gott. In unseren Regionen ist die Bezeichnung »Dämonen« oftmals negativ besetzt und bezeichnet Wesen aus den niederen Welten, die schaden wollen, was jedoch nichts mit der ursprünglichen Bedeutung zu tun hat.

Danael: War ursprünglich eine Fruchtbarkeitsgöttin der Iren und wurde nach der Christianisierung in einen Engel verwandelt, um in dieser Form die Zeit zu überdauern. Dieser Engel bringt Fruchtbarkeit für die Erde.

Dandael: Engel der kosmischen Ordnung, des Todes und der Abendsonne. Dient dem Meister Suray. Er hält mit Tintenfass und Griffel die Taten der Menschen fest.

Danel: Abwandlung von Danael. Siehe unter »Danael«.

Daniel: Einer der 72 Engel der Merkurzone. Engel der Barmherzigkeit und Liebe. Er sendet Eingebungen in kritischen Notlagen. Ihm ist Psalm 103, Vers 8 zugeordnet: »Der Herr ist barmherzig und gnädig, langmütig und reich an Güte.« Wird auch als »Engel der Gnade« bezeichnet. Daniel stammt von dem hebräischen Wort *danijjel* ab, das »Gott ist Richter« bedeutet. Nach dem Buch Henoch jedoch soll er einer der Engel gewesen sein, die Menschenfrauen beigewohnt haben und damit gefallen sind.

Danijel: Engel der göttlichen Gerechtigkeit.

Dantiel: Engel des Orakels und des Schicksals.

Dara: Engel des Flusses. Engel des Regens.

Darachin: Engel der Erdgürtelzone, der die Qualität der Zeit (11° Zwillinge) belebt, lenkt und beherrscht. Kenner des Intellekts und der Verstandesfähigkeit. Verleiht gute Verständnis- und Beobachtungsgaben.

Darom: Engel des heiligen Stabes. Symbol für den Süden und das Feuer. Er weiht in die Mysterien des Stabes ein. Ihm ist Erzengel Michael zugeordnet.

Debam: Engel der Erdgürtelzone, der die Qualität der Zeit (19° Zwillinge) belebt, lenkt und beherrscht. Er vermittelt die Fähigkeit, sich über Gestik und Mimik auszudrücken und diese deutlich und bewusst im Leben einzusetzen.

Debythet: Engel der Sonnensphäre. Alle Gärungs-, Verbrennungs- und Umwandlungsprozesse stehen unter seiner Führung.

Demiurg: Das Wort bedeutet im Griechischen »Baumeister«, »Handwerker« . Es ist eine Bezeichnung für den Weltenschöpfer, die übernatürliche Kraft, die das Weltall und den Kosmos erschaffen hat. Er ist der Mittler zwischen der höchsten Gottheit und der Welt. Pentagrammanrufungen richten sich meist an Demiurg.

Denejel: Ein milder gnädiger Richter. Er ist der 50. Engel der 72 Engel Gottes.

Deusel: Engel der Wärme jeglicher Art. Gehört zu den Legionen des Erzengels Uriel/Auriel.

Deutungs- und Geheimhaltungsengel: Werden als Hüter der spirituellen Kräfte gesehen. Sie lassen den Menschen, der die nötige Reife erlangt hat, »sehen, was es bedeutet.«

Deute-Engel: Werden im Lateinischen oft *angelus interpres* genannt. Sie erklären und übersetzen Naturphänomene, Offenbarungen, Gottesworte und sonst unverständliche Inhalte aus Weisheitsbüchern. Sie haben die Visionen übersetzt, die viele Menschen empfangen haben.

Deva: Der Name bedeutet im Sanskrit »Schein«. Ein himmlisches Engelwesen, das je nach seiner Reife und Zuordnung gut, schlecht oder weder noch sein kann. Sie werden auch als große und kleine Erbauer der Formen bezeichnet und sind die in glücklichen Sphären lebenden, meist für den Menschen unsichtbaren Wesen, die jedoch auch dem ewigen Kreislauf des Sterbens und der Wiedergeburt unterliegen. Blavatsky gibt 33 Gruppen von Devas an. Die Beschreibung der östlichen Himmelswelten können wir auch in den Veden finden, die die 33 Devagruppen der oberen Welten und noch viele weitere der unteren und niederen Welten beschreiben.

Deva duta: Einer der Himmelsboten der Geburt (Buddhismus).

Devaraja: Der Begriff stammt aus dem Sanskrit und bedeutet »Himmelskönige«. Die Devarajas sind die mächtigen Hüter der Urkräfte und sind die Beobachter der Welt, die den Göttern, Göttinnen und Meistern über das Handeln der Menschen berichten. Sie werden beschrieben als Leibwächter des Buddha gegen die weltliche Bedrohung und werden die Hüter der vier, bzw. fünf Welten, der fünf Himmelsrichtungen (Norden, Süden, Osten, Westen und der Mitte, bzw. innerem Raum), der fünf Elemente (Feuer, Wasser, Erde, Luft und Quintessenz) genannt. Sie haben eine Gefolgschaft überirdischer Wesen, wobei ihnen auch die Naturwesen unterstehen. In den östlichen Welten gehören zu ihnen Virudhaka, Virupaksha, Dhritarashtra und Vaishravana (siehe unter den entsprechenden Namen). Sie halten die Welt im Gleichgewicht.

Devos: Engel der Erdheilung.

Dhritarashtra: gehört zu den Devaraja, den Himmelskönigen, die die Welt beobachten und das Geschehen den geistigen Reichen, den Göttern, Göttinnen, Meistern und Meisterinnen mitteilen. Sein Name bedeutet »der sein Reich fest in der Hand hat«. Er ist der buddhistische Weltenhüter des Ostens und des Wassers. Er spielt die Laute, mit dessen Klang er die Gedanken der Menschen reinigt. Seine Körperfarbe ist Weiß.

Diana: Weibliche Elohim der violetten Strahlung (Erwachen in Gott, siehe Kapitel »Die sieben göttlichen Lichtstrahlungen«).

Dienstbare Geister: Mit dieser Bezeichnung wird die Bedeutung, die ein Engel hat, hervorgehoben: zu dienen und zu helfen.

Dijoniah: Engel der Fröhlichkeit.

Dimurga: Engel der Erdgürtelzone, der die Qualität der Zeit (10° Schütze) belebt, lenkt und beherrscht. Beschützer der Reisenden.

Dina: Engel der Weisheit. Gehört zu den Legionen des Erzengels Jophiel.

Dirachiel: Engel der Mystik und des Friedens.

Dirachiel: Engel, der das 6. Haus der 28 Häuser des Mondes beherrscht. Engel der Erdgürtelzone, der die Qualität der Zeit (23° Krebs) belebt, lenkt und beherrscht. Er macht die Gesetze von Raum und Zeit zugänglich.

Djibriel: Er wird mit 1600 Flügeln und safranfarbenen Haaren beschrieben. Die Sonne steht zwischen seinen Augen. Er taucht jeden Tag 360-mal in den Ozean ein. Wenn er wieder herauskommt, fallen einige Millionen Wassertropfen von seinen Flügeln. Diese werden zu Engeln, die Allah singen und lobpreisen. Er erschien dem Propheten Mohammed, um ihm den Koran zu offenbaren. Seine Flügel erstreckten sich von Ost bis West. Seine

Füße waren gelb, seine Schwingen grün, und um den Hals trug er eine Kette aus Rubinen. Sein Gesicht war leuchtend hell. Zwischen seinen Augen stand geschrieben: »Es gibt keinen Gott außer Gott, und Mohammed ist sein Prophet.« Er ist mit dem Erzengel Gabriel identisch und gehört zu den vier Erzengeln des Islam. Er wurde von Allah aus Licht geformt, um seinen Anweisungen zu dienen.

dMu: Tibetische Gruppe von Geistern, die die drei Weltbereiche Himmel, Luftraum und Erde bevölkern. Zu ihnen zählen bDud, bTsan, Klu, gNyan, Sa-bdag und Sri. Sie wurden im Lamaismus zu Dämonen erklärt.

Dokiel: Der Engel mit der Gerichtswaage. Er hütet auch das Tor der Nordwinde. Engel, der immer auf der Seite der Wahrheit steht.

Domaliel: Engel der Ruhe. Er hilft, in sich ruhig und zentriert zu sein.

Dona Grazia: Archaii, wirkt zusammen mit Erzengel Uriel/Auriel auf der rubinroten goldenen Strahlung des Dienens und der Gnade.

Donquel: Engel der Liebesfähigkeit.

Doradoel: Engel der Sendung von Energien jeglicher Art und auf allen Ebenen.

Dosoel: Engel der schnellen Erneuerung. Er erneuert die Lebensenergie augenblicklich.

Dosom: Engel der Erdgürtelzone, der die Qualität der Zeit (11° Stier) lenkt, belebt und beherrscht. Kennt die Kräfte der positiven Beeinflussung und Unterstützung. Diese Lichtkraft hilft, sich diesen Kräften zu öffnen und sich positiv von ihnen aufbauen zu lassen.

Dratzel: Meisterengel der Heilung. Lehrt besonders die Geistheilung und das Aufnehmen der Heilströme aus der Natur.

Dubezh: Hohes Engelwesen der Sonnensphäre. Hüter der Kraft des aktiven Prinzips.

Dubiel: Engel der Sündenaufzeichnungen.

Dukeb: Engel der Sonnensphäre. Überwacht die göttlichen Gesetzmäßigkeiten.

Dynameis: Geister der Bewegung, Weltenkräfte, Mächte und Tugenden.

E

Ebaron: Engel der Erdgürtelzone, der die Qualität der Zeit (27° Wassermann) belebt, lenkt und beherrscht. Er weiht in die Gesetze und Mysterien der verschiedenen Sphären ein.

Ebvap: 1. Engelvorsteher der 28 Häuser der Mondsphäre. Er überwacht die Regelmäßigkeit von Ebbe und Flut und schützt vor ungünstigen Mondeinflüssen. Gibt Auskunft über die Mondsphäre.

Ebvep: 11. Engelvorsteher der 28 Häuser der Mondsphäre. Weiht in die Welt der Phänomene ein, die durch die Mondkraft hervorgerufen werden.

Ebytzyril: Engel der Sonnensphäre. Leitet das Gesetz des Gewichtes und der Schwerkraft im gesamten Universum.

Ecanus: Engel der Inspiration, besonders, was Schrift und Wort betrifft. Wird auch »Engel der Literatur« genannt.

Ecdulon: Engel der Erdgürtelzone, der die Qualität der Zeit (3° Widder) lenkt, belebt und beherrscht. Er macht den Menschen mit der aktiven Liebesmagie vertraut. Seine Zeitqualität ist die aktive Konzentration auf die Beziehungen zu den Menschen.

Echagi: Engel der Erdgürtelzone, der die Qualität der Zeit (20° Schütze) belebt, lenkt und beherrscht. Er erkennt die Ursache der Dinge, gibt Rat und Hilfe bei tückischen Krankheiten. Hilft im Sinne der göttlichen Vorsehung.

Echami: Engel der Erdgürtelzone, der die Qualität der Zeit (4° Fische) belebt, lenkt und beherrscht. Er lehrt das Prinzip des Karma-Yogas, das da lautet: »Gute Taten um ihrer selbst willen vollbringen und nicht, um damit eine Belohnung oder ein Ziel zu erreichen.«

Echotasa: 16. Engelvorsteher der 28 Häuser der Mondsphäre. Hilft, die negativen Kräfte der Mondsphäre zu bezwingen. Lehrt den Schutz und die Schutzmaßnahmen vor diesen Einflüssen.

Egention: Engel der Erdgürtelzone, der die Qualität der Zeit (9° Fische) belebt, lenkt und beherrscht. Er widmet sich allem, was die Reisen betrifft, die ein Mensch antritt. Schützt den Menschen auf Reisen.

Egibiel: Engel, der das 18. Haus der 28 Häuser des Mondes beherrscht.

Egregore/Eggregore/Egregora: Die Bezeichnung von Wesenheiten, die nach unbekannten Gesetzen handeln. Sie bestehen aus Astrallicht und den Energien, die von Menschen einst in die Welt gebracht wurden und von ihnen aufrechterhalten werden. Diese Kräfte sind so stark, dass sie Jahrhunderte altes Wissen konservieren und damit am Leben erhalten. Die Egregore wurden durch die Gedanken, Gefühle und Ausdrucksformen der Erschaffer und Anhänger zum Leben erweckt und genährt, die zu diesem Zeitpunkt mit jenen Kräften gearbeitet haben. Sie sind keine reine Engelkraft, können aber von den Engeln belebt und zugänglich gemacht werden.

Eguel: Engel der Beherrschung und Disziplin.

Eiaiel: Einer der 72 Engel der Merkurzone. Engel der Erleuchtung und Vollkommenheit. Ihm ist Psalm 37, Vers 4 zugeordnet: »Freu dich innig am Herrn! Dann gibt er dir, was dein Herz begehrt.«

Ekore: Engel der Erdgürtelzone, der die Qualität der Zeit (28° Schütze) belebt, lenkt und beherrscht. Er lenkt das Schicksal eines jeden Menschen.

Ekorim: Engel der Erdgürtelzone, der die Qualität der Zeit (29° Steinbock) belebt, lenkt und beherrscht. Er lehrt die Menschen, aus Erde mannigfaltige Gebilde zu schaffen.

El Auria: Engel der reinigenden Flammen. Gehört zu den Legionen des Erzengels Uriel/Auriel.

Elami: Engel der Erdgürtelzone, der die Qualität der Zeit (30° Schütze) belebt, lenkt und beherrscht. Hütet und kennt die Geheimnisse der Gewässer, die sich unter der Erde befinden.

Elason: Engel der Erdgürtelzone, der die Qualität der Zeit (13° Schütze) belebt, lenkt und beherrscht. Engel, der hilft, alle hohen Ideale zu verwirklichen.

Eleleth: Engel der göttlichen Inspiration. Kann bei allen kreativen Arbeiten gerufen werden.

Elemiah: Einer der 72 Engel der Merkurzone. Er lehrt den Menschen, sein Schicksal in die eigene Hand zu nehmen und mit Verstorbenen in Verbindung zu treten. Er hilft in schweren Zeiten und verleiht die Kraft, sich den Aufgaben zu stellen, die das Leben bringt. Ihm ist der Psalm 6, Vers 5 zugeordnet: »Herr, wende dich mir zu und errette mich, in deiner Huld bringe mir Hilfe!« Wird auch als Engel der Begeisterung beschrieben, der zum Handel antreibt und zum Erfolg verhilft. Gilt auch als Engel des Schutzes für Seefahrer.

Elepinon: Engel der Erdgürtelzone, der die Qualität der Zeit (23° Jungfrau) belebt, lenkt und beherrscht. Er lehrt die Analogiegesetze und hilft dem Medium dabei, Astrologie durch die Karten zu verstehen und es darin zur Meisterschaft zu bringen.

Elfen: Devas der Luft-Entwicklungslinie. Sie beleben die Umgebung mit reiner Lebensfreude und dem Lebenstanz. Gehören zu den Engeln der Natur.

Eliael: Engel der Selbstüberwindung.

Elim: Ein Seraphim (Engel der höheren Ordnung) aus der Ordnung der Schutz- und Begleitengel auf dem Weg zu höherem geistigen Wissen und bei schweren Prüfungen. Ihm war der Apostel Judas Thaddäus anvertraut.

Elion: Engel des Friedens. Vermittelt Botschaften über die Naturreiche der Erde.

Eloa: Ein Seraphim (Engel der höheren Ordnung). Soll von Gott zuerst erschaffen worden sein.

Elohae: Aus dem Hebräischen. Einzahl von Elohim, wird im englischsprachigen Raum für die weibliche Elohim verwendet.

Elohim: Übergeordneter Begriff für die Schöpferengel. Die rechte Hand Gottes.

Elohim-Malakielohim: Die himmlischen Boten, die das Mineralreich reinigen und anreichern.

Emanuel: Auch Immanuel geschrieben. Kommt aus dem Hebräischen und bedeutet: »Gott ist mit uns.« Ein Engelname, der nach Matthäus 1,23 für Jesus Christus bestimmt war. Immanuel ist ein Engel, der mit seinen Legionen von Engelsscharen das göttliche Licht sendet.

Emayisa: Engel der Sonnensphäre. Er erhält und nährt den Selbsterhaltungstrieb in allem Erschaffenen.

Emcheba: 13. Engelvorsteher der 28 Häuser der Mondsphäre. Lehrt den Umgang mit der magnetischen Kraft des Mondes.

Emedetz: Hohes Engelwesen der Sonnensphäre. Fördert und überwacht die Keimkraft.

Emfalion: Engel der Erdgürtelzone, der die Qualität der Zeit (5° Krebs) belebt, lenkt und beherrscht. Regelt die Kraft der Zellverjüngung und des jugendlichen, frischen Aussehens.

Emhom: 17. Engelvorsteher der 28 Häuser der Mondsphäre. Hilft bei Angriffen von Feinden. Er lehrt Bannformeln, die vor dunklen Kräften schützen.

Emiliel: Engel der Tat. Hilft bei der Umsetzung von Ideen.

Emkebpe: 12. Engelvorsteher der 28 Häuser der Mondsphäre. Lehrt die hohen Ideale der Liebe. Er ist ein Engel für Eheglück, Ehefrieden und des Liebesglückes unter Menschen.

Emkiel: Er lenkt die materielle Sicherheit und hilft beim Aufbau von Substanz.

Emnasut: Hohes Engelwesen der Sonnensphäre. Herrscht in der ganzen kosmischen Ordnung, in allen Sphären und auf allen Planeten über das Urelement Feuer.

Emnepe: 15. Engelvorsteher der 28 Häuser der Mondsphäre. Lehrt den Einfluss der göttlichen Tugenden auf die Engel und Wesenheiten der Mondsphäre.

Emnymar: 10. Engelvorsteher der 28 Häuser der Mondsphäre. Er lässt den Menschen das Licht der Welt erblicken. Behütet und beschützt alles, was mit Schwangerschaft und Geburt zu tun hat.

Empebyn: 26. Engelvorsteher der 28 Häuser der Mondsphäre. Hütet und lehrt die Mysterien der Verbindung von Sonne, Mond und Mensch.

Emrudue: 7. Engelvorsteher der 28 Häuser der Mondsphäre. Er bringt Glück und Erfolg. Lässt Wünsche in Erfüllung gehen.

Emtircheyud: 2. Engelvorsteher der 28 Häuser der Mondsphäre. Kennt die Beziehung des Mondes zum Rhythmus der Frau. Lehrt die Gesetze des Biorhythmus.

Emtub: Engel der Sonnensphäre. Leitet das Schicksal und das Karma all dessen, was erschaffen wurde und lebt.

Emtzel: Engel der Sonnensphäre. Ihm unterliegt das Gesetz der Dynamik und der Ausdehnung auf allen Ebenen des Lebens im Universum.

Emuyir: Engel der Sonnensphäre. Herrscht über das Urprinzip der Gesundheit, der Harmonie und des göttlichen Gleichgewichtes.

Emvatibe: 4. Engelvorsteher der 28 Häuser der Mondsphäre. Schützt vor Heimtücke und Racheakten.

Emvetas: Engel der Sonnensphäre. Alle Wesen, die Verstand und Bewusstsein haben, stehen unter seinem Einfluss.

Emzhabe: 27. Engelvorsteher der 28 Häuser der Mondsphäre. Er hütet und lenkt die gesamten Mineralreiche und kann uns über deren Kräfte Auskunft geben.

Emzhebyp: 9. Engelvorsteher der 28 Häuser der Mondsphäre. Beschützer von Menschen, die an Erkrankungen leiden, die durch den Einfluss des Mondes (Besessenheit, Mondsüchtigkeit, Frauenleiden u. Ä.) hervorgerufen werden.

Emzher: 28. Engelvorsteher der 28 Häuser der Mondsphäre. Er hütet und lenkt die Geheimnisse des Wassers und der Temperatur und lehrt, sich vor extremen Temperaturen jeglicher Art zu schützen.

Emzhit: 18. Engelvorsteher der 28 Häuser der Mondsphäre. Lehrt die Kräfte, sich unsichtbar zu machen und sich damit zu schützen.

Enchede: 6. Engelvorsteher der 28 Häuser der Mondsphäre. Weiht in die Mondmagie der Liebe ein. Engel der Liebe (Anziehungskraft, Sympathie u. v. a. m.).

Enediel: Engel, der das 2. Haus des Mondes beherrscht.

Eneki: Engel der Erdgürtelzone, der die Qualität der Zeit (22° Zwillinge) belebt, lenkt und beherrscht. Seine Kraft ist die Kunst der Vision und der Weissagung.

Eneye: 8. Engelvorsteher der 28 Häuser der Mondsphäre. Er kennt alle politischen und diplomatischen Ereignisse. Er steht allen Menschen zur Seite, die Gerechtigkeit, Wahrheit und wahren Frieden wollen.

Engel: Söhne und Töchter des Lebens. Haben viele Funktionen, u. a. sind sie Boten der göttlichen Offenbarung.

Engelschöre: Als Engelschöre werden die verschiedenen »Klassen« der Engel bezeichnet. Engelschor deshalb, weil man sich das Zusammenspiel und Wirken der Engel als eine große Harmonie vorstellt und in einem Chor alle gemeinsam im Sinne der Harmonie des einen wirken.

Engelehe: Eine Engelehe ist eine Vereinbarung zwischen Mann und Frau, den geschlechtlichen Verkehr in ihrer Verbindung auszuschließen, oder ein Gelübde eines Menschen gegenüber Gott, nicht zu heiraten, sondern schon auf der Erde wie ein Engel im Himmel zu leben und allein die Verbindung zu Gott als gültig anzusehen.

Engel der Elektrizität: Engel, die über die Kräfte des Magnetismus und der Elektrizität wachen. Sie gehören zum Luftreich.

Engel des Feuers: Ein Engel, der die Feuerenergie beherrscht. Er wird in der Oper von Sergej Prokofjew (russischer Komponist, 1891–1953) »Der feurige Engel« Madiel genannt.

Engel der Gegenwart: Dies bezeichnet die Engel der obersten Triade der Engelschöre (siehe Kapitel »Der Aufbau der himmlischen Hierarchien«).

Engel der Kommunikation oder die/der Kleine: Gehört zu der persönlichen Engelgruppe (siehe Kapitel »Die persönlichen Engel«). Hütet und bestimmt das Schicksal des Menschen und sendet ihm die Kraft, an seinem Schicksal zu wachsen und nicht zu verzagen.

Engel der Nacht: Engel, die in der Nacht wirken. Von Flower A. Newhouse werden sie als Begleitung jener Wesen beschrieben, die ihrer Führung bedürfen. Ihre Gegenwart ist wie eine duftende Brise. Sie strahlen Liebe, Reinheit und tiefe Spiritualität aus.

Engel der Stille: Eine Engelgruppe, die die Elemente beaufsichtigt. Sie bewirken klares, sonniges Wetter. Sie können jederzeit zum Schutz und zum Segen angerufen werden (beschrieben von Flower A. Newhouse).

Engelauge: Die Bezeichnung für Menschen, die in das geistige Reich schauen können. Sie können die Geistige Welt genauso wie die materielle Welt wahrnehmen. Es gibt Meditationstechniken, die das Engelauge aktivieren und die geistige Schau – den Blick in den goldenen Spiegel – ermöglichen.

Engelgruppe, Engelteam: Die persönliche Engelgruppe besteht aus sieben Engeln. Sie versorgt den Menschen mit den sieben göttlichen Energieströmen und begleitet ihn auf seinem Erdenweg (siehe Kapitel »Die persönlichen Engel«).

Engelprinz: Titel des höchsten Tija, der die Verantwortung für die Atmosphäre oder das Wasser der Erde trägt (beschrieben von Flower A. Newhouse).

Engelreiche: Evolutionslinie, die jene der Menschen ergänzt und vier Wogen umfasst (beschrieben von Flower A. Newhouse).

Engel von Loreto: Als die Anhänger Mohammeds Nazareth bedrohten, soll nach einer alten Legende das Haus von Maria auf Engelshänden 1291 erst nach Dalmatien und dann 1294 nach Italien getragen worden sein. Dieser Ort liegt in der Nähe von Ancona an der Adriaküste und ist heute ein bekannter Wallfahrtsort.

Engel von Mons: Es wird berichtet, dass im Ersten Weltkrieg Engel die belgische Stadt Mons von einem englischen Regiment befreit haben sollen. Sie werden »Engel von Mons« genannt.

Engel vom Teich Betesda: Ein Engel, der bei der Krankenheilung Jesu am Teich von Betesda in Jerusalem zugegen war. Im Johannesevangelium (5,1–16) heißt es, dass das Wasser in Abständen aufwallte. Diese Bewegung soll von dem Engel verursacht worden sein.

Equel: Engel der Beherrschung. Gehört zur Marssphäre. Er lehrt die Beherrschung von Energien auf allen Ebenen.

Erab: Engel der Sonnensphäre; Ur-Initiator der Sonnensphäre. Überwacher von Zeit und Raum.

Eralicarison: Engel der Erdgürtelzone, der die Qualität der Zeit (23° Löwe) belebt, lenkt und beherrscht. Lehrt und übersetzt schwierige Texte, damit diese verständlich und zugänglich werden.

Eralier: Engel der Erdgürtelzone, der die Qualität der Zeit (11° Skorpion) belebt, lenkt und beherrscht. Er hat mit der Herstellung des Steins der Weisen zu tun.

Erathaoth: Hoher Engelfürst der dichteren Lichtsphären. Engel der Erscheinungen und Formen.

Erbauer: Die kleinsten Engelwesen des Luftreiches. Sie sorgen für den Austausch von Kohlendioxid und Sauerstoff.

Erelim: Sind die Helden, die Mutigen und werden auch Arelim (die Tapferen/Starken) genannt. Sie schützen und beleben. In der jüdischen Legende werden sie als eine Klasse von kriegerischen Engeln, die aus weißem Feuer bestehen und von Erzengel Michael befehligt werden, beschrieben. Sie werden in Kriegszeiten um Hilfe gerufen, wenn der Feind übermächtig ist.

Ergeldiel: Engel, der das 14. Haus der 28 Häuser des Mondes beherrscht.

Ergomion: Engel der Erdgürtelzone, der die Qualität der Zeit (23° Schütze) belebt, lenkt und beherrscht. Engel der Farben, Farbenheilkunde, Farbenherstellung, Farbenanwendung.

Erimihala: Engel der Erdgürtelzone, der die Qualität der Zeit (12° Steinbock) lenkt, belebt und beherrscht. Er lehrt die Geheimnisse der unsichtbaren Welt.

Erimites: Engel der Erdgürtelzone, der die Qualität der Zeit (4° Schütze) belebt, lenkt und beherrscht. Er verbreitet Frieden auf Erden und unter den Menschen.

Eros: Engel des Asteroiden Eros. Engel des »Leuchtfeuers des Alls«. Ihm unterstehen Scharen von Engeln.

Erosengel: Engelscharen des Eros. Sie sind die Anziehungskraft in allem, was zusammenfinden soll. Sie wirken im kosmischen Resonanzgesetz. Sie werden als Engel mit dreifachen Flügelpaaren, blauen Augen, wehenden gelockten Haaren und schimmerndem Gewand in den Farben Rubinrot bis Rosa und Gold wahrgenommen. Ihre Aufgabe ist es, die zwei großen Kräfte im Universum, die jetzt als Gegensätze wirken, wieder zu vereinen, sie zu versöhnen und zusammenwirken zu lassen.

Erytar: Engel der Erdgürtelzone, der die Qualität der Zeit (19° Wassermann) belebt, lenkt und beherrscht. Meister der Elektrophysik.

Erzengel: Bedeutet im Griechischen »Hauptbote« (*archangelos*: *arch* = Haupt, Beginn, *angelos* = Bote). Die Erzengel sind die 2. Stufe der himmlischen

Hierarchie und besonders wichtig für die Menschen. Sie leiten die himmlischen Heerscharen der Engel. Ihre Namen sind: Michael, Gabriel, Uriel/Auriel, Raphael, Zachariel, Anael, Orphiel, Samael, Chamuel, Jophiel, Zadkiel u. v. a. m. Es gibt sieben leitende Erzengel, die die sieben kosmischen Himmelsströmungen lenken und leiten. Nach Rudolf Steiner sind sie die Feuergeister und Zeitgeister. Ihre Mission ist die Menschheit. Sie werden auch als »linke Hand Gottes« bezeichnet, sind die Führer der Engelsscharen und gelten als Volksgeister.

Erzla: Strahlender Engel, der über die reine und durchdringende Luft gebietet.

Etamrezh: 21. Engelvorsteher der 28 Häuser der Mondsphäre. Er lehrt, wie der Mensch sich gegen alle ungebetenen Einflüsse widerstandsfähig machen kann; ob sichtbar oder unsichtbar.

Etnbr: Strahlender Engel, der über die dichten Bereiche der Luft gebietet.

Etsacheye: 20. Engelvorsteher der 28 Häuser der Mondsphäre. Hütet, kennt und lehrt alle Rituale und Tänze, die mit der Energie und der Kraft des Mondes zu tun haben.

Etzybet: Engel der Sonnensphäre. Überwacht die gerechte Befolgung der Universalgesetze im gesamten Universum.

Evamel: 30. Engel der 72 Engel Gottes. Ist geduldig und ausdauernd.

Exgsd: Strahlender Engel, der über die feurigen Bereiche der Luft gebietet (Verbindung aus Luft und Feuer).

Exusiai: Der Name bedeutet »Offenbarer«. Sie sind Geister der Form, Gewalten und Obrigkeiten. Sie werden im Alten Testament als Elohim beschrieben und sind den Erzengeln übergeordnet.

Eytpa: Strahlender Engel, der über die flüssigen Bereiche der Luft (Verbindungen aus Luft und Wasser) gebietet.

Ezechiel: Engel des Wissens. Engel der Treue.

Ezekeel: »Licht Gottes« auch Zekeel genannt. Er wird im Buch Henoch als einer der Anführer beschrieben, die irdischen Frauen beiwohnten.

Ezequeel: Einer der 200 beschriebenen Engel in dem »Buch der Wächter« von Henoch, die zu den Menschen hinabstiegen und ihnen die Geheimnisse des Himmels verrieten. Ezequeel lehrte die Menschen die Wolkenkunde und wurde in die Hölle verbannt, weil er Menschenfrauen verführte.

Ezhabsab: Engel der Sonnensphäre. Hüter und Kenner allen geschaffenen Lebens im Wasser.

Ezheme: 19. Engelvorsteher der 28 Häuser der Mondsphäre. Lehrt alle Einflüsse der Gesetzmäßigkeiten und Analogien, die mit dem Mond zu tun haben.

Ezhesekis: 3. Engelvorsteher der 28 Häuser der Mondsphäre. Er kennt die Mondgesetze, die zu Glück und Erfolg in allen irdischen Unternehmungen verhelfen.

Ezhobar: 14. Engelvorsteher der 28 Häuser der Mondsphäre. Lehrt die Polarisierung der Kräfte und die Aufhebung der negativen Kräfte durch Umpolung, sowie die Symbole und Zeichen des Mondes.

Fadiel: Einer der leuchtenden himmlischen Großfürsten, die mit den Erzengeln regieren. Sein Name ist voll der Kraft des Göttlichen (JHVH). Er ist der Engelfürst der göttlichen Offenbarung (Kabbalah).

Faith: Weibliche Kraft. Archaii der blauen Strahlung (Glaube, Kraft, Vision, siehe Kapitel »Die sieben göttlichen Lichtstrahlungen«). Sie arbeitet zusammen mit Erzengel Michael und stellt dessen ergänzende weibliche Kraft dar.

Falken: Kleine Himmelbotschafter bei den Indianern, die einem die Richtung weisen.

Faluna: Engel der Erdgürtelzone, der die Qualität der Zeit (4° Stier) lenkt, belebt und beherrscht. Er kennt die Kräfte der Ruhe und des Wohlstandes. Diese Lichtkraft hilft, sich diesen Kräften hinzugeben.

Faunael: Engel, der den Geist der Bäume mit kosmischer Energie versorgt.

Fanuel: Eine andere Bezeichnung für »Phanuel«.

Feeli: Engel der Luft.

Fenel: Engel des Erbarmens. Engel der Gnade.

Fermetu: Engel der Erdgürtelzone, der die Qualität der Zeit (16° Fische) belebt, lenkt und beherrscht. Er ist ein großer Friedensstifter und wirkt bei allen Friedensbemühungen.

Filakon: Engel der Erdgürtelzone, der die Qualität der Zeit (29° Waage) lenkt, belebt und beherrscht. Er gab der Menschheit den Ordnungs- und Reinlichkeitssinn. Er lehrt Hygiene und Ästhetik.

Fireal: Engelsscharen, die von Flower A. Newhouse als Engel, die zu den Wogen der Engel des heiligen Geistes gehören, beschrieben werden. Es sind die Inspiratoren, die in der menschlichen Seele das Feuer Gottes entfachen, damit der Mensch sich läutert und sich für das Erwachen in seine Göttlichkeit bereit macht. Sie halten sich in höheren Dimensionen auf.

Firkon: Deckname eines hohen Engelwesens, das auf Lichtschiffen arbeitet. George Adamski, der große Ufo-Forscher, berichtet davon.

Firl: Feuerwesen der Kausalwelten. Helfen dem Menschen, wenn dieser sich um Lauterkeit bemüht. Geleiten ihn durch die Tore der Initiation und Erleuchtung.

Firul: Engel der Sonnensphäre. Leiter und Hüter des Gesetzes der Festigkeit und des Zusammenhaltens (Kohäsion) im gesamten Universum.

Flabison: Engel der Erdgürtelzone, der die Qualität der Zeit (5° Fische) belebt, lenkt und beherrscht. Engel der Unterhaltung, der Künste, des Wohlergehens und des Vergnügens.

Floriansengel: Helfer in der Not.

Foca: Auch Fola genannt. Elfenengelchen, das die verborgene Schätze der Natur offenbart (Heilpflanzen, Goldadern, Wasseradern, Edelsteine etc.). Gehört zu den Engeln des Naturreiches.

Folatel: Engelgruppe des Naturreiches. Sorgen für das körperliche Wohl der Tiere.

Forfasan: Engel der Erdgürtelzone, der die Qualität der Zeit (29° Krebs) belebt, lenkt und beherrscht. Hütet den Schlüssel der Weisheit.

Forsteton: Engel der Erdgürtelzone, der die Qualität der Zeit (17° Fische) belebt, lenkt und beherrscht. Hilft Frauen, fruchtbar zu werden.

Fortuna: Engel des Glückes. Ein Engel im Dienste Sandalphons.

Frasis: Engel der Erdgürtelzone, der die Qualität der Zeit (1° Wassermann) belebt, lenkt und beherrscht. Engel des Schleifens.

Fravashi: Parsische Engel, die Ahura Mazda umgeben und in seinem Licht wirken. Sie entsprechen dem persönlichen Schutzengel eines jeden Menschen. Nach dem Tod des Menschen sind sie sein Seelenbegleiter. Den Fravashi sind der 1. Monat und der 19. Monatstag geweiht. Sie entsprechen auch den römischen Genien.

Friagne: Engel der Marssphäre. Er ist dem Dienstag zugeordnet und mit der Kraft des Ostens verbunden.

Furfur: Bringt Blitz und Donner hervor. Wurde von den Amtsträgern der Kirche zur Zeit der Engelverfolgung in die Hölle verbannt.

Fürstentümer: Beschützen Städte, Länder, Völker. Gehören zu den himm lischen Hierarchien und zur Kabbalah.

Fusradu: Engel der Sonnensphäre. Hüter der Gesetze der Sympathie und Antipathie.

Fylgjen: Sie sind im nordgermanischen Glaubenssystem Seelenwesen, die vom Leib der Menschen losgelöst sind und hauptsächlich im Traum wahrgenommen werden. Sie erscheinen in Frauen- oder Tiergestalten. Sie gelten als Schutz- und Schicksalsgeister der einzelnen Personen. Sie belohnen das Gute und rächen den Ungehorsam.

Gabriel: Der Name bedeutet »Stärke« oder »Zeugungskraft Gottes«. Erzengel der weißen Strahlung (Aufstieg, siehe Kapitel »Die sieben göttlichen Lichtstrahlungen«). Gabriel ist der Hüter des Reiches Jesod, das dem Mond und dem Wasser unterstellt ist. Er gilt auch als Engel, der das 5. Haus der 28 Häuser des Mondes beherrscht. In der Bibel wird Gabriel erstmalig im Buch Daniel erwähnt. Dort war er der Engel, der dem Propheten auf seiner Erdenreise beistand. Im Buch Henoch wird er als einer der sieben höchsten Engel bezeichnet. Bei Zacharias (Lukas, 1,5–22) ist er der Engel, der die Geburt Johannes verkündete. Auch verkündete er Maria und dem Volk die Geburt Jesu. Im Koran finden wir ihn ebenfalls als Verkünderengel, der Mohammed auf seinem Einweihungsweg beistand und ihm bei der Übermittlung des Korans half. Gabriel gilt als der Engel, der zugegen ist, wenn eine neue Epoche eingeleitet wird und eine alte zu Ende geht. Er wird oft am Tor, am Übergang, dargestellt.

Gabriele: Die Engelkraft der empfangenden, kreativen Botschaften aus dem Reich der Stille.

Gabrielsengel: Himmlische Heerscharen, die dem Erzengel Gabriel unterstehen und im Dienste der Auferstehung, der Reinigung, der Harmonie und der Schönheit unterwegs sind. Hüter des Wechsels und des Neubeginns.

Gabuthelon: Der Name bedeutet »Kraft Gottes«. Gabuthelon heilt verwundete Herzen und hilft Trauernden.

Gadreel: Der Name bedeutet »Mauer Gottes«. Gadreel ließ sich laut dem Buch Henoch mit Menschenfrauen ein. Er soll Eva als Schlange im Paradies verführt haben und den Menschen tödliche Kampfwerkzeuge gezeigt haben.

Gagiel: Engel der Fische.

Gagison: Engel der Erdgürtelzone, der die Qualität der Zeit (27° Stier) lenkt, belebt und beherrscht. Kenner der Universalgesetze und Hüter der Wahrheit. Diese Lichtkraft hilft, sich damit auseinanderzusetzen.

Gagolchon: Engel der Erdgürtelzone, der die Qualität der Zeit (13° Wassermann) belebt, lenkt und beherrscht. Er weiht in Naturgeheimnisse ein. Beschützt die Naturforscher in allen Bereichen.

Galago: Engel der Erdgürtelzone, der die Qualität der Zeit (12° Stier) lenkt, belebt und beherrscht. Engel des Charismas. Diese Lichtkraft hilft, das eigene Energiefeld mit Licht aufzuladen und zu reinigen.

Galgalliel: Engel der Sonnensphäre. Kann beim richtigen Umgang oder bei Gefahr durch die Sonne angerufen werden. Hilft bei allem, was mit der Sonne zu tun hat.

Galgallim: Engelwesen eines hohen Ranges, die auch »Geister des Rades« genannt werden: »… deren Räder wie ein Türkis sind und alle vier, eins wie das andere anzusehen – wie vier Räder« (Hesekiel 1,16). Ihre Aufgabe ist es, Kraftzentren zu schaffen. Ihre Aktivitäten erstrecken sich über alle inneren Ebenen. Überall dort, wo wichtige Energiezentren im Körper der Erde sind, walten diese Engelwesen (z. B am Nord- und Südpol und an wichtigen Punkten am Äquator). Sie versorgen diese Plätze mit Energie und verstärken sie. Sie bereiten den Weg für eine neue Zeit.

Gallisur: Engel der Bücher. Kenner der Weisheitslehren.

Gallizur: Engel der Mysterien. Ein Engel, der Raziel untersteht.

Gane: Engel der Sonnensphäre. Überwacht die Evolution des Göttlichen im gesamten Universum.

Ganga: Weibliche Elohim, Beschützerin und Hüterin des Ganges in Indien.

Gargatel: Engel des Sommers. Hütet, hegt und pflegt.

Gariniranus: Engel der Erdgürtelzone, der die Qualität der Zeit (23° Waage) lenkt, belebt und beherrscht. Meister der Physik.

Garses: Engel der Erdgürtelzone, der die Qualität der Zeit (15° Steinbock) lenkt, belebt und beherrscht. Engel der Erdstrahlung.

Garuda: Der Name bedeutet im Sanskrit »göttliches Vogelwesen des lichten Prinzips«. Er trägt die Menschen höher.

Gati: Ein Daseinsgefährte der unterschiedlichsten Welten – sowohl der niederen als auch der Himmelswelten. Daseinsgefährten der niederen Welten werden als »duggati« bezeichnet, was »Leidensgefährte« bedeutet. Daseinsgefährten der himmlischen Welten werden als »Sugati« bezeichnet, was »Glücksgefährte« heißt.

Gaviel: Engel des Sommers. Hält die Kräfte des Sommers.

Gavreel: Engel des Friedens. Gehört zu den Legionen von Erzengel Uriel/Auriel.

Gedael: Ein Lenker der Gestirne, der im Buch Henoch erwähnt wird.

Gedayal: Mächtiges Engelwesen, das als ein Lenker der Gestirne im Buch Henoch erwähnt wird.

Gediel: Engel der Höhen und der Lüfte. Er ist dem Element Luft zugeordnet.

Gega, Gema, Gegega, Garieh, Gesa, Geswi, Godeah, Guru: Acht Lichtintelligenzen der Venussphäre, die die Gesetze von Anziehung und Abstoßung, des Plus- und Minusprinzips vermitteln. Sie senden die wirksamen göttlichen Tugenden der Liebe.

Geist des Heimes: Engelwesen, das, wenn es gerufen wird, seinen Schutzmantel um die Wohnung und das Haus legt. Er bewahrt die spirituelle und lichtvolle Atmosphäre des Heimes und erneuert dessen Energie.

Geister: Allgemeine Bezeichnung für übernatürliche und nichtkörperliche Wesen niederen Ranges, die im Unterschied zu den Göttern/Göttinnen nur über eine von den Göttern/Göttinnen gegebene begrenzte Macht verfügten. Es werden drei Arten von Geistern unterschieden: die guten, die neutralen und die bösen. Die guten Geister zählen zu den Engeln. Sie werden meist als Schutzgeister bezeichnet.

Geler: Engel der Sonnensphäre; hütet und kennt die Auswirkungen des magnetischen Fluidums in seiner reinsten und subtilsten Form und seine Auswirkung auf allen Ebenen des Universums.

Geliel: Engel, der das 22. Haus der 28 Häuser des Mondes beherrscht.

Gena: Engel der Sonnensphäre. Alle Arten der Strahlungen unterliegen diesem Lichtwesen.

Geniel: Engel, der das 1. Haus der 28 Häuser des Mondes beherrscht.

Genien: Römische Bezeichnung für »Schutzgeister« (Schutzengel). Genien sind die Schutzgeister des Hauses, der Familie, des Volkes, des Staates und eines jeden Ortes. Sie werden mit Flügeln dargestellt. Der Begriff Genien ist lateinisch und bedeutet »die angeborene Natur«. In der Kabbalah ist dies die Bezeichnung für Engel oder Äonen.

Gerachiel: Engel der Ungläubigen.

Geriola: Engel der Erdgürtelzone, der die Qualität der Zeit (6° Schütze) belebt, lenkt und beherrscht. Sendet die moralischen Tugenden. Lehrt die Wahrheit über das göttliche Gleichgewicht.

Gesegos: Engel der Erdgürtelzone, der die Qualität der Zeit (7° Waage) lenkt, belebt und beherrscht. Er weiht in die Geheimnisse des Holzes und der Bäume ein sowie von allem, was damit zusammenhängt.

Gewalten: Schützen den Himmel vor Dämonen und den Menschen vor Versuchungen.

Gezero: Engel der Erdgürtelzone, der die Qualität der Zeit (26° Schütze) belebt, lenkt und beherrscht. Lenker und Hüter des menschlichen Gewissens.

Ghasel: Engel des Urbanen (der Städte).

Gidaiyal: Laut Henoch einer der Engel, der die Gestirne lenkt.

Giel: Engel, der dem Sternzeichen Zwilling zugeordnet ist. Er fördert die Beweglichkeit von Körper und Geist.

Giria: Engel der Erdgürtelzone, der die Qualität der Zeit (14° Schütze) belebt, lenkt und beherrscht. Ihm untersteht das Geldwesen.

Girmil: Engel der Erdgürtelzone, der die Qualität der Zeit (5° Jungfrau) belebt, lenkt und beherrscht. Er hütet und beschützt alles, was mit Harmonie, Liebe und Schönheit zu tun hat.

Golema: Engel der Erdgürtelzone, der die Qualität der Zeit (8° Zwillinge) belebt, lenkt und beherrscht. Besitzt die Fähigkeit, hohe Weisheiten auf einfache und verständliche Art und Weise zu vermitteln und umzusetzen.

Golemi: Engel der Erdgürtelzone, der die Qualität der Zeit (10° Zwillinge) belebt, lenkt und beherrscht. Golemi vermittelt Gefühl und Wissen für alle Wesen. Er lehrt, Dinge und Wesen richtig zu beurteilen.

Golog (1): Engel der Erdgürtelzone, der die Qualität der Zeit (15° Widder) lenkt, belebt und beherrscht. Diese Lichtkraft bringt schnelle Hilfe bei Problemen und in Fragen höherer Qualität im wissenschaftlichen oder philosophischen Bereich.

Golog (2): Engel der Erdgürtelzone, der die Qualität der Zeit (11° Schütze) belebt, lenkt und beherrscht. Engel der Beschwörung und der wahren Macht des Wortes.

Golopa: Engel der Erdgürtelzone, der die Qualität der Zeit (24° Löwe) belebt, lenkt und beherrscht. Er lehrt die Beherrschung der Gedankenkraft und das Gesetz von Ursache und Wirkung.

Gomah, Goldro, Gesdri, Gesoah, Gescheh, Gehela, Gercha: Engelgruppe der Venussphäre, die die göttliche Vorsehung hüten. Hier wird die Entwicklungsgeschichte des Planeten Venus aufgezeichnet und kann über diese Engel abgerufen werden.

Gomognu: Engel der Erdgürtelzone, der die Qualität der Zeit (15° Fische) belebt, lenkt und beherrscht. Er ist Lehrer der universellen Sprache und des Gestikulierens.

Gormanel: Er untersucht die Dinge, um ihnen auf den Grund zu gehen, und überprüft sie. Er arbeitet mit Papier und Leder und bindet z. B. heilige Schriften.

Gralsengel: Laut der ursprünglichen Legende ist der Gral ein Stein der Engel, der vor alter Zeit von den Engeln auf die Erde gebracht wurde. Hohe Engelwesen, die sogenannten Gralsengel, haben ihn anfänglich selbst auf der Erde aufbewahrt und geschützt. Später wurde er von ihnen in die Obhut hoher, eingeweihter Menschen gegeben. Doch in gewisser Weise wachen die Engel immer noch über den Heiligen Gral, der sich zu bestimmten Zeiten, die für die Entwicklung des Menschen bedeutend sind, immer wieder kurz zeigt und dann wieder verschwindet.

Granona: Engel der Erdgürtelzone, der die Qualität der Zeit (26° Krebs) belebt, lenkt und beherrscht. Er ist das »Telefon« nach oben und verbindet den Menschen mit hohen Geisteskräften anderer Ebenen, Dimensionen und Sphären.

Graphiel: In der kabbalistischen und magischen Literatur ein Engel oder ein Genius der Marssphäre. Der Name kommt aus dem Hebräischen und bedeutet »der die Erde mitreißende Strom Gottes«. Er wird auch »Engel der Schwertscheide Gottes« genannt.

Gratiel: Engel der Märtyrer.

Gravreel: Engel des Friedens. Engel des Gleichgewichtes.

Grigori: Wächterengel.

Griemel: Hilft bei grüblerischen Gedanken, beruhigt diese.

Gubarel: Engel des Herbstes.

Guriel: Einer der leuchtenden himmlischen Großfürsten, die mit den Erzengeln regieren. Sein Name ist voll der Kraft des Göttlichen (JHVH). Engelfürst des göttlichen Lichtes und der Wahrheit (Kabbalah).

Haaiah: Einer der 72 Engel der Merkurzone. Er ist der Beschützer der Gerechtigkeit. Er offenbart die geheimen Trümpfe des Gegners und verhilft zu Diplomatie. Ihm ist Psalm 119, Vers 145 zugeordnet: »Erhöre mich! Herr, ich rufe von ganzem Herzen; deine Gesetze will ich halten.«

Haajoh: 26. Engel der 72 Engel Gottes. Er ist der geheime Himmel.

Hajoth: Auch Hayyoth oder Chajoth genannt. Sie werden in einigen Schriften der Kabbalah als vibrierende Geistwesen, die aus reiner Energie bestehen, beschrieben. Bei jedem Flügelschlag lobpreisen sie das allmächtige Göttliche.

Haamiah (1): Einer der 72 Engel der Merkurzone. Engel der Wunscherfüllung, der Glückseligkeit und der Zufriedenheit. Ihm ist Psalm 91, Vers 9 zugeordnet: »Denn der Herr ist deine Zuflucht, du hast dir den Höchsten als Schutz erwählt.«

Haamiah (2): Engel, der dem Wahrheitssucher auf seinem Weg hilft und ihn zu den Orten und Umständen führt, die seinem Wachstum dienen.

Habuiah: Einer der 72 Engel der Merkurzone. Engel der mystischen Naturwissenschaft, der kosmischen Gesetzmäßigkeiten und der Heilung. Ihm ist Psalm 106, Vers 1 zugeordnet: »Danket dem Herrn, denn er ist gütig, und seine Huld währet ewig.«

Hachamel: Engel der Erdgürtelzone, der die Qualität der Zeit (27° Skorpion) belebt, lenkt und beherrscht. Engel der Astronomie und Orientierung. Lehrt die Menschen, sich nach den Sternen zu orientieren. Führt den Menschen auf den rechten Weg und zur richtigen Zeit an den richtigen Ort.

Hachmaliel: Engel, der für alle chemischen Prozesse zuständig ist.

Hadcu: Engel der Erdgürtelzone, der die Qualität der Zeit (26° Widder) belebt, lenkt und beherrscht. Diese Lichtkraft übt einen günstigen Einfluss auf die verschiedensten Ebenen des Seins aus. Eine günstige Zeitzone, um mit anderen Kräften (auch Außerirdischen) in Kontakt zu kommen.

Hadraniel: Engel der Liebe. Gehört zu den Legionen des Erzengels Chamuel.

Hagomi: Engel der Erdgürtelzone, der die Qualität der Zeit (12° Fische) belebt, lenkt und beherrscht. Lehrt den Wahrheitssuchenden die Kunst des geistigen-Wanderns.

Hagonel: Engel, der im Dienste von Raphael steht.

Hagos: Engel der Erdgürtelzone, der die Qualität der Zeit (21° Stier) lenkt, belebt und beherrscht. Diese Lichtkraft weiht in die Mysterien des Göttlichen ein.

Hagus: Engel der Erdgürtelzone, der die Qualität der Zeit (11° Wassermann) belebt, lenkt und beherrscht. Lehrt, die wahre Reife eines Menschen zu erkennen.

Hahadu: Engel der Erdgürtelzone, der die Qualität der Zeit (20° Widder) belebt, lenkt und beherrscht. Unter dieser Lichtintelligenz ist die Wasserqualität vorherrschend. Sie fördern eine gesunde, aktive Intuition. Man nehme sich in dieser Zeit vor Verführungen und Süchten in Acht. Zeit der gesunden, aktiven Intuition.

Hahahel: Einer der 72 Engel der Merkurzone. Engel des höchsten Schutzes, des tiefen Glaubens und der Energiesteigerung. Ihm ist Psalm 120, Vers 2 zugeordnet: »Herr, rette mein Leben vor Lügnern, rette es vor falschen Zungen!«

Hahaiah: Einer der 72 Engel der Merkurzone. Er lehrt die Sprache der Symbole und umgekehrt, Ideen in Symbole zu kleiden. Er ist ein Initiator der höchsten Einweihungen in die Mysterien. Ihm ist Psalm 10, Vers 1 zugeordnet: »Herr, warum bleibst du so fern, verbirgst Dich in Zeiten der Not?« Wird auch als »Engel der heiteren Gelassenheit« bezeichnet.

Hahajel: Er ist das Ende des Kosmos. 71. Engel der 72 Engel Gottes.

Hahasiah: Einer der 72 Engel der Merkurzone. Engel der Mysterienwissenschaften, der Medizin und der Heilung. Ihm ist Psalm 104, Vers 31 zugeordnet: »Ewig währe die Herrlichkeit des Herrn; der Herr freue sich seiner Werke.«

Hahuiah: Einer der 72 Engel der Merkurzone. Er lehrt, gefährliche Tiere zu bändigen, kennt hohe Schutzformeln der Kabbalah und bewegt zu Eingeständnissen von Schandtaten jeglicher Art. Ihm ist Psalm 33, Vers 18 zugeordnet: »Doch das Auge des Herrn ruht auf allen, die ihn fürchten und ehren, die nach seiner Güte ausschauen.«

Haiamon: Engel der Erdgürtelzone, der die Qualität der Zeit (25° Waage) lenkt, belebt und beherrscht. Kennt die Mysterien des heiligen Tantras.

Haiel: Einer der 72 Engel der Merkurzone. Engel, der hilft und lehrt, Herr jeder Situation zu werden. Ihm ist Psalm 103, Vers 30 zugeordnet: »Ich will den Herrn preisen mit lauter Stimme, in der Menge ihn loben.«

Haja: Engel der Erdgürtelzone, der die Qualität der Zeit (1° Fische) belebt, lenkt und beherrscht. Kennt die Gesetze der Verdichtung.

Hajim: Engel des Herzens.

Hakamiah: Einer der 72 Engel der Merkurzone. Er hilft in Liebesangelegenheiten und bei Unfruchtbarkeit. Ihm ist Psalm 88, Vers 2 zugeordnet: »Herr, du Gott meines Heils, zu dir schreie ich am Tag und bei Nacht.«

Hallelujah: Mächtiger Engel der göttlichen Freude und der göttlichen Preisung.

Hamaliel: Hohes Engelwesen der Jupitersphäre. Er ist dem Tierkreiszeichen Löwe zugeordnet. Lehrt, hütet und überwacht alles, was mit der Macht und dem Beherrschen des Lebendigen zu tun hat. Gilt auch als Engelführer über das Tierkreiszeichen Jungfrau.

Hamliel: Engel, der alle chemischen Prozesse auf allen Ebenen kennt.

Hanael: Engel des Monats Dezember. Er bringt die Botschaften der Menschen sofort zu Gott. Er hilft dem Menschen, sich in der dunklen Jahreszeit vor der Dunkelheit zu schützen. Er ist der Lichtfunke der Finsternis und steht mit der Göttin Ishtar in Verbindung. Farbe: Gold, Dunkelblau/Indigo. Hilft in spirituellen Prozessen. Gilt auch als hohes Engelwesen der Jupitersphäre. Er ist dem Tierkreiszeichen Steinbock zugeordnet. Überwacht, hütet und leitet das karmische Urprinzip von Ursache und Wirkung im gesamten Universum. Engel der übergeordneten, umfassenden Sicht auf alles, was auf unserem Planeten vor sich geht.

Haniel: Elohim, bewacht das himmlische Reich der Urkraft. Sein Name bedeutet »Gottesseher« oder »Herrlichkeit Gottes«. Haniel herrscht über den Planeten Venus. In der Talismanmagie kann man ihn oft auf Liebesamuletten wiederfinden.

Hanok: Engel der Führung.

Harahel: Einer der 72 Engel der Merkurzone. Lehrt die Anwendung göttlicher Kräfte im Alltag. Ihm ist Psalm 113, Vers 3 zugeordnet: »Vom Aufgang der Sonne bis zu ihrem Untergang sei gelobt der Name des Herrn.«

Harahel: Hüter des geschriebenen Wissens.

Harajel: 15. Engel der 72 Engel Gottes. Er ist die Hilfe.

Hariel: Einer der 72 Engel der Merkurzone. Er hilft bei Anrufungen. Er lehrt, wie man sich bei Reisen durch die Sphären schützen kann. Er weiht in höheres Wissen ein. Ihm ist Psalm 94, Vers 22 zugeordnet: »Doch meine Burg ist der Herr, mein Gott ist der Fels meiner Zuflucht.«

Hariel: Engel der Haustiere.

Harkinon: Engel der Erdgürtelzone, der die Qualität der Zeit (17° Schütze) belebt, lenkt und beherrscht. Schützt alle

Verlassenen, Waisenkinder, Verstoßenen, Verachteten. Hilft dort, wo die göttliche Vorsehung es gestattet.

Harut: Engel im Islam. Er wurde von Allah aus Licht geformt und zusammen mit Marut auf die Erde geschickt. Sie verliebten sich jedoch in ein Menschenmädchen und ließen sich mit ihr ein. Zur Strafe wurden sie in einer Höhle bei Babylon an den Füßen aufgehängt. Seitdem lehren sie die Menschen die Zauberei.

Haseha: 3. Thronengel im 6. und 7. Buch Mose.

Hashmalim: Himmlische Wesen der Blitze, die die Atmosphäre von Verunreinigungen befreien.

Hasperim: Engel der Erdgürtelzone, der die Qualität der Zeit (3° Skorpion) belebt, lenkt und beherrscht. Engel des Selbsterhaltungstriebes.

Hatuny: Engel der Erdgürtelzone, der die Qualität der Zeit (12° Wassermann) belebt, lenkt und beherrscht. Wanderer und Führer auf vielen geistigen Ebenen.

Haurvatat: Weibliches Engelwesen aus dem Irak. Erzengel der Gesundheit und des Heilseins. Sie gehört zu den »unsterblichen Heilwirkenden« (Amesha Spentas). Sie ist der Schutzgeist/Schutzengel des Wassers. Ihr ist der 3. Monat geweiht.

Haven: Engel der Würde. Genius der 7. Stunde.

Hayoth ha Qodesh: Werden als die heiligen Wesen beschrieben, die die Lebenskraft der Schöpfung entwickeln (Kabbalah).

Hayyel: Einer der Engel der wilden Tiere.

Hazajel: 9. Engel der 72 Engel Gottes. Ist die Gnade Gottes.

Hechashjah: 51. Engel der 72 Engel Gottes. Er ist undurchdringlich und voller Geheimnisse.

Hehihel: 41. Engel der 72 Engel Gottes. Er ist dreieinig/dreifaltig.

He'el: Wird bei Henoch als ein Lenker der Gestirne erwähnt. Eine mögliche Bedeutung seines Namens ist »Gott lebt«.

Heiglot: Engel des Schnees. Genius der 5. Stunde.

Heilerengel/innerer Arzt: Engel der persönlichen Engelgruppe (siehe Kapitel »Die persönlichen Engel«). Wird auch »innerer Arzt« genannt. Hilft dem Menschen, wenn dieser erkrankt ist.

Heiliger Schutzengel: Das höhere Selbst des Menschen; das Licht selbst.

Heilschwester oder Engel der liebenden Fürsorge: Gehört zu der persönlichen Engelgruppe des Menschen (siehe Kapitel »Die persönlichen Engel«). Betet für des Menschen Seelenheil, versorgt ihn auf der Seelenebene.

Helali: Engel der Erdgürtelzone, der die Qualität der Zeit (4° Krebs) belebt, lenkt und beherrscht. Beherrscht die zwei großen Kräfte (z. B. männlich/weiblich) und ihre Auswirkungen auf die Natur.

Helayaseph: Engel, der in dem Buch Henoch zusammen mit weiteren Engeln (z. B. Hilujaseph oder Helujasaf) als Lenker der Gestirne erwähnt wird.

Helemmelek: Sein Name bedeutet »mein Gott ist König«. Laut Henoch regiert er über die heißen Jahreszeiten. Er ist einer der vier Engel der Jahreszeiten.

Helmis: Engel der Erdgürtelzone, der die Qualität der Zeit (5° Skorpion) belebt, lenkt und beherrscht. Er sorgt sich um alles, was mit der Milch zu tun hat. Er beschützt Mütter, die ihre Kinder stillen, Ammen und Säugetiere.

Heluyasaf: Überwacht die Jahreszeiten. Sein Name bedeutet »Gott fügt hinzu«. Er wird im Buch Henoch als einer der Lenker der Gestirne erwähnt (Hen. 82,17).

Henael: Engel des Suchens und des Findens.

Herich: Engel der Erdgürtelzone, der die Qualität der Zeit (15° Löwe) belebt, lenkt und beherrscht. Zeigt Harmonie und Disharmonie und die Beziehung zu allem, was ist.

Herkules: Elohim der blauen Strahlung (Disziplin, Struktur, Macht, siehe Kapitel »Die sieben göttlichen Lichtstrahlungen«).

Hermes: Geflügelter Götterbote der Griechen. Sein Bereich ist die Kommunikation.

Herochiel: 59. Engel der 72 Engel Gottes. Er durchdringt alles Stoffliche.

Herolde: Geflügelte Wesen der Assyrer und Babylonier.

Heros: Mächtiges Engelwesen des Vertrauens.

Herrschaften: Regeln die Pflichten der Engel. Sie sind Mittler der Gnade.

Hestiel: Engel der Versöhnung und Vergebung. Gehört zu den Legionen des Erzengels Zadkiel.

Hethetiel: Engel des Fluges und der Lüfte. Hilft bei allem, was mit Fliegen zu tun hat, z. B. bei Flugangst.

Hethitiel: Engel der richtigen Zusammensetzung von Energien durch Zahlen und Maße.

Hetitiel: Engel der Kombination.

Hibil: Iranischer Geist. Gehört zu den Lichtwesen der oberen Himmelsklasse (Mandäer), die Mana ruber umgeben und preisen. Gehört zu den Uthra. Er kämpft mit dem Dämon Krun und rettet alle frommen Seelen aus dessen Maul.

Hihaahah: 12. Engel der 72 Engel Gottes. Ist der Hort und die Zuflucht.

Hillaro: Engel der Erdgürtelzone, der die Qualität der Zeit (22° Schütze) belebt, lenkt und beherrscht. Engel der Gerechtigkeit.

Hilujaseph: Ein Engel, der über die Bewegung der Gestirne wacht. Kann auch gleichgesetzt werden mit Heayaseph.

Hipogo: Engel der Erdgürtelzone, der die Qualität der Zeit (20° Jungfrau) belebt, lenkt und beherrscht. Er ist der Meister des Wassers und der Fortbewegung im, auf und unter dem Wasser.

Hipolopos: Engel der Erdgürtelzone, der die Qualität der Zeit (15° Skorpion) belebt, lenkt und beherrscht. Engel aller Spiele, die von den Menschen auf dieser Erde gespielt werden.

Hlm Hml: Engel des Sonnenaufgangs und der Morgendämmerung.

Hmagl: Mächtiger Engel, der über die dichtere und festere Eigenschaft des Wassers gebietet (Verbindung zwischen Erde und Wasser).

Hnirx: Mächtiger Engel, der über das feurige Wasser (Verbindung aus Wasser und Feuer) gebietet.

Höllenengel: Gefallene Engel, die früher im Himmel lebten. Dadurch können sie leicht im Gewand eines Engels erscheinen, wodurch sie die Menschen täuschen und verführen. Viele Engel wurden im Mittelalter in die Hölle verbannt. Sie sind die Kräfte, die die Menschen aus dem göttlichen Licht in die Finsternis ziehen.

Hope: Archaii der weißen Strahlung (Reinheit, Unschuld, Neubeginn, siehe Kapitel »Die sieben göttlichen Lichtstrahlungen«).

Hoqmiah: 16. Engel der 72 Engel Gottes. Er ist das Beten und das innere Aufrichten bei Tag und bei Nacht.

Horaios: Einer der »Herrlichen Sieben« Erzengelnamen, beschrieben von Origenes.

Horasul: Engel der Erdgürtelzone, der die Qualität der Zeit (29° Skorpion) belebt, lenkt und beherrscht. Zeigt, wie Wasser bewusst nutzbar gemacht werden kann.

Horen: Engel der Griechen.

Horog: Engel der Erdgürtelzone, der die Qualität der Zeit (13° Löwe) belebt, lenkt und beherrscht. Hilft, die schwierigsten und dunkelsten Probleme zu lösen.

Horomor: Engel der Erdgürtelzone, der die Qualität der Zeit (11° Krebs) belebt, lenkt und beherrscht. Er ist ein Überträger der magischen Erleuchtung. Er kennt die Mysterien und kann den Menschen einweihen.

Hosun: Engel der Erdgürtelzone, der die Qualität der Zeit (15° Schütze) belebt, lenkt und beherrscht. Hüter aller Arten von Erziehungsmethoden.

Hru: Mächtiger Engel, der über die Werke geheimer Weisheiten gebietet.

Hsien: Chinesische Schutzpatrone der Kinder. Sie wirken aus dem geistigen Reich.

Htaad: Mächtiger Engel, der über die ätherisch luftigen Eigenschaften des Wassers gebietet (Verbindung aus Luft und Wasser).

Htdim: Mächtiger Engel, der über das reine und flüssige Wasser gebietet.

Hua: Racheengel, der Gut und Böse aus geistiger Sicht sehr klar zu unterscheiden vermag. Menschen, die ihn anrufen, erhalten von ihm die klare Kraft der Unterscheidung zwischen Gut und Böse in allen Bereichen des Seins.

Hyla: Engel der Erdgürtelzone, der die Qualität der Zeit (22° Stier) belebt, lenkt und beherrscht. Er kennt die Kräfte der beiden Pole und kann sie in der richtigen Art und Weise in Einklang bringen. Diese Lichtkraft hilft, seine Yin- (weiblich) und Yang-Kraft (männlich) ins Gleichgewicht zu bringen.

Hyniel: Engel der Marssphäre. Er ist dem Dienstag und dem Ostwind zugeordnet.

Hyris: Engel der Erdgürtelzone, der die Qualität der Zeit (19° Widder) lenkt, belebt und beherrscht. Unter dieser Lichtintelligenz ist die Kraft der Beeinflussung sehr groß.

Hyrmiua: Engel der Erdgürtelzone, der die Qualität der Zeit (26° Jungfrau) belebt, lenkt und beherrscht. Er ist der Behüter des menschlichen Bewusstseins der Erde.

I

Iahhel: Engel der Meditation und Kontemplation (inneren Einkehr).

Iahmel: Engel der Luft.

Iaoth: Der 6. Engel der »Herrlichen Sieben« aus dem Testament von Salomon.

Iblis: Einer der höchsten unter den gefallenen Engeln. Wird im Koran Luzifer gleichgesetzt. Er hat sich geweigert, Adam nach dessen Erschaffung aus Lehm zu verehren und wurde aus dem Himmel gestürzt. Seit dieser Zeit ist es seine Aufgabe, die Menschen in Versuchung zu führen.

Ichdison: Engel der Erdgürtelzone, der die Qualität der Zeit (27° Löwe) belebt, lenkt und beherrscht. Engel der Wunschverwirklichung.

Ieiazel: Einer der 72 Engel der Merkurzone. Engel, der die Fähigkeit der Materialisation und Entmaterialisation beherrscht. Engel der Erweiterung und Befreiung. Ihm ist Psalm 88, Vers 15 zugeordnet: »Warum, o Herr, verwirfst du mich, warum verbirgst du dein Gesicht vor mir?«

Ielahiah: Einer der 72 Engel der Merkurzone. Engel, der die Sinne beschützt, heilt und öffnet. Engel der Wunscherfüllung. Ihm ist Psalm 119, Vers 108 zugeordnet: »Herr, nimm mein Lobopfer gnädig an, und lehre mich deine Entscheidung!«

Igigi: Engel der Erdgürtelzone, der die Qualität der Zeit (11° Widder) belebt, lenkt und beherrscht. Es ist eine dynamisch stark wirkende Engelkraft. Diese Lichtkraft bewirkt dynamisches Voranstreben.

Igigu: Ein hoher Himmelsbote.

Ikarus: Engel des Asteroiden Ikarus. Macht für das göttliche Bewusstsein bereit. Prüft und warnt den Menschen im göttlichen Licht. Ihm unterstehen Scharen von Engeln.

Ikarusengel: Engel des Ikarus. Sie können mit dreifachen Flügelpaaren, starken Körpern, leuchtend gelben Augen und braun-roten Haaren wahrgenommen werden. Ihr Gewand fließt in den Farben gelb, orange, gold-glühend. Die Ikarusengel kommen am nächsten an die Sonnensphäre heran. Sie prüfen den Menschen, ob er bereit für das reine Bewusstsein ist. Immer wieder geben sie Prüfungen auf, die sehr hart sind und in denen der Mensch alles gewinnen oder alles verlieren kann. Sie stehen dem Menschen aber auch in Extremsituationen bei.

Ikon: Engel der Erdgürtelzone, der die Qualität der Zeit (24° Schütze) belebt, lenkt und beherrscht. Lehrt das Gleichgewicht zwischen Körper, Seele und Geist.

Ilmuth: Ein Engelmädchen, das auf den Lichtschiffen arbeitet. Sie soll von großer Schönheit sein und wird beschrieben als schwarzhaarig, von äußerst bescheidenem Wesen und von einem Leuchten umgeben.

Imamiah: Einer der 72 Engel der Merkurzone. Engel des Charismas, der Unterhaltung, des Frohsinns, des Humors und der Erheiterung. Ihm ist Psalm 7, Vers 18 zugeordnet: »Ich will dem Herrn danken, denn er ist gerecht; dem Namen des Herrn, des Höchsten, will ich singen und spielen.«

Imli: Engelgruppe, Erleuchtete. Sie stehen im Dienst der Vorbereitung zur Einweihung in höhere Mysterien.

Immanuel: Siehe unter »Emanuel«.

Inea, Ihom, Iomi, Ibladi, Idioh, Ischoa, Igea: Engelgruppe der Venussphäre mit der Aufgabe, die Liebe, die Schönheit und die Harmonie begreiflich zu machen und in die Sprache des Intellekts zu kleiden, damit die lichtvolle Energie dieser Sphäre auch hier Einfluss und Ausdruck findet.

Ingethel: Der Name bedeutet »der unsichtbar Wirkende«. Er ist überall zur Stelle, wo Diskretion erforderlich ist.

Irin: Die Bezeichnung für die »Engelprinzen«, der höchsten Stufe und himmlischen Reiche. Sie werden bei Henoch als ehrwürdige, geliebte, hohe, geehrte, wunderbare, lichtvolle und herrliche Wesen beschrieben.

Iris: Der Name bedeutet im Griechischen »Engel des Regenbogens«. Sie ist die Trösterin in der Not.

Irmano: Engel der Erdgürtelzone, der die Qualität der Zeit (30° Skorpion) belebt, lenkt und beherrscht. Engel, dem alles untersteht, was im Wasser lebt.

Ischim: Menschen, durch die die himmlischen Kräfte wirken. Sie werden auch als übernatürliche Menschen beschrieben.

Isda: Engel der Ernährung und der Nahrung.

Iseh, Isodeh, Idmuh, Irumiah, Idea, Idovi, Isill, Ismee: Engelgruppe der Venussphäre, die mithilfe von Ritualen und Zeremonien Freundschaft, Liebe, Sympathie und Harmonie auf allen Ebenen und in allen Dimensionen erzeugen.

Iserag: Engel der Erdgürtelzone, der die Qualität der Zeit (21° Jungfrau) belebt, lenkt und beherrscht. Er kennt die Geheimnisse des Glücks: Glück im Spiel, in der Liebe, im Beruf etc.

Isiaiel: Engel der Obstbäume und Früchte.

Isis: Ihr Name bedeutet »Stern der Nacht«. Sie ist eine ägyptische Göttin, wird aber auch als Mutter der Engel gedeutet. Sie hütet und bewahrt alle Geheimnisse.

Ismael: Der Name bedeutet »Gott hört«.

Isnirki: Engel der Erdgürtelzone, der die Qualität der Zeit (6° Zwillinge) belebt, lenkt und beherrscht. Lehrt die Medizin der Tiere sowie alle Fähigkeiten, die mit den Tieren zu tun haben.

Israfel: Engel des Lobgesangs und der Musik. Der 4. Engel der großen Engelfürsten aus der islamischen Überlieferung.

Israfil: Der Name bedeutet »der Brennende«. Er ist der Engel des Jüngsten Gerichtes. Er verherrlicht Allah und erschafft aus seinem Atem Millionen weitere Engel. Israfil schaut Tag und Nacht in die Hölle. Er weint so kummervoll, dass seine Tränen die Erde überschwemmen würden, wenn Allah ihren Fluss nicht eindämmen würde. Er ist der Engel der Musik. Seine Trompete hat die Form eines Tierhorns. Sie enthält Zellen wie die Honigwaben der Bienen. In diesen Zellen ruhen die Seelen der Toten.

Istrael: Auch Israel genannt. Er wird als ein Engel beschrieben, der Gott sehr nahe ist. Er gilt als Streiter des Göttlichen.

Istaroth: Engel der Erdgürtelzone, der die Qualität der Zeit (24° Waage) lenkt, belebt und beherrscht. Er ist ein Beschützer der Treue.

Isum: Sein Name bedeutet im Akkadischem »Botenengel«. Er ist den Menschen freundlich gesonnen und ein mächtiger Schutzengel der Kranken, sowie aller Menschen während der Nacht.

Ithuriel: Sein Name bedeutet »Entdeckung Gottes«. In John Miltons Buch »Das verlorene Paradies« ist er ein Cherubim, der mit Gabriel zusammen Zephon ausschickt, um Satan, der sich ins Paradies eingeschlichen hat, zu suchen. Dort wird er als Kröte, die am Ohr der schlafenden Eva hockt und ihr dunkle Gedanken einflößt, entdeckt. Durch die Berührung mit Ithuriels Speer zeigt sich Satan in seiner wahren Gestalt. In anderen Schriften wird Ithuriel als Schutzengel erwähnt. In der Magie gilt er als Symbol des höchsten Schutzes vor der dunklen Macht. Man findet seinen Namen oft auf Schutzamuletten jeder Art.

Iyasusael: Auch Ijasusael geschrieben. Der Name bedeutet »Gott ist Retter«.

Bei Henoch wird er mit vielen weiteren Engeln als Lenker der Gestirne erwähnt.

Izra'il: Einer der vier Erzengel des Islam. Sie wurden von Allah aus Licht geformt und dienen nach seinen Anweisungen. Sie wachen über die Taten der Menschen und schreiben diese auf.

Jabamiah: Einer der 72 Engel der Merkurzone. Engel der Zeremonie und Energiearbeit. Ihm ist Genesis, Vers 1 zugeordnet: »Im Anfang schuf Gott Himmel und Erde.«

Jabomajah: Er ist das schöpferische Wort und der 70. Engel der 72 Engel Gottes.

Jachil: Engel der Erdgürtelzone, der die Qualität der Zeit (3° Krebs) belebt, lenkt und beherrscht. Lehrt die Gesetze der Anziehung und der Liebe. Er kann zarte Liebe entflammen lassen.

Jachim: Engel des Sturmes.

Jael: Engel, der dem Sternzeichen Waage zugeordnet ist. Er fördert den Schönheitssinn und die Harmonie.

Jah-Hel: Einer der 72 Engel der Merkurzone. Engel, der hilft, die göttlichen Tugenden in sich zu verwirklichen. Schützt vor Schlangengift. Ihm ist Psalm 119, Vers 159 zugeordnet: »Sieh an, wie sehr ich deine Vorschriften liebe; Herr, in deiner Huld belebe mich!«

Jahoel: Er ist die Essenz und das höchste Ziel. 62. Engel der 72 Engel Gottes. Sein Name bedeutet »Jawe ist Gott«. Er wurde Abraham als Stärkung seiner Mission gesandt. Er führte Abraham in den Himmel, um ihn seinen Auftrag vor Gottes Thron schauen zu lassen.

Jahuel: Einer der leuchtenden himmlischen Großfürsten, die mit den Erzengeln regieren. Sein Name ist voll der Kraft des Göttlichen (JHVH). Er ist der Engelfürst des Karma und der Akasha-Chronik (Kabbalah).

Jahvesengel: Engel des göttlichen Antlitzes. Er erscheint als große Feuerflamme. Menschen können nicht in sein Licht schauen, da es so hell und so machtvoll ist.

Jajaregi: Engel der Erdgürtelzone, der die Qualität der Zeit (8° Stier) lenkt, belebt und beherrscht. Lehrt die Universalgesetze. Diese Lichtkraft fördert Inspiration und Wissenserweiterung im seelischen Bereich.

Jamaerah: Engel der Manifestation (Gestaltwerdung). Hilft, Wünsche wahr werden zu lassen.

Jamaih: Engel der Erdgürtelzone, der die Qualität der Zeit (25° Zwillinge) belebt, lenkt und beherrscht. Er kennt alle Religionen dieser Erde (die esoterischen und exoterischen) von Anbeginn der Zeit.

Jao: Einer der »Herrlichen Sieben« Erzengelnamen, beschrieben von Origenes.

Jazeriel: Engel, der das 13. Haus der 28 Häuser des Mondes beherrscht.

Jechavah: 33. Engel der 72 Engel Gottes. Er ist der Wissende aller Dinge.

Jehiel: Einer der Engel der wilden Tiere.

Jehoschuel: Sein Name bedeutet »der Herr ist heilig«. Er ist der Engel der Hilfe und Rettung und wird in größter Not angerufen.

Jehudiel: Der 7. Engel der »Herrlichen Sieben« der christlichen Gnostiker. Er ist der herrschende Prinz der himmlischen Ordnung. Sein Name bedeutet »lobpreiset Gott«.

Jehuiah: Einer der 72 Engel der Merkurzone. Er hilft in Zeiten schwerer Prüfungen. Er weckt Freundschaften und hilft, schnelle Lösungen für Probleme zu finden. Ihm ist Psalm 33, Vers 11 zugeordnet: »Der Ratschluss des Herrn bleibt ewig bestehen, die Pläne seines Herzens überdauern die Zeit.«

Jeiaiel: Einer der 72 Engel der Merkurzone. Er ist ein treuer Freund, Beschützer und Begleiter auf Reisen. Er sichert Erfolge und lehrt, wie man sich vor Unglücksfällen schützen kann. Ihm ist Psalm 121, Vers 5 zugeordnet: »Der Herr ist dein Hüter, der Herr gibt dir Schatten; Er steht dir zur Seite.«

Jeialel: Einer der 72 Engel der Merkurzone. Hilft, Kraft und Autorität zu steigern. Ihm ist Psalm 6, Vers 4 zugeordnet: »Meine Seele ist tief verstört, du aber, Herr, wie lange säumst Du noch?«

Jejajiel: 22. Engel der 72 Engel Gottes.Er ist die rechte Hand Gottes.

Jejeelel: 58. Engel der 72 Engel Gottes. Er ist der Erhöher des Lichtes.

Jejeziel: 14. Engel der 72 Engel Gottes. Sein Name bedeutet »er erfreut«.

Jekon: Sein Name bedeutet »mag das Höchste sich erheben«. Im Buch Henoch wird er als einer der Engel erwähnt, der Menschenfrauen beiwohnte und dadurch in Sünde fiel.

Jelahiah: 24. Engel der 72 Engel Gottes. Sein Name bedeutet »Er bleibt für immer und ewig«.

Jelajel: 2. Engel der 72 Engel Gottes. Er ist der Engel der Stärke.

Jeliel: Einer der 72 Engel der Merkurzone. Er steht sowohl für Sympathie, Beziehung und Freundschaft als auch für die gerechte Zuordnung des Besitzes. Er hilft z. B., Diebesgut zurückzubringen. Mit seiner Kraft kann man alle Sprachen der Welt verstehen. Er hilft, in Beziehungen Frieden zu schaffen. Ihm ist Psalm 22, Vers 4. zugeordnet: »Du aber, Herr halte dich nicht fern! Du, meine Stärke, eile mir zu Hilfe!«

Jenuri: Engel der Erdgürtelzone, der die Qualität der Zeit (21° Wassermann) belebt, lenkt und beherrscht. Lehrt den Gebrauch von Schutzmitteln und Schutzmaßnahmen.

Jeohe: Engel der Gaia.

Jephthael: Engel, der alle Gedankenarbeit verwaltet.

Jerathel: Einer der 72 Engel der Merkurzone. Er schützt den Menschen, indem er ihm zeigt, was seine Gegner im Sinn haben und wie er deren Angriffe bannen kann. Ihm ist Psalm 140, Vers 2 zugeordnet: »Rette mich, Herr, vor bösen Menschen, vor gewalttätigen Leuten schütze mich!«

Jeremia: Engel der Verkündigung des göttlichen Wortes.

Jeremiel: Siehe unter »Remiel«.

Jeronimus, Jeronimo: Sein Name bedeutet »heiliger Name«. Engel mit Posaune.

Jetrel: Einer der Engelanführer, die laut Henoch Menschenfrauen beiwohnten und dadurch in Sünde fielen.

Jezahel: 13. Engel der 72 Engel Gottes. Er ist der Jubel und die Freude über alle Dinge.

Jezalel: Einer der 72 Engel der Merkurzone. Er verhilft zu durchschlagenden Erfolgen in kreativen Berufen und zu einem klaren Verstand, schneller Auffassungsgabe, Schlagfertigkeit sowie Redegewandtheit. Ihm ist Psalm 98, Vers 4 zugeordnet: »Jauchzt vor dem Herrn, alle Länder der Erde, freut euch, jubelt und singt!«

Jgakys: Engel der Erdgürtelzone, der die Qualität der Zeit (25° Löwe) belebt, lenkt und beherrscht. Hilft bei der Erweiterung und Entfaltung des Bewusstseins.

Jibril: Der islamische Name für Erzengel Gabriel.

Jirthiel: 27. Engel der 72 Engel Gottes. Er ist der Erlöser und die Erlösung.

Joel: Engel, der bei Schlafstörungen hilft.

Jofiel: Einer der leuchtenden himmlischen Großfürsten, die mit den Erzengeln regieren. Sein Name ist voll der Kraft des Göttlichen (JHVH). Er ist der Engelfürst der Weisheit und der Anbetung (Kabbalah).

Jomyael: Sein Name bedeutet »Tag Gottes«. Er ist einer der Engel, die laut Henoch Menschenfrauen beiwohnten und dadurch in Sünde fielen.

Jonion: Engel der Erdgürtelzone, der die Qualität der Zeit (5° Steinbock) lenkt, belebt und beherrscht. Hüter aller jenseitigen Bereiche.

Jophaniel: Hohes Engelwesen der Jupitersphäre. Er ist dem Tierkreiszeichen Fische zugeordnet und hütet, lenkt und leitet das Urprinzip der Evolution. Er leitet den Aufstieg, die Reife und das Erwachen des Bewusstseins und gilt als Engel der menschlichen Evolution. Hilft, zu reifen und sich zu entwickeln.

Jophiel: Erzengel der zweiten goldgelben Strahlung (göttliche Weisheit, Frieden, siehe Kapitel »Die sieben göttlichen Lichtstrahlungen«).

Jophielsengel: Himmlische Heerscharen, die dem Erzengel Jophiel unterstehen und im Auftrag der Weisheit und des Friedens unterwegs sind.

Jrachor: Engel der Erdgürtelzone, der die Qualität der Zeit (14° Widder) belebt, lenkt und beherrscht. Diese Lichtkraft schenkt aktive Unterstützung der Ausdrucksfähigkeit (Schlagfertigkeit, Wort- und Redegewandtheit, Wissensvermittlung jeder Art).

Jromoni: Engel der Erdgürtelzone, der die Qualität der Zeit (15° Stier) lenkt, belebt und beherrscht. Kennt verborgene Schätze und verleiht Reichtum. Diese Lichtkraft hilft, sich dem Reichtum seiner Seele zu öffnen.

Ju Shou: Chinesisches Botenwesen. Sendbote des Himmelsgottes, der Strafe und Unheil verkündet. Er ist dem Herbst und der westlichen Himmelsrichtung zugeordnet.

Jugula: Engel der Erdgürtelzone, der die Qualität der Zeit (28° Widder) belebt, lenkt und beherrscht. Günstige Kraft, um mit Symbolen zu arbeiten. Diese Lichtkraft hilft, aktiv auf Symbole und Zeichen zu achten, die der eigenen Entwicklung dienen.

Julia: Elfenengelchen, das die verborgenen Schätze der Natur offenbart (Heilpflanzen, Goldadern, Wasseradern, Edelsteine usw.). Gehört zu den Engeln des Naturreiches.

Juno: Engel des Asteroiden Juno. Ihm dienen Scharen von Engeln, die die Energie der guten zwischenmenschlichen Beziehungen, Sympathien, Liebe und spirituellen Verbindungen auf die Erde senden.

Junoengel: Sie sind Juno zugeordnet und sind die Engel der zwischenmenschlichen Beziehungen jeder Art und jeder Form. Sie fördern die höchste Form der Liebe und regeln Beziehungsangelegenheiten zum Wohle aller. Sie werden als weibliche Engel dargestellt mit drei Flügelpaaren, weißblondem Haar, grünen, mandelförmigen Augen, und ihre Gewänder leuchten türkis, aquamarin, pink, kristallin, zartrosa. Sie sind dem Element Wasser, dem Mond und dem Sirius zugeordnet. Ihre Symbole sind die Perle und der Delfin.

Juri: Der Name bedeutet »kleine Lilie«. Er ist ein persönlicher Schutzengel.

Jvar: Engel der Erdgürtelzone, der die Qualität der Zeit (3° Löwe) belebt, lenkt und beherrscht. Lehrt, wie man seine Leidenschaften beherrschen und Herr über sich werden kann.

Ka-Geister: Sie findet man in der ägyptischen Mythologie. *Ka* bedeutet Lebensenergie. Die Ka-Geister sind Schutzgeister. Sie haben ein ewiges und zeitloses Sein. Wenn sie mit der Ka-Hieroglyphe angerufen werden, die mit abwehrend erhobenen Händen, deren Daumen sich in der Luft berühren, beschrieben wird, schützen sie gegen fremde Mächte und störende Einflüsse.

Kachina: Indianisches Luftwesen. Schutzgeist der Kinder. Meist ein Geist der Ahnen.

Kadischim: Hebräische Bezeichnung für Engel und weitere himmlische Wesen.

Kadmiel: Sein Name bedeutet »Vor Gott«. Er ist ein Engel, der Geburten begleitet. Er soll laut dem Buch Rasiel bei Geburten angerufen werden.

Kadushiel: Einer der leuchtenden himmlischen Großfürsten, die mit den Erzengeln regieren. Sein Name ist voll der Kraft des Göttlichen (JHVH). Er ist ein Engelfürst der Vollkommenheit und Verkündung (Kabbalah).

Kaerlesa: Engel der Erdgürtelzone, der die Qualität der Zeit (23° Fische) belebt, lenkt und beherrscht. Meister der Naturkunde.

Kaflesi: Engel der Erdgürtelzone, der die Qualität der Zeit (28° Zwillinge) belebt, lenkt und beherrscht. Lehrt alle Analogiegesetze von Körper, Geist und Seele.

Kagaros: Engel der Erdgürtelzone, der die Qualität der Zeit (7° Löwe) belebt, lenkt und beherrscht. Lehrt die Beziehung zwischen Natur und Mensch auf allen Ebenen. Kennt die Kräfte des Luftprinzips als Vermittler.

Kahetel: Einer der 72 Engel der Merkurzone. Lehrt die Naturmagie, die Wetterbeeinflussung und den Gebrauch des elektromagnetischen Fluidums. Ihm ist Psalm 95, Vers 6 zugeordnet: »Kommt, lasst uns niederfallen, uns vor ihm verneigen, lasst uns niederknien vor dem Herrn, unserem Schöpfer.«

Kaitiaki: Schutzgeister/Schutzengel der Maori (Ureinwohner von Neuseeland).

Kakabel: Engel der Sterne.

Kaliel: Einer der 72 Engel der Merkurzone. Lehrt die Formelmagie und Notrufe in schweren Zeiten. Er kennt die Bedeutung der Pflanzen und Edelsteine, lehrt das Wissen über sie, berät und zeigt, wie man sie magisch aufladen kann. Ihm ist Psalm 7, Vers 9 zugeordnet: »Herr, weil ich gerecht bin, verschaffe mir Recht, und tue an mir Gutes, weil ich schuldlos bin.«

Kalna: Ein kleines Engelmädchen mit blauen Augen und blonden Haaren. Engel, der auf Lichtschiffen arbeitet. Sie soll von überirdischer Schönheit, unvorstellbarer Anmut, Lieblichkeit und Güte sein. Sie trägt einen Fluganzug und gibt ein Leuchten von sich.

Kalote: Engel der Erdgürtelzone, der die Qualität der Zeit (16° Krebs) belebt, lenkt und beherrscht. Er sendet die göttlichen Tugenden und hilft, sie zu entfalten und zu leben.

Kama: Engel der Erdgürtelzone, der die Qualität der Zeit (24° Steinbock) lenkt, belebt und beherrscht. Lenkt Luft-, Wärme-, und Kälteströmungen. Bestimmt die Vorbedingungen zum Pflanzenwachstum.

Kamael: Seraphim, der das himmlische Reich der Macht hütet.

kama-loka-deva: Ist die Bezeichnung für die sechs Klassen der Himmelswesen der Sinneswelt im Buddhismus. Sie umfasst Hölle, Tierreiche, Gespensterreiche, Dämonenreiche, Menschenwelt und das sechsfache sinnliche Himmelsreich und seine Wesen (Devas).

Kami: Die Bezeichnung für die Geistwesen im japanischen Shintoismus, die der Natur das Leben geben und alles beseelen. Die Menschen sind von ihnen abhängig, und wenn sie beachtet und bedacht werden, so schützen und behüten sie den Menschen und führen ihn zu den Göttern in das Himmelreich. Es soll acht Millionen Kami geben. Zu ihnen gehören unter anderem Uji-kami (Sippenengel), Oya-gami (königlicher Schutzengel der himmlischen Vernunft oder Elterngeist), Iki-gami (lebendiger Kami, ein Mensch in dem ein Kami gegenwärtig ist, z. B. in Stiftern neuer Religionen) u. v. a. m.

Kami-kaze: Wind und Schutzgeist, der zum Sieg verhilft. Sein Beiname ist »Sieger des Krieges«. Als im 13. Jahrhundert in Japan die Mongolen einfallen wollten, kam Kami-kaze den Japanern zu Hilfe, indem er als heftig, plötzlich auftretender Taifun der Invasion von 15 000 Mann auf über 1000 Schiffen in wenigen Stunden ein Ende setzte.

Kamsiel: Einer der leuchtenden himmlischen Großfürsten, die mit den Erzengeln regieren. Sein Name ist voll der Kraft des Göttlichen (JHVH). Er ist ein Engelfürst des göttlichen Lichtes und des Gottesfunken (Kabbalah).

Kamual: Engel der Erdgürtelzone, der die Qualität der Zeit (19° Steinbock) lenkt, belebt und beherrscht. Überwacht Erze und Kohle.

Karasa: Engel der Erdgürtelzone, der die Qualität der Zeit (14° Jungfrau) belebt, lenkt und beherrscht. Karakas ist der Hüter der Heilgeheimnisse und der Schutzengel aller Menschen in Heilberufen (Ärzte, Chirurgen, Krankenschwestern etc.).

Karmael: Engel des Schicksals. Er kennt alle energetischen Zusammenhänge und Verstrickungen und die sich daraus ergebenden Ursachen. Hilft in karmischen Angelegenheiten.

Kasbeel: Auch Kesbeel geschrieben. Wird nach dem Buch Henoch als einer jener Engel beschrieben, die irdischen Frauen beiwohnten. Er soll vor seinem Fall nach dem geheimen Namen Gottes gefragt haben, um ihn für magische Zwecke und Machtgewinnung zu missbrauchen. Ihm wurde jedoch die Auskunft verweigert (Hen 69,13).

Kasdeya: Auch Kesdeya geschrieben. Wohnte laut Henoch irdischen Frauen bei. Er lehrte die Menschen dämonische Zaubermittel u. a. Praktiken zur Abtreibung.

Kasreyobu: Engel der Sonnensphäre. Kontrolliert die Qualität der Schöpfungen im gesamten Universum.

Kathachiel: Engel der Meditation und Einkehr. Gehört zu den Legionen der Archaii des Glaubens (Faith).

Kathim: Engel der Erdgürtelzone, der die Qualität der Zeit (3° Schütze) belebt, lenkt und beherrscht. Gebietet über alle Früchte dieser Erde.

Katzachiel: Engel der Einkehr und der Stille. Gehört zu den Legionen des Erzengels Zadkiel.

Kedumiel: Einer der leuchtenden himmlischen Großfürsten, die mit den Erzengeln regieren. Sein Name ist voll der Kraft des Göttlichen (JHVH). Er ist der Engelfürst der Gegenwart Gottes (Kabbalah).

Keel: Im Buch Henoch wird er als einer der Engel erwähnt, die die Gestirne lenken.

Kehethel: 8. Engel der 72 Engel Gottes. Sein Name bedeutet »der Bewundernswerte«.

Kelial: 18. Engel der 72 Engel Gottes. Er ist es wert, bedacht und angerufen zu werden.

Kemuel: Engel der Zerstörung.

Kerkutha: Nach dem apokryphen Bartholomäus-Evangelium Herrscher über die Südwinde.

Kesbetz: Hohes Engelwesen der Sonnensphäre. Sorgt für das Wachstum.

Kevakiah: Einer der 72 Engel der Merkurzone. Friedensstifter. Hilft, den grimmigsten Feind zum Freund werden zu lassen. Ihm ist Psalm 116, Vers 1 zugeordnet: »Ich liebe den Herrn, denn er hat mein lautes Flehen gehört.«

Keveqiah: 35. Engel der 72 Engel Gottes. Er ist der Jubel.

Kezefel: Auch Kezef geschrieben. Taucht in der jüdischen Legende als einer der Todesengel auf.

Kibigili: Engel der Erdgürtelzone, der die Qualität der Zeit (20° Krebs) belebt, lenkt und beherrscht. Er ist ein Schutzengel der Traumwelt.

Kikael: Engel, der die Geheimnisse und die Schöpfung hütet.

Kiliki: Engel der Erdgürtelzone, der die Qualität der Zeit (8° Krebs) belebt, lenkt und beherrscht. Kennt die Mysterien der Schwingungen, Vibrationen und des Rhythmus.

Kiliosa: Engel der Erdgürtelzone, der die Qualität der Zeit (27° Steinbock) lenkt, belebt und beherrscht. Engel, der in großen Nöten hilft.

Kindel: Engelgruppe des Schicksals. Hüter der Akasha-Chronik. Engel des Karmas (beschrieben von Flower A. Newhouse).

Kiramul katibin: Im Koran die arabische Bezeichnung für zwei Schreiberengel, die die Taten eines jeden Menschen notieren.

Kirek: Engel der Erdgürtelzone, der die Qualität der Zeit (9° Jungfrau) belebt, lenkt und beherrscht. Er ist der Engel, der die Geheimnisse des Immunsystems aller Ebenen kennt und aktiviert. Er kennt die Rezepte gegen Alter und Krankheit.

Kisiel: Straft laut Henoch die Völker mit einer Feuerpeitsche.

Klorecha: Engel der Erdgürtelzone, der die Qualität der Zeit (13° Fische) belebt, lenkt und beherrscht. Menschen, die sich nach Wahrheit und nach dem göttlichen Licht sehnen, werden von ihm angeleitet und geführt.

Kochbiel: Engel der besonderen Sternenkonstellationen. Kennt deren Bedeutung und Auswirkungen.

Königin der Engel: Bezeichnung für Mutter Maria.

Kofan: Engel der Erdgürtelzone, der die Qualität der Zeit (21° Skorpion) belebt, lenkt und beherrscht. Erfüllt alle aufrichtig ausgesprochenen und segenbringenden Herzenswünsche.

Kogid: Engel der Erdgürtelzone, der die Qualität der Zeit (10° Steinbock) lenkt, belebt und beherrscht. Leitet an auf dem Weg zur Erkenntnis.

Kohen: Engel der Erdgürtelzone, der die Qualität der Zeit (3° Fische) belebt, lenkt und beherrscht. Er lässt den Menschen in die Zukunft schauen und zeigt die Entwicklung der Technik.

Kokabeel: Einer der 200 im »Buch der Wächter« von Henoch beschriebenen Engel. Er stieg zu den Menschen hinab und verriet ihnen die Geheimnisse des Himmels. Er lehrte die Menschen die Astrologie. Er ließ sich mit Menschenfrauen ein und landete zur Strafe in der Hölle.

Kokbiel: Engel der Astronomie und Astrologie. Engel der Sterne.

Kolani: Engel der Erdgürtelzone, der die Qualität der Zeit (20° Zwillinge) belebt, lenkt und beherrscht. Er ist der Meister des Tanzes, des spirituellen Tanzes und der Kunst des Tanzens.

Komutiel: Engel der Tiere. Kann zum Schutz der Tiere angerufen werden.

Konfertiel: Engel der kosmischen Rhythmen vom Mikrokosmos bis zum Makrokosmos.

Konfitiel: Engel der Nahrung.

Konstantia: Archaii der goldgelben Strahlung (empfängliche Wahrheit, siehe Kapitel »Die sieben göttlichen Lichtstrahlungen«).

Koreh: Engel der Erdgürtelzone, der die Qualität der Zeit (17° Wassermann) belebt, lenkt und beherrscht. Hilft bei der Vergeistigung der göttlichen Tugenden.

Korneel: Ein Botenengel. Sein Name bedeutet »der Auserwählte«.

Kosem: Engel der Erdgürtelzone, der die Qualität der Zeit (1° Löwe) belebt, lenkt und beherrscht. Er lehrt das Feuerprinzip und dessen übertragene Anwendung auf Körper, Geist und Seele.

Kosirma: Engel der Erdgürtelzone, der die Qualität der Zeit (20° Wassermann) belebt, lenkt und beherrscht. Engel der besonderen Heilverfahren.

Kou Mang: Sendbote des Himmelsgottes, der Glück und langes Leben verkündet. Ihm ist der Frühling und die östliche Himmelsrichtung zugeordnet.

Ksiel: Straft Völker, wenn sie gegen das göttlich lebendige Gesetz verstoßen.

Kutkinnaku: Sein Name bedeutet »Heilsbringer« (sibir.). Er lehrte die Menschen Jagd und Fischfang und schenkte ihnen den Feuerbohrer und die Schamanentrommel. Er erscheint oft in der Gestalt eines großen Raben.

Kyriel: Engel, der das 20. Haus des Mondes beherrscht.

Kyriotetes: Geister der Weisheit. Weltenlenker, Herrschaften.

Labael: Engel des Fortbestehens, der Fortpflanzung und der Weiterentwicklung.

Lagiros: Engel der Erdgürtelzone, der die Qualität der Zeit (11° Waage) lenkt, belebt und beherrscht. Er hilft, die Gunst anderer zu gewinnen.

Lahatiel: Sein Name bedeutet »der Flammende«. Herrscht und wacht an den Toren des Todes.

Laila: Ein Engel aus der Kabbalah. Er schützt bei Geburten. Im jüdischen Volksglauben gilt er als Nachtdämon, vergleichbar mit Lilith.

Lajela: Er trägt die Seele des Kindes in den wachsenden Körper im Mutterleib.

Lamachael: Engel der Kraft und Stärke. Kann in Notsituationen angerufen werden. Mobilisiert die Energie sofort.

Lamiel: Einer der leuchtenden himmlischen Großfürsten, die mit den Erzengeln regieren. Sein Name ist voll der Kraft des Göttlichen (JHVH). Er ist der

Engelfürst des göttlichen Segens (Kabbalah).

Lanoiah: Einer der 72 Engel der Merkurzone. Engel der Genies. Hilft, neue Dinge zu erfinden und zu entwickeln. Verstärkt die Intuition und die Fähigkeit, Eingaben wahrzunehmen. Er kennt die Geheimnisse der kosmischen Klänge und Symphonien. Ihm ist Psalm 8, Vers 2 zugeordnet: »Herr, unser Herrscher, wie gewaltig ist dein Name auf der ganzen Erde, über den Himmel breitest du deine Hoheit aus.«

Laren: Römische Schutzgeister des Hauses.

Lariel: Engel der Beständigkeit.

Lauviah: Einer der 72 Engel der Merkurzone. Er kennt die magischen Bannformeln und verhilft zu erstaunlich leichten Lösungen bei schwierigen Problemen. Ihm ist Psalm 18, Vers 22 zugeordnet: »Es lebe der Herr! Mein Fels sei gepriesen. Der Gott meines Heils sei hoch erhoben.«

Lavemezhu: 25. Engelvorsteher der 28 Häuser der Mondsphäre. Er hütet und lenkt die Pflanzenwelt. Er nimmt Einfluss auf das Keimen und Wachstum der Pflanzen.

Laviaah: 17. Engel der 72 Engel Gottes. Engel des Wunderbaren.

Laviah: 11. Engel der 72 Engel Gottes. Soll erhöht werden.

Lehachiah: 34. Engel der 72 Engel Gottes. Engel der Gnade und der Mildtätigkeit.

Lehahiah: Einer der 72 Engel der Merkurzone. Beschwichtigt die Stürme und Winde, besonders auf Schiffsreisen. Ihm ist Psalm 131, Vers 3 zugeordnet: »Israel, harre auf den Herrn, von nun an bis in Ewigkeit!«

Lehrer/Engel des Lehrens: Gehört zu der persönlichen Engelgruppe. (siehe Kapitel »Die persönlichen Engel«).
Er zeigt den Menschen den richtigen Gebrauch des Willens und wie gewonnene Erkenntnisse im Alltag umgesetzt werden können.

Lehtiel: Einer der leuchtenden himmlischen Großfürsten, die mit den Erzengeln regieren. Sein Name ist voll der Kraft des Göttlichen (JHVH). Er ist der Engelfürst des Schutzes.

Leilael: Engel, der den Rhythmus der Beruhigung sendet.

Lekabel: Einer der 72 Engel der Merkurzone. Er fördert die Hellsichtigkeit, lehrt, wie man sich unsichtbar macht, und weist hervorragend in die Alchemie ein. Ihm ist Psalm 71, Vers 16 zugeordnet: »Ich will kommen in den Tempel Gottes, des Herrn, seine großen und gerechten

Taten allein will ich rühmen.« Er gehört auch zu den 72 Engeln Gottes. Dort ist er der Anweiser und Lehrer.

Lelahel: Einer der 72 Engel der Merkurzone. Er inspiriert zu kreativen Ausdrucksweisen und lehrt, Schutz, Talismane und Amulette mit Formeln aufzuladen. Ihm ist Psalm 9, Vers 12 zugeordnet: »Singet dem Herrn, Er thront auf dem Zion, verkündet unter den Völkern seine Taten«. Er gilt auch als 6. Engel der 72 Engel Gottes. Er ist der Lobenswerte, der seine Taten nennt. Er gehört zum Engelschor der Seraphim, hilft Charisma zu entwickeln, unterstützt Heilungsprozesse und verhilft zu innerem Gleichgewicht.

Leuviah: Einer der 72 Engel der Merkurzone. Hilft, Fehltritte auszugleichen und stärkt die Gedächtnisfähigkeit und Urteilskraft. Ihm ist Psalm 40, Vers 2 zugeordnet: »Ich hoffte, ja ich hoffte auf den Herrn. Da neigte er sich mir zu und hörte mein Schreien.«

Levanael: Engel des Mondes.

Levaniel: Engel der reinen Liebe.

Levum: Engel der Sonnensphäre. Urschöpfer des gesamten mystischen Wissens.

Lhomtab: Engel der Sonnensphäre. Hüter und Lenker des Gesetzes der Umwandlung im gesamten Universum.

Libaniel: Ein Seraphim. Er wird in Klopstocks »Messias« als Schutzengel des Apostels Philippus genannt.

Liboriel: Sein Name bedeutet »Gott opfern«, »Gott heiligen«. Er ist der Engel der Anbetung Gottes.

Libuel: Engel des Lehrens. Hilft bei Lernprozessen jeglicher Art und ist Erzengel Jophiel untergeordnet.

Lilia: Elfenengelchen, das die verborgenen Schätze der Natur offenbart (Heilpflanzen, Goldadern, Wasseradern, Edelsteine usw.). Gehört zu den Engeln des Naturreiches.

Liliel: Engel der Zartheit und der Zärtlichkeit.

Lilith: Sie wird als die »dunkle Seite des Mondes« bezeichnet. Angeblich war sie die erste Frau Adams, doch verließ sie ihn, weil sie sich ihm nicht beugen wollte. Sie erfuhr den heiligen Namen Gottes, der ihr große Macht verlieh, und verlangte Flügel. Sie wurde in die Hölle verbannt, weil sie ihr Leben selbst bestimmen, ihre Lust leben wollte und den göttlichen Kräften trotzte. In der Kabbalah ist sie die Gegenkraft des Reiches Malkut und des Engels Sandalphon. Sie gehört zu den vier Bräuten Satans.

Liriel: Engel der Weisheit. Gehört zu den Legionen von Erzengel Jophiel.

Liriell: Engel der Erdgürtelzone, der die Qualität der Zeit (6° Wassermann) belebt, lenkt und beherrscht. Er lehrt die kosmische Philosophie.

Liteviche: 23. Engelvorsteher der 28 Häuser der Mondsphäre. Er vermittelt die Macht und den Einfluss des Mondes. Er kann diese Macht übertragen, wenn es im Sinne der göttlichen Vorsehung ist und der Mensch einen bestimmten Reifegrad erlangt hat.

Livojah: 19. Engel der 72 Engel Gottes. Er eilt, um zu hören.

Liwet: Erfinderengel. Wird auch als »Engel der Liebe zur Idee« bezeichnet.

Losimon: Engel der Erdgürtelzone, der die Qualität der Zeit (7° Krebs) belebt, lenkt und beherrscht. Kenner und Hüter der Ur-Mysterien und der wahren Geschichte der Menschheit. Beherrscht die Kunst des Fliegens und der Leichtigkeit.

Lotifar: Engel der Erdgürtelzone, der die Qualität der Zeit (23° Steinbock) lenkt, belebt und beherrscht. Seine Aufgabe ist es, Menschen, die sich das Leben nehmen wollen, durch die Sendung des göttlichen Lichtes von ihrem Vorhaben abzubringen damit sie es noch einmal überdenken. Er kennt die Gesetze des Lebens.

Lotogi: Engel der Erdgürtelzone, der die Qualität der Zeit (18° Fische) belebt, lenkt und beherrscht. Kennt Methoden und Konzepte anderer Sphären.

Lovecraft: Engel des Herzens, der Herzenskraft.

Lubech: Hohes Engelwesen der Sonnensphäre. Überwacht das Feuerprinzip und das elektrische Fluidum auf allen Ebenen (Materie,- Astral-, Mentalebene), auf allen Planeten und in allen Sphären.

Lubuyil: Engel der Sonnensphäre. Er kennt und hütet das Prinzip des Elements Wasser in allen Ursachen- und Wirkungsbereichen im Universum.

Lumiel: Engel des Schabernacks.

Lumina: Weibliche Elohim des 2. goldgelben Strahls der Erleuchtung (siehe Kapitel »Die sieben göttlichen Lichtstrahlungen«).

Luminathron: Engel der Erleuchtung und Erlösung.

Lurchi: Engel der Erdgürtelzone, der die Qualität der Zeit (4° Widder) lenkt, belebt und beherrscht. Er festigt und stabilisiert die aktive Energie. Es ist die Zeit, diese aktivierte Energie auf das Ziel gerichtet zu halten.

Luzifer: Sein Name bedeutet »Lichtbringer«. Er war vor seinem Fall einer der höchsten Engelfürsten (Siehe Kapitel »Luzifer«).

M

Machajel: 64. Engel der 72 Engel Gottes. Er ist die belebende Kraft.

Machatan: Engel der Weisheit.

Machidiel: Er regiert den März (Widder).

Machoniel: Einer der leuchtenden himmlischen Großfürsten, die mit den Erzengeln regieren. Sein Name ist voll der Kraft des Göttlichen (JHVH). Er ist der Engel der göttlichen Stärke (Kabbalah).

Mächte: Wunderengel. Sie können in den Lauf des Weltgeschehens eingreifen.

Mächte: Auch als Kräfte bezeichnet. Im Griechischen *dynameis* und im Lateinischen *virtutes* genannt. In der Hierarchie der Engelschöre bilden die Mächte den 5. Chor. Sie sind im Bereich des Kosmos und der Menschheitsgeschichte am Wirken. Sie kümmern sich um die Planverwirklichung (siehe Kapitel »Aufbau der Himmlischen Hierarchien«).

Madimiel: Engel, der im Dienste von Erzengel Uriel/Auriel steht.

Mafalach: Engel der Erdgürtelzone, der die Qualität der Zeit (27° Zwillinge) belebt, lenkt und beherrscht. Er hilft, bestehende Probleme durch die richtigen Hinweise aus Schriften und Büchern zur richtigen Zeit zu lösen. Er führt den Wahrheitssuchenden zur richtigen Quelle.

Magelucha: Engel der Erdgürtelzone, der die Qualität der Zeit (18° Stier) lenkt, belebt und beherrscht. Steht in Verbindung mit dem Luft- und Wasserelement. Diese Lichtkraft hilft, jene Kräfte in sich in Balance zu bringen.

Maggid: Ein Engelwesen, das zu dem in Trance getretenen Mystiker spricht und ihm die Geheimnisse des Himmels offenbart. Auch eine gängige Bezeichnung für Wanderprediger.

Maggio: Engel der Erdgürtelzone, der die Qualität der Zeit (22° Krebs) belebt, lenkt und beherrscht. Er verbindet den Mensch mit seiner Göttlichkeit, mit seinem Christusbewusstsein und mit seiner ICH-BIN-Gegenwart.

Mahashiah: 5. Engel der 72 Engel Gottes. Er ist die Kraft auf der Suche nach Sicherheit und Stabilität.

Mahasiah: Einer der 72 Engel der Merkurzone. Er lehrt tiefe Weisheit und Heilung von Krankheiten durch die Beherrschung verschiedener kabbalistischer Methoden. Ihm ist der Psalm 34, Vers 5 zugeordnet: »Ich suche den Herrn, und er hat mich erhört, er hat mich all meinen Ängsten entrissen.« Gehört auch zu dem Engelchor der Seraphim (5. Hierarchie Gottes, auf einer Ebene mit den Elohim). Er sendet das spirituelle Licht. Hilft, bescheiden zu sein und Misserfolge zu verarbeiten.

Mahra: Engel der Erdgürtelzone, der die Qualität der Zeit (4° Löwe) belebt, lenkt und beherrscht. Er ist ein Meister der Elementarmagie.

Maktiel: Engel der Bäume.

Mala ak: Islamische Engel, die nach unterschiedlichem Rang und Klasse mit verschiedenen Aufgaben im Lichte Gottes eingeordnet sind.

Mala ika: Im Arabischen bedeutet der Name »Boten«. Engel, die nach unterschiedlichem Rang und Klasse mit verschiedenen Aufgaben im Lichte Gottes eingeordnet sind.

Mala'ak ha-Mawet: hebr. »Engel des Todes«. Sie kündigen den Tod an und führen ihn herbei.

Malacha: Engel der Erdgürtelzone, der die Qualität der Zeit (2° Widder) lenkt, belebt und beherrscht. Er kennt die Mysterien des Feuerreiches. Die Qualität der Zeit ist die aktiv gelenkte Energie; es ist die Zeitzone, die aktive Wirkungen hervorbringt.

Malachim: Sie sind die himmlischen Gesandten, die helfen, das Bewusstsein zu erhöhen.

Malahidael: Engel des Monats März und Regent des Frühlings. Farbe: Pastellgelb. Er erweckt die Lebenskräfte.

Malaika: Bezeichnung der Himmelsboten im Koran.

Malata: Engel der Erdgürtelzone, der die Qualität der Zeit (18° Waage) lenkt, belebt und beherrscht. Er kennt die Mysterien des Blutes.

Malku I-maut: Im Koran Bezeichnung für den Engel des Todes.

Malchidiel: Engel der Tapferkeit.

Malchjdael: Hohes Engelwesen der Jupitersphäre, dem Tierkreiszeichen Widder zugeordnet. Er überwacht den Willen und die Aktivität. Engel des Willens. Farbe: Rot.

Maldiel: Engel des Elementes Feuer.

Malequiel: Engel der Sicherheit.

Malik: Im Koran der Name eines Höllenwächters. Ihm sind 19 Engel als Gehilfen zugeteilt. Er ruft den Menschen, die ihn um Gnade anflehen, zu, dass sie für immer in der Hölle bleiben müssen, da sie verdammt sind.

Malkiel: Auch Milkiel oder Melkeyal geschrieben. Engel, der laut Henoch für die ersten 91 Tage des Jahres und die 1. Jahreszeit (ab März gerechnet), zuständig ist. Seine direkten Untergebenen sind Berkael, Zelebseel und Heluyasaf, denen wiederum Tausende von Engeln unterstehen. Er ist ein Engel des Aufbruchs und der neuen Taten und einer der leuchtenden himmlischen Großfürsten der Kabbalah.

Malphas: Kennt die Gedanken und Wünsche der Menschen und kann sie verraten. Wurde in die Hölle verbannt.

Malthiel: Sein Name bedeutet »Gott rettet«. Er hilft Menschen, die nach geistiger und spiritueller Erweiterung suchen.

Mammon: Engel der Gaia.

Manakel: Einer der 72 Engel der Merkurzone. Hilft, Disharmonien auszugleichen, die durch die Kräfte des Mondes entstanden sind. Ihm ist Psalm 38, Vers 22 zugeordnet: »Herr, verlasse mich nicht, bleibe mir nicht fern, mein Gott!« Gilt auch als Hüter der Wassertiere.

Manda d-Haije: Iranischer Geist. Gehört zu den Lichtwesen der oberen Himmelsklasse (Mandäer), die Mana ruber umgeben und preisen. Gehört zu den Uthra.

Mandäer: Dem Gnostizismus und Manichäismus verwandte Religionsgemeinschaft. Bereits im 1. Jahrhundert nachweisbar, besitzt heute 30 000 bis 40 000 Anhänger (Eigenangaben) im Iran und Irak.

Mankel: Engel der Wassertiere.

Manmes: Engel der Erdgürtelzone, der die Qualität der Zeit (3° Stier) lenkt, belebt und beherrscht. Er fördert und kennt die Kraft der Pflanzen. Unter dieser Lichtenergie ist es gut, sich mit dieser Kraft zu beschäftigen, z. B. durch Säen, Pflanzen, Hegen.

Manna: Engel der geistigen Nahrung.

Manuel: Der Name bedeutet »Gott ist mit dir«. Engel der Intuition und des Vertrauens.

Marbas: Lehrt die Verwandlung in andere Gestalt. Gilt als Dämon.

Marduk: Großer Engelfürst, der Babylon beschützte, die Ungeheuer von dort vertrieb und bekämpfte.

Maria: Himmelsmutter der grünen Strahlung (Schutz der Kinder, segnender Trost, siehe Kapitel »Die sieben göttlichen Lichtstrahlungen«).

Marienengel: Sie senden die göttliche Liebe und Gnade. Lauschen der Stimme des Herzens und schicken Trost.

Marut: Engel im Islam. Er wurde von Allah aus Licht geformt und mit Harut auf die Erde gesandt. Er verliebte sich jedoch in ein Menschenmädchen und ließ sich mit ihr ein. Zur Strafe wurde er in einer Höhle bei Babylon an den Füßen aufgehängt. Seitdem lehrt er die Menschen die Zauberei.

Marvik: Engel der Führung.

Masadu: Engel der Erdgürtelzone, der die Qualität der Zeit (16° Steinbock) lenkt, belebt und beherrscht. Engel der Sparsamkeit und des Vorrats für ungünstige Zeiten.

Mastema: Auch Mansemat geschrieben. Sein Name bedeutet so viel wie »feindlich«, »abstoßend«. Er soll ein Verderberengel gewesen sein, der beim Auszug der Israeliten die Erstgeburten der Ägypter erschlug.

Mataraon: Andere Schreibweise für Metatron.

Matarel: Einer der Engel des Regens.

Matariel: Engel der Tränen und des Regens.

Matriel: Einer der Engel des Regens.

Mayahuel: Engel des aus den Agaven gewonnenen Rauschtrankes.

Me: Sumerische, göttliche Kräfte der Weltordnung. Sie bewegen den Gang der Welt auf positive und negative Weise. Städte und Tempel haben ihre Me. Die Me beschützen alles, was ihnen untersteht.

Mearab: Engel der heiligen Schale. Symbol für den Westen und das Wasser. Er weiht in die Mysterien des Kelches ein. Ihm ist Erzengel Gabriel zugeordnet.

Mebahel: Einer der 72 Engel der Merkurzone. Er lehrt, Friedenspläne zu verwirklichen, Menschen und ihre wahren Absichten zu erkennen und Gerechtigkeit walten zu lassen. Ihm ist Psalm 9, Vers 10 zugeordnet: »So wird der Herr für den Bedrückten zur Burg, zur Burg in Zeiten der Not.« Er gilt als Wächter und Erhalter und gehört zu den 72 Engeln Gottes.

Mebaiah: Einer der 72 Engel der Merkurzone. Engel der Fruchtbarkeit und Unfruchtbarkeit. Ihm ist Psalm 102, Vers 13 zugeordnet: »Du aber, Herr, du thronst für immer und ewig; dein Name dauert von Geschlecht zu Geschlecht.«

Mechebbera: Engel der Erdgürtelzone, der die Qualität der Zeit (18° Löwe) belebt, lenkt und beherrscht. Er lehrt die Entsprechungen der körperlichen Ebene in Bezug zur Seelenebene.

Megalogi: Engel der Erdgürtelzone, der die Qualität der Zeit (30° Waage) lenkt, belebt und beherrscht. Kenner der Quellen und der heilenden Wirkung von Wasser.

Megiddon: Wird in Klopstocks »Messias« als Seraphim erwähnt, der der Schutzengel des Apostels Simon Kananäus war.

Mehabiah: Engel der Berge.

Meher: Engel des Lichtes und des Erbarmens. Er gibt der Seele während dunkler Zeiten Halt und tröstet diese. Engel im Zoroastrismus.

Mehiel: Einer der 72 Engel der Merkurzone. Beschwichtigt und beruhigt unbezähmbare Kräfte aller Art. Ihm ist Psalm 33, Vers 18 zugeordnet: »Doch das Auge des Herrn ruht auf allen, die Ihn fürchten und ehren, die nach Seiner Güte ausschauen.«

Meisterengel: Er gehört zur persönlichen Engelgruppe. Sendet die konzentrierte, göttliche Weisheit und verbindet mit anderen Engeln der Weisheit (siehe Kapitel »Die persönlichen Engel«).

Melachiel: Engel der kosmischen Ordnung. Gehört zu den Legionen von Erzengel Gabriel.

Melahel: Einer der 72 Engel der Merkurzone. Er ist ein Meister des Naturwissens und der Naturheilkunde. Des Weiteren schützt er vor großer Hitze. Ihm ist Psalm 121, Vers 8 zugeordnet: »Der Herr behüte dich, wenn du fortgehst und wiederkommst, von nun an bis in Ewigkeit.«

Melamo: Engel der Erdgürtelzone, der die Qualität der Zeit (2° Steinbock) lenkt, belebt und beherrscht. Engel der Macht.

Melathiel: Engel der Orientierung. Hilft, den rechten Weg zu finden.

Meleyal: Im Buch Henoch wird er als einer der Engel erwähnt, die die Jahreszeiten regieren. Er ist dem Herbst zugeordnet.

Melohel: 23. Engel der 72 Engel Gottes. Wendet Übel und Böses ab.

Menadel: Einer der 72 Engel der Merkurzone. Vermittelt astrologische Kenntnisse, befreit aus geschlossenen Räumen und lehrt die praktische Umsetzung des spirituellen Wissens. Ihm ist Psalm 26, Vers 8 zugeordnet: »Herr, ich liebe den Ort, wo dein Tempel steht, die Stätte, wo deine Herrlichkeit wohnt.«

Mendel: Engel des Trostes.

Mendial: 36. Engel der 72 Engel Gottes. Er ist der Ehrbare.

Menijim: Engel der Erde.

Mennolika: Engel der Erdgürtelzone der die Qualität der Zeit (28° Krebs) belebt, lenkt und beherrscht. Er ist das »Telefon« zu Gott.

Menqel: 66. Engel der 72 Engel Gottes. Er ist der Ernährer.

Mentiel: Engel der Gegenwart Christi. Er wacht über dem Altar der Kirche in Questhaven, USA.

Meriel: Engel des Meeres und der Seen.

Merki: Engel der Erdgürtelzone, der die Qualität der Zeit (28° Waage) lenkt, belebt und beherrscht. Alle im Wasser lebenden Tiere gehören in seinen Bereich.

Merraton: Andere Schreibweise für Metatron.

Mesah: Engel der Erdgürtelzone, der die Qualität der Zeit (16° Schütze) belebt, lenkt und beherrscht. Er kennt alle Sitten und Gebräuche seit Anbeginn der Menschheit.

Messijim: Engel des Feuers.

Metatron: Der Name bedeutet »der einen Thron neben Gott einnimmt«, Schöpfer. In der Magie wird er als »Herr der Sonnensphäre« bezeichnet. Höchster Engel der Kabbalah, der im Lebensbaum bei der Krone steht und dem Reich Kether zugeordnet ist. Er wird auch als »König der Engel« bezeichnet. Als Mensch wird er Henoch, »der Eingeweihte«, genannt. Er ist der Hüter des spirituellen Körpers.

Methaera: Engel der Erdgürtelzone, der die Qualität der Zeit (2° Löwe) belebt, lenkt und beherrscht. Er lehrt, wie man die Sonnenkräfte und das elektrische Fluidum in Einklang mit dem Göttlichen nutzbar machen kann.

Methrattin: Andere Schreibweise für Metatron.

Methusiel: Engel des Herrschertums.

Metosee: Engel der Erdgürtelzone, der die Qualität der Zeit (8° Wassermann) belebt, lenkt und beherrscht. Er verleiht Geschicklichkeit.

Mevamajah: 72. Engel der 72 Engel Gottes.

Mibahaiah: 55. Engel der 72 Engel Gottes. Sein Name bedeutet »er ist ewig«.

Michael: Der Name bedeutet »Wer ist wie Gott?«, »Wille Gottes«. Er ist Gott ähnlich (Erzengelhimmel). Er ist der 42. der 72 Engel Gottes, einer der wichtigsten Erzengel und der führende Erzengel dieser Zeit.

Michaelsengel: Himmlische Heerscharen, die dem Erzengel Michael unterstehen und im Auftrag des göttlichen Willens unterwegs sind. Sie setzen sich für das »Freischneiden« und »Freilegen« des göttlichen Lichtes ein und bekämpfen das »Übel«.

Miel: Engel der Merkursphäre. Er ist dem Mittwoch zugeordnet und verhilft zu schneller Kommunikation.

Miguel: Engel der Ausdauer, Geduld und Beharrlichkeit.

Mihael: Einer der 72 Engel der Merkurzone. Engel der starken Verbindungen und des Schutzes. Ihm ist Psalm 98, Vers 2 zugeordnet: »Der Herr hat Sein Heil bekannt gemacht und sein gerechtes Wirken enthüllt vor den Augen der Völker.«

Mihal: 48. Engel der 72 Engel Gottes. Er ist wie ein Vater.

Mihr: Engel der Zusammenführung von Gruppen. Engel der Erleuchtung.

Mikael: Einer der 72 Engel der Merkurzone. Engel der Intuition und Vorahnung. Ihm ist Psalm 121, Vers 7 zugeordnet: »Der Herr behüte dich vor allem Bösen, er behütet dein Leben.«

Mikael: Einer der vier Erzengel des Islam. Sie wurden von Allah aus Licht geformt und folgen seinen Anweisungen. Sie wachen über die Taten der Menschen und schreiben diese auf. Sie haben zwei bis vier Flügel.

Mikail: Der Name für Erzengel Michael im Koran, wird aber nur einmal erwähnt. Im Islam wird er als Meister der Seelenkenntnis und der Weisheit geschätzt, der auch die physische Welt erhält.

Mila: Eine Fee aus dem Reich der Naturwesen. Eine kleine Engelform der hilfreichen Geister des Göttlichen. Sie verrät das Geheimnis, wie man sich unsichtbar machen und sich damit schützen kann.

Milkiel: Er ist der führende Engel des Frühlings und kennt die Kräfte und Energien des Frühlings.

Milon: Engel der Erdgürtelzone, der die Qualität der Zeit (1° Steinbock) lenkt, belebt und beherrscht. Lehrt die Schicksalsbeherrschung.

Mimosah: Engel der Erdgürtelzone, der die Qualität der Zeit (21° Zwillinge) belebt, lenkt und beherrscht. Er ist der Hüter der Richter und kümmert sich um alles, was mit Rechtswissenschaft und Recht zu tun hat.

Minerva: Weibliche Elohim des goldgelben Strahls (starke, göttliche Bewusstheit, siehe Kapitel »Die sieben göttlichen Lichtstrahlungen«).

Mirachar: Engel des Frühlings.

Miren: Schicksalsgeister und Geburtsfeen, die den Lebensweg eines Neugeborenen bestimmen. Wenn sie in die Traumbilder von Schlafenden eintreten und dabei von deren Sorgen erfahren, helfen sie bei der Lösung selbst unmöglich erscheinender Aufgaben. Sie gehören zu den Engeln des Naturreiches.

Missabu: Engel, der Arcan beisteht. Er ist ein Engel der Lüfte, dem Montag zugeordnet.

Mithra: Engel im Iran. Engelsbote zwischen Himmel und Erde. Richter und Erhalter der Welt. Wird als schöner Jüngling dargestellt. Er ist der Ankündiger neuer Zeitalter und wurde in unterirdischen Katakomben verehrt. Zu seiner Zeremonie gehörten die Taufe und ein Mahl aus Brot und Wasser, Gläubige rieben sich mit Honig ein.

Mittron: Andere Schreibweise für Metatron.

Mitzrael: 60. Engel der 72 Engel Gottes. Er richtet die Unterdrückten wieder auf.

Mizariel: Engel, der die Materie beherrscht. Hilft bei Veränderungen von Materie. Engel der Wandlung auf allen Ebenen.

Mizkun: Engel der Amulette. Genius der 6. Stunde.

Mizrach: Engel des heiligen Schwertes oder des Dolches. Symbol für den Osten und die Luft. Er weiht in die Mysterien des Schwertes ein. Ihm ist Erzengel Raphael zugeordnet.

Mizrael: Einer der 72 Engel der Merkurzone. Engel der Geschicklichkeit und der Handfertigkeit. Ihm ist Psalm 145, Vers 17 zugeordnet: »Gerecht ist der Herr in allem, was er tut, voll Huld in all seinen Werken.«

Molabeda: Engel der Erdgürtelzone, der die Qualität der Zeit (2° Stier) lenkt, belebt und beherrscht. Kennt die Sexualmysterien. Diese Lichtkraft unterstützt ein Ansteigen der Liebeskraft.

Morael: Engel der Gottes- und Naturgesetze.

Morael: Engel des Friedens.

Morech: Engel der Erdgürtelzone, der die Qualität der Zeit (1° Widder) lenkt, belebt und beherrscht. Er verstärkt den Scharfsinn und die Intuitionsgabe. Er beherrscht die Feuerelemente und die Kraft der Elektrizität. Es ist die Lichtkraft des inneren Empfangens und aktiven Umsetzens.

Morgensterne: Engelbezeichnung im Buch Hiob.

Morilon: Engel der Erdgürtelzone, der die Qualität der Zeit (7° Zwillinge) belebt, lenkt und beherrscht. Er lehrt die Resonanzgesetze. Diese Zeit ist günstig, um alte Muster aufzulösen, die dem Menschen nicht mehr dienen.

Moroni: Ein Engel, der Joseph Smith erschienen ist. Nach dieser Engelbegegnung gründete er die Mormonenkirche.

Moschel: Engel der Erdgürtelzone, der die Qualität der Zeit (3° Jungfrau) belebt, lenkt und beherrscht. Er hütet die Künste der Erde und sendet künstlerische Begabungen.

Mtniel: Engel der wilden Tiere.

Mumiah: Einer der 72 Engel der Merkurzone. Er ist der Engel, der jeden Heiler anleitet, alle Arten des spirituellen Wissens in richtiger Weise anzuwenden und zu gebrauchen. Er ist der Ur-Initiator der heilenden Wissenschaften. Ihm ist Psalm 116, Vers 7 zugeordnet: »Komm wieder zur Ruhe, mein Herz! Denn der Herr hat dir Gutes getan.« Er gilt als Engel der Medizin.

Munkar: Engel im Islam. Er wurde von Allah aus Licht geformt und folgt seinen Anweisungen. Er prüft mit Nakir die Toten: waren sie gläubig und rechtschaffen, werden sie in das Paradies eingehen, waren sie es nicht, werden sie so lange geschlagen, wie es Allah gefällt.

Mupiel: Engel der Erinnerung.

Muriel: Engel des Monats Juni. Er hütet dessen Kräfte. Der Legende nach ist er die Kraft, die einen Teppich zum Fliegen bringt. Farben: Bernstein, Grün. Sein Name bedeutet übersetzt »Myrrhe«. Er ist dem Tierkreiszeichen Krebs zugeordnet. Engel im Dienste der göttlichen Liebe.

Murjel: Hohes Engelwesen der Jupitersphäre. Er ist dem Tierkreiszeichen Krebs zugeordnet. Er überwacht, leitet und hütet alles, was mit dem magnetischen Fluidum, dem Urelement Wasser und dem Gefühlsprinzip zu tun hat. Engel der Anziehung und des Magnetismus.

Munkar: Auch Monker genannt. Im Koran die Engel, die die Seelen der Toten am Eingang des Paradieses prüfen und untersuchen.

Murmlo: Engel, die den Wechsel des Wetters beeinflussen. Können Stürme und Wetterveränderungen herbeiführen.

Muzania: Einer der Hüter des Nordsterns.

Myrmo: Engel der Erdgürtelzone, der die Qualität der Zeit (2° Schütze) belebt, lenkt und beherrscht. Kennt die Geheimnisse des Dampfes.

Myrrhael: Engel der Orden und des Abendlandes.

Naaom: Herrlicher Engel, der über die feurige Substanz der Erde herrscht.

Nablum: Engel der Erdgürtelzone, der die Qualität der Zeit (1° Krebs) belebt, lenkt und beherrscht. Sendet beflügelnde Eingebungen.

Nachero: Engel der Erdgürtelzone, der die Qualität der Zeit (16° Waage) lenkt, belebt und beherrscht. Engel der Tiere. Ihm untersteht alles, was mit den Tieren zu tun hat.

Nadar: Engel der Wandlung.

Nadele: Engel der Erdgürtelzone, der die Qualität der Zeit (24° Widder) lenkt, belebt und beherrscht. Eine günstige Zeitzone zum Heilen auf allen Ebenen. Nadele beherrscht die Naturheilkräfte des Erdreiches und die Heilkräfte im Allgemeinen.

Nadjamael: Auch Nadjamel geschrieben. Engel des Friedens.

Naga: Engel der Erdgürtelzone, der die Qualität der Zeit (4° Wassermann) belebt, lenkt und beherrscht. Er ist die lichte Kraft des guten Urteilsvermögens und verfügt über Kombinationstalent.

Nagar: Engel der Erdgürtelzone, der die Qualität der Zeit (20° Skorpion) belebt, lenkt und beherrscht. Engel, der die Kunst kennt, Heilmittel auf vielfältige Art und Weise herzustellen.

Nagual: Ein Schutzgeist oder Engel, der sich in tierischer oder pflanzlicher Gestalt zeigt. Er schützt den Menschen, indem er ihn einhüllt.

Nahaliel: Engel der fließenden Ströme. Er hilft bei Gefahren aufgrund von Stromschnellen.

Nahimphar: Engel des Sommers.

Nakir: Engel im Islam. Er wurde von Allah aus Licht geformt und folgt seinen Anweisungen. Er prüft mit Munkar die Tode; nach dem Begräbnis suchen sie die Toten auf: Waren sie gläubig und rechtschaffend, werden ins Paradies eingehen, waren sie es nicht, werden sie so lange geschlagen, wie es Allah gefällt.

Nalvage: Engel, der mystische Wissenschaften lehrt und vermittelt.

Namalon: Engel der Erdgürtelzone, der die Qualität der Zeit (9° Schütze) belebt, lenkt und beherrscht. Er schützt die Mondsüchtigen und Geisteskranken und kennt die wahre Ursache von Krankheiten.

Nanael: Einer der 72 Engel der Merkurzone. Engel der Tierwelten und deren Beeinflussung. Er lehrt die Beherrschung der Tierwelt, der Elemente und des Astralkörpers. Ihm ist Psalm 119, Vers 75 zugeordnet: »Herr, ich weiß, dass deine Entscheide gerecht sind; du hast mich gebeugt, weil du treu für mich sorgst.« Er wirft die Stolzen nieder. Er ist auch der 53. Engel der 72 Engel Gottes.

Naniroa: Engel der Erdgürtelzone, der die Qualität der Zeit (24° Jungfrau) belebt, lenkt und beherrscht. Beschützt das Eigentum.

Narel: Sein Name bedeutet »Gott ist Licht«. Laut Henoch ist er einer der Engel, die die vier Jahreszeiten lenken. Narel schreibt man die Herrschaft über den Winter zu.

Nariel: Engel der Mittagswinde, der sanften Gespräche und des Geplauders. Auch »Engel des Trostes« genannt.

Nascela: Engel der Erdgürtelzone, der die Qualität der Zeit (6° Widder) lenkt, belebt und beherrscht. Er hilft bei der raschen Entfaltung der Kreativität. Diese Lichtkraft unterstützt die Entfaltung der Begabung.

Nasi: Engel der Erdgürtelzone, der die Qualität der Zeit (5° Stier) lenkt, belebt und beherrscht. Er kennt die Kräfte zur Verbesserung der Lebensqualität. Diese Lichtkraft hilft, sich diesen Kräften zu widmen.

Nathanael: Engel der menschlichen Evolution. Wirkt mit Engelgruppen im Dienste des Erwachens. Sein Name bedeutet »dem Gott gibt«.

Nathaniel: Hüter des Feuers.

Natolisa: Engel der Erdgürtelzone, der die Qualität der Zeit (16° Skorpion) belebt, lenkt und beherrscht. Beschützer der Bienen und des Honigs, »der Süße des Lebens«.

Nats: Tibetische Engel. Geister, die in der Nähe des Menschen leben.

Naumiel: Auch Nahumiel geschrieben. Ein Engel des Trostes. Sein Name bedeutet »Tröster ist Gott«.

Nautha: Er ist laut dem Bartholomäus-Evangelium der Herrscher über den Südwestwind.

Nboza: Herrlicher Engel, der über die luftige und feine Substanz der Erde herrscht.

Nearah: Engel der Erdgürtelzone, der die Qualität der Zeit (19° Fische) belebt, lenkt und beherrscht. Engel der Heilkunde, insbesondere der Zahnheilkunde.

Neciel: Engel, der das 11. Haus des Mondes beherrscht.

Neentel: Engel des Luftreiches. Sie gestalten das jahreszeitlich bedingte

Wettermuster (beschrieben von Flower A. Newhouse).

Negani: Engel der Erdgürtelzone, der die Qualität der Zeit (28° Wassermann) belebt, lenkt und beherrscht. Er eröffnet ungeahnte Möglichkeiten.

Nehemiael: Sein Name bedeutet »Getröstet hat der Herr«. Er ist ein Engel, der Hoffnung bringt.

Nekael: Laut Henoch einer der Anführer jener Engel, die irdischen Menschenfrauen beiwohnten und so in Sünde fielen.

Nelekael: Einer der 72 Engel der Merkurzone. Er führt den ehrlichen Wahrheitssucher zu einem Meister, weiht tief in mystisches Wissen ein und beflügelt die Fantasie. Ihm ist Psalm 31, Vers 15 zugeordnet: »Ich aber, Herr, ich vertraue dir, ich sage: Du bist mein Gott.«

Nelion: Engel der Erdgürtelzone, der die Qualität der Zeit (29° Wassermann) belebt, lenkt und beherrscht. Lehrt Gesetzmäßigkeiten.

Nelokiel: 21. Engel der 72 Engel Gottes. Sein Name bedeutet »Das bist allein du«.

Nemamiah: Einer der 72 Engel der Merkurzone. Engel der Umwandlung. Er hilft beim Gestaltwechsel und zeigt, wie man die Widerstandskraft erhöhen kann. Ihm ist Psalm 115, Vers 11 zugeordnet: »Alle, die ihr den Herrn fürchtet, vertraut auf den Herrn! Er ist für euch Helfer und Schild.« Er wird als »Engel der Kriegskunst« bezeichnet. Sein Name bedeutet »Er ist liebenswert«. Er ist der 57. Engel der 72 Engel Gottes.

Nephasser: Engel der Erdgürtelzone, der die Qualität der Zeit (21° Fische) belebt, lenkt und beherrscht. Engel, der Glück, Reichtum und Zufriedenheit bringt. Hütet die Schatzkammer des wahren Reichtums.

Neschamah: Engel der Erdgürtelzone, der die Qualität der Zeit (1° Schütze) belebt, lenkt und beherrscht. Er kennt das Geheimnis, mithilfe von Feuer und Wasser Metall zu stählen und zu härten.

Neshamah: Der Sitz der rein göttlichen Intuition. Hier walten die Engel oder guten Geister über das gesamte Dasein. Sie sind es, die uns führen und leiten, die uns die tiefsten Impulse unseres Lebens vermitteln und die unser Lebensmotor sind. Sie senden den Ruf des Erwachens, die Impulse des Schicksals und der Gnade, sich auf den Weg zu Gott zu machen. Neshamah ist gleichzeitig der Ort der höchsten Welten, der unauflösbaren Einheit mit Gott. Aus diesen heraus wirken jene hohen Engelwesen, die den Menschen anleiten.

Nibdai: Schutzengel des Flusses Jordan.

Nimalon: Engel der Erdgürtelzone, der die Qualität der Zeit (13° Krebs) belebt, lenkt und beherrscht. Hilft, die kosmische Sprache, die Sprache des Lichtes zu entwickeln und darüber mit anderen Wesen und Intelligenzen zu kommunizieren.

Nimmanarati-deva: Himmelswesen, das zu den sechs Klassen der Sinneswelt im Buddhismus gehört.

Nimtrix: Engel der Erdgürtelzone, der die Qualität der Zeit (15° Krebs) belebt, lenkt und beherrscht. Kennt die Geheimnisse der Schwingung und Dichte. Kann vollkommen mit diesen Kräften arbeiten.

Nin'insina: Großer weiblicher Schutzengel der sumerischen Stadt Isin. Sie beschützt die Bewohner der Stadt und bringt Heilung.

Nina: Großer Schutzengel der Stadt Nina bei Lagash.

Nisroc: Engel der Befreiung.

Nisroch: In John Miltons Buch »Das verlorene Paradies« trägt ein gefallener Engelfürst diesen Namen. In alten Zeiten war dies der Name für eine assyrische Gottheit, die mit Flügeln dargestellt wurde.

Nithael: Einer der 72 Engel der Merkurzone. Engel, der das Wissen über die Erde hütet und weitergibt. Engel des Glücks. Ihm ist Psalm 103, Vers 19 zugeordnet: »Der Herr hat seinen Thron errichtet im Himmel, seine königliche Macht beherrscht das All.« Er wird als »himmlischer König« bezeichnet und ist der 54. Engel der 72 Engel Gottes.

Nith-Haiah: Einer der 72 Engel der Merkurzone. Er ist ein mächtiger, strenger Wächter und Hüter der geheimen Mysterien. Ihm ist Psalm 10, Vers 1 zugeordnet: »Herr, warum bleibst du so fern, verbirgst dich in Zeiten der Not?« Als 25. Engel der 72 Engel Gottes wird er als »der Erweiterer«, »die Ausdehnung, die wunderbar ist« bezeichnet.

Nogah: Engel der Erdgürtelzone, der die Qualität der Zeit (4° Waage) lenkt, belebt und beherrscht. Er weiht in die Geheimnisse der Zeugungsfähigkeit, Fortpflanzung, Fruchtbarkeit, Unfruchtbarkeit, Impotenz etc. ein.

Nogahel: Engel der Venus.

Notiser: Engel der Erdgürtelzone, der die Qualität der Zeit (29° Jungfrau) belebt, lenkt und beherrscht. Notiser unterstehen Verstand und Wissen auf der grobstofflichen Ebene (das Sachwissen).

Nphra: Herrlicher Engel, der über die flüssige und feuchte Substanz der Erde herrscht.

Nroam: Herrlicher Engel, der über die dichte und feste Substanz der Erde herrscht.

Nudatoni: Engel der Erdgürtelzone, der die Qualität der Zeit (2° Krebs) belebt, lenkt und beherrscht. Kenner der Kräfte – besonders des Feuers unter der Erde. Kann zu verborgenen Schatzkammern der Erde führen.

Numon-popil: Sibirischer Schutz- und Hausgeist. Schutzengel der Blockhütten.

Nuriel: Hagelengel. Sein Name bedeutet »Feuer Gottes«. Man kann ihn des Öfteren auf Amuletten finden, die zum Schutz vor und als Gegenzauber zu Verwünschungen und Verfluchungen angefertigt wurden. Auch hilft er, die Worte Gottes besser zu verstehen und umzusetzen.

Nuriiel: Heilt Beziehungen, die am Erkalten und am Absterben sind.

Nus: Gnostisches Geistwesen. Engel des Verstandes, des Geistes, der Einsicht und der Sinne.

O

Obedomah: Engel der Erdgürtelzone, der die Qualität der Zeit (3° Zwillinge) belebt, lenkt und beherrscht. Wirkt auf dem Gebiet der Gesundheitswissenschaft. In dieser Zeitzone können die Anwendungen, die zur Heilung notwendig sind, leicht gefunden werden.

Obanddon: Er wird als Todesengel in Klopstocks »Messias« erwähnt.

Och: Engel der Mineralogie und Alchemie.

Odac: Engel der Erdgürtelzone, der die Qualität der Zeit (17° Löwe) belebt, lenkt und beherrscht. Er ist ein Initiator des kosmischen Liebesfeuers.

Odmiel: Engel der Intuition.

Oertha: Laut dem apokryphen Bartholomäus-Evangelium der Engelherrscher über den Ostwind.

Ofanim: Werden beschrieben als »drehende Räder«, die die Zyklen der Schöpfung und die Zeitenrhythmen bestimmen und regeln. Sie sind die Quelle von Gilgoul, dem Rad der Wiedergeburt und entsprechen der Engelklasse der Throne (siehe Kapitel »Der Aufbau der himmlischen Hierarchien«).

Ohriel: Engel des Langmuts.

Okki: Schutzengel der Indianer. Er verkörpert die außergewöhnliche Kraft und Macht in Naturdingen. Regenbogen, Steine, Wälder, Meere, das Feuer u. v. a. m. haben ein Okki zum Beschützer und Beherrscher.

Olaski: Engel der Erdgürtelzone, der die Qualität der Zeit (25° Jungfrau) belebt, lenkt und beherrscht. Er ist der Engel der Fortbewegungsmittel jeglicher Art. Beherrscht die Antriebskraft.

Olmiah: 4. Engel der 72 Engel Gottes. Er ist verborgen und stark.

Omael: Einer der 72 Engel der Merkurzone. Er weiht in die Kräfte des Tierreiches ein, in die mystische Anatomie, in die Mysterien der Geburt und Seelenwanderung. Ihm ist Psalm 71, Vers 5 zugeordnet: »Herr, mein Gott, du bist meine Zuversicht, meine Hoffnung von Jugend auf.«

Omah, Odujo, Obideh, Onami, Osphe, Orif, Obaneh, Odumi: Engelgruppe aus acht Engeln der Venussphäre, die denselben Machtbereich verwalten. Sie beherrschen das elektrische und magnetische Fluidum, mit dem man die Schwingung der Venussphäre erzeugen kann.

Omana: Engel der Erdgürtelzone, der die Qualität der Zeit (10° Waage) lenkt, belebt und beherrscht. Ihm untersteht alles, was mit Haaren und Frisuren zu tun hat, in allen Kulturen und zu allen Zeiten.

Ombael: Engel Afrikas.

Omibael: Engel der Mission.

Ongkanon: Engel der Interaktion.

Ongons: Mongolischer Haus- und Schutzgeist. Entspricht den Schutzengeln.

Onoel: Engel der Segnung.

Ooniemme: Engel des Dankes.

Ophaniel: Engel der Mondsphäre. Kennt alle Mysterien des Mondes. Engel der Gezeiten und des Mondes.

Ophanim: Nach Henoch Diener des Geistes der Wahrheit.

Ophanniel: Der Name bedeutet »Rad Gottes«. Engel des Mondes. Schützt Frauen und Mondsüchtige. Er führt Menschen zu den verborgenen, schönen Dingen der Nacht.

Ophar: Engel der Dunkelheit.

Ophis: Der Name bedeutet im Griechischen »Schlange«. Laut der Gnosis ein

Geistwesen, das Erkenntnisse vermittelt, die den Menschen vom Weltschöpfer vorenthalten werden.

Opilon: Engel der Erdgürtelzone, der die Qualität der Zeit (13° Widder) lenkt, belebt und beherrscht. Eine günstige Zeit für Unternehmungen, da diese Intelligenz Erfolg in Unternehmungen verstärkt.

Opollogon: Engel der Erdgürtelzone, der die Qualität der Zeit (7° Widder) lenkt, belebt und beherrscht. Er ist mit den Engeln der Mondsphären verbunden. Diese Lichtkraft fördert die aktive Arbeit mit der Mondenergie.

Ora: Geburtsfee und Schicksalsgeist in Albanien, sowie die persönliche Schutzpatronin eines jeden Menschen. Wenn ein Mensch feige ist, so kann sie ihm seinen Glücks- oder Lebensfaden durchschneiden.

Oramos: Engel der Erdgürtelzone, der die Qualität der Zeit (9° Krebs) belebt, lenkt und beherrscht. Er hilft, die inneren Sinne auszubilden. Kennt die Einweihungen und die Erweiterungen der Sinne, z. B. Hellsehen, Hellfühlen.

Oranir: Engel der Sommersonnenwende. Schützt vor dem bösen Blick.

Oreaden: Engelwesen, die die Verantwortung für die Evolution des Pflanzenreiches tragen.

Orienell: Engel der Erdgürtelzone, der die Qualität der Zeit (9° Stier) lenkt, belebt und beherrscht. Sendet Hilfsmethoden für kreative Ausdrucksformen. Diese Lichtkraft bedeutet Hilfe von Oben.

Orion: Elohim der rosa Strahlung (freie Energie, siehe Kapitel »Die sieben göttlichen Lichtstrahlungen«). In der griechischen Mythologie ein Jäger, der den Plejaden nachjagte und deshalb aus dem Himmel verbannt wurde. In Klopstocks »Messias« ein Seraphim, der der Schutzengel von Apostel Petrus ist.

Oriphiel: Erzengel. Gleichbedeutend mit Erzengel Jophiel. Engel der Weisheit. Seinen Namen findet man des Öfteren auf Amuletten, die tiefe Weisheiten und geistige Schätze zugänglich machen sollen. Für die Alchemisten Agrippa von Nettesheim und Paracelsus ist er einer der wichtigsten Engel.

Orisha: Eine Gruppe von 401 gütigen Himmelswesen der Yoruba in Nigeria. Sie werden zu vielen Anlässen gerufen.

Ornion: Engel der Erdgürtelzone, der die Qualität der Zeit (22° Waage) lenkt, belebt und beherrscht. Meister der Deutung des Charakters und derWesenszüge des Menschen.

Oromonas: Engel der Erdgürtelzone, der die Qualität der Zeit (21° Widder) lenkt, belebt und beherrscht. Freigiebigkeit und Großzügigkeit sind in dieser Zeitzone unter dieser Lichtintelligenz gegeben. Bei unbeherrschten Menschen kann es passieren, dass sie sich unter dem Einfluss dieser Zeitzone Dinge zulegen, die sie gar nicht benötigen.

Orphiel: Engel der Wildnis. Er ist der Verwalter der Welt und wurde bei vielen magischen Ritualen angerufen. Er steht in Verbindung mit der Weisheit der göttlichen Natur. Er ist ein Engel, der die spirituellen Kräfte der Kontemplation, Meditation und Stille fördert und hilft, die eigene göttliche Natur zu entfalten. Er steht auf der Stufe der Erzengel.

Orro, Oposah, Odlo, Olo, Odedo, Omo, Osaso: Der Aufgabenbereich dieser Lichtintelligenzen der Venussphäre ist es, die göttlichen Harmoniegesetze im Pflanzen- und Tierreich zu verwirklichen. Sie überwachen und regeln die Fortpflanzung und das Gedeihen des göttlichen Lebens auf allen Planeten.

Orthon: Deckname eines hohen Engelwesens, das auf Lichtschiffen arbeitet. George Adamski, der große Ufo-Forscher, berichtet davon.

Orula, Osoa, Owina, Obata, Ogieh, Obche, Otra: Eine Engelgruppe der Venussphäre, die für die Fruchtbarkeit von Mann und Frau, für den Frieden und für das Eheglück zuständig ist.

Osael: Einer der Zornschalen-Engel. Eine seiner Aufgaben ist es, instabile Situationen herbeizuführen, damit die göttlichen Kräfte wirken können.

Osanel: Sein Name bedeutet »der Hilfebringende«, »der Heilende«. Er gehört zu den Legionen des Erzengels Raphael und wird in Not und bei Heilbehandlungen gerufen.

Othriel: Sein Name bedeutet »Er ruft Gott an«. Engel, der oft in Gebeten angerufen, oder auf Amulette geschrieben wird, um Angelegenheiten jeder Art unter göttliche Führung zu stellen.

Oryoch: Sein Name bedeutet »Gott ist Licht«. Er ist einer der Wächter der im Himmel aufgezeichneten Schriften der Akasha-Chronik.

Pachadiel: Engel der Tiere.

Padidi: Engel der Erdgürtelzone, der die Qualität der Zeit (4° Zwillinge) belebt, lenkt und beherrscht. Er hat die Gabe, Kunst und Schönheit im Sein zum Ausdruck zu bringen. Er inspiriert die Menschen, sich über die Kunst auszudrücken.

Pafessa: Engel der Erdgürtelzone, der die Qualität der Zeit (14° Stier) lenkt, belebt und beherrscht. Unterstützt die Kräfte der Erde. Diese Lichtkraft fördert Stabilität und Beständigkeit.

Pagalusta: Engel der Erdgürtelzone, der die Qualität der Zeit (26° Löwe) belebt, lenkt und beherrscht. Er weist in magisches Wissen ein.

Paguldez: Engel der Erdgürtelzone, der die Qualität der Zeit (13° Stier) lenkt, belebt und beherrscht. Er kennt die Naturkräfte. Diese Lichtkraft hilft, die Kräfte der Natur in sich aufzunehmen.

Pahaliah: Einer der 72 Engel der Merkurzone. Er lehrt die ewig gültigen kosmischen Gesetze. Er weiht den Menschen in die göttliche Mystik ein, erklärt den Wert der Askese und des inneren Gleichgewichtes. Ihm ist Psalm 120, Vers 2 zugeordnet: »Herr, rette mein Leben vor Lügnern, rette es vor falschen Zungen!«

Pallas: Engel des Asteroiden Pallas. Ihr dienen Scharen von Engeln, die die Lichtfunken und Geistblitze der Inspiration und plötzlichen Eingebungen sind.

Pallasengel: Die Engel der Pallas. Sie werden oft mit dreifachen Flügelpaaren, glattem dunklem Haar, violetten Augen und graziler Gestalt beschrieben. Ihr Gewand schillere in den Farben Blau, Silber, Weiß und Violett. Die Engel der Pallas sind die Augen der Wahrheit, die jede Lüge sofort durchschauen. Sie helfen, still und ruhig zu werden und die göttlichen Eingebungen zu empfangen. Sie unterstützen die Kommunikation mit dem Göttlichen.

Panari: Engel der Erdgürtelzone, der die Qualität der Zeit (19° Skorpion) belebt, lenkt und beherrscht. Meister der Metallverbindungen.

Pandorael: Engel der Gaben und Geschenke.

Panfodra: Engel der Erdgürtelzone, der die Qualität der Zeit (10° Wassermann) belebt, lenkt und beherrscht. Fördert die geistigen Methoden.

Palomael: Engel, der Frieden bringt. Er gehört zu den Legionen des Erzengel Gabriels. Sein Name bedeutet so viel wie »Taube Gottes«.

Pantasaron: Engel der guten Laune, des Feierns und der Freude.

Papus: Engel der Medizin, Genius der ersten Stunde.

Parachmo: Engel der Erdgürtelzone, der die Qualität der Zeit (20° Steinbock) lenkt, belebt und beherrscht. Er kennt sämtliche Heilkräuter und lehrt, sie richtig zu sammeln und anzuwenden.

Parioch: Engel der Akasha-Chronik; er hütet mit anderen Engeln die Schriften, die im Himmel aufgezeichnet sind.

Pariuch: Ein Engel, der mit der Aufgabe betraut ist, die Schriften im Himmel zu bewahren. Engel der Akasha-Chronik.

Parkaduel: Engel des Friedens. Gehört zu den Legionen von Erzengel Jophiel.

Parmasa: Engel der Erdgürtelzone, der die Qualität der Zeit (6° Waage) lenkt, belebt und beherrscht. Er ist der Meister des Frohsinns und des Humors.

Paruch: Engel der Erdgürtelzone, der die Qualität der Zeit (5° Löwe) belebt, lenkt und beherrscht. Unterrichtet die praktische Anwendung der ewig gültigen Gesetze.

Paruchu: Engel der Erdgürtelzone, der die Qualität der Zeit (7° Steinbock) lenkt, belebt und beherrscht. Engel der Inszenierung. Inspiriert zu Dramen, Trauerspielen und Tragödien.

Parymet: 14. Thronengel im 6. und 7. Buch Mose.

Paschan: Engel der Erdgürtelzone, der die Qualität der Zeit (19° Löwe) belebt, lenkt und beherrscht. Lehrt den Weg der Heilung.

Paschar: Engel der Illusion.

Paschy: Engel der Erdgürtelzone, der die Qualität der Zeit (13° Zwillinge) belebt, lenkt und beherrscht. Vermittelt die Gabe der Diplomatie in allen Angelegenheiten.

Pasiel: Engel der inneren Stärke. Ist dem Sternzeichen Fisch zugeordnet.

Passachiel: Einer der Zornschalen-Engel. Einer seiner Aufgaben ist es, plötzliche Umstürze zu bringen, die gewaltvoll sein können.

Patäk: Ägyptische Schutzengel der Geburt. Schützen vor bösen Tieren.

Patasaron: Engel der Freundschaft.

Pavagigar: Engel des strahlenden Lichtes.

Pazifika: Weibliche Elohim der rubinroten Strahlung (Stille, siehe Kapitel »Die sieben göttlichen Lichtstrahlungen«).

Peace: Mächtiges Engelwesen des Friedens.

Peekah: Engel der Erdgürtelzone, der die Qualität der Zeit (3° Waage) lenkt, belebt und beherrscht. Weiht in die Zubereitung von Speisen ein.

Pejul: Sibirische Schutzengel der Tiere. Erscheinen in der jeweiligen Gestalt ihrer Schützlinge. Helfen auch dem Jäger bei der Jagd, indem sie bestimmte Tiere dafür freigeben.

Peliel: Engel der Erziehung. Hilft in allen Erziehungsfragen.

Penaten: Engel der Nation, die verschiedene Dienste ausführen und auf unterschiedlichen Entwicklungsstufen stehen (beschrieben von Flower A. Newhouse).

Penemue: Einer der Engel, die laut Henoch den Menschenfrauen beiwohnten. Er lehrte die Menschen das Schreiben mit Tinte.

Pentee: Engel, die zuständig sind für die Entwicklung der Fische. Gehören zu den Engeln der Natur.

Penuel: Sein Name bedeutet »Angesicht Gottes«. Er soll einer der vier Engel sein, die um Gottes Thron stehen und derjenige, der mit Jakob rang.

Peralit: Engel der Erdgürtelzone, der die Qualität der Zeit (5° Zwillinge) belebt, lenkt und beherrscht. Er ist ein Kenner der Übergänge von Leben und Tod. Er hilft dabei, diese zu meistern und den Zeitpunkt dafür zu erkennen.

Peresch: Engel der Erdgürtelzone, der die Qualität der Zeit (1° Jungfrau) belebt, lenkt und beherrscht. Er verleiht Ausdauer und Zähigkeit und den Blick aus der übergeordneten Perspektive auf die Vorgänge der Erde.

Peri: Albanische Feen und Schutzgeister der Berge. Sie sind von großer Schönheit und erscheinen in duftigen weißen Kleidern. Sie gehören zu den Engeln der Natur.

Pestengel: Gehören zur gerechten Strafe Gottes. Sie walteten besonders im Mittelalter. Sie gehören zu den Legionen des Erzengel Uriel/Auriel.

Petuno: Engel der Erdgürtelzone, der die Qualität der Zeit (18° Schütze) belebt, lenkt und beherrscht. Er ist der Schirmherr aller Jäger und Fänger.

Phael: Engel des Rates.

Phanuel: Sein Name bedeutet so viel wie »Angesicht Gottes«. Er ist der Beschützer der Menschen, die das ewige Leben besitzen. Seine Aufgabe ist es, die Dämonen abzuwehren, die die Menschen vor Gott anklagen wollen.

Phehiljah: 20. Engel der 72 Engel Gottes. Erlöser und Befreier.

Philemon: Sein Name bedeutet »der Liebende«. Schutzengel und Seelenführer von C. G. Jung.

Phoenix: Nach Henoch Diener des Geistes der Wahrheit. Fördert Erneuerung, Auferstehung.

Phorlakh: Engel des Pentakels (Erde). Behütet und beschützt die Arbeit mit dem heiligen Prinzip des Pentakels. Engel des verborgenen Lichtes und der Erde.

Phul: Engel des Wassers.

Pigios: Engel der Erdgürtelzone, der die Qualität der Zeit (15° Zwillinge) belebt, lenkt und beherrscht. Fördert, inspiriert und unterstützt schriftstellerische, poetische und dichterische Arbeiten.

Plagiguel: Engel der Erfüllung und Vollendung.

Pliroki: Engel der Erdgürtelzone, der die Qualität der Zeit (6° Krebs) belebt, lenkt und beherrscht. Er übermittelt sofort Botschaften, selbst über die weiteste Entfernung. Kennt die Mysterien.

Poiel: Einer der 72 Engel der Merkurzone. Engel der Lebenserhaltung. Hilft bei allem, was der Mensch zum irdischen Leben braucht. Ihm ist Psalm 145, Vers 14 zugeordnet: »Der Herr stützt alle, die fallen, und richtet alle Gebeugten auf.«

Pomanp, Pitofil, Pirmen, Piomal, Piseph, Pidioeh, Pimel: Engelgruppe der Venussphäre, die die göttliche Weltordnung im Universum, die Gesetzmäßigkeiten, die symbolische Verschlüsselung der Venusenergie und die Gesetze der Liebe in allen Formen lehrt.

Pomelion: Engel des Friedens.

Poojael: 56. Engel der 72 Engel Gottes. Er unterstützt alle Dinge.

Porascho: Engel der Erdgürtelzone, der die Qualität der Zeit (8° Fische) belebt, lenkt und beherrscht. Unterstützt Schulwissen und hilft in Prüfungssituationen.

Pormatho: Engel der Erdgürtelzone, der die Qualität der Zeit (8° Steinbock) lenkt, belebt und beherrscht. Er überwacht die Erdstrahlen.

Porphora: Engel der Erdgürtelzone, der die Qualität der Zeit (3° Steinbock) lenkt, belebt und beherrscht. Er kennt die Gesetze der Sympathie.

Posaunenengel: Sind die Engel, die die sieben Posaunen blasen, die die Endzeit ankündigen (Apokalypse, Johannes-offenbarung).

Pother: Engel der Erdgürtelzone, der die Qualität der Zeit (2° Wassermann) belebt, lenkt und beherrscht. Engel der Kriegskunst.

Pravuil: Einer der Schreiberengel, die die himmlischen Bücher führen.

Primeumaton: Mächtiges Engelwesen des Reiches Daat (Kabbalah). Eine der heiligen drei unsichtbaren Schaffenskräfte. Wird in der Magie mit Anephexton und Tetragrammaton angerufen, um das magische Dreieck zu errichten.

Proxones: Engel der Erdgürtelzone, der die Qualität der Zeit (1° Zwillinge) belebt, lenkt und beherrscht. Er ist der Kenner der elektrischen Energie und der Erfindungen. Unter Proxones können Menschen inspiriert werden, Neues in die Welt zu bringen.

Psychopompos: Mächtiges Engelwesen im Iran. Himmlischer Führer und Herr der materiellen Ebene.

Puriel: Sein Name bedeutet »der Feurige und Gnadenlose«. Prüft nach Henoch die Seelen auf Gedeih und Verderb.

Purity: Weibliche Elohim der kristallinweißen Strahlung (Reinheit, Harmonie und Auferstehung, siehe Kapitel »Die sieben göttlichen Lichtstrahlungen«).

Purol Podme, Podumar, Pirr, Puer, Pliseh, Padcheh, Pehel: Engelgruppe der Venussphäre, die die kosmischen Sprachen und ihren Gebrauch in der Venussphäre lehren.

Putten: Kindliche, pausbäckige Engelfiguren der Renaissancekunst. Sie verkörpern die kindliche Reinheit und Unschuld.

Qaigus: Sibirischer Schutzengel der Eichhörnchen und Zobel.

Quaddishim: Bezeichnung für die »Engelprinzen« der höchsten Stufe und der himmlischen Reiche. Sie werden bei Henoch als ehrwürdige, geliebte, hohe, wunderbare, lichtvolle, herrliche Wesen beschrieben.

Raaschiel: Engel der Erschütterungen jeglicher Art. Kann bei allen Erschütterungen gerufen werden, z. B. bei Erdbeben oder seelischen Einbrüchen. Er tröstet, hilft und schützt.

Rabe: Himmlischer Botschafter bei den Indianern, später aber auch bei den Hexen. Man sagt, Raben kennen die Geheimnisse des Himmels.

Racheengel: Meist Engel der Marssphäre. Unter ihnen gibt es laut dem Buch Henoch Würgeengel, Folterengel, Strafengel u. v. a. m. Sie gleichen geschehenes Unrecht gerecht aus.

Rachiel: Engel der Venussphäre. Er ist dem Freitag zugeordnet. Fördert Liebe und Beziehung.

Rachmiel: Engel der Gnade und des Mitgefühls.Gehört zu den Legionen von Erzengel Chamuel.

Radatiel: Einer der leuchtenden himmlischen Großfürsten, die mit den Erzengeln regieren. Sein Name ist voll der Kraft des Göttlichen (JHVH). Er ist der Engelfürst der göttlichen Strahlenkraft und Heilung (Kabbalah).

Radina: Engel der Erdgürtelzone, der die Qualität der Zeit (26° Skorpion) belebt, lenkt und beherrscht. Kenner der Kabbalah und der Umsetzung jener Lehren.

Raguel: Ratgeber in geschäftlichen Angelegenheiten.

Raguil: Sein Name bedeutet »Freund Gottes«. Er gehört als 3. zu den sieben höchsten Engeln und »übt Rache an der Lichterwelt«. Die Engel müssen vor ihm Rechenschaft über ihre Taten ablegen. Er steht für Recht und Gerechtigkeit, und sein Name findet sich manchmal auf Amuletten und Talismanen.

Rahab: Einer der Engel der Meere. Gilt auch als »Engel der Tiefe«.

Rahael: 69. Engel der 72 Engel Gottes. Er schaut auf alles.

Rahamiel: Engel der bedingungslosen Liebe.

Rahathiel: Engel der zwölf kosmischen Energien der Tierkreiszeichen.

Rahel: Engel der Mutterschaft, der mütterlichen Fürsorge. Gehört zu den Legionen des Erzengel Chamuels.

Rahmiel: Engel der Liebe.

Ramael: Sein Name bedeutet »Donner Gottes«. Engel der Vision. Er wird im Sibyllinischen Orakel zu den fünf Engeln gezählt, die die Seelen ins Paradies führen.

Ramaela: Engel des Schöpfungsfeuers.

Ramage: Engel der Erdgürtelzone, der die Qualität der Zeit (8° Schütze) belebt, lenkt und beherrscht. Ihm unterstehen die 28 Mondhäuser.

Ramara: Engel der Erdgürtelzone, der die Qualität der Zeit (8° Widder) belebt, lenkt und beherrscht. Er ist mit Ritualen und Formeln verbunden. In seiner Zeit kann der Mensch gut Rituale jeglicher Art durchführen.

Ramgisa: Engel der Erdgürtelzone, der die Qualität der Zeit (30° Steinbock) belebt, lenkt und beherrscht. Steht in Verbindung mit Wassertieren.

Ramiel: Engel des Donners. In John Miltons Buch »Das verlorene Paradies« ist er ein rebellischer Engel, der am 1. Tag von Seraphim Abdiel besiegt wird.

Ramodiel: Engel, der die Gesetze von Raum und Zeit kennt. Engel des nächtlichen Reisens und der Astralreisen. Engel der Erdgürtelzone.

Rampel: Einer der Engel der Flüsse.

Ramu: Deckname eines hohen Engelwesens, das auf Lichtschiffen arbeitet. George Adamski, der große Ufo-Forscher, berichtet davon. Hinter Ramu verbirgt sich Erzengel Raphael.

Ranar: Engel der Erdgürtelzone, der die Qualität der Zeit (9° Skorpion) belebt, lenkt und beherrscht. Schützt vor all dem, was mit Besessenheit zu tun hat.

Raphael: Auch Raffael geschrieben. Der Name bedeutet im Hebräischen »der Arzt Gottes«. In der Kabbalah ist er dem Reich Hod (auch Chod geschrieben) zugeordnet (Ruhm und Herrlichkeit, siehe Tabelle Kabbalah). In der Lehre der sieben Strahlen ist er der Erzengel der grünen Strahlung (Wissenschaft, Heilung, Segnung, Weihung, siehe Kapitel »Die sieben göttlichen Lichtstrahlungen«). Sein Wirken wird im Buch Tobit beschrieben. Er hilft auch bei der Austreibung von Dämonen. Im Christentum ist er einer der vier anerkannten Erzengel.

Raphaelsengel: Himmlische Heerscharen, die dem Erzengel Raphael unterstehen und im Auftrag der Heilung, Segnung und Weihung unterwegs sind.

Raschea: Engel der Erdgürtelzone, der die Qualität der Zeit (4° Jungfrau) belebt, lenkt und beherrscht. Er ist der Engel der Blumen, der die Blumensprache und Blumengeheimnisse versteht.

Rashiel: Engel der Erdbeben.

Rashu: Engel der Gerechtigkeit, der nach dem Tod die guten und die bösen Taten der Seele abwägt (Engel im Zoroastrismus).

Rasiel: Ophanim, der das Tor der Weisheit hütet.

Rasphula: Engel der Nekromantie (Totenkult). Genius der 3. Stunde.

Ratfiel: Einer der leuchtenden himmlischen Großfürsten, die mit den Erzengeln regieren. Sein Name ist voll der Kraft des Göttlichen (JHVH). Er ist der Engelfürst der göttlichen Offenbarung (Kabbalah).

Raziel: Engelhüter der höchsten und heiligsten Mysterien. Laut Henoch sorgt er für die Geheimhaltung der himmlischen Weisheit. Engel der Mysterien, der das Buch der Mysterien des Himmels schrieb. Er erstrahlt im weißen Feuerschein und beherrscht die vier himmlischen Kräfte. Gilt auch als Engel der Geheimhaltung. Gehört zu den Schreiberengeln.

Redel: Engel, der weisen Rat gibt. Gehört zu den Legionen des Erzengels Jophiel.

Regerio: Engel der Erdgürtelzone, der die Qualität der Zeit (30° Jungfrau) belebt, lenkt und beherrscht. Kennt viele Weisheitssysteme und sorgt dafür, dass die Wahrheit nur den Menschen zugänglich gemacht wird, die dafür reif sind.

Rehaaiel: 39. Engel der 72 Engel Gottes. Er bekommt schnell einen Überblick über jegliche Situationen.

Rehael: Einer der 72 Engel der Merkurzone. Engel, der das Geheimnis kennt, das Leben zu verlängern und zu verjüngen. Engel der Kinder und aller Angelegenheiten, die mit ihnen zu tun haben. Ihm ist Psalm 30, Vers 11 zugeordnet: »Höre mich, Herr, sei mir gnädig! Herr, sei du mein Helfer.«

Rehajel: Engel der Gelassenheit.

Rehetiel: Einer der leuchtenden himmlischen Großfürsten, die mit den Erzengeln regieren. Sein Name ist voll der Kraft des Göttlichen (JHVH). Er ist der Engelfürst des Wachstums und des Wandels (Kabbalah).

Reiiel: Einer der 72 Engel der Merkurzone. Er weiht in die geistigen Hierarchien ein und offenbart dem Wahrheitssucher das Wissen der Zukunft. Ihm ist Psalm 54, Vers 6 zugeordnet: »Doch Gott ist mein Helfer, der Herr beschütze mein Leben.«

Rejajel: 29. Engel der 72 Engel Gottes. Er ist die Erwartung.

Rem: Engel der Stoßkraft Gottes.

Remiel : Auch Jeremiel geschrieben. Im Buch Tobit und im äthiopischen Henochbuch einer der Engel der »Herrlichen Sieben«. Er hilft den Seelen, sich im

Körper zu verankern und auf der Erde zu sein. Engel der Vision. Weiht in die Mysterien des Göttlichen ein.

Remliel: Engelgruppe von himmlischen Erweckern, die Lichtimpulse in die Seelen senden (beschrieben von Flower A. Newhouse).

Requiel: Engel, der das 23. Haus des Mondes beherrscht.

Resethiel: Engel des Wachstums.

Restilia: Elfenengelchen, das die verborgenen Schätze der Natur offenbart (Heilpflanzen, Goldadern, Wasseradern, Edelsteine usw.). Gehört zu den Engeln des Naturreiches.

Rethiel: Engel der Beständigkeit und des Hegens der Kräfte, die wachsen wollen.

Rhamiel: Engel der Barmherzigkeit.

Ridia: Engel des Wassers.

Ridia: Einer der Engel des Regens.

Ridwan: Ist ein Engel, der in der islamischen Überlieferung den Eingang zum Paradies bewacht.

Rigolon: Engel der Erdgürtelzone, der die Qualität der Zeit (13° Waage) lenkt, belebt und beherrscht. Engel der Liebeswerbung.

Riguel: Engel der Bewegung, des Tanzes und des Ausdrucks.

Rikbiel: Engel der vier Winde.

Rimog: Engel der Erdgürtelzone, der die Qualität der Zeit (21° Löwe) belebt, lenkt und beherrscht. Er lehrt die Fähigkeit der Prophezeiung.

Riqita: Engel der Erdgürtelzone, der die Qualität der Zeit (14° Waage) lenkt, belebt und beherrscht. Er ist Meister des Gesanges und von allem, was mit Stimme und Tonlage zu tun hat.

Risnuch: Engel der Landwirtschaft.

Rivatim: 22. Engelvorsteher der 28 Häuser der Mondsphäre. Er hütet und kennt die Begriffe von Zeit und Raum und lehrt, sie in ihrem ganzen Umfang zu verstehen und zu überwinden.

Rochel: Einer der 72 Engel der Merkurzone. Heilengel, der bei allen Arten von Krankheiten zur Stelle ist, wenn er gerufen wird. Ihm ist Psalm 16, Vers 5 zugeordnet: »Der Herr ist gnädig und gerecht, unser Gott ist barmherzig.« Er hilft, verloren gegangene Sachen wiederzufinden und Gerechtigkeit in materiellen Angelegenheiten walten zu lassen.

Roma: Roma und Venus sind die Elohim der Stadt Rom. Sie beschützen und behüten die Stadt.

Romasara: Engel der Erdgürtelzone, der die Qualität der Zeit (8° Löwe) belebt, lenkt und beherrscht. Er lehrt die Kunst des Atmens und dadurch das Aufnehmen der Sonnenenergie, des Lebenspranas.

Romiel: Engel der Wöchnerinnen.

Roriel: Einer der leuchtenden himmlischen Großfürsten, die mit den Erzengeln regieren. Sein Name ist voll der Kraft des göttlichen Namens (JHVH). Er ist der Engelfürst des Schicksalsrades (Kabbalah).

Rosora: Engel der Erdgürtelzone, der die Qualität der Zeit (28° Steinbock) lenkt, belebt und beherrscht. Hüter und Helfer der Akustik und der akustischen Verständigung.

Roter Engel: Ein Gemälde von Marc Chagall (russisch-französischen Maler, 1887–1985). Es stellt einen apokalyptischen Engel des Feuers dar, der auf eine friedliche und ahnungslose Welt herabfällt.

Rotor: Engel der Erdgürtelzone, der die Qualität der Zeit (17° Jungfrau) belebt, lenkt und beherrscht. Er ist der Meister der Fantasie. Er hüllt hohe Wahrheiten und wahre Begebenheiten in Märchen und Legenden, damit sie die Zeiten überdauern können und Menschen auf ihrem Weg helfen.

Ruach Elohim: Der Name bedeutet »Geist Gottes« und im Hebräischen »Luft«, »Geist«. Er entspricht dem Engel des Heiligen Geistes der Christen: »Und der Geisthauch Gottes schwebt über dem Wasser« (Genesis). Ruach ist der Sitz all der höheren geistigen Fähigkeiten, Talente und Qualitäten des Menschen, wie auch seiner ganz individuellen Berufung. In manchen Beschreibungen finden wir Ruach Elohim auch als Intelligenz des Windes, des Atems, des rauschenden Wassers u. v. a. m. dargestellt.

Ruchiel: Engel der Winde.

Rudras: Gruppe von Devas des Luftraumes. Ihre Aufgabe ist es, den Luftraum zu hüten, zu erneuern und zu reinigen. Sie werden in den Veden erwähnt und gehören zu den 33 Devas der oberen Welten.

Rufael: Engel des Heilens. Er gehört zu den Legionen des Erzengels Raphael.

Ruhiel: Auch Ruahel oder Raguel geschrieben. Der 3. Engel der »Herrlichen Sieben« im äthiopischen Henochbuch.

Rujiel: Engel der Winde.

Rumael: Auch Rumayal geschrieben. Er gehört zu den höchsten Engeln und ist das »Gesetz über die Auferstandenen«. Sein Name bedeutet so viel wie »Erhöher«.

rupa-loka-deva: Himmelswesen der »feinstofflichen Welt« im Buddhismus. Sie sind die hohen Wesen der »reinen Gefilde«.

S

Sa ha olam: Engel der Gaia.

Saamiel: Engel des Zorns der gewaltigen Energie. Hilft, wieder ruhig zu werden und sich selbst zu meistern.

Saaphiel: Engel der Stürme.

Sabaoth: Einer der »Herrlichen Sieben« Erzengelnamen, beschrieben von Origenes.

Sabathiel: Engel des Saturn.

Sabrael: Ein Engel der »Herrlichen Sieben« aus dem Testament Salomons.

Sabtiel: Engel, der die Mysterien des Wassers kennt. Hilft bei allem, was mit Wasser zu tun hat, z. B. dabei, Quellen zu finden oder Wasseradern zu entdecken.

Sachiel: Engel der Jupitersphäre. Er ist dem Donnerstag zugeordnet. Beeinflusst Unternehmungen günstig.

Sachluph: Engel der Pflanzen.

Sadiel: Engel der Kirche.

Sagara: Engel der Erdgürtelzone, der die Qualität der Zeit (12° Skorpion) belebt, lenkt und beherrscht. Er lehrt die Beeinflussung von Mensch und Tier.

Sahaqiel: »Himmelswächter«.

Sahijel: Engel Asiens.

Sahjoh: 28. Engel der 72 Engel Gottes. Er nimmt alles Übel fort.

Saihjiel: Engel der Erleuchtung.

Sahriel: Sein Name bedeutet »Mond Gottes«. Er ist einer der Engel, die laut Henoch Menschenfrauen beiwohnten und in Sünde fielen.

Sailiel: Engel, der das Licht der Nacht entzündet. Hilft und beschützt den Menschen bei allem, was er in der Nacht erlebt. Lindert Ängste jeder Art. Gehört zu den Legionen des Erzengels Michael.

Saitel: 3. Engel der 72 Engel Gottes. Engel der Zuflucht und des Vertrauens.

Salatiel: Sein Name bedeutet »Ich habe Gott befragt«. Er bringt Weisheit und gehört zu den Legionen des Erzengels Jophiel.

Salaziel: Engel der Leitung. Führungsengel. Gehört zu den Legionen des Erzengels Michael. Hilft, Dinge im Einklang mit dem Göttlichen zu führen und zu leiten.

Saliah: 45. Engel der 72 Engel Gottes. Er ist der Beweger aller Dinge.

Salonia: Engel, der das Meisterbewusstsein lehrt. Er leitet den Menschen an, schrittweise ein Meisterbewusstsein zu entwickeln und es in den Dienst des Göttlichen zu stellen.

Samael: Erzengel. Gleichbedeutend mit Erzengel Uriel/Auriel.

Samael/Sammael: Der Name bedeutet im Hebräischen »Strafe Gottes«. In der Magie ist er ein Engel der Marssphäre. In der Kabbalah wird er als Fürst der Dunkelheit beschrieben. Er wird aber auch als Engel der Buße, der Beichte und der Gerechtigkeit gesehen. Einige deuten ihn als »Engelpolizei«, andere als »Giftstrahl« – er ist ein Wanderer zwischen den Welten. Das nächtliche Heulen von Hunden wird mit Samael in Verbindung gebracht. Er ist der Herrscher des 5. Himmels und leitet eine Engelschar von mehr als zwei Millionen Engeln.

Samaiel: Einer der leuchtenden himmlischen Großfürsten, die mit den Erzengeln regieren. Sein Name ist voll der Kraft des Göttlichen (JHVH). Er ist der Engelfürst der göttlichen Strenge (Kabbalah).

Samandaah: Engel, der die zarte Feuerenergie, die Herzenswärme sendet, belebt und beschützt.

Samandiriel: Engel der Fruchtbarkeit.

Samandriel: Engel des Lebens.

Samanthiel: Engel der Gerechtigkeit. Hilft in allen Rechtsangelegenheiten.

Samiel: Botenengel und Vermittler.

Sammael: Wird laut Henoch als »Engel des Giftes« bezeichnet und oft als große Schlange mit zwölf Flügeln dargestellt. Er soll angeblich jene Schlange der Erkenntnis gewesen sein, die Eva verführte. Er ist zu einem Engel der Hölle geworden.

Samotiel: Engel der Kommunikation.

Samsaveel: Einer der 200 im »Buch der Wächter« von Henoch beschriebenen Engel, die zu den Menschen hinabstiegen und ihnen die Geheimnisse des Himmels verrieten. Er lehrte die Menschen, die Zeichen der Sonne zu verstehen und zu deuten. Er ließ sich mit Menschenfrauen ein, wurde bestraft und landete in der Hölle.

Samoil: Engel, der als Begleiter Henochs auf seiner Himmelsreise genannt wird.

Samuel: Engel der Stabilität und des Wohlergehens.

Sandalfon: Auch Sandalphon geschrieben. Sie ist die Hüterin der Erde. Ihr unterstehen alle Engel der Elemente, der

Natur und der Erdgürtelzone. Engel der Meisterschaft und einer der weiblichen Hauptengel der Kabbalah. Sie hütet das 10. Reich, das der Könige und Königinnen Malkuts. Nach einer jüdischen Überlieferung ist der Prophet Elija, der als Nothelfer gilt, nach seiner Himmelsfahrt in Sandalfon verwandelt worden.

Sandaliel: Engel, der hilft, auf die Erde zu kommen und die göttliche Kraft auf der Erde umzusetzen.

Sandiel: Engel der Sanftheit und des sanften Lichtes.

Sanothiel: Engel des Handels.

Sapasani: Engel der Erdgürtelzone, der die Qualität der Zeit (30° Stier) lenkt, belebt und beherrscht. Diese Zeit hat mit Reinigung zu tun.

Sarakiel: Engel der Heilkräfte. Lehrer der Hygiene. Gehört zu den Legionen des Erzengels Raphael.

Saraphuel: Hilft bei Süchten jeder Art. Gehört zu den Nothelfern.

Saraqael: Engel der Mysterien. Ein Engel, der Raziel untersteht.

Sarasi: Engel der Erdgürtelzone, der die Qualität der Zeit (6° Skorpion) belebt, lenkt und beherrscht. Hüter aller Ideen auf allen Ebenen, ob niedrig oder hoch.

Sariel: Todesengel. Der Engel, der die Legionen der Todesengel leitet und führt.

Sarim: Sammelbezeichnung für glorreiche Engelfürsten, die übergeordnete Aufgaben erfüllen, z. B. die Völkerengel.

Saris: Engel der Erdgürtelzone, der die Qualität der Zeit (29° Schütze) belebt, lenkt und beherrscht. Vorsteher der Geheimnisse des Lichts und der Elemente.

Sarsiee: Engel der Erdgürtelzone, der die Qualität der Zeit (26° Steinbock) belebt, lenkt und beherrscht. Engel der Geheimhaltung und der Hüter des Schlüssels der Mysterien.

Satael: Engel der Lüfte. Er ist dem Dienstag zugeordnet. Engel der Marssphäre.

Satanael: War vor seinem Fall in die Hölle ein hoher Cherubim und wurde zu Satan. Er wird auch »der Ankläger« genannt.

Satarel: Der Name bedeutet »geheimes Wissen«. Engel der Legionen von Erzengel Zadkiel.

Satreel: Sein Name bedeutet »Dämmerung Gottes«. Er wird als einer jener Engel beschrieben, die Menschenfrauen beiwohnten und zur Strafe in die Hölle verbannt wurden.

Sautiel: Engel des Wassers. Hilft allen, die mit dem Wasser zu tun haben, wie z. B. Seefahrern.

Schachlil: Engel der Sonnenstrahlen und des Sonnenlichtes.

Schad: Engel der Erdgürtelzone, der die Qualität der Zeit (2° Fische) belebt, lenkt und beherrscht. Er ist bestrebt, den Menschen ihre Arbeit zu erleuchten, sofern sie es wünschen und es im Sinne der göttlichen Vorsehung ist.

Schaddyl: 12. Thronengel im 6. und 7. Buch Mose.

Schalgiel: Engel des Winters. Schützt vor Schnee, Eis, Lawinen und Schneestürmen.

Schaluach: Engel der Erdgürtelzone, der die Qualität der Zeit (22° Skorpion) belebt, lenkt und beherrscht. Er sendet den Menschen Rat und Hilfe in jeder Situation und in allen Lebenslagen – egal, wie schwierig sie erscheinen. Er schenkt Glauben und Vertrauen in die eigene Kraft.

Schaluah: Engel der Erdgürtelzone, der die Qualität der Zeit (2° Skorpion) belebt, lenkt und beherrscht. Er ist der Urhüter der Elektrizität und ein Engel der Lichtenergie.

Schamshiel: Engel des Tageslichtes.

Schawayt: 5. Thronengel im 6. und 7. Buch Mose.

Schechinah/Shachan-yah/Shechainah: Der Name bedeutet im Hebräischen »Gott einwohnend«. Es ist das Licht des Göttlichen, das alles durchdringt, das Engellicht. Im 1. Mose, 15, 17 wird Schechinah als leuchtende Wolke, als Glanz der Erscheinung Gottes beschrieben. Es gilt in der jüdischen Tradition als Zeichen für die Anwesenheit Gottes. In manchen schamanischen Richtungen sieht man die Schechinah als Geister der spirituellen Entwicklung. Symbolisch bedeutet es: »Heiligenschein« und steht für das höhere Selbst des Menschen, seine »ICH-BIN-Gegenwart«, seine Selbstmeisterung. Es ist die Krone Gottes.

Scheliel: Engel, der über das 7. Haus des Mondes herrscht.

Schemhamphoras: Bezeichnung für die 72 Engel der Kabbalah. Sie werden in Beschwörungen angerufen. Ihre Namen werden in Amulette und Talismane eingearbeitet. Mit jedem der Engel ist ein Psalmabschnitt der Bibel verbunden, um die Qualität und Aufgabe des Engels deutlich zu machen. Durch die Verbindung mit diesen Engeln wird die jeweilige Kraft gestärkt und ins Leben gerufen.

Schimschiel: Engel des Tageslichtes. Engel des alltäglichen Rhythmus. Hilft bei allen Dingen, die im Laufe des Tages anfallen.

Schimuel: 10. Thronengel im 6. und 7. Buch Mose.

Schreibeengel: Diese Engel führen das Buch des Lebens, in dem alle Taten des Menschen aufgezeichnet werden – die Seele wird nach ihren Taten gerichtet. Laut der Offenbarung 20, 15 heißt es: »Wer nicht im Buch des Lebens verzeichnet war, wurde in den Feuersee geworfen.«

Schulego: Engel der Erdgürtelzone, der die Qualität der Zeit (14° Skorpion) belebt, lenkt und beherrscht. Engel der Nachahmung.

Schutzengel: Persönlicher Begleiter der Menschen. Engel der persönlichen Engelgruppe. Steht dem Menschen auf all seinen Wegen zur Seite und achtet darauf, dass ihm nichts geschieht, solange es im Einklang mit der göttlichen Vorsehung steht.

Sealiah: Einer der 72 Engel der Merkurzone. Engel, der die dunklen Wesen erkennbar werden lässt und hilft, sie zu entmachten. Er verhilft geschädigten Menschen zu ihrem Recht. Ihm ist Psalm 94, Vers 18 zugeordnet: »Wenn ich sage: Mein Fuß gleitet aus, dann stütze mich, Herr, deine Huld.«

Sealtiel: Der 6. Engel der »Herrlichen Sieben« der christlichen Gnostiker.

Seaphael: König der Seraphim.

Secabmi: Engel der Erdgürtelzone, der die Qualität der Zeit (29° Widder) lenkt, belebt und beherrscht. Die Zeitzone unter dieser Lichtkraft ist günstig für die Verfeinerung der Sinne.

Seeiah: Einer der 72 Engel der Merkurzone. Er kennt die Machtformeln der Naturgewalten. Mit seiner Hilfe hat man in schweren Zeiten einen besonderen Schutz. Ihm ist Psalm 71, Vers 12 zugeordnet: »Gott, bleibe doch nicht fern von mir! Mein Gott, eile mir zu Hilfe!«

Segosel: Engel der Erdgürtelzone, der die Qualität der Zeit (25° Steinbock) lenkt, belebt und beherrscht. Er zeigt den Menschen das Geheimnis der Materie und gilt als Engel der Physik und der physikalischen Gesetzmäßigkeiten.

Selhube: Engel der Sonnensphäre. Urschöpfer aller Ursymbole und Ursprachen und Lenker der Uridee.

Selia: Aus Klopstocks »Messias« im III. Gesang. Seraphim, der vom Himmel herabstieg, um den Messias und seine Jünger zu sehen.

Semechel: Engel der Erdgürtelzone, der die Qualität der Zeit (25° Skorpion) belebt, lenkt und beherrscht. Er kennt alle Methoden der Naturheilkunde.

Semeliel: Engel, der im Dienste von Erzengel Michael steht.

Semjasa: Auch Semyaza, Schemichaza oder Semjaza genannt. In John Miltons Buch »Das verlorene Paradies« ist er ein rebellischer Engel, der am 1. Tag von Seraphim Abdiel besiegt wird. Einer der 200 Engel, die zu den Menschen hinabstiegen und ihnen die Geheimnisse des Himmels verrieten. Er lehrte das Schneiden von Wurzeln und die Kunst der Beschwörung. Er bereute, dass er nicht mehr in den Himmel zurückkonnte und schwebt seither mit dem Haupt nach unten zwischen Himmel und Erde. Er gilt als Engel der Heilung mit Kräutern und Wurzeln.

Senekel: Engel der Schrift und des Schreibens. Gehört zu den Legionen von Erzengel Jophiel.

Seneol: Engel der Erdgürtelzone, der die Qualität der Zeit (30° Zwillinge) belebt, lenkt und beherrscht. Er ist der Beschützer aller Menschen, die etwas mit Wasser zu tun haben. Von ihm werden jene gerettet, die mit ihm und dem Wasser in Verbindung stehen.

Sequana: Weibliche Elohim, Beschützerin und Hüterin des Flusses Seine. Ihre heilige Wohnstätte ist die Mündung der Seine.

Serap: Engel der Erdgürtelzone, der die Qualität der Zeit (1° Stier) lenkt, belebt und beherrscht. Er ist der Vorsteher des Tierkreiszeichens Stier. Unter dem Einfluss dieser Zeitzone erfährt der Mensch die Energie des Tierkreiszeichen Stiers in ihrer reinen Form.

Serapanim: Gehört zu dem Engelchor der Seraphim (5. Hierarchie Gottes, auf einer Ebene mit den Elohim). Er sendet die dynamische Feuerenergie.

Seraphel: Engel der Kreativität und der Neuschöpfung.

Seraphim: Hohe Engelwesen mit göttlichem Bewusstsein, die im Menschen die göttliche Liebe entflammen. Geister der Liebe. Der Name bedeutet im Hebräischen »die Brennenden«, »die Flammenden«. In der Kabbalah sind die Seraphim dem Reich Kether zugeordnet. Sie sind die direkten Schöpferkräfte, die »Gottschauenden«. In der Magie sind die Seraphim die Intelligenz der Venus. In der Hierarchienlehre von Rudolf Steiner sind sie die höchsten Wesenheiten der Hierarchie unmittelbar unter der göttlichen Dreifaltigkeit. Sie werden als »Geister der Liebe« beschrieben und offenbaren ihr Wesen und ihre Kraft im lebendigen Kosmos. Sie empfangen die reinen, geistigen Urbilder des Göttlichen und senden diese.

Serasel: Engel der Verwaltung allen Besitzes.

Seriel: Einer der 200 im »Buch der Wächter« von Henoch beschriebenen Engel, die zu den Menschen hinabstiegen und ihnen die Geheimnisse des Himmels verrieten. Er lehrte die Menschen, die Zeichen des Mondes zu deuten und zu verstehen.

Sernpolo: Engel der Erdgürtelzone, der die Qualität der Zeit (18° Widder) lenkt, belebt und beherrscht. Diese Lichtkraft fördert ein aktives Ausstrahlen dessen, was man in seinem Leben wünscht. Eine günstige Zeitzone zur Verbesserung der Lebenssituation.

Serytz: Engel der Sonnensphäre. Hüter der Geheimnisse des Luftprinzips. Vermittler zwischen Pol und Gegenpol.

Sesachar: Engel des Lichtes.

Shakziel: Engel der Wasserinsekten.

Shalgiel: Engel des Schnees, der Schneeflocken und der Kristalle.

Shamaiel: Einer der leuchtenden himmlischen Großfürsten, die mit den Erzengeln regieren. Sein Name ist voll der Kraft des Göttlichen (JHVH). Er ist der Engelfürst des ewigen Lichtes (Kabbalah).

Shamisel: Einer der leuchtenden himmlischen Großfürsten, die mit den Erzengeln regieren. Sein Name ist voll der Kraft des Göttlichen (JHVH). Er ist der Engelfürst der Erweiterung und des Wachstums (Kabbalah).

Shamriel: Einer der leuchtenden himmlischen Großfürsten, die mit den Erzengeln regieren. Sein Name ist voll der Kraft des Göttlichen (JHVH). Er ist der Engelfürst des göttlichen Willens (Kabbalah).

Shanta: Gruppe von Devas der oberen Welten. Sie werden in den Veden beschrieben. Shantas sind die Devas, die Frieden bringen.

Shariel: Wächterengel. Kann gerufen werden, wenn etwas bewacht werden soll. Gilt auch als Engel der Wachsamkeit. Er sendet Energie bei Erschöpfungszuständen und Übermüdungserscheinungen.

Shedu: Der Name bedeutet im Akkadischen »guter Schutzgeist«, »Schutzengel«. Er wurde in der neuassyrischen Zeit als geflügelter Stiermensch, als Wach- und Schutzwesen an Palasteingängen dargestellt.

Shekinah: Engel der Heilung von Körper, Geist und Seele.

Shemael: Engel des Dankes.

Shemiel: Engel des Gesangs.

Shen: Chinesisch-taoistische Gruppe von 36 000 Gottheiten und guten Geistern, die die oberen Himmel bevölkern. Alle haben einen Namen und stehen in der Hierarchie über den Hsien (chinesische Heilige und Weise, die die Unsterblichkeit erlangt haben). Man unterscheidet hier äußere Gottheiten und gute Geister des Makrokosmos, die das Universum erfüllen, von den inneren Gottheiten und guten Geistern, die die menschlichen Körperteile und Organe schützen, solange sie im Körper weilen. Wenn die Geister den Körper verlassen, muss der Mensch sterben.

Shitil: Iranischer Geist. Gehört zu den Lichtwesen der oberen Himmelsklasse (Mandäer), die Mana ruber umgeben und preisen. Gehört zu den Uthra.

Shushienae: Engel der Hoffnung.

Sibolas: Engel der Erdgürtelzone, der die Qualität der Zeit (29° Zwillinge) belebt, lenkt und beherrscht. Er lehrt, wie ein Mensch durch äußeres Verhalten größere Kräfte in sich entfalten und dabei die Unterstützung höherer Wesen erhalten kann.

Siges: Engel der Erdgürtelzone, der die Qualität der Zeit (7° Wassermann) belebt, lenkt und beherrscht. Stärkt die Widerstandskraft.

Siiel: Engel des Bebens.

Sikesti: Engel der Erdgürtelzone, der die Qualität der Zeit (18° Krebs) belebt, lenkt und beherrscht. Sikesti macht dem Menschen das Schicksal und die göttliche Vorsehung eingängig.

Sila: Auch Silap inua. Bei den Inuit Geister der Luft, die das ganze Universum erfüllen.

Silion: Engel der Weisheit und der Transformation.

Silmai: Schutzengel des Flusses Jordan.

Silva: Wald- und Wiesenfee. Schutzfee der Blumen, Gärten, Pflanzen, der Tiere des Waldes, der Wiesen und der Felder. Sie gehört zu den Naturengeln.

Simiel: Engel des Trostes. Gehört zu den Legionen des Erzengels Raphael. Hilft z. B. bei Liebesproblemen. Gilt als Engel der Partnerschaft.

Sinbuck: Engel der Richter. Genius der 2. Stunde.

Siona: Ein Seraphim aus Klopstocks »Messias«, der hier der Schutzengel des Apostels Bartholomäus ist.

Sipha: Ein Seraphim, Schutzengel des Apostels Andreas in Klopstocks »Messias«.

Sipillipis: Engel der Erdgürtelzone, der die Qualität der Zeit (23° Skorpion) belebt, lenkt und beherrscht. Er kennt die Geheimnisse der Macht des Glaubens und der Überzeugungskraft.

Siqiel: Engel des Funkens, des Feuers und der Elektrizität.

Siria: Engel der Erdgürtelzone, der die Qualität der Zeit (10° Fische) belebt, lenkt und beherrscht. Er verhilft dem

Menschen zu Reife, Ehre, Wohlstand und Glück.

Sirigilis: Engel der Erdgürtelzone, der die Qualität der Zeit (30° Wassermann) belebt, lenkt und beherrscht. Er ist der Beschützer der hohen Mysterien.

Sirushi: Persischer Engel der neuen Botschaft, der Ankündigung.

Sitael: Gehört zum Engelchor der Seraphim (5. Hierarchie Gottes, auf einer Ebene mit den Elohim). Hilft, die Persönlichkeit zu entwickeln. Sendet das Licht der Ausgewogenheit und Harmonie.

Sitalel: Einer der 72 Engel der Merkurzone. Ein erhabener Engel, der die Kunst des Hellsehens unterrichtet (Telepathie, Suggestion und Hypnose) und im Weltengedächtnis, der Akasha-Chronik, Zukunft, Gegenwart und Vergangenheit zu erkennen. Ihm ist Psalm 91, Vers 2 zugeordnet: »Du bist für mich meine Zuflucht und Burg, mein Gott, dem ich vertraue.«

Skadi: Mächtiger weiblicher Schutzengel, der Skandinavien beschützt. Nach ihr wurde Skandinavien wahrscheinlich benannt. Zahlreiche norwegische und schwedische Orte sind nach ihr benannt. In früheren Zeiten wurde sie auch als Schutzgöttin der Berge verehrt.

Soesma: Engel der Erdgürtelzone, der die Qualität der Zeit (26° Wassermann) belebt, lenkt und beherrscht. Hüter und Kenner der universalen rituellen Magie.

Sofiel: Engel der Bauern und Menschen, die sich mit der Aufzucht von Pflanzen und Tieren befassen.

Solare Logos: Dieses mächtige Sonnenwesen ist am tiefsten in die Geheimnisse des gesamten Sonnensystems eingeweiht. Seine spirituelle Energie ist wesentlich wirkungsvoller als die Licht- und Wärmeausstrahlung. Die Bewusstheit seines Wesens übertrifft den glühenden Feuerball weit. Seine Schönheit, Reinheit und Kraft übertrifft alles. Dieses Wesen wurde und wird von vielen Völkern dieser Erde verehrt und angebetet. In seinem Wirkungs- und Einflussbereich arbeiten viele tausend Engelscharen: Engel der Strahlen, Engel der Sonnenauf- und -untergänge, Engel der Wärme, Engel der Erneuerung, Engel der Reinigung und Belebung u. v. a. m.

Solaris Antari: Heiliger Schutzengel. Der Sonnenengel verbindet mit der »ICH-BIN-Gegenwart«. Er ist das »Sonnenselbst« des Menschen.

Somi: Engel der Erdgürtelzone, der die Qualität der Zeit (18° Wassermann) belebt, lenkt und beherrscht. Lehrt unbekannte mystische Geheimnisse.

Sonnenengel: Verbindung zum Christusselbst.

Sonur: Engel auf Lichtschiffen der 7. und 8. Dimension. Er lehrt die Weltraumwissenschaft.

Sophia: Engel, der Weisheit und Liebe verbindet.

Sophienengel: Engel, die der Sophia dienen und die göttliche Weisheit vermitteln. Gelten auch als Engel des Schweigens und der Stille. Sie achten auf die Zwischentöne der Worte. Engel der Meditation und Kontemplation.

Soqed Hozi: Engel des Gleichgewichts. Bringt ins Lot, was aus dem Gleichgewicht geraten ist.

Sorath: Engel der Sonne.

Sosoel: Engel, der dem Sternzeichen Skorpion zugeordnet ist. Er ist ein Engel der tiefen Erkenntnis und des Wandels.

Soteri: Engel der Erdgürtelzone, der die Qualität der Zeit (8° Waage) lenkt, belebt und beherrscht. Er kennt die Geheimnisse sämtlicher Musikinstrumente sowie den harmonischen Umgang mit ihnen und den Zusammenklang.

Spenta Mainyu: Iranischer heilwirkender, guter Geist, der das Gute und das Licht bringt und Ahura Mazda dient.

Spentas: Männliche Erzengelgruppe von sieben Geistwesen, die zur Linken von Ahura Mazda wirken. Erzengel des Iran. Sie verkörpern die göttlichen Qualitäten und werden die »Unsterblichen Heilwirkenden« (Amesha Spentas) genannt. Jeder von ihnen steht im Kampf mit je einem der sieben Erzdämonen.

Speradiel: Engel der Vorhersehung.

Sporkudiel: Engel der geistigen Konstruktionen und deren Umsetzung.

Spugliguel: Einer der Engel des Frühlings. Er leitet den Frühling ein und weckt die belebenden Kräfte in allen Elementen.

Sraosha: Engelwesen aus dem Irak. Gehört zu den »Unsterblichen Heilwirkenden« (Amesha Spentas). Erzengel des Gehorsams. Schutzgeist, Schutzengel des Frühlichtes. Er gehört zu den drei Totenrichtern und ist ein Seelenführer, der die reinen Seelen in die oberen Sphären führt. Ihm ist der 17. Tag des Monats geweiht. Er wurde später mit dem Erzengel Gabriel gleichgesetzt.

Stamiel: Engel des Sieges und des Erfolgs.

Strafengel: Sie haben die Engel bestraft, die sich mit Menschenfrauen eingelassen haben.

Sudassa-deva: Himmelswesen der »Reinen Gefilde« (Suddhavasa) im Buddhismus. Es sind die Wesen der 5. reinen Himmelswelt, der feinkörperlichen Welten. Sie werden die »Klarsichtigen« genannt.

Sugati: Himmelsbote, der als Glücksgefährte im Buddhismus beschrieben wird.

Suiel: Engel der Erdbeben.

Sumuram: Engel der Erdgürtelzone, der die Qualität der Zeit (27° Jungfrau) belebt, lenkt und beherrscht. Er ist der Hüter aller sich in der Luft bewegenden Tiere.

Suphlatus: Engel des Staubes.

Suriel: Engel der Mysterien. Er untersteht Raziel. Engel der Gerechtigkeit.

Sybila: Eine Fee aus dem Reich der Naturwesen. Eine kleine Engelform der hilfreichen Geister aus der göttlichen Quelle. Sie verrät das Geheimnis, wie man sich unsichtbar machen und damit schützen kann. Sie kennt viele kleine Geheimnisse der Mysterien.

Sybilla: Eine Fee aus dem Reich der Naturwesen. Hilft bei der Wunscherfüllung. Gehört zu den Naturengeln.

Sylphen: Luftdevas der Naturkräfte. Sie beleben die Natur mit dem »Odem Gottes«, beflügeln den menschlichen Geist und beleben ihn mit neuen Gedankenkräften.

T

Tabbata: Engel der Erdgürtelzone, der die Qualität der Zeit (10° Löwe) belebt, lenkt und beherrscht. Er lehrt, die Feuerkraft zu beherrschen und sich vor ihr zu schützen.

Tabori: Engel der Erdgürtelzone, der die Qualität der Zeit (10° Widder) lenkt, belebt und beherrscht. Er beherrscht zudem die Wasserkraft. Diese Lichtkraft fördert aktive Empfänglichkeit und Intuition.

Tabris: Bote des Erzengels Michael. Göttlicher Wille.

Tagora: Engel der Erdgürtelzone, der die Qualität der Zeit (18° Skorpion) belebt, lenkt und beherrscht. Engel der Erotik.

Tagriel: Engel, der über das 26. Haus des Mondes herrscht.

Tahariel: Engel der Erhöhung, Reinigung und der klaren Gedanken.

Takarosa: Engel der Erdgürtelzone, der die Qualität der Zeit (28° Löwe) belebt, lenkt und beherrscht. Weiht den Menschen in seine wahren Fähigkeiten ein.

Taliahad: Engel des Kelches (Wasser). Behütet und beschützt die Arbeit mit dem heiligen Prinzip des Kelches. Engel der Einsicht.

Tamiel: Ein Engel der Tiefe.

Tanael: Engel der jungen Geschöpfe und der Kinder.

Tapi: Engel der Erdgürtelzone, der die Qualität der Zeit (4° Steinbock) lenkt, belebt und beherrscht. Er hilft, Schicksalsschläge und Enttäuschungen zu verstehen und leichter zu ertragen.

Tapum: Engel der Erdgürtelzone, der die Qualität der Zeit (15° Waage) lenkt, belebt und beherrscht. Hohes Engelwesen mit feinem Kunstsinn.

Tarato: Engel der Erdgürtelzone, der die Qualität der Zeit (10° Krebs) belebt, lenkt und beherrscht. Dieser Engel kennt die Gesetze des Wetters und kann dieses beeinflussen.

Tardoe: Engel der Erdgürtelzone, der die Qualität der Zeit (16° Stier) belebt, lenkt und beherrscht. Er fördert künstlerische und schriftstellerische Fähigkeiten.

Tariel: Engel des Sommers. Engel der Lebensfreude.

Tarosiel: Engel, der die göttlichen Tugenden sendet, und zwar in dem Moment, in dem der Mensch sich in Versuchung führen lässt.

Tarquam: Engel des Herbstes. Engel des sanften Rückzugs.

Tasar: Engel der Sonnensphäre. Leitet den Fortpflanzungstrieb bei allem Erschaffenen.

Tattwaiel: Engel der Balance und der Lebensfreude.

Taufengel: Engel, die bei der Taufe zugegen sind und das Wasser weihen.

Tauthabaoth: Hoher Engelfürst der luftigen Lichtsphären. Engel des Geistes.

Tavatimsa-deva: Himmelswesen, das zu den sechs Klassen der Sinneswelt im Buddhismus gehört.

Tawanel: Große Engel, die die Akasha-Chronik verwalten. Sie befinden sich auf der Stufe der Erzengel (beschrieben von Flower A. Newhouse).

Tawonel: Himmlische Heerscharen, die von Flower A. Newhouse als mächtige, erhabene Engelwesen beschrieben werden. Sie überwachen die Aufzeichnungen der Akasha-Chronik und prüfen, beobachten und schützen. Sie sind gewaltige Wächterengel, die auf der Stufe der Erzengel stehen und gemeinsam mit den Engeln des Schicksals mit den Menschen arbeiten.

Tedea: Engel der Erdgürtelzone, der die Qualität der Zeit (24° Skorpion) belebt, lenkt und beherrscht. Er kennt die Kraft der Analyse und Diagnostik und sieht genau, was fehlt.

Tehom: 2. Thronengel im 6. und 7. Buch Mose.

Teiaiel: Engel der Obstbäume und Früchte.

Teliel: Engel der Natur.

Temeluchos: Auch Temeluch, Temlakos oder Temleyakos genannt. Engel, der sich einerseits um die Seelen gestorbener, abgetriebener oder ausgesetzter Kinder kümmert und sie zu Gott führt, andererseits die Eltern nach deren Tode mit den Kindern konfrontiert und bestraft.

Teras: Hohes Engelwesen der Sonnensphäre. Ihm unterstehen Kraft und Gegenkraft des Elementes Feuer und des elektrischen Fluidums auf allen Ebenen und in allen Planetensphären.

Tetragrammaton: Mächtiges Engelwesen des Reiches Daat (Kabbalah). Einer der heiligen drei unsichtbaren Schaffenskräfte. Wird in der Magie mit Primeumaton und Anephexeton gerufen, um das magische Dreieck zu errichten. Der Name für Aloha van Daath lautet: »Das Nichts, das alles birgt«.

Texai: Engel der Erdgürtelzone, der die Qualität der Zeit (14° Löwe) belebt, lenkt und beherrscht. Er zeigt die Verbindungen aller spirituellen Systeme: Alles ist eins, und eins ist alles.

Thaphthartharath: Engelwesen, das in der Kabbalah dem Merkur zugeordnet wird.

Thartharaoth: Hoher Engelsfürst der wässrigen Lichtsphäre. Engel der Gefühlskräfte.

Thauthabath: Hoher Engelsfürst der feurigen Lichtsphären. Engel der Kraft Gottes.

Thegri: Engel der zahmen Tiere.

Theliel: Engel der Liebe. Wird manchmal als blind dargestellt, da die Liebe blind machen kann. Er wird angerufen, um die oder den ersehnten Geliebten herbeizurufen.

Therotiel: Engel des Mitgefühls. Gehört zu den Legionen des Erzengels Chamuel.

Thirana: Engel der Erdgürtelzone, der die Qualität der Zeit (1° Waage) belebt, lenkt und beherrscht. Unter seinem Einfluss steht die Geschlechtlichkeit des Menschen. Zu seinen Bereichen gehört auch die Fortpflanzung.

Thorael: Einer der Zornschalen-Engel. Zu seinen Aufgaben zählt das Herbeiführen von Überschwemmungen und Meteoriteneinschlägen.

Throne: Bezeichnung für die oberste Triade der Engelhierarchie (siehe Kapitel »Der Aufbau der himmlischen Hierarchien«). Bei Rudolf Steiner werden die Throne auch »Geister des Willens« genannt. Sie verleihen den Planeten den Bewegungsimpuls. Die Gruppenseele des Mineralreiches befindet sich in der Obhut der Throne.

Thronus: 1. Thronengel im 6. und 7. Buch Mose.

Tigrapho: Engel der Erdgürtelzone, der die Qualität der Zeit (18° Jungfrau) belebt, lenkt und beherrscht. Er ist ein Meister der Baukunst.

Tija: Hohe Engelwesen, die auf gleicher Stufe oder über den Erzengeln stehen. Sie sind für das Klima und die Fruchtbarkeit der Erde verantwortlich und halten sich in der Stratosphäre auf. Werden auch »Engelprinzen« genannt (beschrieben von Flower A. Newhouse).

Timira: Engel der Erdgürtelzone, der die Qualität der Zeit (9° Zwillinge) belebt, lenkt und beherrscht. Dieser Engel vermittelt Harmonie, Gleichgewicht u.v.a.m.

Tinas: Engel der Sonnensphäre. Hütet die Gesetze der Erstarrung, Kristallisation und Fixation im gesamten Universum.

Tiphanel: Vermittler zwischen den Sphären.

Tiriel: Der Name bedeutet im Hebräischen »Kundschafter Gottes«. Er wird in der Kabbalah dem Merkur zugeordnet.

Tirsiel: Einer der Engel des Flusses.

Tmako: Engel der Erdgürtelzone, der die Qualität der Zeit (12° Krebs) belebt, lenkt und beherrscht. Er ist der Beschützer der Alchemie.

Tmiti: Engel der Erdgürtelzone, der die Qualität der Zeit (26° Fische) belebt, lenkt und beherrscht. Er führt, lenkt und leitet magische Operationen.

Todesengel: Er erscheint in Todesnähe. Sein Kuss führt zum Tode. Durch seinen Kuss wird die Seele erlöst und kann mit dem Engel emporschweben. Die Vorstellung von einem Todesengel findet sich in vielen alten Kulturen, z. B. in Ägypten, wo man an Engel des Todes mit geflügelten Armen glaubte. Oder in Griechenland, wo es den Glauben an Thanatos, den Gott des Todes, gab, der als Jüngling mit Flügeln dargestellt wurde und in die christliche Lehre miteinfloss. Die Todesengel bringen die Seele durch das gefahrenvolle Zwischenreich in den Himmel.

Tolet: Engel der Erdgürtelzone, der die Qualität der Zeit (5° Waage) belebt, lenkt und beherrscht. Er weiht in die Heil- und Gesunderhaltung des Menschen durch die Nahrung ein.

Tonttu: Finnischer, guter Hausgeist, der für das Getreide sorgt. Er kommt dem Schutzengel des Hauses gleich.

Torquaret: Engel des Herbstes. Engel, der die Kräfte sammelt und zusammenzieht.

Tranquilitus: Elohim der rubinroten Strahlung (tiefer Frieden, siehe Kapitel »Die sieben göttlichen Lichtstrahlungen«).

Trasorim: Engel der Erdgürtelzone, der die Qualität der Zeit (13° Skorpion) belebt, lenkt und beherrscht. Engel, der die Sonnenkraft und damit die Lebenskraft aktiviert und nutzbar macht.

Trgiaob: Engel der Kriechtiere.

Trigiaob: Engel der Wildhüter.

Trisacha: Engel der Erdgürtelzone, der die Qualität der Zeit (13° Steinbock) belebt, lenkt und beherrscht. Hilft, Raum und Zeit zu überbrücken.

Tual: Engel, der dem Sternzeichen Stier dient. Er fördert die Stabilität.

Tubiel: Engelherrscher des Sommers. Er wird auch gerufen, wenn einem Besitzer der Vogel entflogen ist.

Tumiel: Einer der leuchtenden himmlischen Großfürsten, die mit den Erzengeln regieren. Sein Name ist voll der Kraft des Göttlichen (JHVH). Er ist der Engelsfürst der Mysterien (Kabbalah).

Turiel: Der Name bedeutet im Hebräischen »Lehre Gottes«. Dieser Engel lehrt die göttliche Weisheit.

Tushita: »Die Freudenvollen«. Eine buddhistische Gruppe von zufriedenen Devas, die in der gleichnamigen 4. Himmelsetage etwa 4000 Jahre lang lebt – wobei ein Tag bei ihnen 400 Menschenjahren gleichkommt. Bodhisattvas (Erleuchtete) wohnen hier, bevor sie in der Menschenwelt ein letztes Mal wiedergeboren werden, um dann als Buddha in die oberen Welten einzugehen. Sie sind umgeben von den Tushita.

Tusita-deva: Himmelswesen, die zu den sechs Klassen der Sinneswelt im Buddhismus gehören. Sie werden als »die Seligen« bezeichnet.

Tutiel: Engel der Reinigung und Erneuerung. Gehört zu den Legionen des Erzengels Gabriel.

Twilvee: Engelgruppen, die sich um die Evolution von Vogelarten kümmern.

Tybolyr: Engel der Sonnensphäre. Hütet, sendet und beherrscht die Kraft der Ideen von Wesen und Menschen im gesamten Universum.

Tyche: Mächtiges Engelwesen, das die Stadt Antiochia am Orontos behütet. Es gilt als weibliche Elohim des Zufalls, des Schicksals und der Fügung.

Tzaphon: Engelwesen des Pentakel. Symbol des Nordens und der Erde. Der heilige Name Adonai ist dem Pentakel mit zugeordnet. Er weiht in die Mysterien des Pentakels ein. Ihm ist Erzengel Uriel/Auriel zugeordnet.

Tzizhet: Engel der Sonnensphäre. Seine Aufgabe ist es, dem Leben die göttliche Erleuchtung von der einfachsten bis zur höchsten Form zugänglich zu machen und das Licht der Inspiration und Intuition zu senden.

Tzybayol: Engel der Sonnensphäre. Seine Aufgabe ist es, die Gesetze der Vibration und Schwingung im gesamten Universum zu leiten und zu hüten.

U

Ugali: Engel der Erdgürtelzone, der die Qualität der Zeit (12° Schütze) belebt, lenkt und beherrscht. Kennt die höchste Weisheit.

Ugefor: Engel der Erdgürtelzone, der die Qualität der Zeit (7° Skorpion) belebt, lenkt und beherrscht. Gebietet über den Verstand und leitet alle intellektuellen Fähigkeiten.

Ugirpon: Engel der Erdgürtelzone, der die Qualität der Zeit (15° Wassermann) belebt, lenkt und beherrscht. Meister der Astrophysik.

Ugolog: Engel der Erdgürtelzone, der die Qualität der Zeit (25° Fische) belebt, lenkt und beherrscht. Engel der Visionen und des direkten Schauens.

Uji-kami: Er ist der große Schutzengel der Sippe, der Geburtsstätte, des Dorfes und der Gemeinde, der der Schützling aufgrund seiner Geburt angehört. Alle Uji-kamis unterstehen dem O-kuni-nushi, dem Herrn der großen Erde.

Umabel: Einer der 72 Engel der Merkurzone. Engel der Geheimwissenschaft, der Umwandlung und des Fortschritts. Ihm ist Psalm 113, Vers 2 zugeordnet: »Der Name des Herrn sei gepriesen von nun an bis in Ewigkeit.«

Umbiel: Schutzengel des Apostels Thomas in Klopstocks »Messias«.

Umbarim: Engel der Erdgürtelzone, der die Qualität der Zeit (17° Stier) belebt, lenkt und beherrscht. Er unterstützt die harmonisierenden Kräfte. Diese Lichtkraft fördert die Fähigkeit, Schönheit und Harmonie zu erschaffen.

Urgivoh: Engel der Erdgürtelzone, der die Qualität der Zeit (17° Zwillinge) belebt, lenkt und beherrscht. Er kennt die Kräfte der Beliebtheit, Gunst und Sympathie, die zum Erfolg in zwischenmenschlichen Beziehungen verhelfen.

Uriel: Auch Auriel genannt. Der Name bedeutet »Feuer Gottes«, »Licht Gottes«. Erzengel der rubinroten Strahlung (siehe Kapitel »Die sieben göttlichen Lichtstrahlungen«). Er gehört zu den sieben mächtigen Erzengeln. Sein Licht entfacht die wahre Gottesliebe, die den Menschen vorandrängt, in Gott zu erwachen.

Urielsengel/Aurielsengel: Himmlische Heerscharen, die dem Erzengel Uriel/Auriel unterstehen und im Dienste Christi unterwegs sind.

Urim: Ein Cherubim in Klopstocks »Messias«. Er kennt Vergangenheit, Gegenwart und Zukunft und das Schicksal der Menschheit.

Usalim: Engel, der die heiligen Stätten verwaltet.

Uthra: Iranische Geist- und Lichtwesen (Mandäer). Wurden von Mana ruber geschaffen, den sie in den oberen Lichtwelten umgeben und als »erlöster Erlöser«preisen. Sie helfen den Menschen beim Kampf gegen die Dämonen. Zu ihnen gehören Shitil, Hibil, Manda d-Haije, Anosh u. v. a. m.

Uzziel: auch Usiel genannt. Sein Name bedeutet »Auge Gottes«. Er ist der Herrscher über die vier Winde und gehört in einigen Schriften zu den »Herrlichen Sieben«.

Vahaviah: 1. Engel der 72 Engel Gottes. Sein Name bedeutet »Gott, der begeistert«.

Vairgin: Sibirische Gruppe von 22 Himmelgeistern. Sie verkörpern die verschiedenen Himmelsrichtungen und Himmelserscheinungen, unter denen Sonne, Mond und Polarstern die ersten Stellen einnehmen.

Vaishravana: Gehört zu den mächtigen Devaraja, die das Geschehen der Welt beobachten und die Entwicklung der Menschen den Göttern, Göttinnen, Meistern und Meisterinnen weiterleiten. Sein Name bedeutet im Sanskrit »Herr des Steins«. Er ist der buddhistische Weltenhüter des Nordens, des Reichtums und der Schätze. Sein Element ist die Erde. Seine Körperfarbe ist Gelb bis Grün und sein Zeichen der Mungo.

Vasariah: Einer der 72 Engel der Merkurzone. In seiner Gegenwart kann nur Wahres gesprochen werden. Er hilft, beschützt und leistet Beistand, wenn er gerufen wird. Ihm ist Psalm 33, Vers 4 zugeordnet: »Denn das Wort des Herrn ist wahrhaftig, all sein Tun ist verlässlich.«

Vasat: Engel der Sonnensphäre. Ur-Initiator des Wasserprinzips und des magnetischen Fluidums auf allen Stufen und Festigkeiten im gesamten Universum.

Vata: Engel der Luft und der Winde. Engel im Zoroastrismus.

Vavaliah: 43. Engel der 72 Engel Gottes. Er ist Herrscher und König.

Vehooel: 49. Engel der 72 Engel Gottes. Er ist stolz und groß.

Vehuel: Einer der 72 Engel der Merkurzone. Engel der Bewusstseinserweiterung, des Aurasehens und -lesens und der Beeinflussung. Ihm ist Psalm 145, Vers 3 zugeordnet: »Groß ist der Herr und hoch zu loben, seine Größe ist unerforschlich.«

Vehuia: Gehört zum Engelchor der Seraphim (5. Hierarchie Gottes, auf einer Ebene mit den Elohim). Hilft, vergangene Taten, die nicht dem Göttlichen entsprochen haben, zu erkennen und wiedergutzumachen. Sendet das Licht der Stärke und hilft, Kampfgeist und Mut zu entwickeln.

Vehuiah: Einer der 72 Engel der Merkurzone. Engel, der den Willen und die Glaubenskraft stärkt. Es hilft, ihn bei großen Unternehmungen anzurufen. Er ist hoch, erhaben, aufrecht über allen Dingen stehend. Ihm ist Psalm 3, Vers 4 zugeordnet: »Du aber, Herr, bist ein Schild für mich, du bist meine Ehre und richtest mich auf.«

Vemibael: 61. der 72 Engel Gottes. Sein Name ist der Name, der über allem ist.

Vennel: Engel des Opfers. Hilft in allen Angelegenheiten, die mit einem Opfer zu tun haben.

Venuilia: Elfenengelchen, das die verborgenen Schätze der Natur offenbart (Heilpflanzen, Goldadern, Wasseradern, Edelsteine usw.). Gehört zu den Engeln des Naturreiches.

Verchiel: Engel des Monats Juli. Er fördert die Licht- und Sonnenkräfte. Seine

Farben: Blau, Zitronengelb und Violett. Engel der Lebensgestaltung. Engelführer des Tierkreiszeichens Löwe.

Verderber- oder Vernichterengel: Sie sind die Engel, die die Gerechtigkeit Gottes durch Strafe ausführen. Sie gehören zu den Legionen des Erzengel Zadkiels. Sie sind das unbestechliche Gesetz: »Was ihr sät, werdet ihr ernten – durch uns«.

Veshiriah: 32. Engel der 72 Engel Gottes. Sein Name bedeutet »Er ist aufgerichtet, aufrecht«.

Vesta: Engel des Asteroiden Vesta. Engelführerin der Inspiration, des Schutzes und der Gestaltwerdung von Wünschen in kreativen Bereichen. Sie hilft, Träume aus dem Inneren heraus in die Welt zu bringen und dort umzusetzen. Sie hilft, die wahre Berufung, den wahren Beruf zu finden und zu leben. Sie führt und leitet Legionen von Engeln. Im alten Rom wurde ihr zu Ehren überall das Feuer am Brennen gehalten. Dieser hohe Engel widmet sich übergeordneten Aufgaben.

Vestaengel: Engel, die Vesta dienen. Sie aktivieren im hohen Maße die kreative Kraft, die Schöpferkraft, die dem Menschen innewohnt. Sie werden mit dreifachen Flügeln, glänzender Haut, starken Körpern, feurigem Haar und gelbbraunen Augen beschrieben. Ihr Gewand leuchtet goldfarben und safrangelb und bewegt sich wie die Flammen des Feuers im Wind. Sie sind dem Element Feuer zugeordnet und hüten das Licht. Im Wicca- oder Hexenkult gelten sie als Beschützer der Hexen. Sie sind der Sonne zugeordnet.

Veubiah: Einer der 72 Engel der Merkurzone. Engel der Schutz- und Talismanformeln. Er hilft, große Wunden augenblicklich zu heilen. Ihm ist Psalm 88, Vers 14 zugeordnet: »Herr, darum schreie ich zu dir; früh am Morgen tritt mein Gebet vor dich hin.«

Victoria: Auch Viktoria geschrieben. Mächtiges Engelwesen des göttlichen, ewigen Sieges.

Virginia: Weibliche Elohim der smaragdgrünen Strahlung (Segnung und Trost, siehe Kapitel »Die sieben göttlichen Lichtstrahlungen«).

Virudhaka: Gehört zu den mächtigen Devaraja, die das Geschehen der Welt beobachten und die Entwicklung der Menschen den Göttern, Göttinnen, Meistern und Meisterinnen weiterleiten. Er ist der Welthüter des Südens. Sein Name bedeutet im Sanskrit »das Sprießende«. Er ist der Herr über die dämonischen, zwergwüchsigen und büffelgesichtigen Wesen. Sein Attribut ist das Schwert und seine Farbe ist Blau. Sein Element ist die Luft.

Virupaksha: Gehört zu den mächtigen Devaraja, die das Geschehen der Welt beobachten und die Entwicklung der Menschen den Göttern, Göttinnen,

Meistern und Meisterinnen weiterleiten. Sein Name bedeutet im Sanskrit »der mit dem deformierten Auge«. Er herrscht über die Schlangen (Nagas). Sein Attribut sind die Schlange bzw. der Stupa und seine Körperfarbe ist Rot. Seine Himmelsrichtung ist Westen und sein Element das Feuer.

Vista: Elohim der grünen Strahlung (Heiligkeit, siehe Kapitel »Die sieben göttlichen Lichtstrahlungen«). Hütet die Schöpferquelle, die »Heilige Quelle der Heilung«, Weihung.

Vitore: Schlangenwesen und glückbringender Hausgeist aus Albanien. Die Vitore wohnt als kleine, dicke Schlange mit bunter Haut in der Hausmauer und kündigt durch leises Pfeifen freudige, aber auch traurige Ereignisse für die dort lebende Familie an. Hat die Funktion des Schutzengels der Familie oder der Sippe.

Völkerengel: Als Schutzmächte der Völker bilden sich himmlische Gegenstücke zu den politischen Gemeinschaften der Erde. Die Völkerengel kümmern sich um die jeweiligen Völkergruppen dieser Erde. Alles, was ein Volk getan hat, im Guten und im Schlechten, ist in ihrem Licht aufgezeichnet.

Vohu Mano: Engelwesen aus dem Irak. Gehört zu den »Unsterblichen Heilwirkenden« (Amesha Spentas). Erzengel des guten Denkens und der guten Gesinnung. Er ist der Schutzgeist/Schutzengel der Tierwelt. Er erschien Zarathustra in Visionen. Er ist der Türwächter des Himmels und empfängt die befreiten Seelen. Ihm ist der 11. Monat geweiht.

Vohumanah: Engel der fröhlichen und aufbauenden Gedankenkräfte.

Voil: Engel, der dem Sternzeichen Jungfrau zugeordnet ist. Er fördert die Genauigkeit.

Volman: Engel der Erdgürtelzone, der die Qualität der Zeit (11° Fische) belebt, lenkt und beherrscht. Er weiht in die Mysterien des Lichtes ein.

Vretil: Engel, der die himmlischen Bücher führt und Henoch die Schöpfungsgeschichte diktierte.

Vrevoil: Engel, der die himmlischen Bücher führt.

W

Wächterengel: Engel, die die Geheimnisse des Himmels behüten, schützen und bewahren. Sie wachen an den großen Toren der Einweihung und prüfen, ob derjenige, der anklopft, bereit dafür ist und die nötige Reife mitbringt. Einer ihrer großen Aufgaben ist es, Wache zu halten.

Walküren: Engel der Wikinger. Schöne, starke Frauen, die vom Himmel herabsteigen. Sie tragen die Seelen gefallener Männer nach Walhalla.

Wermut: Engel, der in der Endzeit als Stern vom Himmel fällt und das Wasser bitter macht (Johannesoffenbarung 6,10–11).

Wetterengel: Engel, die das Wetter machen. Zu ihnen gehören die »Engel der Stärke«, die so gewaltig sind, dass der Mensch vor Ehrfurcht erzittert, die gewaltige Umwälzungen hervorrufen und die Stürme und alle Arten von Bewegungen dirigieren können, und die »Engel der Stille«, die die Elemente beaufsichtigen und klares, sonniges Wetter bewirken. Sie können zum Segen und zum Schutz jederzeit gerufen werden.

Wotariel: Einer der leuchtenden himmlischen Großfürsten, die mit den Erzengeln regieren. Sein Name ist voll der Kraft des Göttlichen (JHVH). Er ist der Engelsfürst des göttlichen Trostes (Kabbalah).

Würgeengel: Ein Engel, der die gerechte Strafe Gottes unter die Menschen bringt. Er gehört zu den Legionen des Erzengels Uriel/Auriel.

Wybalap: Engel der Sonnensphäre. Kennt und hütet das Lichtprinzip in allen Formen und Auswirkungen im gesamten Kosmos.

Wybiol: Engel der Sonnensphäre. Überwacht und lenkt die Weisheit und Erkenntnis der Menschen und Wesen aller Planeten und Sphären.

Wybitzis: Engel der Sonnensphäre. Leitet das Gefühlsprinzip für alle göttlichen Leben.

X, Y

Xathanael: Jüdischer Strafengel.

Yabsael: Einer der höchsten Engel der Gnostiker.

Yahel: 8. Thronengel im 6. und 7. Buch Mose.

Yama-deva: Ein Himmelswesen, das zu den sechs Klassen der Sinneswelt im Buddhismus gehört.

Yazata: Der Name bedeutet »die Verehrungswürdigen«. Geistwesen, die Ahura Mazda unterstehen und dessen Willen ausführen. Sie sind den Elohim der höheren Engelklasse gleich. Es gibt 30 Yazata. Jedem von ihnen ist ein Tag im Monat zugewiesen. Zu ihnen zählen z.B Mithra, Daena, Hvar, Mah, Zam.

Yazatas: Bezeichnung für Engel im Zoroastrismus.

Ybario: Engel der Erdgürtelzone, der die Qualität der Zeit (22° Steinbock) belebt, lenkt und beherrscht. Ein besonderer Hüter der göttlichen Gerechtigkeit.

Ychniag: Engel der Erdgürtelzone, der die Qualität der Zeit (16° Löwe) belebt, lenkt und beherrscht. Er zeigt, wie durch die göttlichen Tugenden der Verstand erleuchtet wird.

Yekon: Sein Name bedeutet »Mag Gott sich erheben«. Er ist einer der Engel, die laut Henoch Menschenfrauen beiwohnten und ihnen die Künste des Himmels verrieten.

Yeliel: Gehört zu dem Engelchor der Seraphim (5. Hierarchie Gottes, auf einer Ebene mit den Elohim). Er sendet Lebensfreude und eine positive Lebenseinstellung. Spendet Großzügigkeit und fördert die Kommunikation.

Yeterel: Auch Ytreel genannt. Einer der Engel, die laut Henoch Menschenfrauen beiwohnten und sie die himmlischen Künste lehrten.

Ygarimi: Engel der Erdgürtelzone, der die Qualität der Zeit (24° Zwillinge) belebt, lenkt und beherrscht. Er vermittelt, wie man in der Welt der Erscheinungen richtig auftritt und seine Handlungen bewusst ausrichtet.

Ygilon: Engel der Erdgürtelzone, der die Qualität der Zeit (7° Jungfrau) belebt, lenkt und beherrscht. Er hütet die Mysterien von Schrift und Sprache, die Entwicklung von Sprache und die Verschlüsselung und Entschlüsselung der universellen Sprache.

Ylemis: Engel der Erdgürtelzone, der die Qualität der Zeit (29° Fische) belebt, lenkt und beherrscht. Lehrt die göttliche Liebe.

Yomael: Im 3. Buch Henoch wird er als Engelsfürst des 7. Himmels beschrieben. Er hebt den Menschen empor in sein wahres Zuhause, in seine göttliche Herkunft.

Yparcha: Engel der Erdgürtelzone, der die Qualität der Zeit (2° Zwillinge) belebt, lenkt und beherrscht. Er ist ein Kenner technischer Erfindungen und Hüter der Ideen. In dieser Zeitzone gilt es, die Dinge, die in die Welt gebracht werden sollen, zu hüten und nicht über sie zu reden.

Yraganon: Engel der Erdgürtelzone, der die Qualität der Zeit (11° Jungfrau) belebt, lenkt und beherrscht. Er verhilft zu Erfolg und Ansehen und fördert die Geschicklichkeit im Beruf. Er kennt die Geheimnisse des Eisens.

Yromus: Engel der Erdgürtelzone, der die Qualität der Zeit (25° Widder) belebt, lenkt und beherrscht. Er kennt die Kräfte der Erde. Diese Lichtkraft fördert Heilung und die Verbindungen mit den Erdkräften. Gilt auch als Engel des magischen Wissens und der Alchemie.

Yruel: Engel der Furcht. Dieser Engel weist die Furcht ab. Er wird zuweilen während der Schwangerschaft auf Amuletten getragen.

Ysquiron: Engel der Erdgürtelzone, der die Qualität der Zeit (17° Krebs) belebt, lenkt und beherrscht. Er verstärkt die göttlichen Tugenden der Liebe, Gnade, Barmherzigkeit, Harmonie, Gesetzmäßigkeit und Gerechtigkeit.

Yurkami: Hagelengel.

Yurkemi: Engel des Heilens. In der Legende des Sehers Jesira und auch im Talmund wird beschrieben, dass Yurkemi sich erbot, drei Männer aus dem Feuerofen zu retten, doch Gabriel dies verhinderte. Gilt auch als Engel des Hagels.

Yushamin: Engel der Fruchtbarkeit. Hüter des keltischen Beltanefestes.

Zaafiel: Engel der Orkane und des Regens. Ist auch als Engel der Selbstbeherrschung bekannt.

Zachariel: Erzengel. Gleichbedeutend mit Erzengel Zadkiel.

Zaconia CZ 2: Dahinter verbirgt sich der Kommandeur (Erzengel) Zadkiel aus der Sternenflotte von Ashtar Sheran. Erzengel, der zu den »Star People« der UFO-Bewegung gehört.

Zadkiel: Engel des kabbalistischen Lebensbaums, der dem Reich Hesed, der Jupiterzone zugeordnet ist, »dem Reich der Gnade und Barmherzigkeit« (siehe Tabelle zur Kabbalah). Er ist auch ein Erzengel der 7. violetten Strahlung (Umwandlung und Transformation, siehe Kapitel »Die sieben göttlichen Lichtstrahlungen«).

Zadkielsengel: Himmlische Heerscharen, die dem Erzengel Zadkiel unterstehen und im Auftrag der Umwandlung, Transformation und Vergebung unterwegs sind.

Zafkie: Engel des Verstandes und der Vernunft.

Zagan: Er kann einen Narren in einen Weisen verwandeln und Wasser in Wein. Er wurde in Zeiten der Engelverfolgung in die Hölle verbannt.

Zagol: Engel der Erdgürtelzone, der die Qualität der Zeit (27° Krebs) belebt, lenkt und beherrscht. Er hilft den Menschen, nach und nach die Schwingungen anderer Ebenen zu erwecken.

Zagriona: Engel der Erdgürtelzone, der die Qualität der Zeit (6° Jungfrau) belebt, lenkt und beherrscht. Er ist der Hüter des Lehr- und Schreiberamtes. Alles, was mit dieser Kraft zu tun hat, untersteht seinem Bereich.

Zahun: Engel des Streites. Genius der 4. Stunde.

Zakiel: Der Name bedeutet »Komet Gottes«. Zakiel ist laut Henoch einer der Engel, die Menschenfrauen beiwohnten.

Zalbesael: Einer der Engel des Regens.

Zalbeseel: Auch Zelbeseel oder Zelebeseel geschrieben. Sein Name bedeutet so viel wie »Herz Gottes«. Er ist einer der Engel, der die Gestirne lenkt. Da er dem Engel Malkiel, dem Lenker der Saat, zugeordnet ist, wird er auch als »Bringer des Regens« gesehen.

Zalones: Engel der Erdgürtelzone, der die Qualität der Zeit (27° Fische) belebt, lenkt und beherrscht. Er weiht in die Gesetze des Mikro- und Makrokosmos ein und weist den Weg zum göttlichen Licht.

Zaphkiel: Engel der Betrachtung. Hilft, in einen meditativen Zustand zu gelangen.

Zawar: 7. Thronengel im 6. und 7. Buch Mose.

Zeael: Engel der Bücher.

Zebaoth: Der Name kommt aus dem Hebräischen und bedeutet »die himmlischen Heerscharen«. »Herr Zebaoth« hingegen bedeutet »der Herr der Heerscharen«.

Zedekiel: Engel des Jupiters.

Zelebsel: Einer der Engel des Regens.

Zephon: Ein Cherubim, der in John Miltons Buch »Das verlorene Paradies« vorkommt.

Zerachiel: Auch Araqael geschrieben. Der 5. Engel der »Herrlichen Sieben« im äthiopischen Henochbuch.

Zerosiel: Engel der Klarheit. Hilft bei Depressionen, niedere Gefühlsschwingungen zu erhöhen und aufzulösen. Gehört zu den Legionen des Erzengels Gabriel.

Zhevekiyev: 24. Engelvorsteher der 28 Häuser der Mondsphäre. Er lehrt das Wirken der Elemente zwischen Erde und Mond. Er hütet, kennt und lehrt die Gesetze des Lebens und des Todes. Verhilft zu ewiger Jugend.

Zikiel/ Ziquiel: Engel der Kometen.

Zornschalen-Engel: Engel, die im Dienste des Karmas von Völkern, Gruppen, Ländern etc. stehen und das auslösen, was der Mensch aufgrund seiner gegen die göttliche Natur gerichteten Verhaltensweisen verursacht hat. Es sind Engel der Naturkatastrophen (Erdbeben, Erdrutsche, Meteoriteneinschläge, Flutwellen, Orkane, Donnergrollen, Dürrekatastrophen, Kälteeinbrüche, Überschwemmungen, Explosionen, Kriege u.v.a.m.). Hier gibt es große Heerscharen, die sich diesen Vorgängen widmen. Wenn der Mensch sich mit ihnen in Verbindung setzt, erfährt er, wann und wo sie wirken, was passiert, wie er sich verhalten soll und was er tun kann.

Zuhl: Deckname eines hohen Engelwesens, das auf Lichtschiffen arbeitet. Er ist sehr wissend und wird hochgeschätzt.

Zuphlas: Engel der Bäume und der Wälder.

Zurael: Engel der täglichen, maßvollen Nahrung.

Zuriel: Hohes Engelwesen der Jupitersphäre. Als Führer dem Tierkreiszeichen Waage zugeordnet. Hüter der kosmischen Harmonie, Ordnung und Fruchtbarkeit. Er gilt als Engel der Ideen. Seine Farbe: Grün. Einer der leuchtenden, himmlischen Großfürsten, die mit den Erzengeln regieren. Sein Name ist voll der Kraft des Göttlichen (JHVH).

ANHANG

MENSCHEN UND ENGEL

Botschaften aus dem geistigen Reich

Durchgaben aus dem geistigen Reich gab es schon seit Anbeginn der Menschheit. Bestimmte religiöse Rituale an besonderen Orten zu besonderen Zeiten versetzten den vorbereiteten Menschen (meistens ein Schamane, Magier, Priester, Führer, Seher …) in einen Trancezustand. In diesem Zustand empfingen die Medien Botschaften aus dem geistigen Reich für einzelne Menschen, Gruppen, ein Volk etc. Auch erhielten Menschen, die eine besondere Aufgabe hatten, direkt Botschaften von den Engeln. Dies gab es zu allen Zeiten in allen Kulturen. In der heutigen Zeit werden diese Botschaften des geistigen Reiches Channeling genannt. Immer mehr Menschen ist diese Technik des Channelns zugänglich. Gechannelt wurde das Seth-Material von Jane Roberts, die Botschaften von Ramtha, Marienbotschaften, Botschaften der Weißen Bruderschaft, von White Eagle etc. Es gibt viel neuzeitliche Literatur über gechannelte Durchgaben der himmlischen Reiche. Dies ist inspirierend, kann aber auch verwirren. Immer neue Namen tauchen auf. Viele halten ihre Botschaft für die einzig wahre … Da die Entwicklung der heutigen Zeit weg vom Guru und angebeteten Lehrer hin zur eigenen Meisterschaft geht, ist die Vielfältigkeit der Botschaften verständlich. Jeder erhält die Botschaft, die für seine gegenwärtigen Lebensumstände von Bedeutung ist. Wer Ohren hat, der höre. Es gibt nicht nur einen Weg zur Wahrheit und zur Meisterschaft. In diesem Sinne ist die Vielfältigkeit der Botschaften des geistigen Reiches eine Bereicherung.
Jeder kann heute den Kontakt zu seiner eigenen höheren Wahrheit herstellen und sich von ihr führen lassen. »Wer suchet, der findet. Wer anklopft, dem wird aufgetan«, diese Worte der Bibel sind für all jene gedacht, die sich auf den Weg der Wahrheit begeben.

Nachfolgend nun einige bekannte Schriften und Menschen, die einen direkten Zugang zu den ätherischen Reichen der Engel hatten bzw. einen Beitrag leisteten, der den Engelglauben beeinflusste.

Schriften

› **Die Apokryphen:** Der Begriff leitet sich von den griechischen Wörtern *apo* (»hinweg«) und *kruphos* (»verborgen«) ab und bedeutet die »verborgenen Schriften«. Die Apokryphen entstanden um die Zeitenwende, wurden aber erst Ende des 18. Jahrhunderts wiederentdeckt. Zu ihnen zählen Bücher der Bibel, die nicht in der hebräischen Bibel (dem jüdischen Kanon) stehen. Dazu zählen das Petrus-, Jakobs-, Thomas-, Nikodemus-, Nazaräer-, Ebioniten- und Hebräer-Evangelium und die Bücher

Henochs. Die äthiopischen Henochtexte z. B. wurden zwischen 1769 und 1773 von dem schottischen Afrikareisenden James Bruce (1730–1794) gefunden. Sie sind eine Fundgrube für all jene, die sich mit den himmlischen Reichen beschäftigen. Darin findet sich erstmals eine systematische Angelogie.

- **Die Bibel:** Altes Testament und Neues Testament berichten von Gott, den Menschen, die mit den Engeln in direkter Verbindung standen und nach deren Anweisung handelten, und den Engeln als ausführende Gewalt Gottes (von der Schöpfungsgeschichte bis zur Apokalypse).
- **Die Kabbalah:** Wurde von Mund zu Mund an Eingeweihte überliefert und beschreibt die himmlische Ordnung und wie mit Unterstützung der himmlischen Kräfte die höchste Stufe des Menschseins erreicht werden kann (vgl. Kapitel »Die Kabbalah«).
- **Der Koran:** Darin finden sich viele Engel und Erzengel, namentlich werden Michael und Gabriel genannt. Mohammeds Berufung beispielsweise erfolgte um das Jahr 610 n. Ch. durch den Erzengel Gabriel, der ihm im Traum erschien. Auch bei seinem Tod waren Heerscharen von Engeln zugegen, wird berichtet.
- **Der Talmud:** Das jüdische Weisheitsbuch beschreibt das Wirken von Engeln.
- In der **Mythologie des hellenistischen Griechenlands,** besonders in der homerischen Dichtung finden sich zahlreiche Darstellungen der »Götterboten«, Engel genannt. Platon, der berühmte griechische Philosoph, berichtet in seinen Texten über zahlreiche mächtige Wesen, die zwischen Himmel und Erde existieren. Sokrates selbst berief sich auf seine innere Stimme, die er als Daimonion bezeichnete. Diese Stimme verließ ihn Zeit seines Lebens nicht (Apologie 31 d).
- **Die Hagiografie:** Heiligenkunde des Mittelalters. Beschäftigte sich mit dem Leben der Mystiker und Heiligen, in deren Leben Engelerscheinungen und die Führung der himmlischen Heerscharen keine Seltenheit darstellten, so der Fall z. B. bei Franz von Assisi (1181–1226) oder Angela von Foligno (1248–1309), einer frommen Mystikerin, oder Agnes von Montepulciano (um 1274–1317), die den »himmlischen Anweisungen« folgte, oder Klara vom Kreuze (um 1275–1308) oder Jeanne d'Arc (1412–1431), der französischen Nationalheldin, die von Erzengel Michael geführt wurde usw.

Menschen

- **Heinrich Cornelius Agrippa** von Nettesheim wurde am 14.9.1486 in Köln geboren und starb am 18.2.1535 in Grenoble, Frankreich. Er war Doktor der Rechte und der Medizin, Philosoph und Schriftsteller und beschäftigte sich intensiv mit den himmlischen Reichen. Er führte ein abenteuerliches, unstetes Leben. Er lehrte Theologie in Frankreich, wurde der Ketzerei beschuldigt und musste das Land verlassen. Er reiste durch Deutschland, England und Italien und kehrte nach Grenoble zurück. 1507 soll Agrippa eine Gesellschaft zur Erforschung der Geheimwissenschaften gegründet haben. Er erarbeitete ein System der kabbalistischen Philosophie. 1533 wurde er von der Inquisition wegen seines Werkes »De occulta philosophia« der Schwarzen Magie beschuldigt und 1535 hingerichtet.
- **Dante Alighieri** (1265–1321) gilt als der bedeutendste Dichter Italiens. In der Esoterik ist Dante durch sein Hauptwerk, die »Divina Commedia«, die göttliche Komödie bekannt geworden. Im übertragenen Sinne ist sie die symbolisierte Darstellung des Weges, den der sündige Mensch gehen muss, um zum Heil zu gelangen. Es ist ein Epos der Erlösung. Er beschrieb die himmlischen Welten in anschaulicher Weise.
- **Thomas von Aquin** (1226–1274) war einer der ersten Kirchenlehrer, der die kath. Glaubenslehre systematisch geordnet und zusammengestellt hat. Er gilt als einer der großen Engelforscher des Mittelalters. In seinem Hauptwerk, »Summa Theologica«, befasste er sich eingehend und umfassend mit den himmlischen Reichen. Die Lehre von den Schutzengeln wurde durch ihn gestärkt. Nach dieser steht jedem Menschen, gleichgültig ob Christ, Heide, Muslim oder Jude, ein Schutzengel zur Seite, der ihn niemals, auch beim größten Vergehen nicht, verlässt. Er wurde von seinen Zeitgenossen mit dem Titel »engelsgleicher Doktor«, doctor angelicus, geehrt.
- **Franz von Assisi** (1181-1226) wurde als Giovanni Bernardone in einer wohlhabenden Kaufmannsfamilie in Assisi geboren. Nach Krankheits- und Erleuchtungserlebnissen löste er sich von seinem Elternhaus und widmete sich fortan den Armen und Aussätzigen. Er führte ein Bettelleben und gründete schließlich den Franziskaner-Orden. Er wurde von den Engeln geführt, hatte Engelerlebnisse, konzentrierte sich jedoch mit seinem ganzen Sein auf die direkte Gotteserfahrung. Am 15. September 1224 soll ihm ein gekreuzigter Seraph erschienen sein, durch den Franz von Assisi die fünf Wundmale Christi empfing. Ein Leben lang hatte er Christus mit seinem ganzen Sein gesucht, jetzt hatte er ihn gefunden. Der Stein, auf dem ihm der Seraph erschienen war, bildet heute das spirituelle Zentrum der Kirche des Klosters von Alverna. Franz von Assisi lebte die direkte Gotteserfah-

rung, ohne Vermittlung durch Amtsträger der Kirche

- **Avicenna** (980–1037 n. Chr.), ein großer in Persien geborener muslimischer Philosoph, Dichter und Theologe, verbrachte sein ganzes Leben mit dem Studium der Engelslehre. Er entwarf eine doppeltes Weltbild, demzufolge der sichtbare Himmel der Astronomie und Meteorologie mit den unsichtbaren Himmelssphären verbunden ist. Er erwähnt oft die Erzengel Gabriel und Michael.
- **Theresa von Avila** (28.3.1515–4.10.1582) war eine spanische Mystikerin, die den Karmeliterinnenorden reformierte. Ihre Schriften gelten als Höhepunkt der spanischen Mystik. Seit 1617 Schutzpatronin Spaniens; 1970 zum »doctor ecclesiae« ernannt.
- **Hildegard von Bingen** wurde 1098 in Alzey geboren. Mit 15 legte sie ihr Gelübde als Nonne ab und wurde Benediktinerin. Im Jahr 1136 übernahm sie als Äbtissin ein Frauenkloster. Im Alter von 42 Jahren erfuhr sie Eingebungen seitens der Geistigen Welt und stand mit Engeln in Verbindung. Sie wurde aus dem geistigen Reich angeleitet, Heilwissen jeder Art für die Menschen zugänglich zu machen. Der Papst gab Hildegard seinen Segen für ihre Arbeit. So entstanden viele Schriften über die Quellen der Heilung und der tiefen Weisheit der göttlichen Natur. Mit 63 Jahren gründete Hildegard das Kloster Eibingen bei Rüdesheim. Am 17.9.1179 starb sie im Alter von 81 Jahren.
- **Esoterische Geheimorden und Traditionen,** z. B. der Gnostizismus, die Freimaurer, der Golden Dawn, lehren die Kräfte des himmlischen Reiches und die geistige Entwicklung durch diese Kräfte.
- **Findhorn** (gegründet 1962) ist ein Fischerdorf im Norden Schottlands. Gründer sind Dorothy Maclean und Eileen und Peter Caddy, die diese Gemeinschaft mithilfe der Devas und Engel gründeten und mit diesen Wesen im Einklang leben. Findhorn ist der Beweis, dass mithilfe der Wesen des geistigen Reiches »in einer Wüste Rosen blühen« können.
- **Henoch** (auch Enoch, Enos genannt) soll der Urgroßvater Noahs sein, der nach Mose 1,5–20 ein Alter von 365 Jahren erreicht haben soll. Genaue Daten sind nicht bekannt. Viele Legenden ranken sich um ihn. Das äthiopischen Buch Henoch soll um 110 vor Christi entstanden sein und gehört zu den Apokryphen. Es erzählt von den Offenbarungen, die Henoch bei seinen Wanderungen durch Himmel und Erde und in seinem Verkehr mit den Engeln erhalten hat. Sie sind die Grundlage für viele spätere »Himmelsvorstellungen«.
- **Elisabeth Kübler-Ross** (1926–2004) war Ärztin und Sterbeforscherin. Sie begleitete viele Menschen beim Übergang und sammelte viele Erfahrungsberichte über Engel und Menschen im Leben, Sterben und Tod. Sie lebte zuletzt in Arizona, USA.

- **Jakob Lorber** (1800–1864) in Graz geboren, schrieb aufgrund einer Stimme in seinem Herzen die Botschaften des geistigen Reiches nieder. Diese Schriften galten als die »Neuoffenbarungen«.
- **Carl Gustav Jung** wurde 26.7.1875 in Kesswil, im Schweizer Kanton Thurgau, geboren und starb 6.6.1961 in Küsnacht. Er war Tiefenpsychologe und Denker. In seinem Buch »Psychologische Betrachtungen« schreibt er: »In jedem von uns ist auch ein anderer, den wir nicht kennen. Er wirkt durch Träume und teilt uns mit, wie anders er uns sieht, als wir uns sehen …« Er war von der Existenz höherer Welten überzeugt, brachte er doch aus seiner Kindheit Engelerfahrungen mit. Auch wurde er von den Wesen der Geistigen Welt bei seiner Arbeit angeleitet. Er ist einer der Wegbereiter, die mit dazu beitrugen, die innere Welt dem Menschen zu öffnen.
- **Gitta Mallasz** (1907–1992) wurde in Österreich geboren. Im Alter von 15 Jahren kam sie nach Budapest, studierte dort später Kunst und wurde Grafikerin. Sie arbeitete als Bühnenbildnerin an der Staatsoper Budapest. Ihr Werk »Antwort der Engel« (1981 veröffentlicht) gehört zu den bekanntesten Privatoffenbarungen der heutigen Zeit. Gitta Malasz zeichnete in den Jahren 1943 und 1944 in Ungarn die 88 Engeloffenbarungen auf, die sie mit ihren Freundinnen Hanna und Lilli regelmäßig freitags um 15 Uhr zur angeblichen Todesstunde von Jesus empfingen. Am 2. November 1944 wurden ihre Bekannten und Verwandten ebenso wie Hanna und Lilli von ungarischen Nazis gefangen genommen. Hanna und Lilli fanden den Tod, Gitta Mallasz überlebte. Sie emigrierte nach Paris und schrieb noch weitere Werke wie »Die Engel erlebt«, »Weltenmorgen« und »Sprung ins Unbekannte«. »Antwort der Engel« gilt als ein Werk, das tatsächlich von den Engeln übermittelt wurde, und inspiriert seit seiner Veröffentlichung viele Menschen.
- **Therese Neumann** (1898–1962), geboren in Konnersreuth (Oberpfalz), war eine große Mystikerpersönlichkeit, die eine friedliche alltägliche Verbindung mit den Engeln pflegte.
- **Origenes** (185–254 n. Chr.), griechischer Theologe, Philosoph und Mystiker, war Schüler, Lehrer und später Leiter der alexandrinischen Katechetenschule (Schule des christlichen Glaubens). Er führte ein asketisches Leben und wurde zum Wegbereiter für das Mönchstum. Sein Werk »de principiis« (220/230 n. Chr.) gilt als erste christliche Dogmatik. Er beschäftigte sich unter anderem ausgiebig mit den himmlischen Reichen. Er wurde unter Kaiser Decius verfolgt und starb an den Folgen der Folterungen.
- **Emanuel Swedenborg** (1688-1772) war ein schwedischer Visionär und Theosoph und eine außergewöhnli-

che, weithin bekannte Persönlichkeit des 18 Jahrhunderts. Er führte ein der Wissenschaft geweihtes Leben. Mit 56 Jahren begann er, seine Visionen schriftlich niederzulegen. Er beschrieb der Menschheit die Geistige Welt, den Himmel, die Hölle und ihre Bewohner. Engel und Geister waren seine Lehrmeister.

› **John Milton** (1608–1674) war ein englischer Dichter. Erblindet diktierte er die Epen »Das verlorene Paradies« (»Paradise lost«) und »Das wiedergewonnene Paradies« (»Paradise regained«), in denen er den Sündenfall Adams und Evas sowie den Kampf von Gut und Böse, von Satan gegen Gott auf höchst originelle Weise und in Versform beschreibt.

› **Friedrich Gottlieb Klopstock** (1724–1803) war ein deutscher Dichter und schrieb, inspiriert von John Miltons Buch »Das verlorene Paradies«, das Epos »Der Messias« (1748–1773), in dem er seine eigenwillige, von der Aufklärung geprägte Sicht der Erlösergeschichte in Versform nacherzählt.

› **Rudolf Steiner,** Begründer der Anthroposophie, wurde 27.2.1861 in Kraljevec, Kroatien, geboren und starb am 30.3.1925 in Dornach, Schweiz. Von 1902-1913 war er Generalsekretär der deutschen Sektion der Theosophischen Gesellschaft. 1910 veröffentlichte er sein Werk »Die Geheimwissenschaft im Umriss«, deren Hauptthema ist, wie man Erkenntnis über die höheren Welten erlangt. 1923/24 gründete er die Anthroposophische Gesellschaft (aus dem Griechischen: *anthropos* = Mensch, *sophia* = Weisheit). Von seinen Anregungen sind Erneuerungsbewegungen für viele Lebensbereiche ausgegangen, z. B. für verschiedene Künste (Malerei, Schauspielerei, Tanz …), für nahezu sämtliche Wissenschaftsgebiete, für das soziale und religiöse Leben. Die Anthroposophie verleiht dem geistigen Reiche einen ganz besonderen Ausdruck.

› **Die Theosophische Gesellschaft** wurde 1875 in New York gegründet. Sie beschäftigte sich mit Geheimlehren des Ostens und des Westens. Mit vielen neu dargestellten alten Erkenntnissen wurde mystisches Wissen erstmalig einer breiteren Masse von Menschen zugänglich gemacht und in der Öffentlichkeit diskutiert. Tradierte religiöse Wege wurden infrage gestellt. Es entwickelten sich viele Richtungen und Zweige dieser Gesellschaft. Nachfolgend bekannte Mitglieder in der Reihenfolge ihres Beitritts:

› **Helena Petrovna Blavatsky** wurde am 12.8.1831 in Jekatarinoslaw, Ukraine, geboren und starb am 8.5.1891 in London. Mit 17 Jahren heiratete sie den russischen General Blavatsky, trennte sich nach einigen Monaten wieder von ihm und flüchtete nach Konstantinopel (Türkei). Sie reiste viel. Ägypten, Indien, Kanada, England, Frankreich, Deutschland,

USA … waren einige ihrer Stationen. Bereits von Kindesbeinen an ein fähiges Medium, wurde sie von unterschiedlichen »Eingeweihten« in den Okkultismus eingewiesen. Die Begegnungen zog sie magisch an. Sie versuchte auch in Tibet in Männerkleidung einzureisen, hatte jedoch kein Glück. Am 7.7.1873 traf sie in Amerika ein, womit die Geschichte der Theosophie begann. Sie schloss sich zunächst einer Spiritistengemeinschaft an, der auch Henry Steel Olcott angehörte. Sie empfing viele Durchgaben aus dem geistigen Reich, die sie in Form von Briefen festhielt. Diese wurden als Mahatmabriefe (Meisterbriefe) bekannt.

› **Henry Steel Olcott** wurde am 2.8.1832 in New Jersey, USA, geboren und starb am 17.2.1907 in Adyar bei Madras, Indien. Er war Reporter der »New York Daily Graphic«. In dieser Eigenschaft wurde er entsandt, um »spiritistische Phänomene« zu untersuchen, wobei er auch am 14.10.1874 auf Blavatsky traf. Er war Mitglied der Freimauer-Loge New York sowie in weiteren esoterischen Vereinigungen. In späteren Jahren, nach der Gründung der Theosophischen Gesellschaft (TG), wurde er Buddhist und wirkte als internationaler Präsident der Adyar-TG, einer theosophischen Zweigstelle in Indien.

› **William Quan Judge** wurde am 13.4.1851 in Dublin, Irland, geboren und starb am 21.3.1896 in New York. 1864 wanderte er mit seinem Vater in die USA aus und wurde in New York Rechtsanwalt. Er beschäftigte sich seit 1874 mit Spiritismus und traf schließlich mit Blavatsky und Olcott zusammen. Auf seinen Vorschlag wurde Olcott zum Präsidenten gewählt und er selbst zum Sekretär der TG ernannt. Er trennte sich 1895 von der TG und gründete eine unabhängige »TG in Amerika«, deren Präsident er auch war. Seine Beiträge verfasste er unter dem Pseudonym Jasper Niemand.

› **Annie Besant** wurde am 1.10.1847 in London geboren und starb am 20.9.1933 in Adyar, Indien. Sie beschäftigte sich schon sehr früh mit Religion und studierte katholische Theologie. Mit 19 Jahren lernte sie den Geistlichen Frank Besant kennen, wurde dessen Haushälterin und heiratete ihn 1867 (2 Kinder). Nach einer Glaubenskrise ließ sie sich 1873 scheiden und war als Freidenkerin in der englischen Arbeiterbewegung aktiv. Am 21.5.1889 trat sie der Londoner TG bei. Sie hatte ein großes rednerisches Talent und wurde engste Mitarbeiterin von Blavatsky. Von 1907 bis zu ihrem Tod war sie Präsidentin der Adyar-TG in Indien. Sie gab mehr als 300 Bücher, Broschüren und Zeitschriften heraus. Diese wurden von ihrem Privatsekretär Eggerton Wood überarbeitet.

› **Ernest Eggerton Wood** wurde 1883 in Manchester, England, geboren und wurde einer der bedeutendsten wissenschaftlichen Verfasser von Werken der Theosophie. Er war Privatsekretär und Geistschreiber von Annie Besant. 1910 gründete er eine Kongress-Hochschule in Indien und wurde außerdem Präsident des indischen Sind-National-College und später Generalsekretär von 14 weiteren Schulen und Colleges.

› **Alice Ann Bailey** wurde am 16.6.1880 in Manchester, England geboren und starb am 15.12.1949 in New York. In ihrer Autobiografie gibt sie an, schon am 30.6.1895 mit Koot-Humi (auch: Kuthumi, ein aufgestiegener Meister der Weißen Bruderschaft) in Verbindung gekommen zu sein, ohne theosophische Schriften gelesen zu haben. 1907 heiratete sie den Pfarrer Walter Evans, 1919 wurde die Ehe geschieden. 1915 wird sie in Kalifornien Mitglied der Adyar-TG. Sie studierte die »Geheimlehren« von Blavatsky und die »Studie über das Bewusstsein« von Annie Besant. 1920 heiratete sie Forrester Bailey, der 1919 Generalsekretär der Adyar-TG in der USA geworden war. Später stand sie auch mit Djwal Khul (aufgestiegener Meister der Weißen Bruderschaft) in Verbindung. Er diktierte ihr außerordentlich umfangreiche Bücher über eine neue Theosophie. Nach einigen Intrigen trennte sie sich von der Adyar-TG und gründete 1921 die »Theosophical Association« in New York, die später in »Arkanschule« umbenannt wurde. Von ihr, durchgegeben von den Meistern, stammen die Grundzüge der Lehre der Weißen Bruderschaft.

› **Sulamith Wülfing** (1901–1989) war eine Malerin aus Wuppertal-Elberfeld. Sulamith bedeutet »die Friedfertige«. Sie erfasste die geistigen Welten in Bildern, seit sie das erste Mal mit vier Jahren Engel geschaut hatte, die sie auch in ihrem Erwachsenenleben nicht verließen.

Engel in der Kunst und in den Medien

Auch auf dieser Ebene sind die himmlischen Heerscharen von Anbeginn vertreten. Man findet sie weltweit durch alle Epochen auf sehr alten künstlerischen Abbildungen bis in digitalisierte Darstellungen der heutigen Zeit.

Maler, die Engel in der Kunst verewigten: Jan van Eyck (1390–1441), Rogier van der Wyden (1399–1464), Duc de Berry (um 1430), Andrea Mantegna (1431–1506), Andrea del Verrocchio (1435–1488), Michael Pacher (1435–1498), Sandro Botticelli (1445–1510), Stefano da Zevio (um 1440), Leonardo da Vinci (1452–1590), Vittore Carpaccio (1465–1525), Filippo Lippi (um 1457–1504), Albrecht Dürer (1471–1528), Michelangelo di Lodovico di Buonarroto Simoni (1475-1564), Matthias Grünewald (1475–1528), Hans Memling (um 1470), Albrecht Altdorfer (1480–1538), Raffael Santi (1483–1520), Hans Süss von Kulmbach (um 1513), Paolo Caliari (Veronese, 1528–1588), Eustache le Sueur (1616–1655), Luca Giordano (1634–1705), Guido Reni (um 1630), Francesco Solinrenta (1657–1747), Giovanni Battista Tiepolo (1696–1770), Hieronymus Bosch (1450–1516), Marc Chagall (1887–1985) u. v. a. m.

Auch in anderen Kulturen finden sich viele Engeldarstellungen, so auf indischen Aquarellen, in Tempeln, in alten Kulturstätten z. B. der Inkas usw. So ist eine der frühen Engeldarstellungen zum Beispiel die ägyptische Isis.

Schriftsteller und Philosophen, die Engel in der Literatur beschrieben: Zahlreiche Beschreibungen und/oder Hinweise finden sich in den Weisheitsbüchern der großen Religionen (Bibel, Koran, Bhagavadgita, Talmud) und in den Märchen und Mythen der Völker. Viele Poeten, Dichter und Denker gaben dem Wirken des geistigen Reiches ihren eigenen, speziellen Ausdruck. Nur um ein paar zu nennen, seien hier aufgeführt: Johann Wolfgang von Goethe (1749–1832), Jean Paul (1763–1825), Clemens Brentano (1778–1842), Joseph von Eichendorff (1788–1857), Christian Morgenstern (1871–1914), Rainer Maria Rilke (1875–1926), Heinrich Heine (1797–1856), Thomas Mann (1875–1955), Saul Bellow (1915–2005), Pier Paolo Pasolini (1922–1975).

Musiker, die Engel in ihrer Musik verewigten: Johann Sebastian Bach (1685–1750), Johannes Brahms (1833–1897), Wolfgang Amadeus Mozart (1756–1791).

Engel in Filmen »The Kid«, Regie: Charles Chaplin (1921); »Der blaue Engel«, Regie: Josef von Sternberg (1930); »Orphee«, Regie: Jean Cocteau (1950); »Amelia and the Angel«, Regie: Ken Russell (1958); »Wenn Engel fallen«, Regie: Roman Polanski (1959); »Teorema«, Regie: Pier Paolo Pasolini (1968); »Barbarella«, Regie: Roger Vadim (1968); »A Nosegay«, Regie: Maggie Jaillers (1986); »Der Himmel über Berlin«, Regie: Wim Wenders (1987); »In weiter Ferne so nah«, Regie: Wim

Wenders (1993); »Made in Heaven«, Regie: Alan Rudolph (1987); »Michael«, Regie: Nora Ephron (1996); »Hinter dem Horizont«, Regie: Vincent Ward (1998); »Stadt der Engel«, Regie: Brad Silberling (1998); »Dogma«, Regie: Kevin Smith (1999).

Viele unbekannte und unbenannte Menschen allen Alters und aller Kulturen können persönlich Zeugnis von dem Wirken der himmlischen Helfer ablegen, da sie es in ihrem Leben schon erfahren haben. So gibt es wohl eine ewig bestehende lebendige Ordnung des geistigen Reiches, jedoch durch die verschiedenen Religionen, wie auch durch die Menschen, die mit dem geistigen Reich in Verbindung stehen, wie auch durch »esoterische« Lehren viele mögliche Formen des Ausdrucks: Das christlich geprägte Abendland gibt den Engeln einen anderen Ausdruck als der Orient; ein Dichter und Denker beschreibt die himmlischen Wesen anders als ein Mensch, der mit diesen Wesen lebt; jeder Mensch, jede Gruppe, jede Glaubensrichtung kann dem geistigen Reich einen ganz besonderen Ausdruck verleihen. Jeder ehrt das geistige Reich damit auf seine spezielle Art, so wie er das Zusammenwirken von Engel und Mensch erfährt.

Diese Kräfte veredeln den Menschen und helfen ihm auf seinem Weg. Die Schöpfung ist unendlich reich und vielfältig. Wer meint, es gäbe nur eine Blume und diese sei die einzig wahre, der möge sich in die Natur begeben. Für ihn kann die von ihm erwählte Blume die für ihn Beste sein – das muss es aber nicht für einen anderen. Die Engel sagen hier: »Wer den Unterschied vernichten will, soll aufpassen, dass er nicht das Leben tötet.«

BESCHREIBUNG VON ENGELN

aus verschiedenen Epochen, Kulturen und Religionen

Engel (gute Schutzgeister des großen Geistes) sind universelle Lichtwesen, die JEDEM Menschen zur Verfügung stehen und durch jede lebendige Form der Schöpfung wirken. Sie verstehen die Sprache des Herzens; wenn der Mensch sie mit der Kraft seines Herzens ruft, so folgen sie diesem Ruf augenblicklich. Sie zeigen sich in der Form, die der Mensch aufgrund seiner Prägung, seiner Kultur und seines Umfeldes ohne Widerstand annehmen kann. Sie beruhigen das Gemüt, senden ein Licht der Hoffnung und die Kraft zum Weitergehen. Sie wirken durch die Herzenskraft des Menschen. Sie sind die Lichtstrahlen der Sonne, die den Menschen in seinem Inneren erwärmen, um damit den Blick des Menschen wieder zur göttlichen Quelle zu erheben.

In den Erzählungen der Völker unserer Erde lassen sich ähnliche Motive, die nur unterschiedlich gestaltet und ausgeschmückt sind, entdecken. Wir treffen hier überall auf die Vorstellung, dass alles ursprünglich eins war, dass irgendwann Himmel und Erde getrennt wurden und Streit entflammte zwischen den Himmelsmächten, dass Götter/Göttinnen die Himmelswelten bewohnen und der Mensch die Erde, und dass Wesen, Geistwesen, die die verschiedensten Formen annehmen können, zwischen Himmel und Erde vermitteln, uns schützen, prüfen … Sie haben die Aufgabe zu dienen und wirken im Lichte der Götter/Göttinnen.

In den frühen Hochkulturen arbeiteten alle Menschen mit den Engelwesen Hand in Hand und vereint im Lichte des göttlichen Plans, und in den Zeiten von Lemuria[30] sowie im frühen Atlantis[31] gab es keine Schleier zwischen den verschiedenen Welten. Die Annahme von verschiedenen Welten – unteren, oberen, Himmelswelten, Höllenwelten – findet sich in vielen Kulturen wieder:

› Das Wirken der Engel erkennen wir in den **Märchen, Mythen und Legenden** der verschiedensten Völker. Es sind die Lichtkräfte, die den Menschen prüfen und ihm auf seinem Weg helfen. Sie erscheinen ihm in den vielfältigsten Gestalten, z. B. als Tiere, als Pflanzen, als alte Weiblein, als Greise, als Feen

30 Lemuria: 24 000 Jahre vor Atlantis soll dieser Kontinent untergegangen sein. Dort lebte eine hochzivilisierte Bevölkerung im Einklang mit den tiefen Mysterien der göttlichen Natur. Es gibt verschiedene Vermutungen über die frühere Lage von Lemuria: Eine Quelle besagt, Lemuria habe im heutigen indischen Ozean gelegen, ungefähr zwischen Madagaskar, Sumatra und Indien. Andere besagen, die Osterinseln seien noch ein Stück Landmasse von Lemuria.

31 Atlantis: Sagenumwobener Kontinent, der ca. 800 000 Jahre vor unserer Zeitrechnung durch ein Erdbeben zerstört worden sein soll, das von einer hochtechnologisierten Gesellschaft durch »die Versuchung der Macht« ausgelöst wurde. Auch hier gibt es unterschiedliche Anschauungen über die Lage: Eine besagt, dass Atlantis das gesamte nordatlantische Gebiet bis Brasilien umspannte und größer war als Asien und Libyen zusammen.

und gute Geister. Sie alle erscheinen im Verlauf der Geschichte plötzlich aus dem Nichts, äußern eine Bitte, die der Mensch erfüllen kann (womit sie den Menschen auf die Reinheit seiner Herzenskraft prüfen), um dann wieder zu verschwinden und zu gegebener Zeit bei schwierigen Aufgaben auf dem Weg ihren Dank in Form überwältigender Unterstützung anzubieten. Sie sitzen unscheinbar am Rande des Weges, und wenn sie beachtet werden, senden sie unbezahlbare Hilfe. Sie führen den Menschen in Zeiten, in denen keine Hilfe von anderen zu erwarten ist. Mit dem Beistand, dem Schutz und den weisen Ratschlägen des »geistigen Reiches« erreicht der Mensch sein Ziel. Verstößt er jedoch dagegen, irrt er herum oder gelangt in aussichtslose Situationen. – Alten Mythen, Legenden und Märchen der verschiedenen Völker vorurteilslos zu lauschen, kann die universelle Kraft, die hinter allem steht, wieder sichtbar werden lassen.

› In den **Naturreligionen** dieser Erde sind Engel die Kräfte der lebendigen Natur. Sie werden umschrieben als die Gegenwart der Geistmächte, die alle Formen durchströmen: die höchsten verehrungswürdigsten Lichtformen, aber auch die dunklen Formen, die den Menschen quälen und ihm Böses wollen. Alles ist beseelt, und die Erde ist ein lebendiges Lebewesen. Engel erscheinen in allem, was ist, und die Botschaften des Lichts erreichen uns durch die Ereignisse des täglichen Lebens. Jedes Tier, jeder Stein, jede Pflanze und jede Form hat eine Bedeutung und ist ein Abdruck der unsichtbaren Welt, die die sichtbare Welt durchdringt. Durch Rituale und Prüfungen unterziehen sich die Naturvölker der Aufnahme in die Geistige Welt. Sie werden dabei von den Wesen des geistigen Reiches geführt, geprüft und geläutert. Die geistigen Wesen werden immer geachtet, geehrt und bei allen Ritualen gerufen und stehen den Eingeweihten, Schamanen und Medizinfrauen bei den Heilungs- und Prüfungszeremonien bei. Sie wissen, dass alles eins und der Mensch ein Teil der göttlichen, lebendigen Natur ist.

› In **Australien** erscheinen in den Legenden und Mythen der Traumzeit Himmelswesen, die den Menschen Riten und magische Steine brachten und ihnen das Ende der Traumzeit ankündigten. Mithilfe der gesandten Riten und heiligen Steine können die Menschen auch heute noch für einige Zeit in die Traumzeit zurückkehren.

› Bei **afrikanischen Völkern** und Stämmen finden wir die Schilderung der lebendigen Kraft der Geistwesen, die den Menschen in seinen Bestrebungen unterstützen. Jäger z. B. rufen, wenn sie auf Jagd gehen, die Geistwesen, die ihnen Glück bringen. Die Wesen erscheinen oft als Tiere und helfen dem Menschen, bringen aber auch teilweise Unglück über ihn. Diese Geister, von denen große Heerscharen den Göttern und Göttinnen unterstehen, vermitteln zwischen ihren Herren und den Menschen.

- In der Kultur der **Eskimos,** die von Sibirien über Alaska bis Labrador und Ostgrönland reicht, finden wir sehr alte Mythen von großer Vielfalt. Auch hier werden die unterschiedlichsten Geistwesen, die zwischen Himmel und Erde walten, beschrieben und benannt. Die Geistwesen begleiten in großen Scharen die Götter und Göttinnen, damit diese ihre vielfältigen Aufgaben erledigen können. Sie unterstützen, beschützen, kündigen an, führen aus, senden Hilfe etc.
- In der **südamerikanischen Mythologie** finden wir die Vorstellung wieder, dass alles beseelt ist. Es gibt z. B. Kräfte, die Huaca heißen und in den Bergen, Felsen, Seen, Wäldern etc. leben. Sie können Gestalt annehmen und sich Menschen und Schamanen zeigen. Sie lieben die Gegenwart des Menschen, stehen ihm zur Seite, bestrafen ihn aber auch, wenn er ein Tabu, ein Gesetz der Götter, verletzt. Auch hier haben sie wieder die Vermittlerrolle zwischen Göttern, Göttinnen und Menschen.
- In der sehr frühen **ägyptischen Hochkultur** (ca. 2500 v. Chr.) konnten nur Eingeweihte, Hohepriester und Schüler auf dem Lichtweg mit den Engeln zusammen am göttlichen Plan arbeiten. Engel vermitteln die spirituellen göttlichen Wahrheiten, gleichen die Kräfte im Menschen aus, beschützen ihn, prüfen ihn, leiten ihn an und weihen ihn in die geistigen lichten Welten und deren göttliche Gesetzmäßigkeiten ein. Hier finden wir ebenfalls Darstellungen von geflügelten Wesen, so z. B. von Isis.
- In der **altorientalischen Mythologie** der Göttinnen- und Götterverehrung ist die Welt erfüllt von Lichtwesen, die zwischen Himmel und Erde hinauf- und wieder herabsteigen. Und auch hier werden sie auf den alten Gemälden mit Flügeln dargestellt, oftmals als Mischwesen zwischen Tier und Mensch oder in symbolischer Form.
- Im alten **China** finden wir Mythen und Legenden vom Aufbau der Welt, die aus den zwei großen Kräften Yin und Yang entstand, und von Göttern und Wesen, die zwischen dem Reich der Götter und dem der Menschen wandeln. Auch finden wir hier die neun Himmelsregionen, die von den unterschiedlichsten Göttern/Göttinnen und Geistwesen besiedelt und bewacht werden. Weiterhin gibt es Sonnenkinder, die dem Menschen Licht und Wärme und die Kunde des Umbruchs bringen. Alles, was auf der Erde geschieht, kündigt sich am Himmel an, und Boten überbringen die Nachricht.
- Der **japanische Shintoismus** beschreibt unzählige himmlische Wesen, die den Göttern und Göttinnen, aber auch den Menschen dienen und sie lehren. Die Natur ist beseelt und belebt von vielen Geistwesen, die Kami genannt werden. Die Menschen

können mit den Geistwesen sprechen, die sie schützen und behüten, wenn ihnen Opfer dargebracht werden.

› Bei den alten **Hochkulturen der Assyrer** (ca. 2000 v. Chr.) und Babylonier (ca. 3000 v. Chr.) finden wir die ersten deutlichen Spuren von Engelgestalten, wie sie die heutige Vorstellung prägen. Jede Gottheit besaß eigene Herolde, und das waren geflügelte Wesen, die vom Himmel auf die Erde herab- und wieder hinaufstiegen und die Aufgabe des Boten zwischen den Göttern und den Menschen erfüllten. Diese Völker glaubten an gute Schutzgeister, die jeden Menschen führen, und hier finden sich auch Zeremonien und Darstellungen von gewaltigen, feierlichen Schutzgeistern, welche die himmlischen Heiligtümer und Reiche bewachen und beschützen.

› Im **Judentum** sind die Engel bedeutende göttliche Kräfte, die den Menschen führen, beschützen, einweihen und zurück zu Gott führen. Alle großen Führer dieser Kultur wurden von Engeln angeleitet, darunter Abraham, Moses und viele alttestamentarische Propheten. Engel sind die Hüter und Verkünder der göttlichen Gesetze. Jeder ist aufgerufen, nach diesen göttlichen Gesetzen zu leben. Das Fundament für den jüdischen Engelglauben offenbart sich in verschiedenen Schriften, u. a. den Apokryphen, dem Talmud, der Kabbalah, den Schriftrollen von Qumran und dem äthiopischen Henoch-Buch.

› In der **Mythologie der Kelten** werden die diesseitige Welt und die Anderswelt beschrieben. Engel waren Boten aus der Anderswelt, die sich in Form von Tieren zeigten. Besonders Vögel wurden als Lichtboten der Anderswelt gesehen, doch jedes Tier konnte ein Bote der Anderswelt sein, der die verschiedenen Nachrichten von dort brachte. Die Anderswelt hatte viele Facetten. Dort lebten grausame Götter, die die Menschen bedrohten, und Götter, die den Menschen Hilfe schickten, meistens in Form von Tieren.

› In der **griechischen Mythologie** wird erstmalig eine Ober- und Unterwelt erwähnt und Boten, die zwischen diesen Welten vermitteln. Es gab Boten der Götter aus der Oberwelt und Boten aus der Unterwelt. Hier erwähnt seien Hermes, der Götterbote, und Iris, die die Brücke aus der Welt der Götter zu den Menschen schlägt, Amor, der die Liebe entfacht, und viele andere mehr. Hier wird erstmalig der Begriff »angelos« erwähnt, womit die Botengötter gemeint sind, die Nachrichten aus der Oberwelt bringen.

› Die **Parsenreligion** wurde durch Zarathustra begründet (ca. 600 v. Chr.), der die Grundsätze seiner Lehre durch Engel und Naturwesen erhielt. Erst als er die Offenbarung vollständig empfangen hatte, begann er, die Menschen zu lehren und anzuleiten. Er rief immer wieder die Naturwesen zur Mithilfe auf und zog sie zu Rate. Bei den Parsen findet sich (ähnl. Shintoismus) eine Schöpfungsvorstellung zweier gegensätzlicher und in ewiger Feindschaft miteinander ringender Kräfte. Die positive Kraft des Lichtes, Ahura Mazda, ist von sogenannten Fravashi umgeben, einer Klasse göttlicher Wesen, die den Engeln in jeder Hinsicht ähnelt. Jeder Mensch ist von solchen Wesen umgeben, die seine Beschützer und Helfer im Kampf gegen die Finsternis sind.

› Der **Islam** gründet sich auf die Botschaft, welche die Engel in Mohammed senkten und die sie ihn in Form der Heiligen Schrift des Korans fassen ließen, damit er sie im Laufe seiner Lebenszeit den Menschen verkünde. Der Glaube an Engel, die den Menschen in vielen Bereichen des Lebens beistehen und sie anleiten, war ein wichtiger Bestandteil des Islam. Die himmlischen Boten werden hier »malaika« genannt, deren Wirken der Koran in vielen seiner Verse (Suren) beschreibt.

› Der **Sufismus,** eine mystische Richtung im Islam, beschreibt, dass Gott am ersten Tag die Engel schuf, damit sie ihn lobten und verehrten. Auch hier finden sich Beschreibungen des Himmelreiches.

› Im **Christentum** hatten die Engel von Anfang an eine wichtige Aufgabe: Jesus Christus wurde von Engeln geleitet und durch den Satan, einen Engel der dunklen Seite, in Versuchung geführt und damit geprüft. Er stand in ständiger Verbindung mit den lichten Wesen des geistigen Reiches. Engel sind die Führer und Verkünder, die den göttlichen Auftrag senden. In den Schriften werden jedoch nur die vier großen Erzengel namentlich erwähnt: Michael, Gabriel, Raphael und Uriel sowie zusätzlich der Schutzengel eines jeden Menschen. Alle anderen wurden nach dem Konzil von Laodicea (363 n. Chr., vgl. auch Kapitel »Engel und europäische Entwicklungsgeschichte«) und der von der Kirche im Anschluss eingeleiteten Engelverfolgung zu namenlosen Helfern degradiert – oder gar zu Dämonen erklärt. Die Bibel nennt die Erzengel als Verkünder der göttlichen Botschaft und unzählige weitere, unbenannte, die den Menschen führen und beschützen. Die Christen haben einen Himmel, der in verschiedenen Stufen aufgebaut ist, und eine Hölle, die ebenfalls unterschiedliche Abstufungen aufweist. Die Wesen des Himmels werden als Engel und die Wesen der Hölle als Teufel oder Dämonen bezeichnet. Lange Zeit beurteilte die Kirche, wann ein Mensch von Engeln begleitet oder von Dämonen besetzt war. Sie prägte unsere heutige Vorstellung von den himmlischen Wesen entscheidend.

› Im **Buddhismus** werden Engel Devas genannt. Sie werden umschrieben als leuchtende Himmelswesen, die in den glücklichen Sphären leben und für die Menschen im Allgemeinen unsichtbar sind. Sie sind allerdings ebenso wie der Mensch und alle anderen Lebewesen dem beständigen Wiedergeborenwerden, Altern und Sterben unterworfen, durchkreisen die Daseinsrunden genauso wie alles Leben. Es gibt verschiedene Klassen von Himmelswesen: solche der Sinnenwelt (materiellen Welt), der feinkörperlichen Welt und der unkörperlichen Welt. Diese Ebenen sind wiederum in verschiedene Stufen unterteilt mit unterschiedlichen Aufgaben und Bewusstseinsgraden. Es gibt z. B. sechs Klassen von Devas der Sinnenwelt; Deva-duta sind die Götterboten, die den Menschen zum ernsten Nachdenken über die drei Tatsachen, nämlich Alter, Krankheit und Tod, ermahnen; Devatanussatti ist die Betrachtung über die Himmelswesen, eine Wissenschaft für sich. Im tibetischen Buddhismus werden die lichtvollen (weiblichen!) Himmelsboten Dakinis genannt, was übersetzt so viel bedeutet wie »Himmelsläuferin«. Mit den Engeln der westlichen Vorstellungswelt sind sie in der Erscheinung allerdings wenig vergleichbar: meistens haben sie eine farbige Haut und sind mitunter von recht feurigem Temperament … Aber wie unsere Engel überbringen sie Visionen, göttliche Botschaften und Weisheiten, öffnen das Bewusstsein, warnen und beschützen den Menschen auf dem Weg. Hier gibt es außerdem noch die Naths; das sind Geistwesen, die den Menschen führen und anleiten, ihn aber auch verführen und ins Unglück stürzen können, wenn er nicht aufpasst.

- Im **Hinduismus** findet man in den heiligen Schriften und bildhaften Darstellungen himmlische Wesen mit Flügeln, die mit dem Begriff Devta oder Deva als Bezeichnung für Engel beschrieben werden. Doch vorrangig sind hier die vielen Götter der Hindus, die alle einen Anteil des Einen in reiner Form darstellen. Sie sind umgeben von Himmelswesen, die ihnen unterstehen. Dazu gehören auch die Devtas oder Devas, deren Aufgabe es ist, die Seelenkräfte der Menschen in die lichtvollen Zustände der Freude, Furchtlosigkeit, Heiterkeit und Gelassenheit bis hin zur Ekstase zu bringen.
- In der **Baha'i-Religion,** einem Ein-Gott-Glauben, der aus dem alten Persien stammt und mittlerweile in nahezu allen Ländern der Welt verbreitet ist, sind Engel verstorbene Menschenseelen: Wenn ein Mensch stirbt, wirkt er aus den geistigen Reichen und beschützt besonders die ihm nahestehenden Angehörigen. Die Seele des Menschen entwickelt sich in den geistigen Bereichen weiter und kehrt nicht mehr zurück zur Erde.
- In der universellen **Lehre der Weißen Bruderschaft,** einer Vereinigung von aufgestiegenen Meistern (vgl. »Die Gegenwart der Meister«, siehe

Anhang), sind Engel Lichtwesen, die im Unterschied zu Menschen kein eigenes Bewusstsein haben, sondern im göttlichen Bewusstsein leben und nur aus diesem heraus wirken. Sie respektieren den freien Willen der Menschen und wirken da, wo sie gerufen werden. Sie wirken mit den Meistern in den Lichtstätten und unterstützen und verstärken die Energien in den unterschiedlichsten Aufgabenbereichen der Weißen Bruderschaft. Sie helfen aber auch den Menschen, die Stufen der geistigen Bereiche zu erklimmen und sie in die Gegenwart eines Meisters zu bringen. Sie arbeiten mit allen Wesen des Lichtes der unterschiedlichsten Formen an der Erhöhung und Erleuchtung der Wesen, deren Bewusstsein noch nicht ins Göttliche eingegangen ist. Engel sind die Lichtdiener aus dem Herzen Gottes, während die Weiße Bruderschaft aus dem göttlichen Bewusstsein in seiner höchsten Vollendung heraus wirkt. Alle großen Meister und Meisterinnen (Jesus, Buddha, Quan Yin, vgl. »Die Gegenwart der Meister«, siehe Anhang) der universellen Bruderschaft des Friedens sind durch die Himmelswesen und Naturwesen von der Geistigen Welt geschützt, angeleitet, eingeführt und geprüft worden.

› Die **UFO-Bewegung,** die in den 50er-Jahren eine große Anhängerschaft fand, beschreibt Engel als außerirdische Wesen, Intelligenzen, die auf Lichtschiffen in der 5., 6. und noch höheren Dimension unterwegs sind und u.a. um die Erde kreisen. – Ob dieses Wissen neu oder alt ist, lässt sich schwer nachvollziehen. In den Legenden der Aborigines, die seit Anbeginn der Zeit existieren, gibt es Berichte, denen zufolge wir mit einem Raumschiff aus Energie auf diesen Planeten gekommen sind. Als es in die Erdatmosphäre eintauchte, hat es sich in Kristalle verwandelt, die uns heute noch an unsere Herkunft erinnern. – Die Engel auf diesen Lichtschiffen leiten den Menschen an, stehen aber im gesamten Universum im Dienst und halten mit verschiedenen außerirdischen Wesen (z. B. Monka vom Mars, Merku, Sutko u.a.) Verbindung. Zu den Engeln zählen z. B. der galaktische Meister Ashtar Sheran, der sich mit den Erzengeln und kosmischen Intelligenzen für den Frieden im gesamten Universum einsetzt; weiterhin die Erzengel, z. B. als Kommandeur Zadkiel, der sich hinter dem intergalaktischen Namen Zarconian CZ2 verbirgt und zum Orion-Konzil des Lichtes gehört, oder Kommadeur Antares mit der Abkürzung Ashtar CZ8, der auf den Lichtschiffen arbeitet. Wenn der Mensch es wünscht, kann er nachts mit ihnen auf den Lichtschiffen wirken und arbeiten. Hierüber gibt es mittlerweile die außergewöhnlichsten Berichte und medialen Durchgaben, die uns außerdem von der Entwicklung der Menschheit und der Bedeutung der

Erde für das gesamte Planetensystem erzählen. Daneben werden auch ungewöhnliche Übungen durchgegeben. Menschen, die auf diese Weise mit den Engeln arbeiten, rufen Erzengel Michael nicht mehr mit komplizierten Anrufungen herbei, sprechen keine langen Schutzgebete, begehen keine ausführlichen Rituale, sondern senden im Geiste: »SM1 (Kurzbezeichnung für Erzengel Michael), Schutzschilde hochfahren und Energiesystem auf Lichtgeschwindigkeit umschalten.« Auch das hat seine Wirkung.

Diese Liste lässt sich beliebig nach allen Seiten in den unbegrenzten Raum fortsetzen. Auch wenn die Engel einige Jahrzehnte, Jahrhunderte aus unserem »aufgeklärten« Bewusstsein verschwunden zu sein schienen, erfüllen sie bis heute ihre Aufgabe, zwischen Mensch und Gott zu vermitteln.

VOLKS-GLAUBE

Zeichen und Symbole der Engel

- **Blumen:** Engel wohnen in den Blumen, deren lieblicher Duft ein Abdruck der wundervollen Luft der geistigen Reiche ist, die die Seelenschwingung der Menschen erhöht. Die unterschiedliche Essenz, der Geruch und die Farbe der Blumen gehen mit der Seelenschwingung der Menschen in Resonanz und verändern diese, erhöhen sie und bringen Heilung.
- **Edelsteine:** Jeder Edelstein ist in seiner besonderen Form und Farbe ein Ausdruck einer göttlichen Facette, und in jeder geschliffenen Edelsteinfacette wohnt ein Engel. Die Steine werden von den Engeln in ihrer unterschiedlichen Qualität erschaffen und gehütet.
- **Farben:** Engel zeigen sich in den kosmischen Farben und Lichtstrahlen: Blau, Goldgelb, Grün, Magenta, Rosarot, Türkis, Orange, Violett, Weiß.
- **Feuer:** Engel wirken durch das Licht von Kerzen und den Funken eines Feuers, zeigen sich in einem kurzen Aufflackern des Lichtes.
- **Glitzerndes jeder Art:** Engel sind wie Lichtpunkte, die kurz auftauchen und wieder verschwinden. So zeigen sie sich im flüchtigen Auftauchen von Lichtreflexionen; im Schimmern, das Sonnenstrahlen auf der Wasseroberfläche erzeugen; in Spiegelungen in der Luft, die ihr eigenes strahlendes Licht erzeugen; in einem kurzen Leuchten auf dem Weg, das die Richtung weist; in Sternschnuppen am nächtlichen Himmel; im Flimmern der Sterne.
- **Kinderlächeln:** Verzieht ein Kind im Schlaf den Mund zu einem Lächeln, so heißt es, die Engel spielen mit ihm.
- **Nasenjucken:** Als Engelkuss gilt das Jucken der Nase. Es bedeutet, dass die Engel ganz nah bei dir sind. Wen die Engel küssen, dem erleuchten sie den Geist.
- **Niederschlag:** Jeder Regentropfen und jede Schneeflocke wird von einem winzigen Engel begleitet.
- **Niesen:** Wenn ein Mensch niesen muss, erinnern ihn die Engel daran, dass sie bei ihm sind.
- **Morgenröte:** »Wenn der Himmel am Morgen rot aufleuchtet, backen die Engel Brot, und der Tag ist gesegnet.«
- **Musik:** In harmonischen Klängen, Tönen und Sinfonien und in Instrumenten wie Flöte, Harfe, Trompete etc. offenbaren sich die Engel, ebenso in Glocken und Glöckchen: Mit dem Glockengeläute werden die Engel herbeigerufen. (Deswegen wird am Beginn von vielen Ritualen überall auf der Welt mit Glocken und Glöckchen geklingelt.)
- **Philtrum:** Kurz bevor ein Mensch geboren wird, legt ihm ein Engel einen Finger auf die Oberlippe und sagt: »Schweig still von dem, was du

weißt.« Deswegen werden wir mit einer Kerbe in der Mitte der Oberlippe geboren und können uns nicht daran erinnern, woher wir kommen.

- **Räucherungen:** Der Duft verbrennender Kräuter, Harze, besonders Weihrauch, zieht die Engel an. Wenn ein Engel sich zeigen möchte, kann er dies mithilfe des Weihrauchs tun.
- **Regenbögen:** Sie werden von den Engeln als ein Zeichen Gottes für die Hoffnung gebaut.
- **Reisen:** »Wenn Engel reisen, lacht der Himmel.«
- **Schutzengel:** Wesen, die kurz aus dem Nichts auftauchen, helfen und namenlos und unerkannt wieder verschwinden, werden als Schutzengel bezeichnet.
- **Sommersprossen:** In Malaysia sind Sommersprossen eine Form für Engelküsse.
- **Stille:** Verstummen alle Teilnehmer einer Gesprächsrunde oder Unterhaltung in einer Gesellschaft plötzlich und ohne ersichtlichen Grund, so wird dies als Anzeichen dafür genommen, dass ein Engel gegenwärtig ist und durch das Zimmer fliegt oder geht.
- **Tanzen:** »Mensch, lerne tanzen, sonst wissen die Engel nichts mit dir anzufangen.«
- **Tau:** Der Volksglaube sagt, dass viele Engel, die Luzifer folgten, es in Unwissenheit taten (Luzifer hatte sich angemaßt, besser als Gott zu sein). Bei ihrem Sturz aus dem Himmel wurden sie in Tiere verwandelt. In dieser Gestalt müssen sie den Jüngsten Tag erwarten, bis zu ihrer Erlösung. Sie weinen nun jeden Morgen und jeden Abend, das sind die Tauperlen auf den Wiesen. Im Glitzern der Tauperlen wird man noch ihrer entschwundenen herrlichen Pracht gewahr, wenn sie sich lichtscheu zurückziehen müssen.
- **Vögel:** Jeder Vogel ist ein Engelbote. Sie sind die Tiere, die den Engeln am nächsten stehen. Der Morgengesang der Vögel wird als Engelsgesang gedeutet, der die Natur zum Leben erweckt. Federn werden gern als Zeichen der Gegenwart von Engeln gedeutet.

Engelerfahrungen

Engel – sie gab es, sie gibt es, und sie wird es immer geben. In allen heiligen Schriften finden wir das Wirken der Engel und die Prüfungen durch die Dämonen dargestellt. Koran, Talmud, Altes und Neues Testament … alle sind sie voll mit Berichten über die himmlischen Wesen.

Lange schien es so, als ob dieses Erleben nur ausgewählten Personen vorbehalten war. Doch dem ist nicht so. Jeder kennt bestimmt Ereignisse in seinem Leben, die nicht in seiner Hand lagen, in denen alles von »übernatürlich« wirkenden Kräften gelenkt wurde. Doch sind es oft solche persönlichen und heiligen Erfahrungen, die man vor den »Angriffen« der Außenwelt schützen möchte. Auch traut man, oft durch Erziehung/Prägung, seiner eigenen inneren Wahrnehmung nicht. Es finden sich jedoch immer mehr offene Ohren, offene Herzen und offene Stimmen des Lichtes, die durchaus geneigt sind, solchen Erfahrungen zu trauen.

Jeder, der sich Gott, dem Licht, öffnet, der sein Herz reinigt und die Türen aufschließt, wird von den strahlenden Wesen des unsichtbaren Reiches sicher in die wahre »göttliche Natur« geführt. Doch diese Entscheidung liegt bei jedem Menschen selbst. Immer mehr berichten von Erfahrungen mit Engeln in ihrem Leben. Es ist gut, darüber zu sprechen, denn es kann Menschen in Not innerlich und äußerlich daran erinnern, sich an ihre unsichtbaren Freunde zu wenden. Es kann Menschen helfen, ihr Licht im Lichte des Einen zu halten und zu entwickeln. Es kann inspirieren und Mut machen, neue Wege zu gehen und die alten ausgelaufenen Trampelpfade zu verlassen. Die Engel wirken auf tausendfache Weise. Sie sind überall und verstehen ausnahmslos jeden Menschen, und zwar über die Sprache des Herzens. Nachfolgend einige solcher Erfahrungsberichte

› … Plötzlich öffnet sich die Zimmerdecke und ein geflügeltes Wesen schwebt hernieder mit Glanz und Gepränge und erfüllt das Zimmer mit wogendem Dunst. Es rauschen die schleifenden Flügel. Ein Engel, denke ich. Ich kann die Augen nicht öffnen, es ist zu hell, zu gleißend. Nachdem er alles durchschweift hat, steigt er empor und entschwindet durch den Spalt in der Decke, nimmt alles Licht und Himmelblau mit sich fort. Dunkel ist es wieder. Ich erwache. (Marc Chagall in seiner Autobiografie)
› Einmal war ich fern von meiner kleinen dreijährigen Tochter. Uns trennten Tausende von Kilometern. In der Nacht wurde ich geweckt. Ich sah deutlich das Bild von meiner Tochter, die nach mir rief und weinte. Was sollte ich tun? Die Eingebung sprach zu mir, tue das im Geiste, was du auch tun würdest, wenn du jetzt bei ihr wärest. So stellte ich mir vor, wie ich meine Tochter liebevoll in den

Arm nehme, wie ich sie beruhige und tröste. Sie beruhigte sich allmählich und war froh, mich zu fühlen. Sie zeigte mir ihren verletzten Fuß. Als sie ruhig geworden war, entschwand das lebhafte Bild von ihr vor meinen Augen. Ich kam wieder in mein Zimmer in weiter Ferne zurück. Als ich nach Hause kam, war ihr exakt zu diesem Zeitpunkt eine Platte auf den Fuß gefallen. Mir wurde berichtet, dass sie nach mir rief und sich schnell beruhigt hat. Ich fragte meine Tochter, was passiert sei und wie es jetzt ginge. Sie sagte: »Mama, du warst doch bei mir.« Da wusste ich, dass ich einer der Schutzengel meiner Tochter bin und dass kein Kilometer unsere Verbindung im Herzen trennen kann. (Anonym)

› Es ist sieben Jahre her, seit die »Stimmen« begonnen haben, mich zu beraten. … Was die Engel betrifft, so habe ich sie mit meinen eigenen Augen gesehen, so wie ich Euch sehe. … Manchmal sah ich den heiligen Michael, von einer Anzahl kleiner Gestalten umgeben. … Sie erschienen mir als winzige Gestalten. … Ich wäre schon gestorben, wenn die Offenbarung mir nicht täglich Trost brächte. (Auszüge aus Jeanne d'Arcs Rehabilitationsprozess von 1455, aus: Jacques Cordier, Jeanne d'Arc)

› Ein bekannter Neurologe aus Philadelphia berichtet: Nach einem besonders anstrengenden Tag legte ich mich schlafen. Plötzlich weckte mich ein heftiges Klopfen an der Tür. Ich stand auf, öffnete und sah ein ärmlich gekleidetes, verstört aussehendes kleines Mädchen. Die Kleine sagte, ihre Mama sei sehr krank, und flehte mich an, mitzukommen und sie zu untersuchen. Es war eine kalte, stürmische Nacht, es schneite, und ich war wirklich erschöpft, aber ich zog mich unverzüglich an und folgte dem Kind. Nach einem längeren Marsch durch die Kälte erreichten wir schließlich ein Häuschen. Die Mutter des Mädchens war allein und litt. Ich gab ihr ein Medikament und veranlasste die Krankenhausaufnahme. Bevor ich mich verabschiedete, beglückwünschte ich die Leidende zu ihrer aufgeweckten und tapferen Tochter. Die Frau sah mich mit einem merkwürdigen Blick an und sagte dann traurig: »Meine Tochter ist vor einem Monat gestorben.« … War es ein Engel in Gestalt der Tochter, die den Arzt holte … oder die Tochter selbst? … Es lief auf dasselbe hinaus. (Frei wiedergegeben nach Reverend Billy Graham, Buch über die Engel)

› Traurig saß ich da. Einsam und verzweifelt nach einem Akt der Seelenqual, den ich hinter mich gebracht. Seelenschmerzen wüteten in mir. Ich betete, ich rief mit meinem ganzen Sein, der Herr möge seine Engel mir senden. Es dauerte nur kurz, da sah ich in der Dunkelheit, mit meinem bloßen Auge leuchtend viele Punkte, die strömten auf mich zu. Mit einer großen Geschwindigkeit sendeten sie mir Licht in mein Herz. Kurze Zeit später konnte ich nicht mehr verstehen, wie ich vor drei Minuten noch so verzweifelt war. Mir ging es gut. Eine Leichtigkeit und tiefe Dankbarkeit kamen über mich. Engel. Es waren Engel. (Anonym)

› 1942 in China, das zum Teil unter japanischer Besatzung stand: Eines Morgens hielt ein japanischer Militärlastwagen vor dem Buchgeschäft. Auf der Ladefläche saßen fünf Soldaten. Der Verkäufer, ein christlicher Chinese, begriff voller Angst, dass die Japaner gekommen waren, um den Laden zu plündern. Die Soldaten sprangen von der Pritsche herunter und marschierten zielstrebig auf die Ladentür zu. Bevor sie hineingehen konnten, überholte sie ein elegant gekleideter Chinese und betrat vor ihnen das Geschäft. Der Verkäufer war sich sicher, diesen Mann noch nie gesehen zu haben. Aus einem unerfindlichen Grund schienen die japanischen Soldaten außerstande, dem Mann zu folgen. Sie blieben draußen stehen, starrten auf die vier großen Schaufenster, machten keine Anstalten einzutreten. Der Unbekannte fragte den Verkäufer, was die Soldaten wollten. Der Verkäufer erklärte, dass viele Buchläden in der Stadt von Japanern ausgeräumt wurden. Die beiden Männer beteten zusammen. Der Unbekannte sprach dem Verkäufer Mut zu. So vergingen zwei Stunden. Während der ganzen Zeit standen die Soldaten vor dem Geschäft, doch keiner von ihnen unternahm auch nur den Versuch hereinzukommen. Schließlich fuhren sie davon. Sofort verabschiedete sich der Unbekannte. Er hatte nichts gekauft, ja nicht einmal das geringste Interesse für Bücher bekundet. Als einige Zeit später der Besitzer in den Laden kam, fragte der Verkäufer: »Glauben Sie an Engel?« Selbstverständlich war die Antwort: »Ja.« »Ich auch«, antwortete der Verkäufer. Bei dem Unbekannten muss es sich um ein himmlisches Wesen gehandelt haben. (Frei wiedergegeben, nach dem Buch von Giovetti Paola: Engel, die unsichtbaren Helfer der Menschen)

› Mir erschienen wunderbare Regenbogen, wie schon oft, aber diesmal noch schöner als sonst, mit einem Licht von reinstem Weiß, in dessen Mitte sich ein geheimnisvolles irdisches Etwas befand; doch diese schneeweiße Lichtgestalt wurde noch verschönert durch einen anderen Glanz … und wenn ich mich richtig erinnere, war sie von bunten Blumen umgeben. (Emanuel Swedenborg, Diarium Spirituale)

› Vor ein paar Tagen, während einer Übungsstunde, floss ein Sonnenstrahl in den Raum und mit ihm eine ganze Schar von Wesen; mit ihnen entschwand ich nach Oberon ins Feenland. (John Keats in einem Gespräch mit einem Freund)

› Ich brachte meine Freundin Conny, eine runde Persönlichkeit, zum

Bahnhof. Sie drehte sich um und trat dabei voll neben die Stufe. Sie sackte ein Stück nach unten und lief dann ganz normal weiter in den Zug. Als sie oben angekommen war, drehte sie sich mit entsetztem Gesicht um und meinte: »Hast du mich jetzt hochgetragen?« Ich verneinte. Wir lachten, es gibt also auch Engel, die »Schwergewichte« tragen. Wir wussten beide, das muss ein Engel gewesen sein, denn sie hatte deutlich gefühlt, wie jemand ihr an das Bein fasste und sie hochhob, ihr war nichts passiert, sie hatte sich noch nicht einmal wehgetan. (Antara Reimann, spirituelle Lehrerin)

› Ich kann mich an kaum noch etwas erinnern. Ich spürte keine Schmerzen mehr. Das Blut floss aus meiner Wunde, und ich fühlte wie ich langsam hinüberglitt. Es war ein sehr angenehmes Gefühl. Ein strahlendes Wesen war an meiner Seite. Es hielt liebevoll meine Hand und sah mich mit seinen lichten gütigen Augen an. Ein Strom der Liebe floss zu mir, ich wollte nicht mehr fort. Auch sah ich in der Ferne meinen geliebten Opa, der Jahre zuvor verstorben war. Ich fühlte mich getröstet und geborgen, leicht und gut. Plötzlich spürte ich einen Ruck. Ich schlug die Augen auf und fand mich in einem Krankenzimmer wieder. Ein Schmerz durchzuckte meinen Körper. Alles wirkte hart und qualvoll. Ein Arzt redete auf mich ein. Ich wusste nicht, ob ich geträumt hatte. (Bericht einer Freundin nach einem Autounfall)

› Aber Jakob zog aus von Be'ersheba und machte sich auf den Weg nach Haran und kam an eine Stätte, da blieb er über Nacht, denn die Sonne war untergegangen. Und er nahm einen Stein von der Stätte und legte ihn zu seinem Haupt und legte sich schlafen. Und er träumte, und siehe, eine Leiter stand auf Erden, und die rührte mit der Spitze an den Himmel, und siehe, die Engel Gottes stiegen daran auf und nieder. (Genesis, Mose 1/28,10–12)

› Abends vor dem Schlafengehen verbinde ich mich immer mit den göttlichen Kräften des Lichtes. Eines Nachts wurde ich in das All auf ein Lichtschiff gezogen. Die Engelwesen wiesen mich an, wie ich dieses zu steuern hatte. Ich tat, wie mir geheißen. Wir flogen durch unbekannte Galaxien und ich erfuhr etwas von meiner Heimat. So werde ich oft des Nachts belehrt und mir offenbaren sich zuvor unbekannte Erkenntnisse. Manchmal verstehe ich sie nicht gleich, doch nach einiger Zeit fügen sie sich zusammen wie Teile eines großen Puzzles. Ich bin glücklicher und reicher geworden. (Ein Bekannter, der mit dem intergalaktischen Meister Ashtar Sheran arbeitet.)

› Als ich mein Prüfungsexamen abgab, hörte ich die Engelchöre jubeln, und ich wusste, ich habe sehr gut bestanden. (Anonym)

› »Es ist zu spät, wir haben sie verloren!« Ich war verwirrt, wieso haben sie mich verloren. Warum war es zu spät? Ich drehte meinen Kopf und sah mich im Zimmer um. Ich sah mir den Raum an, und er erschien heller als zuvor. … Ich spürte eine andere Gegenwärtigkeit im Raum. Plötzlich lag ich nicht mehr auf dem Bett, sondern in jemandes Armen. Ich blickte auf und sah einen Mann mit einem wunderschönen weißen Bart, der mich anschaute. Ich war fasziniert von seinem Bart. Ein leuchtendes Licht schien darin zu funkeln, ein Licht, das aus dem Inneren des Bartes kam. … Ich war absolut ruhig und glücklich bei ihm. Er wiegte mich sanft in seinen Armen, und wenn ich auch nicht wusste, wer er war, wollte ich ihn doch nicht wieder verlassen. »Sie atmet wieder!«, rief die Schwester. (Frei wiedergegeben nach Betty J. Eadie, Licht am Ende des Lebens)

› Mein Lichtfreund ist immer bei mir. Auch für ganz alltägliche Belange. Wenn ich einen Parkplatz suche, bitte ich meinen Engel. Ich bekomme immer einen. (Anonym)
› Kurz vor der Trennung von meinem Mann saß ich erschöpft und traurig auf meinem Balkon mit dem Rücken ins Freie, mein Gesicht zur Wohnung gerichtet und fühlte mich wie der einsamste Mensch auf der ganzen Welt. Ich atmete tief aus und sagte zu mir selbst: »Ich wünschte mir, ich könnte mich einmal irgendwo anlehnen und bekäme den Rücken gestärkt!« Als ich ausatmete, fühlte ich auf einmal, dass etwas Warmes hinter mir stand (wir wohnen im dritten Stock), und ich hatte das Gefühl, als wenn sich so etwas wie ein großer Mantel oder große Flügel um mich herum legten. Mein Herz fing so stark an zu klopfen, dass ich vor Schreck aufsprang und in die Wohnung rannte. Ich wusste plötzlich, mein Wunsch war in Erfüllung gegangen. Das muss ein Engel gewesen sein. Ich bin nicht allein, und ich werde geschützt und getragen. Ich schöpfte daraus Kraft für die Zukunft, selbst heute noch. (Antara Reimann, spirituelle Lehrerin)
› Ich wollte gerade gedankenverloren eine Straße überqueren. Da tauchte neben mir ein Mann auf mit langen, zotteligen Haaren und einem Regenmantel. Er schlug mir seinen ausgestreckten Arm vor den Brustkorb. In dem Moment sauste ein Auto dicht vor meiner Nase vorbei. Wir überquerten gemeinsam die Straße. Da wurde mir klar, dieser Mann hatte mir gerade das Leben gerettet. Als ich mich nach ihm umdrehte; um mich zu bedanken, war er verschwunden. Die nächste Möglichkeit, irgendwohin abzubiegen, war mindestens 300 Meter weit entfernt. (Anonym)

ENGELZITATE

Glaube mir:
In allem, was wir eine Versuchung,
ein Leid oder eine Pflicht nennen,
ist die Hand eines Engels im Spiel.
ANONYM

Jedes sichtbare Ding auf der Welt
steht unter der Obhut eines Engels.
AUGUSTINUS: ACHT FRAGEN

So viele Flügel kommen her,
tropfen von Honig
und sprechen hier
in Deinem Haus, oh Gott.
AZTEKISCHES GEDICHT

Die Auferstehung vollzieht sich durch den Wind, der die Welt rein fegt.
Der Engel, der vom Wind getragen ist, sagt nicht: »Tote, stehet auf!«
Er sagt vielmehr: »Die Lebenden sollen auferstehen!«
HONORÉ DE BALZAC

Engel sind nicht nur deshalb Engel,
weil sie heiliger sind
als Mensch oder Teufel,
sondern weil sie ihresgleichen nicht
für heilig halten,
nur Gott allein.
WILLIAM BLAKE

Jeder gewöhnliche Busch ist
entflammt von Gott,
doch nur der Sehende
zieht seine Schuhe aus.
ELISABETH BROWNING

Jedermann wird sein Leben lang von
zwei persönlichen Engeln begleitet:
einem guten und einem bösen.
ROBERT BURTON

Ein Engel ist ein Gedanke Gottes.
MEISTER ECKHART

An die Natur wandte ich mich um
Hilfe. An die Wildheit der Tundra.
An die Felsen am Meer.
Die Wildgänse, die im Frühling
nordwärts riefen, die Alkvögel und
Papageientaucher, die ihre Nester
in die Felsen bauten …
all das gemahnte mich daran,
dass auch ich ein Kind
des Großen Geistes bin.
EIN ESKIMO

Das Christentum spricht
von Schutzengeln – und kann doch
die Vorstellung eines Aumatua
(Schutzgeist aus der Ahnenreihe)
nicht tolerieren.

Ich mag die Vorstellung,
dass meine Mutter,
meine Großmutter und meine
Urgroßmutter über mich wachen
und mich inspirieren …
Ich frage mich, was passieren würde,
wenn ich mir erlaubte, alle verfügba-
re Hilfe anzunehmen –
die sichtbare und die unsichtbare!
HAWAIISCHE KUPUNA-
HEILERIN

Alle spirituellen Pfade sagen, wir
sollten an das Unsichtbare, nicht an
das Sichtbare glauben und uns daran
halten. Mit den Geistern der Natur
zu sprechen, die Steine sprechen zu
hören, den Vogelboten zu lauschen
und das Meer zu lesen:
Das alles ist möglich, wenn wir eins
mit dem Unsichtbaren sind.
Eine große Weisheit wohnt darin.
HAWAIISCHE WEISHEIT

Mein Gott hat seinen Engel gesandt,
der den Löwen den Rachen
zugehalten hat, sodass sie mir
kein Leid antun konnten.
DIE HEILIGE SCHRIFT:
DANIEL 6,23 (DANIEL IN
DER LÖWENGRUBE)

Siehe, ich sende einen Engel vor dir
her, der dich behüte auf dem Wege
und dich bringe an den Ort,
den ich bestimmt habe.
DIE HEILIGE SCHRIFT:
EXODUS 23,20

Gastfrei zu sein vergesst nicht;
denn dadurch haben einige ohne
ihr Wissen Engel beherbergt.
DIE HEILIGE SCHRIFT: PAULUS,
BRIEF AN DIE HEBRÄER, 13,2

Denn er hat seinen Engeln befoh-
len, dass sie dich behüten auf allen
deinen Wegen, dass sie dich auf den
Händen tragen und du deinen Fuß
nicht an einen Stein stoßest.
DIE HEILIGE SCHRIFT:
PSALM 91,11

Lobet ihn, alle seine Engel,
lobet ihn, all sein Heer!
DIE HEILIGE SCHRIFT:
PSALM 148,2

Die Nacht El-Kadr (der Allmacht
oder Herrlichkeit) ist besser
als tausend Monde. Hinab steigen die
Engel und der Geist in ihr mit ihres
Herrn Erlaubnis zu jeglichem
Geheiß. Frieden ist sie bis zum
Aufgang der Morgenröte.
KORAN: SURE 97,3–5

Alle Engel Gottes kommen
verkleidet zu uns;
Kummer und Krankheit,
Armut und Tod,
einer nach dem anderen lüften
sie die finsteren Masken,
und wir erblicken das seraphische
Antlitz darunter.
Strahlend in der Glorie und
Ruhe dessen, der Gott geschaut hat.
JAMES RUSSEL LOWELL

Und wahrlich, wir erschufen euch;
alsdann bildeten wir euch;
alsdann sprachen wir zu den Engeln:
»Werft euch nieder vor Adam!« Und
nieder warfen sie sich außer Iblis;
nicht gehörte er zu denen, die sich
niederwarfen. Er sprach:
»Was hindert dich, dich niederzu-
werfen, als ich es dich hieß?«
Er sprach: »Ich bin besser als er. Du
hast mich aus Feuer erschaffen, ihn
aber erschufst du aus Ton.«
Er sprach: »Hinab mit dir aus ihm
(dem Paradies). Nicht ist dir erlaubt,
hoffärtig in ihm zu sein.
Drum hinaus mit dir, siehe,
du bist einer der Gedemütigten.«
KORAN: SURE 7,10–12

Man blickt nach ihm
und sieht es nicht;
der Name nennt es: das Flüchtige;
man lauscht nach ihm und
hört es nicht,
der Name nennt es: das Seltene;
man greift nach ihm und
fasst es nicht:
der Name nennt es: das Zarte.
LAOTSE: TAO-TE-KING,
14. SPRUCH

Die Sprache der Natur, die in den
Geschöpfen Gottes redet, nebst
Vernunft und Gewissen, ist allein die
allgemeine Sprache, dadurch sich
Gott allen Menschen und Völkern
offenbaren kann.
GOTTHOLD EPHRAIM LESSING

Millionen geistige Wesen wandeln
ungesehen über die Erde,
ob wir wachen oder schlafen.
JOHN MILTON

Engeln genügt ihr Ruhm
im Himmel,
sie suchen nicht das Lob
der Menschen.
JOHN MILTON

Bete zu dem Geist allen Lebens um Schutz. Denke daran, dass alle Tiere und alle Bäume und Pflanzen unsere Brüder sind. Wenn dein Herz gut ist, wird dich nichts verletzen können. Sie werden dir dann vom Großen Geist als Hilfe gesendet.
INDIANER-GROSSMUTTER
ZU IHREN ENKELN

Keiner singt so froh und hell
Wie der Engel Israfel.
Es verstummt bei diesem Klang
Selbst der Sterne Lobgesang.
EDGAR ALLAN POE

Zurüstung[32]
Vor allem verehre die
unsterblichen Götter,
so wie es die
Göttliche Ordnung lehrt.
Ehre in frommer Scheu das Gelübde,
und die edlen Heroen,
halte sie heilig.
Verehre die in der Unterwelt
wirkenden Daimonen[33],
indem du opferst, wie es geboten.
PYTHAGORAS

Engel können fliegen, weil sie sich
selbst leicht nehmen.
SCHOTTISCHES SPRICHWORT

Engel und Boten Gottes
stehen uns bei!
SHAKESPEARE, HAMLET 1,4

Ich glaube, dass wir innerhalb gewisser Grenzen frei sind, und doch gibt es eine unsichtbare Hand – einen Engel, der uns leitet und uns wie eine Schiffsschraube unter Wasser antreibt.
RABINDRANATH TAGORE

Es gibt inkarnierte Engel auf Erden. Sie tarnen sich in Fleisch und Blut und wollen keine Aufmerksamkeit erregen. Der Bewusste kann sie erkennen. Sie tragen Licht in ihren Augen. Licht strahlt aus ihrem Wesen.

32 Vorbereitung
33 Schutzengel

Sie haben Anmut in ihrem Tun
sowie Offenheit und Leichtigkeit in
ihrem Herzen. Sie tragen ein großes
Liebespotenzial in sich. Sie wirken
immer ein wenig verloren, ein wenig
traurig und ein wenig verwundet.
Doch sind sie außerordentlich
wohltätig und großzügig. Sie geben
Menschen, die sich ihnen öffnen,
das Gefühl, geliebt und etwas ganz
Besonderes zu sein. Man fühlt sich in
ihrer Gegenwart gut aufgehoben.
SERAPIS BEY[34]

Wir beteten zu dem Geist der Sterne,
dem Geist des Feuers, dem Geist der
Winde, dem Geist des Wassers, den
Geistern, die uns beschützen, uns
helfen und uns behüten. Wir danken
ihnen, denn in allem erkennen wir
den Schöpfer und seine herrlichen
Gehilfen, die mit uns im Einklang
der Natur wirken und uns helfen, mit
ihm und nicht gegen ihn zu wirken.
SPRUCH EINES EINGEBORENEN
AUS DER SÜDSEE

Die Engel sind,
wo seit Urzeiten sie waren.
Wende einen Stein,
und es regt sich ein Flügel!
Du bist es allein,
dein verfremdetes Auge,
Das blind dich gemacht für das
Wundergeschöpf.
FRANCIS THOMPSON

Gott ist die Liebe, und die Engel sind
Sinnbilder dieser Liebe.
UNBEKANNT,
AUS MEINEM TAGEBUCH

Die Engel verehren heißt,
sich auf ihre
Fingerspitze zu konzentrieren,
statt auf das Licht, auf das sie deuten.
Drum folgt dem, was sie euch zeigen.
UNBEKANNT

Engel wahrzunehmen bedeutet, die
Harmonie, den Einklang, das Licht
der göttlichen Natur zu erleben.
Das Himmlische in sich
zu erwecken,
bedeutet, sich mit allem,
was ist (mit Gott), zu vereinen.
DURCHGABE DER
WEISSEN BRUDERSCHAFT

34 Meister der Weißen Bruderschaft

Männer und Frauen werden mit den Engeln wandern und sprechen, doch bedenkt, es bedarf eines Engels, um einen Engel zu erkennen.
Ihr zieht das an, was ihr selbst seid.
Daher müßt ihr die erforderlichen Eigenschaften in euch entwickeln.
WHITE EAGLE

Geht eurer Wege in Frieden und bedenkt, dass die Engel des Lichts euch umgeben, die Engel der Natur, die Engel der Christussphäre.
WHITE EAGLE

Schweigen ist der einzige Segen, den Engel Gottes spenden,
wenn die Seele in großer Betrübnis verstummt.
JAMES GREENLEAF WHITTIER

Und die Engel der göttlichen Macht,
Reinheit und Wahrheit sind herbeigeeilt, um den Menschen zu helfen!
Der Engel der Liebe hat dem Körper des Menschen Standhaftigkeit verliehen,
damit er bei der Prüfung am letzten Tage als Erster gerettet werde!
ZARATHUSTRA, V. 30.7

ÜBERSICHTEN UND TABELLEN:

Engel der verschiedenen Sphären unseres Sonnensystems

Erde, Naturreiche, Erdgürtelzone

Engel, die im Reigen des Spiraltanzes sich in Sekunden, Minuten, Stunden, Tagen, Wochen, Monaten, Jahren, Jahrzehnten, Jahrhunderten, Jahrtausenden … ablösend die Hände reichen und die Qualität der Zeit beleben. Alle lebendigen Formen der Schöpfung werden von dem himmlischen Licht und den himmlischen Intelligenzen durchdrungen. Auf der Erde walten die Elementarreiche, Naturreiche und die Reiche der polaren Kräfte. Hier treffen drei grob unterteilte Wesensgruppen zusammen: die göttlichen, die menschlichen und die dämonischen oder dunklen Kräfte.

Die 360 Engelvorsteher der Erdgürtelzone:
In diesen Tabellen finden Sie die 360 Engelvorsteher der Erdgürtelzone. Sie entsprechen den 360 Graden des Kreises, also des astrologischen Tierkreises. Sie lenken, hüten und formen die Zeit und die Zeitqualität. Sie lösen sich im ewigen Rhythmus der Kreisspirale ab. Wenn man sich mit ihnen in Verbindung setzt, können sich die Kräfte der jeweiligen Vorsteher entfalten und das Geheimnis der Zeit und der tieferen Qualität sich lüften. Für alles gibt es den richtigen Zeitpunkt. Die Zahlen entsprechen den jeweiligen Graden. 1. ist 1°, 2. ist 2°.

Engel der Sternzeichen/Sterngrade

Führende Engel der Tierkreiszeichen			
Malchidael	Widder	Zuriel	Waage
Asmodel	Stier	Barchiel	Skorpion
Ambriel	Zwilling	Advachiel	Schütze
Muriel	Krebs	Hanael	Steinbock
Verchiel	Löwe	Cambriel	Wassermann
Hamaliel	Jungfrau	Ammixiel	Fische

Widder (21.3.–20.4 / 1°–30°)

1. Morech
2. Malacha
3. Ecdulon
4. Lurchi
5. Aspadit
6. Nascela
7. Opollogon
8. Ramara
9. Anamil
10. Tabori
11. Igigi
12. Bialode
13. Opilon
14. Jrachor
15. Golog
16. Argilo
17. Barnel
18. Sernpolo
19. Hyris
20. Hahadu
21. Oromonas
22. Bekaro
23. Belifares
24. Nadele
25. Yromus
26. Hadcu
27. Balachman
28. Jugula
29. Secabmi
30. Calacha

Stier (21.4.–20.5. / 1°–30°)

1. Serap
2. Molabeda
3. Manmes
4. Faluna
5. Nasi
6. Conioli
7. Carubot
8. Jajaregi
9. Orienell
10. Concario
11. Dosom
12. Galago
13. Paguldez
14. Pafessa
15. Jromoni
16. Tardoe
17. Umbarim
18. Magelucha
19. Chadail
20. Charagi
21. Hagos
22. Hyla
23. Camarion
24. Camalo
25. Baalto
26. Amalomi
27. Gagison
28. Carahami
29. Calamos
30. Sapasani

Zwillinge (21.5.–20.6. / 1°–30°)

1. Proxones
2. Yparcha
3. Obedomah
4. Padidi
5. Peralit
6. Isnirki
7. Morilon
8. Golema
9. Timira
10. Golemi
11. Darachin
12. Bagoloni
13. Paschy
14. Amami
15. Pigios
16. Cepacha
17. Urgivoh
18. Amagestol
19. Debam
20. Kolani
21. Mimosah
22. Eneki
23. Corilon
24. Ygarimi
25. Jamaih
26. Bilifo
27. Mafalach
28. Kaflesi
29. Sibolas
30. Sebeol

Krebs (22.6.–22.7. / 1°–30°)

1. Nablum
2. Nudatoni
3. Jachil
4. Helali
5. Emfalion
6. Pliroki
7. Losimon
8. Kiliki
9. Oramos
10. Tarato
11. Horomor
12. Tmako
13. Nimalon
14. Camalo
15. Nimtrix
16. Kalote
17. Ysquiron
18. Sikesti
19. Abagrion
20. Kibigili
21. Arakuson
22. Maggio
23. Dirilisin
24. Akahimo
25. Aragor
26. Granona
27. Zagol
28. Mennolika
29. Forfasan
30. Charonthona

Löwe (23.7.–23.8./ 1°–30°)

1.	Kosem	16.	Ychniag
2.	Methaera	17.	Odac
3.	Jvar	18.	Mechebbera
4.	Mahra	19.	Paschan
5.	Paruch	20.	Corocona
6.	Aslotama	21.	Rimog
7.	Kagaros	22.	Abbetira
8.	Romasara	23.	Eralicarison
9.	Anemalon	24.	Golopa
10.	Tabbata	25.	Jgakys
11.	Ahahbon	26.	Pagalusta
12.	Akanejonaho	27.	Ichdison
13.	Horog	28.	Takarosa
14.	Texai	29.	Andrachor
15.	Herich	30.	Carona

Jungfrau (24.8.–23.9./ 1°–30°)

1.	Peresch	16.	Basanola
2.	Bruahi	17.	Rotor
3.	Moschel	18.	Tigrapho
4.	Raschea	19.	Cobel
5.	Girmil	20.	Hipogo
6.	Zagriona	21.	Iserag
7.	Ygilon	22.	Breffeo
8.	Alpaso	23.	Elepinon
9.	Kirek	24.	Naniroa
10.	Buriuh	25.	Olaski
11.	Yraganon	26.	Hyrmiua
12.	Argaro	27.	Sumuram
13.	Algebol	28.	Astolitu
14.	Karasa	29.	Notiser
15.	Akirgi	30.	Regerio

Waage (24.9.–23.10./ 1°–30°)

1.	Peresch	16.	Basanola
2.	Bruahi	17.	Rotor
3.	Moschel	18.	Tigrapho
4.	Raschea	19.	Cobel
5.	Girmil	20.	Hipogo
6.	Zagriona	21.	Iserag
7.	Ygilon	22.	Breffeo
8.	Alpaso	23.	Elepinon
9.	Kirek	24.	Naniroa
10.	Buriuh	25.	Olaski
11.	Yraganon	26.	Hyrmiua
12.	Argaro	27.	Sumuram
13.	Algebol	28.	Astolitu
14.	Karasa	29.	Notiser
15.	Akirgi	30.	Regerio

Skorpion (24.10.–22.11./ 1°–30°)

1.	Aluph	16.	Natolisa
2.	Schaluah	17.	Butharusch
3.	Hasperim	18.	Tagora
4.	Adae	19.	Panari
5.	Helmis	20.	Nagar
6.	Sarasi	21.	Kofan
7.	Ugefor	22.	Schaluach
8.	Armillee	23.	Sipillipis
9.	Ranar	24.	Tedea
10.	Caraschi	25.	Semechle
11.	Eralier	26.	Radina
12.	Sagara	27.	Hachamel
13.	Trasorim	28.	Anadi
14.	Schulego	29.	Horasul
15.	Hipolopos	30.	Irmano

Schütze (23.11.–21.12. / 1°–30°)

1.	Neschamah	16.	Mesah
2.	Myrmo	17.	Harkinon
3.	Kathim	18.	Petuno
4.	Erimites	19.	Caboneton
5.	Asinel	20.	Echagi
6.	Geriola	21.	Batirunos
7.	Asoreg	22.	Hillaro
8.	Ramage	23.	Ergomion
9.	Namalon	24.	Ikon
10.	Dimurga	25.	Alosom
11.	Golog	26.	Gezero
12.	Ugali	27.	Agasoly
13.	Elason	28.	Ekore
14.	Giria	29.	Saris
15.	Hosun	30.	Elami

Wassermann (21.1.–19.2. / 1°–30°)

1.	Frasis	16.	Capipa
2.	Pother	17.	Koreh
3.	Badet	18.	Somi
4.	Naga	19.	Erytar
5.	Asturel	20.	Kosirma
6.	Liriell	21.	Jenuri
7.	Siges	22.	Altont
8.	Metosee	23.	Chimirgu
9.	Abusis	24.	Arisaka
10.	Panfodra	25.	Boreb
11.	Hagus	26.	Soesma
12.	Hatuny	27.	Ebaron
13.	Gagolchon	28.	Negani
14.	Bafa	29.	Nelion
15.	Ugirpon	30.	Sirigilis

Steinbock (22.12.–20.1. / 1°-30°)

1.	Milon	16.	Masadu
2.	Melamo	17.	Arabim
3.	Porphora	18.	Amia
4.	Tapi	19.	Kamual
5.	Jonion	20.	Parachmo
6.	Afolono	21.	Cochaly
7.	Paruchu	22.	Ybario
8.	Pormatho	23.	Lotifar
9.	Ampholion	24.	Kama
10.	Kogid	25.	Segosel
11.	Cermiel	26.	Sarsiee
12.	Erimihala	27.	Kilios
13.	Trisacha	28.	Rosora
14.	Afimo	29.	Ekorim
15.	Garses	30.	Ramgisa

Fische (20.2.–20.3. / 1°–30°)

1.	Haja	16.	Fermetu
2.	Schad	17.	Forsteton
3.	Kohen	18.	Lotogi
4.	Echami	19.	Nearah
5.	Flabison	20.	Dagio
6.	Alagill	21.	Nephasser
7.	Atherom	22.	Armefia
8.	Porascho	23.	Kaerlesa
9.	Egention	24.	Bileka
10.	Siria	25.	Ugolog
11.	Vollman	26.	Tmiti
12.	Hagomi	27.	Zalones
13.	Klorecha	28.	Cigila
14.	Baroa	29.	Ylemis
15.	Gomognu	30.	Boria

Engel der Stunden

Engel der Tagesstunden

Stunde	Montag	Dienstag	Mittwoch	Donnerstag	Freitag	Samstag	Sonntag
1.	Gabriel	Uriel	Raphael	Jophiel	Haniel	Zadkiel	Michael
2.	Zadkiel	Michael	Gabriel	Uriel	Raphael	Jophiel	Haniel
3.	Jophiel	Haniel	Zadkiel	Michael	Gabriel	Uriel	Raphael
4.	Uriel	Raphael	Jophiel	Haniel	Zadkiel	Michael	Gabriel
5.	Michael	Gabriel	Uriel	Raphael	Jophiel	Haniel	Zadkiel
6.	Haniel	Zadkiel	Michael	Gabriel	Uriel	Raphael	Jophiel
7.	Raphael	Jophiel	Haniel	Zadkiel	Michael	Gabriel	Uriel
8.	Gabriel	Uriel	Raphael	Jophiel	Haniel	Zadkiel	Michael
9.	Zadkiel	Michael	Gabriel	Uriel	Raphael	Jophiel	Haniel
10.	Jophiel	Haniel	Zadkiel	Michael	Gabriel	Uriel	Raphael
11.	Uriel	Raphael	Jophiel	Haniel	Zadkiel	Michael	Gabriel
12.	Michael	Gabriel	Uriel	Raphael	Jophiel	Haniel	Zadkiel

Engel der Nachtstunden

Stunde	Montag	Dienstag	Mittwoch	Donnerstag	Freitag	Samstag	Sonntag
1.	Haniel	Zadkiel	Michael	Gabriel	Uriel	Raphael	Jophiel
2.	Raphael	Jophiel	Haniel	Zadkiel	Michael	Gabriel	Uriel
3.	Gabriel	Uriel	Raphael	Jophiel	Haniel	Zadkiel	Michael
4.	Zadkiel	Michael	Gabriel	Uriel	Raphael	Jophiel	Haniel
5.	Jophiel	Haniel	Zadkiel	Michael	Gabriel	Uriel	Raphael
6.	Uriel	Raphael	Jophiel	Haniel	Zadkiel	Michael	Gabriel
7.	Michael	Gabriel	Uriel	Raphael	Jophiel	Haniel	Zadkiel
8.	Haniel	Zadkiel	Michael	Gabriel	Uriel	Raphael	Jophiel
9.	Raphael	Jophiel	Haniel	Zadkiel	Michael	Gabriel	Uriel
10.	Gabriel	Uriel	Raphael	Jophiel	Haniel	Zadkiel	Michael
11.	Zadkiel	Michael	Gabriel	Uriel	Raphael	Jophiel	Haniel
12.	Jophiel	Haniel	Zadkiel	Michael	Gabriel	Uriel	Raphael

Engel der Monate

Januar:	April:	Juli:	Oktober:
Cambriel	Asmodel	Verchiel	Barchiel
Februar:	**Mai:**	**August:**	**November:**
Ammixiel	Ambriel	Hamaliel	Advachiel
März:	**Juni:**	**September:**	**Dezember:**
Malchidael	Muriel	Zuriel	Hanael

Engel der Jahreszeiten

Frühling	Sommer	Herbst	Winter
Amatiel	Tubiel	Torquaret	Attaris
Caracasa	Gaviel	Tarquam	Amabael
Core	Tariel	Gubarel	Cetarari
Commissoros	Gargatel		
	Oranir		

Engel der Mondsphäre

Engel der 28 Mondhäuser

1. Geniel
2. Enediel
3. Anixiel
4. Azariel
5. Gabriel
6. Dirachiel
7. Scheliel
8. Amnediel
9. Barbiel
10. Ardifiel
11. Neciel
12. Abdizuel
13. Jazeriel
14. Ergeldiel
15. Atliel
16. Azeruel
17. Adriel
18. Egibiel
19. Amutiel
20. Kyriel
21. Bethnael
22. Geliel
23. Requiel
24. Abrinael
25. Aziel
26. Tagriel
27. Atheniel
28. Amnixiel

Die 28 Engelvorsteher der 28 Mondhäuser

1. Ebvap
2. Emtircheyud
3. Ezhesekis
4. Emvatibe
5. Amzhere
6. Enchede
7. Emrudue
8. Eneye
9. Emzhebyp
10. Emnymar
11. Ebvep
12. Emkebpe
13. Emcheba
14. Ezhobar
15. Emnepe
16. Echotasa
17. Emhom
18. Emzhit
19. Ezheme
20. Etsacheye
21. Etamrezh
22. Rivatim
23. Liteviche
24. Zhevekiyev
25. Lavemezhu
26. Empebyn
27. Emzhabe
28. Emzher

Die 72 Engel der Merkursphäre

(magisches System, das der Kabbalah zugrundeliegt)

1.	Vehuiah	25.	Nith-Haiah	49.	Vehuel
2.	Jeliel	26.	Haaiah	50.	Daniel
3.	Sitael	27.	Jerathel	51.	Hahasiah
4.	Elemiah	28.	Seeiah	52.	Imamiah
5.	Mahasiah	29.	Reiiel	53.	Nanael
6.	Lelahel	30.	Omael	54.	Nithael
7.	Achaiah	31.	Lekabel	55.	Mebaiah
8.	Kahetel	32.	Vasariah	56.	Poiel
9.	Aziel	33.	Jehuiah	57.	Nemamiah
10.	Aladiah	34.	Lehahiah	58.	Jeialel
11.	Lauviah	35.	Kevakiah	59.	Harahel
12.	Hahaiah	36.	Menadel	60.	Mizrael
13.	Jezalel	37.	Aniel	61.	Umabel
14.	Mebahel	38.	Haamiah	62.	Jah-Hel
15.	Hariel	39.	Rehael	63.	Anianuel
16.	Hakamiah	40.	Ieiazel	64.	Mehiel
17.	Lanoiah	41.	Hahahel	65.	Damabiah
18.	Kaliel	42.	Mikael	66.	Manakel
19.	Leuviah	43.	Veubiah	67.	Eiaiel
20.	Pahaliah	44.	Ielahiah	68.	Habuiah
21.	Nelekael	45.	Sealiah	69.	Rochel
22.	Jeiaiel	46.	Ariel	70.	Jabamiah
23.	Melahel	47.	Asaliah	71.	Haiel
24.	Hahuiah	48.	Mihael	72.	Mumiah

Engel der Venussphäre

- Omah, Odujo, Obideh, Onami, Osphe, Orif, Obaneh, Odumi
- Orula, Osoa, Owina, Obata, Ogieh, Obche, Otra
- Alam, Agum, Albadi, Aogum, Acolom, Achaidiel, Adimil, Aser
- Iseh, Isodeh, Idmuh, Irumiah, Idea, Idovi, Isill, Ismee
- Inea, Ihom, Iomi, Ibladi, Idioh, Ischoa, Igea
- Orro, Oposah, Odlo, Olo, Odedo, Omo, Osaso, Gega, Gema, Gegega, Garieh, Gesa, Geswi, Godeah, Guru
- Gomah, Goldro, Gesdri, Gesoah, Gescheh, Gehela, Gercha
- Purol Podme, Podumar, Pirr, Puer, Pliseh, Padcheh, Pehel
- Pomanp, Pitofil, Pirmen, Piomal, Piseph, Pidioeh, Pimel

Engel der Sonnensphäre

Emnasut
Lubech
Teras
Dubezh
Amser
Emedetz
Kesbetz
Emayisa
Emvetas
Bunam
Serytz
Wybiol
Lubuyil
Geler
Tasar
Wybitzis
Wybalap
Tzizhet
Dabetz
Banamol
Emuyir
Dukeb
Emtzel
Fusradu
Firul
Ebytzyril
Lhomtab
Tzybayol
Gena
Erab
Kasreyobu
Etzybet
Balem
Belemche
Aresut
Tinas
Gane
Emtub
Tybolyr
Chibys
Selhube
Levum
Vasat
Ezhabsab
Debythet

Engel der Jupitersphäre

Malchjdael
Murjel
Carbiel
Cambiel
Asmodel
Hamaliel
Aduachiel
Jophaniel
Ambriel
Zuriel
Hanael

Die fünfzehn Thronengel, beschrieben im 6. und 7. Buch Mose

1. Thronus
2. Tehom
3. Haseha
4. Amarzom
5. Schawayt
6. Chuscha
7. Zawar
8. Yahel
9. Adoyahel
10. Schimuel
11. Achusaton
12. Schaddyl
13. Chamyet
14. Parymet
15. Chayo

Engel der Marssphäre

1. Rarum
2. Gibsir
3. Rahol
4. Adica
5. Agricol
6. Fifal
7. Imini
8. Kolluir
9. Ibnahim
10. Ititz
11. Urodu
12. Irkamon
13. Oksos
14. Otobir
15. Kutruc
16. Idia
17. Abodir
18. Idida
19. Cibor
20. Asor
21. Abodil
22. Skorpia
23. Vilusia
24. Koroum
25. Sagitor
26. Agilah
27. Boram
28. Absalom
29. Istriah
30. Abdomon
31. Anator
32. Ilutria
33. Obola
34. Pisiar
35. Filistra
36. Odorom

WEITER-FÜHRENDE LITERATUR

Erzählungen von Engeln und über Engel, Engelberichte, Engelgeschichten, Engelgedichte:

Adler, Gerhard: Erinnerungen an die Engel. Freiburg, 1986

Aivanhov, Omraam Mikhael: Einblick in die unsichtbare Welt. Frejus, 1996

Aivanhov, Omraam Mikhael: Gedanken für den Tag. Rottweil, 1998

Cooper, Diana: Der Engelratgeber. München, 4. Auflage 2000

Fox, Sabrina: Die Sehnsucht unserer Seele. München, 1999

Fox, Sabrina: Wie Engel uns lieben. München, 1997

Giovetti, Paola: Engel. Genf, 1991

Hayward, Anna: Das White Eagle Engel-Buch. Grafingen, 1999

Moolenburg, H.C.: Engel, Helfer auf leisen Sohlen. Freiburg, 1994

Moolenburg,H.C.: Engel als Beschützer und Helfer des Menschen. Freiburg, 1997

Newhouse, Flower A.: Die Engel der Natur. Grafingen, 1996

Newhouse, Flower A.: Engel und Devas. Grafingen, 1994

Newhouse, Flower A.: Im Reich der Erzengel. Grafingen, 1998

Wülfing, Sulamith: Engelwesen. Grafingen, 2000

Arbeit mit den Engeln:

McLane, Dorothy: Du kannst mit Engeln sprechen. München, 2. Auflage 1999

McLean, Penny: Schutzgeister. Die Trilogie. München, 1989

Price, John Randolph: Engel – Kräfte. München, 1993

Ravenwolf, Silver: Die schützende Kraft der Engel. München, 1999

Taylor, Terry L: Lichtvolle Wege zu deinem Engel. Übungen zur Kontaktaufnahme und Kommunikation mit Schutzgeistern. München, 1998

Taylor, Terry L: Warum Engel fliegen können. München, 1999

Für die Lehre der sieben Strahlen:

Die Brücke zur Freiheit e.V. Ballenstedter Str. 16 b, 10709 Berlin

Die Brücke zur Geistigen Freiheit, Eutiner Str. 26, 26125 Oldenburg (Dort erhalten Sie Literatur zu den sieben Strahlen, Meistern, Engeln, Naturwesen, Lichtstätten u. v. a. m.)

Avalon, Claire: Wesen und Wirken der weißen Bruderschaft. Neuwied, 2000

Für die magische Arbeit mit Engeln (Anrufungen, Engelmagie, Herstellung von Amuletten, Talismanen und ihre Ladung):

Bardon, Franz: Der Weg zum wahren Adepten. Freiburg, 11. Auflage 1991

Bardon, Franz: Die Praxis der magischen Evokation. Freiburg, 8. Auflage1992

Geoffrey, James: Engelzauber. München, 1998

Ravenwolf, Silver: Die schützende Kraft der Engel. München, 1999

Rinkenbach, Iris u. Hodapp, Bran O.: Magischer Gegenzauber. Darmstadt, 2000

Strohm, F.E. Eckard: Die Engel von Atlantis. Reichshof, 1989

Weiterführende Informationen rund um die Engel:

Baertz, Liselotte: Die Engel von Geburt und Tod. Grafingen, 2000

Kriele, Alexa: Christliche Engelkunde, Band 1-3. Seeon, 1999

Steiner, Rudolf: Die geistigen Wesenheiten in den Himmelskörpern und Naturreichen. Dornach, 1984

Steiner, Rudolf: Geistige Hierarchien und ihre Widerspiegelung in der physischen Welt. Dornach, 1981

Steiner, Rudolf: Vom Wirken der Engel. Stuttgart, 1996

Swedenborg, Emanuel: Himmel und Hölle. Zürich, 1977

Swedenborg, Emanuel: Über das Leben nach dem Tod. Zürich, 1988

Wolff, Uwe: Unter deinen Flügeln geborgen. Freiburg, 2. Auflage 1996

York, Ute: Engel werfen keine Schatten. München, 1994

Engelsets und Engelspiele (Karten und Buch):

Cabeza, Marta: Tag für Tag mit den Engeln. Barcelona, 1996

Czajkowski, Hania: Mit Engeln spielen. Seeon, 4. Auflage 2000

Hinrichs, Ulrike: Die großen Engel-Karten. Aitrang, 4. Auflage 2000

Kimberly, Marooney: Engel – himmlische Helfer. Aitrang, 4. Auflage 1997

Kriele, Alexa: Der Engelspiele-Koffer. Seeon, 2000

Ruland, Jeanne: Die lichte Kraft der Engel. Darmstadt, 2016

Wauters, Ambika: Das Engel-Orakel. Kreuzlingen, 4. Auflage 2000

QUELLEN-NACHWEIS

Adler, Gerhard: Erinnerungen an die Engel. Freiburg, 1986

Aivanhov, Omraam Mikhael: Einblick in die unsichtbare Welt. Frejus, 1996

Aivanhov, Omraam Mikhael: Gedanken für den Tag. Rottweil, 1998

Alighieri, Dante: Die göttliche Komödie. Frankfurt, 1974

Apokryphen, die; Verborgene Bücher der Bibel. Augsburg, 1990

Avalon, Claire: Wesen und Wirken der weißen Bruderschaft. Neuwied, 2000

Axelrod, Gerald: … als lebten die Engel auf Erden. Freiburg, 1997

Bailey, Alice, A.: Eine Abhandlung über die sieben Strahlen. Bietigheim, 1996

Bardon, Franz: Der Weg zum wahren Adepten. Freiburg, 11. Auflage 1991

Bardon, Franz: Die Praxis der magischen Evokation. Freiburg, 8. Auflage 1992

Benedikt, Heinrich Elijah: Die Kabbala. Freiburg, 2000

Bingen, Hildegard von: Die Welt der Engel. Salzburg, 1979

Dich, Millers: Kontakte mit Sternenmenschen. Wiesbaden, 1990

Dipitonto, Giorgio: Engel in Sternenschiffen. Rom, 1983

Eadie, Betty J.: Licht am Ende des Lebens. München, 1994

Findhorn Foundation: The Findhorn Garden. London, 1975

Fischinger, Lars A.: Götter der Sterne. Weilersbach, 1984

Dion, Fortune: Die mystische Kabbala. Freiburg, 4. Auflage 1995

Fox, Sabrina: Die Sehnsucht unserer Seele. München, 1999

Fox, Sabrina: Wie Engel uns lieben. München, 1997

Geoffrey, James: Engelzauber. München, 1998

Giovetti, Paola: Engel. Genf, 1991

Guiley,Place: Tarot der Engel. München, 1998

Hayward, Anna: Das White Eagle Engelbuch. Grafingen, 1999

Heilige Schrift, die: Einheitsübersetzung. Stuttgart, 1980

Rinkenbach, Iris u. Hodapp, Bran O.: Magischer Gegenzauber. Darmstadt, 2000

Krven, Robert H.: Deine Engel. Zürich, 1997

Kübler-Ross, Elisabeth: Über den Tod und das Leben danach. Melsbach, 1989

Lee, Robert u. James: Reise in die Unsterblichkeit, Band 1 und 2. Ergolding, 1990

Mallasz, Gitta: Die Antwort der Engel. Einsiedeln, 1998

Marx, Helma: Das Buch der Mythen. München, 1999

Mc Lean, Penny: Kontakte mit deinem Schutzgeist. Augsburg, 1988

Miers, Horst E.: Lexikon des Geheimwissens. München, 1993

Moolenburg, H.C.: Engel, Helfer auf leisen Sohlen. Freiburg, 1994

Moolenburg, H.C.: Engel als Beschützer und Helfer des Menschen. Freiburg, 1997

Nelson, Felicitas H.: Symbolsprache der Talismane & Amulette. Darmstadt, 1998

Newhouse, Flower A.: Im Reich der Erzengel. Grafingen, 1998

Newhouse, Flower A.: Engel und Devas. Grafingen, 1994

Newhouse, Flower A.: Die Engel der Natur. Grafingen, 1996

Nyanatiloka: Buddhistisches Wörterbuch. Stammbach-Herrenschrot, 1999

Owusu, Heike: Voodoo-Rituale. Darmstadt, 2000

Papalagi, der. Zürich, 1977

Price, John Randolph: Engel-Kräfte. München, 1993

Ravenwolf, Silver: Die schützende Kraft der Engel. München, 1999

Redfield, James: Das Handbuch der zehnten Prophezeiung von Celestine. München, 1996

Regardie, Israel: Das magische System des Golden Dawn, Band 1-3. Freiburg 1998

Resch, Andreas: Mystik. Innsbruck, 1984

Rossell, Calvert: Erlebnisse an der Todesschwelle. Stuttgart, 1993

Schirner, Markus: Pendel-Welten. Darmstadt, 1995

Schröder, Hans-Werner: Mensch und Engel. Stuttgart, 1979

Schumann, Hans Wolfgang: Buddhistische Bilderwelt. München, 1997

Steiner, Rudolf: Die geistigen Wesenheiten in den Himmelskörpern und Naturreichen. Dornach, 1984

Steiner, Rudolf: Vom Wirken der Engel. Stuttgart, 1996

Steiner, Rudolf: Geistige Hierarchien und ihre Widerspiegelung in der physischen Welt. Dornach, 1981

Strohm, F.E. Eckard: Die Engel von Atlantis. Reichshof, 1989

Swedenborg, Emanuel: Über das Leben nach dem Tod. Zürich, 1988

Swedenborg, Emanuel: Himmel und Hölle. Zürich, 1977

Von Aquin, Thomas: Die katholische Wahrheit oder die theologische Summe. Regensburg, 1886

Van Ruysbeek u. Messing, M.: Das Thomasevangelium. Düsseldorf, 1999

Weise, Otfried: Die sieben kosmischen Strahlen. München, 2000

Yogananda, Paramahansa: Autobiographie eines Yogi. München, 1992

Wilson Schaef, Anne: Botschaft der Urvölker. Fulda, 1996

ÜBER DIE AUTORIN

Jeanne Ruland war Autorin, Wegbereiterin in die Neue Zeit, Engelmedium, Lehrerin und internationale Seminarleiterin. Ihre Seminartätigkeit begann im Jahr 2000. Sie unterrichtete Natur-, Engel-, Meister- und Strahlenlehre, Huna sowie die Lehre der Heiligen Geometrie. Sie bot außerdem internationale Reisen zu Kraftorten an. Ihr fundiertes Wissen und ihre langjährige Erfahrung in der Energiearbeit gab sie gern weiter, um zu erinnern und zu erwecken. Am 13. November 2021, einem Engeltag, ist Jeanne Ruland ins Licht gegangen. In ihren zahlreichen Werken bleiben ihr unglaubliches geistiges Erbe, ihre Vision einer besseren Welt und ihr außergewöhnliches Licht unvergessen. »Die lichte Kraft der Engel« und »Das große Buch der Engel« waren ihre ersten Werke, die, wie alle ihre Bücher, Kartensets und Kalender, im Schirner Verlag erschienen sind.

www.shantila.de

208 Seiten
ISBN 978-3-8434-1159-2

Buch: Jeanne Ruland
Was Engel dir sagen
Botschaften deiner himmlischen Helfer

Mit diesem Handorakel lässt uns Jeanne Ruland die Stimmen der Engel wahrnehmen. Jede liebevoll gestaltete Seite stellt für sich ein kleines Kunstwerk dar und gibt uns eine heilsame Botschaft, eine praktische Übung und eine kraftvolle Affirmation mit auf den Weg – Tag für Tag, denn die himmlischen Wesen begleiten uns auf unserem Lebensweg, in jedem Moment.

Kartenset: Jeanne Ruland
Erzengel Raphael und die heilenden Kräfte des grünen Strahls

Erzengel Raphael ist der Engel der Heilung und Entfaltung. Mit diesen Karten können wir ihn, wann immer wir ihn brauchen, an unsere Seite rufen und uns behutsam von ihm auf unseren Heilungsweg führen lassen. 40 Botschaften, Affirmationen und Übungen verbinden uns tief mit seiner Energie.

40 Karten mit Anleitung
ISBN 978-3-8434-9162-4

Danke für deine REZENSION

– Gemeinsam sind wir mehr –

Liebe Leserin, lieber Leser,

von Herzen danken wir dir, dass du dieses Buch in den Händen hältst und es bis zum Ende gelesen hast. Das bedeutet uns, dem Schirner Verlag und seinen Autoren, sehr viel. Aus voller Überzeugung und mit Hingabe widmen wir uns seit vielen Jahren Themen, die unser aller Lebensqualität und Bewusstwerdung dienlich sind, und hoffen, einen Beitrag für eine lichtvollere Welt leisten zu können. Wenn dir unsere Arbeit gefällt, möchten wir dich bitten, dir einige Minuten Zeit zu nehmen, um dieses Buch zu rezensieren. Warum? Die meisten Menschen lesen Rezensionen, bevor sie ein Buch kaufen, da sie hierdurch einen Eindruck bekommen, ob und wie der Inhalt des Buches den Leser erreicht hat. Eine kurze Rezension ist dabei ebenso hilfreich wie eine lange, sehr ausführliche. Um es auf den Punkt zu bringen:

Eine Rezension ist heutzutage die beste Werbung für ein Autorenwerk!

Wenn du den Schirner Verlag und seine Autoren neben dem Buchkauf auch anderweitig unterstützen willst, dann bitten wir dich: Schreibe für jedes Werk eine Rezension – vielleicht als persönliche Leseempfehlung für die Buchhandlung in deiner Nähe oder online, z.B. beim Schirner Verlag. Das wäre nicht nur eine Wertschätzung für die Autoren, sondern kann dazu beitragen, dass die Verkaufszahlen steigen und der Schirner Verlag auch in herausfordernden Zeiten Bestand hat.

WIE SCHREIBT MAN EINE REZENSION?

Grundsätzlich sollte eine Rezension aus der eigenen, subjektiven Sicht geschrieben werden, da es sich um eine persönliche Meinung handelt. Du kannst in zwei Sätzen deine Gefühle zu dem Buch äußern oder eine längere Rezension verfassen. Falls du nicht weißt, wie du beginnen sollst, hier ein paar Anregungen:

- War das Buch leicht verständlich geschrieben? Wie hat dir die Sprache gefallen? Wie war die Aufteilung zu den verschiedenen Themen?
- War es unterhaltsam? War es deiner Meinung nach mit Herzblut und Liebe geschrieben? Wie hat es auf dich gewirkt?
- Hat es dein Herz berührt? Konntest du dich wiederfinden?
- War es tief greifend genug? Hast du viel Neues gelernt?
- Hat es gehalten, was der Titel und die Buchbeschreibung versprochen haben? Hat es deine Erwartungen erfüllt?
- Was macht das Buch besonders? Warum sticht es heraus im Vergleich zu anderen Büchern, die ein ähnliches Thema behandeln?
- Würdest du das Buch weiterempfehlen oder verschenken?

Dankeschön

lesen, fliegen, landen
Schirner Verlag

BILDNACHWEIS

Bilder von der Bilddatenbank www.shutterstock.com:
Hintergrundbilder: #126180368 (© sl_photo), #777947524 (© Nongnuch_L), #95984719 (© Maria Timofeeva), #416642401 (© Elesey), #121663321 (© TierneyMJ), #353711951 (© Aleoks), #1115695484 (© BIRD_studio), #1379139965 (© Nikki Zalewski), #1035309715 (© Vladi333), #1508686610 (© melitas), #1186752985 (© Zakharchuk), **Schmuckelemente:** #664911904 (© HiSunnySky), #1654318594 (© Black moon), #1932710561 (© Alka5051), #1894919206 (© Alenini), #142114822 (© xenia_ok), #292317653 (© Skorik Ekaterina), #1037086339 (© lisima), #363867128 (© NotionPic), #1642256068 (© Purebo), #485424130 (© vavavka), #1012559488 (© lisima), #1170437008 (© lisima), #267704390 (© xenia_ok), #1707325087 (© lavendertime), #726299104 (© RODINA OLENA), #1767732944 (© Anastasiia Gevko), #1141973807 (© GB_Art), #1718883787 (© OJardin), **Weitere Bilder:** S. 2, 4: #126180368 (© sl_photo), S. 7: #1598102032 (© Purebo), S. 10: #566246986 (© Solid photos), S. 11: #1690905493 (© Nikki Zalewski), S. 11: #1013574715 (© Guschenkova), S. 11: #753519913 (© Zwiebackesser), S. 15: #113404582 (© Elena Schweitzer), S. 18: #166435754 (© Soleiko), S. 20: #86957992 (© foxaon1987), S. 20: #1808894977 (© izzzy71), S. 23: #1117606709 (© Jiffy Avril), S. 23: #517591225 (© Zwiebackesser), S. 25: #501536365 (© fotoknips), S. 28: #1576547389 (© Nikki Zalewski), S. 30: #1383076922 (© Jozef Klopacka), S. 35: #1081984886 (© Romolo Tavani), S. 36: #785900224 (© Zwiebackesser), S. 39: #1116355001 (© Nikki Zalewski), S. 40: #155658926 (© Valentina Photos), S. 42: #439825198 (© Grycaj), S. 49: #1365333458 (© Zwiebackesser), S. 51: #1832189488 (© Ironika), S. 58 #753519913 (© Zwiebackesser), S. 64: #133613804 (© ixpert), S. 68: #176844392 (© Aphelleon), S. 69: #1054490408 (© Zakharchuk), S. 71: #1033645990 (© Oleg Senkov), S. 71: #1727273314 (© Siwakorn1933), S. 72: #39287815 (© Kiseleva Olga), S. 74: #749692645 (© irena iris szewczyk), S. 83: #1033645990 (© Oleg Senkov), S. 84: #1300011241 (© sun ok), S. 88: #770962630 (© izzzy71), S. 91: #206105533 (© Zwiebackesser), S. 92: #1508686610 (© melitas), S. 95: #1054490408 (© Zakharchuk), S. 97: #221230561 (© Nikki Zalewski), S. 97: #254138512 (© Nik Merkulov), S. 98: #1727273314 (© Siwakorn1933), S. 98: #535249930 (© nadtytok), S. 101: #1255738279 (© Zwiebackesser), S. 104, 106, 114: #200085278 (© IgorZh), S. 104: #1023661171 (© IgorZh), S. 106: #550762468 (© Prachaya Roekdeethaweesab), S. 107: #208298005 (© IgorZh), S. 108: #277858820 (© IgorZh), S. 108: #1903235590 (© Raland), S. 111, 116: #597717269 (© Liu zishan), S. 113: #1687199881 (© Warm_Tail), S. 114: #1069598228 (© herryfaizal), S. 117: #212152264 (© IgorZh), S. 118: #198402005 (© Elena Schweitzer), S. 119: #1469901497 (© irinacapel), S. 122: #1426357742 (© Oliver Denker), S. 127: #180470108 (© Aphelleon), S. 130: #161362520 (© Vichy Deal), S. 133: #223824736 (© Zwiebackesser), S. 134: #1765184843 (© ju_see), S. 135: #688093918 (© Africa Studio), S. 137: #1401560063 (© izzzy71), S. 138: #1693763107 (© joshimerbin), S. 140: #669390913 (© izzzy71), S. 143: #189805388 (© PhotographyByMK), S. 144: #1789271309 (© Soho A Studio), S. 145: #679261915 (© Archv), S. 151: #1521878540 (© Bruce Rolff), S. 153: #258357746 (© Bruce Rolff), S. 155: #473909761 (© Boonchuay1970), S. 155: #1765184843 (© ju_see), S. 160: #199437335 (© KostanPROFF), S. 165: #6018712 (© Victorian Traditions), S. 169: #250474378 (© Malgorzata Kistryn), S. 170: #1887181285 (© Vuk Kostic), S. 294: #143554903 (© danielo), S. 297: #1012195423 (© domnitsky), S. 297: #29590180 (© Patrizia Tilly), S. 305: #190777358 (© PHOTOCREO Michal Bednarek), S. 321: #217432186 (© IgorAleks), S. 326: #218486080 (© KostanPROFF), S. 327: #77227315 (© mythja), S. 328: #86957992 (© foxaon1987), S. 333: #669390913 (© izzzy71), S. 334: #581293525 (© Bruce Rolff)

Autorenbild, S. 339: © Andrea Kowitz-Vierheller